Wuppertaler Studienbibel

Wuppertaler Studienbibel

begründet von

Fritz Rienecker

Reihe: Neues Testament

herausgegeben von

Werner de Boor

und

Adolf Pohl

R. Brockhaus Verlag Wuppertal

5. Auflage 1979

Printed in Germany
Druck: fotokop wilhelm weihert kg, Darmstadt
ISBN 3-417-25120-6 Efalin
ISBN 3-417-25020-X Paperback

Die Offenbarung des Johannes

1. Teil

Kapitel 1 bis 8

erklärt von

Adolf Pohl

R. Brockhaus Verlag Wuppertal

VORWORT

Wer will, nehme eine kleine Auffälligkeit aus der Wortstatistik der Johannesoffenbarung als Zeichen: Mehr als jedes zehnte Wort ist dort das kleine Bindewörtchen „und", das den Faden nie abreißen läßt, keine Senkung der Stimme gestattet, sondern fortwährend Bisheriges hinüberhebt in das Nächste. So ist die Offenbarung ein einziges glutvolles, mitreißendes Sendschreiben, dem sich die ersten Empfänger in einem geschlossenen Gottesdienst aussetzen sollten. Keine Schrift im Neuen Testament verlangt so sehr danach, im dahinströmenden Zusammenhang gehört zu werden. Darum ergeben sich für eine Auslegung mehr Vor- und Rückverweise als üblich, mehr Notwendigkeit zum Überschauen und Verbinden. Ein Leser, der sie allzu abgezweckt auf einen herausgeschnittenen Text verwendet oder nur für ein Sonderinteresse nachschlägt, versieht sich leicht.

Der so notwendige Abschnitt über den Gesamtaufbau des Buches konnte allerdings erst für den zweiten Band geplant werden. Die gebotene Übersetzung des Textes mutet dem deutschen Sprachempfinden durch den gar engen Anschluß an das Griechische reichlich viel zu. Aber im Rahmen einer Auslegung ist es nützlich, genau erkennen zu lassen, welche Textauffassung zugrunde liegt.

Wenn ich mich frage, ob mich irgendein Leitfaden durch die Arbeit geführt hat, tritt mir der Umstand vor die Augen, daß der Auftrag im Trauerjahr für meinen heimgegangenen Vater erging, der uns in unvergessener johanneischer Sammlung Christus bezeugt hatte und nun, nach seinem äußeren Verstummen, überaus nachdrücklich zu reden begann. Daß der Herr Jesus Christus uns von Gott zur alles umspannenden Weisheit gemacht ist, das ist das Vor-urteil dieser Auslegung.

Ein zunehmend beklommenes Hineinhorchen in das gegenwärtige Weltgetön hat die Niederschrift begleitet. Beim Umgang mit der Offenbarung geht es darum, das eigene Gegenwartsverständnis aufs Spiel zu setzen und vielleicht völlig umbauen zu lassen.

Von der ersten Fühlungnahme an war dem Herausgeber der Wuppertaler Studienbibel, Herrn Dr. de Boor, und dem Verleger, Herrn R. Brockhaus, ein wahrer Glaubensmut abzuspüren. Und sie haben mir dann auch mehr geholfen, als ein Autor das erwarten kann. Auch mein Bruder, Helmut Pohl, hat bereitwillig das ganze Manuskript durchgesehen und in vielen Einzelheiten beraten. Ihnen allen sei von Herzen dafür gedankt.

Buckow (Märkische Schweiz), im Januar 1969 — Adolf Pohl

Inhaltsverzeichnis

	Seite
Einführung in die Literatur	13
Einleitungsfragen	19
I. Anbeten – aber wen? Anlaß und Abfassungszeit des Buches	20
II. Die römische Provinz Asien Die Empfänger des Buches	25
III. Johannes Der Verfasser des Buches	29
IV. Zeitgeschehen, Altes Testament, Apokalyptik Der geistige Raum des Buches	31
V. Siehe, ich komme bald! Die Naherwartung des Buches	38
VI. Versiegle die Worte nicht! Die Auslegung des Buches	48
VII. Offenbarung Jesu Christi Der christliche Charakter des Buches	53
Das Vorwort der Offenbarung, Offb 1, 1–8	55
Bucheröffnung, Offb 1, 1–3	55
Briefartiger Eingang, Offb 1, 4–8	65
Die Beauftragung des Johannes, Offb 1, 9–20	83
Die Umstände, Offb 1, 9	83
Die Stimme des Engels, Offb 1, 10–11	87
Die Vision des Herrn, Offb 1, 12–16	90
Die Stimme des Herrn, Offb 1, 17–20	94
Die Gemeindebotschaften, Offb 2, 1 – 3, 22	100
An die Gemeinde in Ephesus, Offb 2, 1–7	106
An die Gemeinde in Smyrna, Offb 2, 8–11	116
An die Gemeinde in Pergamon, Offb 2, 12-17	122
An die Gemeinde in Thyatira, Offb 2, 18–29	131
An die Gemeinde in Sardes, Offb 3, 1–6	138
An die Gemeinde in Philadelphia, Offb 3, 7–13	143
An die Gemeinde in Laodizäa, Offb 3, 14–22	150

Seite

Gott und das Lamm auf dem Thron, Offb 4, 1 – 5, 14 158
Die Vorbereitung der Vision, Offb 4, 1–2a 158
Der Thron und der Thronende, Offb 4, 2b–3 160
Die Thronumgebung, Offb 4, 4–8a 162
Die Huldigung Gottes, Offb 4, 8b–11 168
Die versiegelte Buchrolle, Offb 5, 1–5 171
Die Ermächtigung des Lammes, Offb 5, 6–7 176
Die Huldigung des Lammes, Offb 5, 8–14 181

Die Öffnung der Siegel durch das Lamm, Offb 6, 1 – 8, 1 189
Das erste Siegel (1. Reiter), Offb 6, 1–2 192
Das zweite Siegel (2. Reiter), Offb 6, 3–4 197
Das dritte Siegel (3. Reiter), Offb 6, 5–6 198
Das vierte Siegel (4. Reiter), Offb 6, 7–8 199
Das fünfte Siegel, Offb 6, 9–11 201
Das sechste Siegel, Offb 6, 12–17 207

Zwischenstück: Das Volk Gottes im Beginn und nach der Drangsal, Offb 7, 1–17 212
Die Versiegelung vor der großen Drangsal, Offb 7, 1–8 212
Das Stehen vor dem Thron nach der großen Drangsal, Offb 7, 9–17 . . 218

Das siebte Siegel, Offb 8, 1 227

Verzeichnis der Exkurse:
Exkurs 1: Aufbau und Lehre der Gemeindebotschaften 101
Exkurs 2: Der Sieg des Lammes 178
Exkurs 3: Die Siegelvisionen in ihren Zusammenhängen 189
Exkurs 4: Der weiße Reiter als Antichrist 195

Kartenskizzen 230

Richtlinien
für die Benutzer der Wuppertaler Studienbibel

In bezug auf den Bibeltext:

Der Bibeltext ist fett gedruckt. Wiederholungen aus dem behandelten Bibeltext sind fett gedruckt.

Gesperrt nur im Sinne der Verdeutlichung bei Betonung.

In bezug auf die Parallelstellen:

Mit Absicht sind eine große Fülle von Bibelstellen als Parallelen gebracht. Für diese Parallelstellen ist am Rand eine Spalte freigelassen.

In bezug auf die Handschriften:

Zu den wichtigsten vom Text abweichenden Lesarten, die sich im allgemeinen in den Fußnoten finden, sind folgende Zeichen gesetzt, die der Erklärung bedürfen:

Die Handschriften des Neuen Testaments

Bezeichnung	aus Jahrhundert	Namen	Standort: in Bibliothek	
א	IV	Sinaiticus	London	Neutestamentlicher Teil einer Vollbibel. Die romantische Entdeckungsgeschichte, wie sie Tischendorf erzählt, siehe bei Tischendorf. Gregory 348 ff., Gregory 23 ff. 1844 im Katharinenkloster auf Sinai in einem Abfallkorb zum Heizen bestimmt. Genannt sei auch: Schneller: Tischendorf-Erinnerungen.
A	V	Alexandrinus	London	Das NT mit 1. Clemensbrief und den sogen. Psalmen Salomos, in der Bibliothek Alexandrien, 1628 an Karl I. von England geschenkt. Vollbibel mit einzelnen Lücken.
B	IV	Vaticanus	Rom	Einer der größten Schätze der päpstlichen Bibliothek. Vollbibel mit Lücken.
C	V	Ephraemi rescriptus	Paris	In Pariser Nationalbibliothek stehend. Vom Syrer Ephraem überschrieben. 1535 nach Paris gekommen. Bibel mit vielen Lücken.

Diese vier Bibeln des IV. und V. Jahrhunderts dürfen als die wichtigsten Zeugen gelten. — Wenn sie auch auf die Hauptsitze der katholischen und anglikanischen Kirche Rom, Paris, London verteilt sind, so hat doch der deutsche Protestantismus sich um ihre gelehrte Erforschung sehr bemüht.

Die Zusammenfassung der vier Handschriften א A B C zu einer Textgruppe wird die hesychianische oder ägyptische Textform genannt. Hesychius war ein Grieche in Alexandrien. Weil Alexandrien in Ägypten liegt, wird diese Textgruppe auch die ägyptische Textform genannt.

Weitere Handschriften des Neuen Testaments

Bezeichnung	aus Jahrhundert	Namen	Standort: in Bibliothek	
D	VI	Bezae Cantabrigiensis	Cambridge	Enthält die vier Evangelien und die Apostelgeschichte, aber mit großen Lücken.
E	VIII	Basiliensis	Basel	
F	IX	Boreelianus	Utrecht	Diese Handschriften enthalten die vier Evangelien.
G	X	Seidelianus I	London	
H	IX	Seidelianus II	Hamburg	
L	VIII		Paris	H und L enthalten Apostelgeschichte und Briefe.
046	VIII		Rom	046 enthält Offenbarung des Johannes.

Die sogenannte Koine ist diejenige Handschriftengruppe, welche die Zusammenfassung der einzelnen Handschriften E F G H L und 046 bildet.

Es sind also die Handschriften aus dem VIII. bis X. Jahrhundert. Die Koine ist die in Antiochien und später in Konstantinopel zur allgemeinen Verbreitung gekommene Textform. Diese Textform tritt uns, da Erasmus von Rotterdam solche späten Handschriften benutzte, in Luthers Bibelübersetzung entgegen. Luther stützte sich auf diese späte Handschriftengruppe, also auf die sogenannte Koine, die in der Erasmusausgabe vorlag.

Die Erasmusarbeit war eine sehr flüchtige Arbeit.

„Erasmus benutzte höchstens drei Handschriften, die er von den Predigermönchen in Basel entlieh und die heute noch erhalten sind (keine von ihnen ist älter als das 12. Jahrhundert). Sie zeigen, daß Erasmus die Handschriften selbst durcharbeitete und dann als Vorlage in die Druckerei gehen ließ. Für die Offenbarung des Johannes, die in jenen Handschriften fehlte, wurde eine Handschrift aus Maihingen herangezogen; in ihr fehlte der Schluß 22, 16—21; Erasmus übersetzte ihn einfach aus der Vulgata ins Griechische, ohne das irgendwo anzugeben." Michaelis, Einleitung in das NT 1954 Seite 357.

Die Koine-Gruppe, d. i. die Vorlage Luthers, erwähnen wir ebenfalls.

Andere Handschriften werden jeweilig im Text erklärt.

Am Schluß der Studienbibel soll eine Übersicht über die Geschichte der Handschriften folgen.

In bezug auf besondere Urtextwörter:

Schwierige Wörter des griechischen Textes, die die Möglichkeit verschiedener Übersetzungen bieten, sind in den Fußnoten eingetragen. Die griechischen Wörter sind dabei in Klammern oder in Anführung gesetzt und in lateinischen Buchstaben wiedergegeben!

Abkürzungs-Verzeichnis

I. Allgemeine Abkürzungen:

AT = Altes Testament
NT = Neues Testament
atst = alttestamentlich
ntst = neutestamentlich
grie = griechisch
hebr = hebräisch
lat = lateinisch
LXX = Septuaginta. Das ist die griechische Übersetzung des AT, angeblich von 70 gelehrten Juden auf Befehl des Königs Ptolemäus Philadelphus 200 v. Chr. in Alexandrien angefertigt.

II. Literatur-Abkürzungen:

W—B = Walter Bauer: Griechisch-Deutsches Wörterbuch. 4. Aufl. 1952
Bl—De = Blaß—Debrunner: Grammatik des ntst Griechisch 9. Auflage 1954 zitiert n. §§.
Radm = Rademacher: Neutestl. Grammatik 1925. 2. Aufl.
Ki—Th W = Kittel: Theolog. Wörterbuch
NTD = Neues Testament Deutsch Göttingen 1932 ff.
St—B = Strack—Billerbeck: Kommentar zum NT aus Talmud usw. Bd I—IV. München 1922 ff.

III. Abkürzungen der biblischen Bücher:

a) Altes Testament

1 Mo = 1. Mose
2 Mo = 2. Mose
usw. usw.
Jos = Josua
Ri = Richter
Rth = Ruth
1 Sam = 1. Buch Samuelis
2 Sam = 2. Buch Samuelis
1 Kö = 1. Buch der Könige
2 Kö = 2. Buch der Könige
1 Chro = 1. Buch der Chronika
2 Chro = 2. Buch der Chronika
Esr = Esra
Neh = Nehemia
Esth = Esther
Hio = Hiob
Ps = Psalter
Spr = Sprüche
Pred = Prediger
Holi = Hohelied
Jes = Jesaja
Jer = Jeremia
Kla = Klagelieder
Hes = Hesekiel
Da = Daniel
Hos = Hosea
Joe = Joel
Am = Amos
Ob = Obadja
Jon = Jona
Mi = Micha
Nah = Nahum
Hab = Habakuk
Ze = Zephanja
Hag = Haggai
Sach = Sacharja
Mal = Maleachi

b) Apokryphen

Tob = Tobias
1 Makk = 1. Makkabäer
2 Makk = 2. Makkabäer
Sir = Sirach

c) Neues Testament

Mt = Matthäus
Mk = Markus
Lk = Lukas
Jo = Johannes
Apg = Apostelgeschichte
Rö = Römer
1 Ko = 1. Korinther
2 Ko = 2. Korinther
Gal = Galater
Eph = Epheser
Phil = Philipper
Kol = Kolosser
1 Th = 1. Thessalonicher
2 Th = 2. Thessalonicher
1 Tim = 1. Timotheus
2 Tim = 2. Timotheus
Tit = Titus
Phlm = Philemon
1 Pt = 1. Petrus
2 Pt = 2. Petrus
1 Jo = 1. Johannes
2 Jo = 2. Johannes
3 Jo = 3. Johannes
Hbr = Hebräer
Jak = Jakobus
Jud = Judas
Offb = Offenbarung des Johannes

Vgl. W. Stb. Matth. S ... = Vergleiche Wuppertaler Studienbibel Matthäus-Band Seite ...
Vgl. W. Stb. Mark. S ... = Vergleiche Wuppertaler Studienbibel Markus-Band Seite ... usw.

EINFÜHRUNG IN DIE LITERATUR

Öfter, als es diese Auslegung sich anmerken lassen kann, mußte der Verfasser mit sich zu Rate gehen, welchem möglichen Verständnis eines Verses oder Abschnittes er folgen solle. Jedoch an einigen Stellen erschien es ihm gut, den Leser erkennen zu lassen, in welche Richtung er versuchsweise vorstieß und welche Gründe ihn gegebenenfalls zurückholten und auf einen anderen Weg schickten. An diesen Stellen vornehmlich erscheinen die Namen anderer Ausleger, deren Werke in der hier folgenden alphabetisch geordneten Liste zu finden sind. Sie beschränkt sich auf die deutschsprachige Literatur unseres Jahrhunderts und läßt die unübersehbare Fülle kleiner Schriften oder Aufsätze fast ganz außer acht.

Aber auch dort, wo auf die Meinung anderer Ausleger ausdrücklich Bezug genommen wird, ist es nicht immer möglich, abweichende Gedanken in all ihren Windungen und Begründungen darzustellen und gebührend zu würdigen. Es kann immer nur um eine kurze Orientierung nach verschiedenen Seiten hin gehen. Es ist stets an den Raum der Gemeinde gedacht und an das, was dort in der Luft liegen mag.

Ferner soll die nachstehende Liste auch Titel anführen, auf die die Auslegung zwar nicht ausdrücklich Bezug nimmt, die aber dem Interessierten unter verschiedenen Gesichtspunkten zur Lektüre empfohlen werden. Diese Gesichtspunkte seien im folgenden erläutert.

Für die Einleitungsfragen im allgemeinen empfehlen sich von den neueren Werken durch ihre besonnene Art die Bücher von W. Michaelis und A. Wikenhauser (kath.). Eine anregende Ergänzung bietet M. Albertz. Speziell über die spätjüdische Apokalyptik unterrichtet sehr gut D. S. Russell, vgl. dazu die angegebenen Abschnitte bei G. von Rad, Strack-Billerbeck und besonders bei J. Moltmann. Eine handliche deutsche Textausgabe jüdischer Apokalypsen, kurz erläutert, verdanken wir P. Rießler. Ins Deutsche übersetzte Texte christlicher Apokalypsen mit ausführlicher Einleitung bietet z. B. E. Hennecke. In bezug auf die zeitgeschichtlichen Verhältnisse ist für jedermann lesenswert das Werk von W. Foerster. E. Stauffer stellt die Zusammenhänge der Offenbarung mit dem Kaiserkult reichlich journalistisch, aber überaus fesselnd dar.

Einen dringend notwendigen und wertvollen Dienst hat H. Berkhof mit seinem Büchlein über christliche Geschichtsschau getan. Seine Ansätze sollten Gehör finden, geprüft und ergänzt werden.

Im Unterschied zur fachwissenschaftlichen Forschung hat die allgemeine Auslegung der Offenbarung in den letzten Jahrzehnten viele neue Kommentare hervorgebracht.

Die stark historisierende Deutungsweise „reichsgeschichtlicher" Art fand neue Vertreter in G. Stokmann und K. Hartenstein. Eine ausgeprägt weltgeschichtliche Auslegung, die darin an J. A. Bengel erinnert, führt H. Kobs mit großem Fleiß vor (adventistisch).

Die endgeschichtliche Auslegung, die die wesentlichen Abschnitte des Buches auf eine auch für uns noch zukünftige, ja der Entrückung der Gemeinde erst nachfolgende Zeit bezieht, vertreten in verschiedenen Abwandlungen G. K. Brinke, E. Dönges, K. Merz und H. H. Janzen; in eigener Weise auch H. Langenberg in seinen Schriften. Das eigentümliche Buch von B. Philbert soll zu Kapitel 9 besonders gewürdigt werden.

Einer zu einseitig zeitgeschichtlichen Auslegung war der ehrwürdige A. Schlatter verhaftet, der überhaupt hinsichtlich der Lehre von den letzten Dingen kaum befriedigt. Ihm ähnelt darin die Auslegung von J. Behm, der in der Offenbarung „in zeitgebundener Form ewige Wahrheiten" findet. Der religionsgeschichtliche Vergleich hat bei E. Lohse das Übergewicht (Lohse selbst bevorzugt zur Bezeichnung dieses Typs den Begriff der Traditionsgeschichte).

Schließlich finden sich Versuche, denen sich die vorliegende Auslegung zurechnet, nämlich die Offenbarung betont zu deuten aus dem allgemeinchristlichen Bekenntnisgut heraus. Weder die Weltgeschichte noch die Kirchengeschichte noch die Zeitgeschichte noch das Judentum oder die Umweltreligionen bilden nach diesen Auslegern den maßgeblichen Zusammenhang, in welchem dies Buch lebt, atmet und spricht, sondern das Evangelium vom gekreuzigten und auferweckten Christus. Die Offenbarung des Johannes ist ein wesentlich christliches Buch, womit einer sachgemäßen Auslegung der Weg gewiesen ist bis ins Methodische hinein. Chr. Brütsch prägte für diesen Weg den Ausdruck „christologische Auslegungsweise" (S. 119).

In diesem Sinn haben viele tüchtige Ausleger gearbeitet. Leider waren ihnen durch den geringen Umfang ihrer Bücher durchweg empfindliche Grenzen gezogen. Die Einzelerklärung von Wörtern, Wendungen und Sätzen, die diesen Arbeiten selbstverständlich vorausging, konnte nicht im wünschenswerten Maß vor dem Leser ausgebreitet werden. Dieser fand sich sogleich vor die Ergebnisse gestellt, vor die Schlüsselwahrheiten und großen Linien.

Solche empfehlenswerten, jedoch allzu kurzen Kommentare sind etwa die von M. Rissi, B. H. Forck und Chr. Brütsch; letzterer fügt aber ein lesenswertes Nachwort über einige Einleitungsfragen an. Rissi zieht beachtenswerte Linien aus bis in unser Heute. Durch gediegene Kenntnis der Zeit- und Geistesgeschichte, durch eine vorzügliche Sprache und viele feinsinnige Hinweise fällt H. Lilje auf. Ausgewogen und lehrreich ist der katholische Kommentar von A. Wikenhauser. H. Frey schrieb glutvoll und bibelgesättigt, neigt aber zu Vereinfachungen.

Die wissenschaftliche Forschung steuerte seit Jahrzehnten keinen Gesamtkommentar bei. Seit Jahren ist in der Reihe „Kritisch-exegetischer Kommentar über das Neue Testament" eine Bearbeitung von K. G. Kuhn angekündigt. So gilt es auf frühere Arbeiten zurückzugreifen. Am Anfang des Jahrhunderts legte W. Bousset die Offenbarung in den Bahnen und Grenzen der religionsgeschichtlichen (bzw. traditionsgeschichtlichen) Schule aus, räumte dabei aber mit vielen unnützen, vor allem literarkritischen Hypothesen seiner Vorgänger auf. Darin bestand ein großer Fortschritt. Nach dem ersten Weltkrieg erschien das Werk des hochgelehrten, bibelgläubigen, aber auch eigenwilligen Th. Zahn, ferner das für den Aufbau der Offenbarung noch heute wesentliche Werk E. Lohmeyers, der methodisch wieder in den Bahnen Boussets ging, wenn auch sachlich mit anderen Ergebnissen, und schließlich die Auslegung W. Hadorns, der versuchte, die berechtigten Anliegen der zeitgeschichtlichen und religionsgeschichtlichen Forschung maßvoll aufzunehmen, aber vor allem den christlichen Charakter der Offenbarung gebührend in die Mitte zu stellen. Das übersichtlich geschriebene und gedruckte Buch ist auch Lesern zu empfehlen, die keine Kenntnis der griechischen Sprache haben. – Aus dieser Zeit stammt auch der Kommentar von Strack-Billerbeck, weniger ein Kommentar im gewöhnlichen Sinn, sondern fast nur eine Sammlung jüdischer Parallelen, Vers für Vers dem biblischen Text zugeordnet.

Andererseits haben Fachgelehrte in den letzten Jahrzehnten vielversprechende Einzelstudien zur Offenbarung vorgelegt. Mit besonderem Dank sei hier auf die Arbeiten von Tr. Holtz und M. Rissi hingewiesen, ferner auf die von H. Bietenhard, G. Bornkamm, L. Goppelt, R. Halver, H.-P. Müller, A. Satake, A. Schlatter, H. Schlier und C. Schneider.

Für statistische Angaben wurde dankbar R. Morgenthaler, *Statistik des neutestamentlichen Wortschatzes*, Frankfurt a. M. 1958, benutzt. Hier finden sich nicht nur Tabellen, von denen abzulesen ist, wie oft eine grie Vokabel in jeder ntst Schrift vorkommt, sondern z. B. auch welche Vokabeln sie bevorzugen. Ein „Vorzugswort" liegt dann vor, wenn ein Wort in einer Schrift im Vergleich mit anderen Schriften und im Verhältnis zu ihrem eigenen Umfang besonders oft vorkommt. Um das Beispiel aus dem Vorwort dieser Auslegung aufzugreifen: Bei einem Wortbestand von rund 140 000 Wörtern enthält das NT 8947 mal „und". Davon entfallen allein auf die Offenbarung mit ihren 9884 Wörtern 1117 Stellen (so nach S. 167; in der Tabelle S. 108 steht ein Druckfehler), d. h. auf 100 Worte Text kommt über 11 mal „und". Das ist die höchste durchschnittliche Vorkommenszahl im NT. Der Durchschnitt liegt außerhalb der Offenbarung bei 6 Prozent. Selbstverständlich wollen diese Statistiken aus mancherlei Gründen sehr vorsichtig ausgewertet werden.

An Nachschlagewerken benutzte ich vor allem das *Theologische Wörterbuch* von Kittel, die *RGG*³, das *Lexikon zur Bibel* von Rienecker (5. A.), das *Wörterbuch zum Neuen Testament* von Bauer (5. A.) und, soweit erschienen, das *Begriffslexikon zum Neuen Testament* von Coenen-Beyreuther-Bietenhard.

Albertz, M. Die Botschaft des Neuen Testamentes, I. Bd. 2. Halbbd. Die Entstehung des apostolischen Schriftkanons, Zollikon-Zürich 1952, S. 334–370.

Behm, J. Die Offenbarung des Johannes, 5. Aufl. Göttingen 1949.

Bengel, J. A. Gnomon, Bd. II, Teil 2: Briefe und Offenbarung. Deutsch von C. F. Werner, 6. Aufl. Berlin 1952.

Berkhof, H. Der Sinn der Geschichte: Christus, Göttingen und Zürich 1962.

Bietenhard, H. Das Tausendjährige Reich, 2. Auflage Zürich 1955.

Bietenhard, H. Die himmlische Welt im Urchristentum und Spätjudentum, Tübingen 1951.

Bornkamm, G. Die Komposition der apokalyptischen Visionen in der Offenbarung Johannis (in: Studien zu Antike und Urchristentum, Gesammelte Aufsätze Bd. II), 2. Aufl. München 1963.

Bousset, W. Die Offenbarung Johannis (Kritisch-exegetischer Kommentar über das Neue Testament 16. Abt.), 6. Aufl. Göttingen 1906.

Brinke, G. R. Skizzen über die Offenbarung, 2. Aufl. Bern 1947.

Brütsch, Chr. Die Offenbarung Jesu Christi (Zürcher Bücherkommentare), Zürich 1955.

Dönges, E. Was bald geschehen muß, 3. Aufl. Dillenburg 1959.

Foerster, W. Neutestamentliche Zeitgeschichte, 2. Bd.: Das römische Weltreich zur Zeit des Neuen Testaments, 2. Aufl. Hamburg 1961.

Forck, B. H. Die Offenbarung des Johannes (Bibelhilfe für die Gemeinde), Kassel 1964.

Frey, H. Das Ziel aller Dinge, 3. Aufl. Stuttgart 1962.

Goppelt, L. Heilsoffenbarung und Geschichte nach der Offenbarung, in: Theologische Literaturzeitung, 77. Jahrg., Sp. 513—522.

Hadorn, W. Die Offenbarung des Johannes (Theologischer Handkommentar zum Neuen Testament Bd. XVIII), Leipzig 1929.

Halver, R. Der Mythos im letzten Buch der Bibel, Eine Untersuchung der Bildersprache der Johannes-Apokalypse (Theologische Forschung 32), Hamburg 1964.

Hartenstein, K. Der wiederkommende Herr, 3. Aufl. Stuttgart 1954.

Hennecke, E. Hrsg. W. Schneemelcher, Neutestamentliche Apokryphen in deutscher Übersetzung, II. Bd., Apostolisches, Apokalypsen und Verwandtes, 3. Aufl. Tübingen 1964.

Janzen, H. H. Und ich sah . . ., 2. Aufl. Darmstadt 1964.

Kobs, H. Die Offenbarung des Johannes, Hamburg 1968.

Langenberg, H. Schlüssel zum Verständnis der Apokalypse, I. und II. Teil, Metzingen 1956/57.

Lilje, H. Das letzte Buch der Bibel (Die urchristliche Botschaft), 7. Aufl. Hamburg 1961.

Lohmeyer, E. Die Offenbarung des Johannes (Handbuch zum Neuen Testament Bd. 16), 2. Aufl. Tübingen 1953.

Lohse, E. Die Offenbarung des Johannes (Das Neue Testament Deutsch Bd. 11), Neubearbeitung Göttingen 1960.

Merz, K. Was in Kürze geschehen soll, Lahr-Dinglingen (Baden) 1951.

Michaelis, W. Einleitung in das Neue Testament, 3. Aufl. Bern 1961.

Moltmann, J. Theologie der Hoffnung (Beiträge zur evangelischen Theologie Bd. 38), 3. Aufl. München 1965, S. 120—124.

Müller, H.-P. Die Plagen der Apokalypse, Eine formgeschichtliche Untersuchung, in: Zeitschrift für die neutestamentliche Wissenschaft 1960, S. 268—278.

Philberth, B. Christliche Prophetie und Nuklearenergie, 5. Aufl. Wuppertal 1964.

Rad, G. von, Theologie des Alten Testamentes Bd. II: Die Theologie der prophetischen Überlieferung Israels, 4. Aufl. München 1965, S. 314—321.

Rießler, P. Altjüdisches Schrifttum außerhalb der Bibel, Augsburg 1928.

Rissi, M. Alpha und Omega, Eine Deutung der Johannesoffenbarung, Basel 1966.

—, Die Zukunft der Welt, Eine exegetische Studie über Johannesoffenbarung 19, 11 bis 22, 15, Basel 1966.

—, Was ist und was geschehen soll danach. Die Zeit- und Geschichtsauffassung der Offenbarung des Johannes (Abhandlungen zur Theologie des Alten und Neuen Testamentes Bd. 46), Zürich 1965.

Russell, D. S. Zwischen den Testamenten (Neukirchner Studienbücher Bd. 1), Neukirchen 1962.

Satake, A. Die Gemeindeordnung in der Johannesapokalypse (Wissenschaftliche Monographien zum Alten und Neuen Testament Bd. 21), Neukirchen 1966.

Schlatter, A. Das Alte Testament in der johanneischen Apokalypse (Beiträge zur Förderung christlicher Theologie Bd. 16, 6), Gütersloh 1912.

—, Die Offenbarung des Johannes (Erläuterungen zum Neuen Testament Bd. 10), 36.—40. Tsd. Stuttgart 1965.

Schlier, H. Zum Verständnis der Geschichte nach der Offenbarung, und Vom Antichristen, beide Aufsätze in: Die Zeit der Kirche, 4. Aufl. Freiburg 1966.

Schneider, C. Die Erlebnisechtheit der Apokalypse des Johannes, Leipzig 1930.

Stauffer, E. Christus und die Caesaren, 6. Aufl. Hamburg 1964.

Stokmann, G. Reichsgeschichtliche Auslegung der Offenbarung des Johannes, 3. Aufl. Gütersloh 1923.

Strack, H. L., und P. Billerbeck Kommentar zum Neuen Testament aus Talmud und Midrasch; 3. Bd., S. 788—858 (Kommentar); 4. Bd., S. 799—1015 (Exkurse „Diese Welt, die Tage des Messias und die zukünftige Welt“ und „Vorzeichen und Berechnung der Tage des Messias“), 4. Aufl. München 1965.

Wikenhauser, A. Die Offenbarung des Johannes, 3. Aufl. Regensburg 1959.

—, Einleitung in das Neue Testament, 5. Aufl. Freiburg 1963.

Zahn, Th. Die Offenbarung des Johannes, 2 Teile, Leipzig/Erlangen 1924 u. 1926.

EINLEITUNGSFRAGEN

Weht der Heilige Geist nur dort, wo wir die breiten Segel unserer zeitgeschichtlichen Kenntnisse ausgespannt haben? Muß ein Bibelleser erst alle historischen Fragen eines biblischen Buches durchwandern und richtig im Kopf haben, damit Gott zu ihm reden kann? Nein, in der Gemeinde und auch im Leben des einzelnen Gemeindegliedes wird ein unmittelbares, gewissermaßen naives Bibelverständnis immer seinen Platz haben müssen. Christen, die sich lebenslang in die Bibel eingelesen und eingelebt haben, vermögen manchmal einen Abschnitt so unmittelbar zu erfassen und auf die Gegenwart anzuwenden, daß es sich für die ganze Gemeinde, auch für deren sprachlich und historisch geschulten Glieder lohnt, zuzuhören. Und zwar lohnt es sich auch dann, wenn mit solchen Beiträgen äußerliche Mißverständnisse verbunden sind. Dem, der nicht in der Gemeinde lebt, ist das schwer zu erklären, dem anderen, der diese Bibelgespräche kennt, braucht es niemand zu erklären.

Eine völlig andere Frage aber ist die, ob ein solcher Bibelgebrauch in der Gemeinde alle Plätze besetzen und allein dort das Wort führen darf. Es steht bald schlimm um eine Gemeinde, in der sich niemand mehr geduldig und gewissenhaft in die biblischen Zeitverhältnisse hineinversetzt.

Jesus Christus ist heute derselbe wie gestern (Hbr 13, 8), im ersten Jahrhundert nämlich, als er den ersten Zeugen begegnete. Wenn der Heilige Geist uns Heutigen Christus vergegenwärtigen will, arbeitet er darum mit dem Rückgriff auf dieses „gestern" des ersten Jahrhunderts. Darum verbündet sich auch geistlicher Hunger nach heutiger Christuserfahrung notwendig mit einem auch historischen Studium der biblischen Zeugnisse. Dabei fühlt sich der Bibelleser von dem historischen Bezug im Text, also von seinem Hineinragen in die Verhältnisse der damaligen Gemeinden, nicht belästigt oder unnötig aufgehalten. Diese Gemeinden des ersten Jahrhunderts sind es ja gerade, bei denen er anlangen will, um mit ihnen vor dem Christus „gestern" zu stehen, der dann gewiß „heute derselbe" ist.

Ohne Frage fördert ein solches Studium die Unhaltbarkeit mancher Behauptungen des naiven Bibelverständnisses an den Tag. Aber im geistlichen Raum schüchtert Korrektur nicht ein. Ohne Minderwertigkeitsgefühle dient der eine weiter mit seiner Gabe der Unmittelbarkeit, und der andere, der ihn vielleicht korrigieren mußte, hört ihm dankbar weiter zu. So fügen sich im Leib der Gemeinde die Gaben zur Verherrlichung Jesu Christi zusammen.

In diesem Sinne schließt also die geistliche Beschäftigung der Gemeinde mit der Heiligen Schrift auch die historische Sicht, nämlich die sogenannten Einleitungsfragen, mit ein. Dazu wird wiederholt, daß diese Verpflichtung nicht gleichmäßig auf allen Bibellesern ruht. Selbstverständlich können es nicht alle in dieser Art des Studiums gleich weit bringen. Das Maß der zur Verfügung stehenden Zeit, Kraft und Hilfsmittel ist verschieden. Aber wie in vielen anderen notwendigen Dingen des Gemeindelebens gilt auch hier der stellvertretende Dienst einiger für alle.

Einige Glieder sollte es immer wieder geben, die sich zum Nutzen für das Ganze recht umsichtig in die äußeren und inneren Zusammenhänge der biblischen Schriften einarbeiten, um deren Sitz „im Gestern" und den Christus „gestern" zu erfassen. In dem Maß, wie das gelingt, wird auch dem Christus „heute" und seiner Bezeugung heute gedient sein, denn er ist gestern, heute und in Ewigkeit derselbe (Hbr 13, 8).

Diese Auslegung wünscht sich Leser, die gegen eine vielleicht anfänglich bestehende Abneigung in diese etwas mühevolle Aufgabe einwilligen. Bei der Darstellung der Einleitungsfragen sind die Sinnabschnitte fortlaufend numeriert, so daß Rückverweise während der Auslegung leicht befolgt werden können.

I. Anbeten – aber wen?

Anlaß und Abfassungszeit des Buches

1. Eine rein wortstatistische Beobachtung soll die Suche nach dem Anlaß der Offenbarung in Gang setzen. In dieser Schrift, deren Umfang nur etwa ein Vierzehntel des Neuen Testamentes ausmacht, kommt das Wort „anbeten" allein schon 24 mal vor, im gesamten übrigen Neuen Testament hingegen nur noch 35 mal. Sinnverwandte Wörter wie „verherrlichen", „danken", „lobpreisen", „Ehre geben", „Ehre empfangen", „Gott dienen", „zu Gott schreien" und überhaupt die Fülle von Hymnen und Gebeten verstärken den Eindruck, daß es dem Buch um Anbetung geht.

2. Spricht hier der Vertreter einer liturgischen Bewegung? Kein Wunder, daß Ausleger immer wieder erwägen, ob Johannes vielleicht die Formen einer urchristlichen Liturgie als künstlerisches Stilmittel für die Wiedergabe seiner Botschaft gewählt habe[1]. Aber diese Deutung wird dadurch fraglich, daß in diesem Buch nicht nur die Gemeinde oder die Engel beten, sondern „alle Bewohner der Erde" (13, 4. 8). Die Menschheit betet – bei allen Spannungen, die sie zerreißen. Da stehen nicht Beter gegen Nichtbeter, sondern Beter gegen Beter. Zwar kennt die Offenbarung auch den Gegensatz zwischen Lehre und Lehre (2, 14), Prophetie und Prophetie (2, 20) oder Zeugnis und Zeugnis (13, 14), aber in Kapitel 13, wo sich die Auseinandersetzung aufgipfelt, wird man auf beiden Seiten in einem letzten Sinn wesentlich, stellt Rede und Widerrede ein, und – jedermann betet! „Die Bewohner der Erde, deren Namen nicht geschrieben sind von Anfang der Welt in dem Lebensbuche des Lammes, beten (das Tier) an" (13, 8). Die „Heiligen" dagegen, die immer wieder als Gott preisende Schar geschaut werden, verweigern die Anbetung des Tieres und gehen ins Martyrium. Wie sehr dieser Zusammenprall zwischen Betern und Betern

[1] So z. B. Stauffer, Die Theologie des Neuen Testamentes, 6. A. Stuttgart 1964, S. 181.

Kern des Buches ist, zeigt das Nachzittern dieses Höhepunktes in den weiteren Kapiteln (14, 9. 11; 15, 2; 16, 2. 6. 10; 17, 6; 19, 20; 20, 4). In Kapitel 13 öffnet sich die Szene, auf die das Buch zusteuert, und die es bis zum Schluß umkreist.

3. Die Menschheit betet! Diese Schau könnte aber auch ausdrücken wollen, daß Menschen zu allen Zeiten eine Art oder Abart von Religion haben; daß sie es augenscheinlich nicht aushalten, nicht von irgend etwas überwältigt zu sein und sich nicht vor irgend etwas tief zu beugen, wenn sie sich auch darin uneinig sind, wo und vor wem sie anbeten sollen[2]. Aber die Offenbarung zielt nicht auf eine solch überzeitliche Aussage. Der oben erwähnte Zusammenprall der verschiedenen Anbeter setzt deutlich zu einem bestimmten Zeitpunkt ein. Der Prophet sagt ihn 14, 13 als dicht bevorstehend an: „Selig sind die Toten, die in dem Herrn sterben von nun an." Noch herrscht Windstille. Doch ist es nicht Ruhe zum Schlafen, sondern Ruhe vor dem Sturm, bereits durchzittert von leisen Vorboten des Kommenden. In Pergamon ist schon gelegentlich Märtyrerblut geflossen, und Johannes ist neuerdings verbannt nach Patmos. Die nächste Zukunft wird einen Kampf auf Leben und Tod bringen, „die Stunde der Prüfung, die über den ganzen Weltkreis kommen wird" (3, 10), die „große Drangsal" (7, 14).

Aber auf welche Zeit und auf welchen Vorgang will das alles gedeutet sein? Vielleicht auf das Jahr 2000? Keineswegs dürfen wir dieses Buch so zu uns herüberziehen, daß wir es den damals angeredeten Gemeinden wegziehen. Entehren wir nicht Johannes und seine Botschaft, wenn wir unterstellen, er habe über die Köpfe seiner Zeitgenossen hinweggeschrieben und es habe sie in Wahrheit noch gar nicht betroffen, was sie für sich lasen? Ganz gewiß reicht das prophetische Wort auch über die damalige Zeit hinaus (s. Nr. 60), aber die Auslegung der Offenbarung muß danebengehen, wenn ihre Bedeutung für die ersten Empfänger vernachlässigt wird. Also bleibt die Frage zu beantworten: Worum ging es damals? Wodurch war eine solche Spannung entstanden und welche Entladung kündigte Johannes an?

Die Forschung kehrt stark zu einer alten Aussage über die Abfassungszeit des Buches zurück[3]. Der Kirchenvater Irenäus, der in der ersten Hälfte des 2. Jahrhunderts noch in Kleinasien lebte, später Bischof von Lyon wurde, setzte in seiner Schrift „Gegen die Häretiker" von der Offenbarung als allgemein bekannt voraus: „Sie ist ja nicht vor langer Zeit, sondern beinahe noch zu unseren Lebzeiten, gegen Ende der Regierung Domitians geschaut worden[4]" (Domitian regierte von 81 bis 96). Diese älteste Äußerung zur Abfassungszeit, der bald viele übereinstimmende Zeugnisse

[2] Vom allgemeinen Anbeten, hier oder dort, spricht Jo 4, 20—24, wo ebenfalls das Stichwort „anbeten" auffällt (zehnmal).

[3] So fast alle im Literaturverzeichnis genannten Kommentare, Ausnahmen s. u.

[4] In seinem Werk „Gegen die Häretiker" V. 30, 3 (geschrieben um 180) vgl. E. Lohse, Die Offenbarung des Johannes, S. 5.

folgten[5], blieb zwar nicht unwidersprochen[6]. Auch neuere Ausleger[7] versuchen eine unmittelbare oder doch größere Nähe zu der neronianischen Christenverfolgung in Rom im Jahre 64 herzustellen. Aber diese Verfolgung war keine Verfolgung aus religiösen Gründen. Nero bewegten persönliche Gründe, indem er den Verdacht, den Brand Roms verschuldet zu haben, von sich selbst auf die Christen lenken wollte. So nachhaltig seine Grausamkeit auch in der Erinnerung haftete, so kam seiner Verfolgung außerdem nur örtlich begrenzte Bedeutung zu.

Gerade wenn wir die Anbetung in der Offenbarung als ihr Thema festhalten, werden wir in Übereinstimmung mit Irenäus fast zwingend auf die Zeitlage gewiesen, wie sie etwa ab 90 unter Domitian bestand. Domitian war nämlich der erste Kaiser, der seit 86 in aller Form und allgemein beanspruchte, was Gottes ist (Mt 22, 21), also die göttliche Verehrung seiner Person. Damit aber wurde das Christentum wegen seiner strengen Bindung an das erste Gebot zwangsläufig eine als staatsfeindlich verbotene Religion. Die Voraussetzung für die großen Verfolgungen in den nächsten beiden Jahrhunderten war damit gegeben. Fortan schwebten die Christen in Rechtsunsicherheit. Jeder von ihnen konnte augenblicklich wegen seines Glaubens Habe und Leben verlieren. Sobald nur ein Kläger da war, fehlte der Richter nicht.

Zwar hatte es schon, solange es Kaiser gab, einen gewissen Kaiserkult gegeben; auch flammten bereits in den ersten Jahrzehnten n. Chr. hier und da lokal begrenzte Christenverfolgungen auf. Aber der Seher von Patmos sah im Zusammenhang mit dem neuen Staatskult eine ganz neue Lage heraufkommen und bereitete die Gemeinde darauf vor.

4. Die Entwicklung des Kaiserkultes kann hier nicht im einzelnen beschrieben werden. Doch das entscheidende Stadium, in das der Kult nun trat, und Domitian selbst sollten uns für die Auslegung vor Augen stehen.

„Soweit man vermuten darf, war er entgegen seiner natürlichen Anlage (nur) aus Not raubgierig und aus Furcht blutdürstig", urteilt der zeitgenössische römische Geschichtsschreiber Sueton über Domitian[8]. Tatsächlich bescheinigte man ihm, der das Reich in einer Katastrophenzeit übernahm, einen nicht üblen Anfang: sorgfältige Rechtsprechung, strenges Vorgehen gegen Bestechung und Verleumdung, nützliche wirtschaftliche Maßnahmen, Beliebtheit beim Heer und erfolgreiche Außenpolitik.

Als er aber nach äußerer Befestigung an die inneren Probleme des riesigen, von Zerfallserscheinungen bedrohten Reiches ging, müssen ihm die Dinge über den Kopf

[5] So Viktorin von Pettau (gest. 303) in seinem Kommentar zur Offenbarung, Eusebius (gest. 340) in seiner „Kirchengeschichte" III 18, 1 und Hieronymus (gest. 420) in seinem Werk „De viris illustribus" 9 und 18.

[6] Es handelt sich um spätere, vereinzelte und wenig zuverlässige Stimmen aus dem Altertum, die die Abfassung der Schrift u. a. in die Zeit Neros (54—68) verlegten. Dagegen spricht schon die Tatsache, daß die Offenbarung noch um 110 in Rom und Antiochien nicht bekannt war, vgl. Zahn S. 29—32.

[7] Z. B. Schlatter und Hadorn.

[8] Sueton, gest. 140 n. Chr., zitiert nach Foerster, 2. Halbband, S. 39. Zum folgenden über Domitian vor allem Stauffer.

gewachsen sein, oder er machte eine unerklärbare Wesensveränderung durch. Jedenfalls lauten die Urteile über seine letzte Zeit – etwa seit 93 n. Chr. – vernichtend. Kostspieligste Hoffeste, Prozessionen, Zirkusspiele, Tierhetzen, Sportveranstaltungen mit reichlichen Kranzverleihungen, Triumphzüge und Errichtung von pompösen Bauten gingen Hand in Hand mit immer härteren und gemeineren Zwangsmethoden, die Gelder herbeizuschaffen. Auf die geringste Anschuldigung hin verurteilte er Menschen, um deren Vermögen einziehen zu können. Dies alles trug ihm zusätzliche Gegner ein. Nicht ganz unbegründet packte ihn ein Verfolgungswahn. Ein Heer von Spitzeln diente der kaiserlichen Sicherheit. In seiner Angst vor Feinden von innen und außen – besonders im Osten des Reiches – verschärfte er wiederum die Terrormaßnahmen und wurde krankhaft mißtrauisch. Er verschuldete den Tod seiner Geliebten, setzte seine Frau auf die schwarze Liste und beseitigte engste Mitarbeiter. Dabei entwickelte er eine Vorliebe für grausame Hinrichtungsarten. Es gelang ihm in unheimlicher Regelmäßigkeit, Verschwörungen auszuräuchern und Revolten niederzuschlagen. Am 18. September 96 ließ seine Frau ihn durch einen alten Sklaven im Schlafgemach ermorden. Das Reich atmete auf. Der Senat beschloß die feierliche Verfluchung seines Andenkens, die Entfernung seines Namens aus allen Ehrenschriften und die Zerstörung seiner Bildsäulen und Altäre. Die Nachwelt nannte ihn einen Bluthund, eine Höllenbestie, die in ihrer Höhle sitzt und Blut leckt. Sie sprach von der „arroganten Visage“[9] des Tyrannen.

5. Erschreckend ist für den Bibelleser vor allem das Maß der Vergottung, die der Kaiser für sich in Anspruch nahm. Im Jahre 86 n. Chr. ließ er sich als erster römischer Kaiser amtlich „Gott der Herr“ nennen. Sein Palast galt als Heiligtum, sein Thron als Göttersitz. Während seiner Abwesenheit mußte sogar seinem leeren Thronsitz Reverenz erwiesen werden. Zu den kaiserlichen Festen hatte alles in Weiß zu erscheinen. Wenn er auftrat, eine goldene Krone auf dem Haupt, tobten die Massen und brachen in Kaiserakklamationen aus[10]. Das Stimmengewirr ging in rhythmische Sprechchöre über. Hofdichter sorgten für schmeichlerische Texte: „Siehe, das ist Gott, da ist er, vom Vater im Himmel, eingesetzt mit der Vollmacht, auf glücklicher Erde zu herrschen!“ Selbst Tiere nahmen an der Huldigung teil. Dressierte Papageien riefen: „Ave Caesar!“ Kaiserliche Sendschreiben begannen: „Der Herr unser Gott befiehlt“, und die Bluturteile: „Es hat dem Herrn unserm Gott in seiner Gnade gefallen . . .“[11] (zum Kaiserkult vgl. noch Nr. 12).

6. Daß Domitian nicht zuletzt wegen seines neuen Kurses gegenüber den Christen in die Geschichte eingegangen ist, wurde schon erwähnt. Zwei Umstände

[9] (S. 7) Plinius, „Panegyricus“ 52.

[10] Belegt sind nach Stauffer Wendungen wie: „Heil dem Herrn, Sieg, Herr der Erde, Unbesiegbarer, Macht, Herrlichkeit, Ehre, Friede, Sicherheit, Heilig, Selig, Groß, Wer ist dir gleich, Du allein, Würdig bist du, Würdig ist er, zu nehmen das Reich, Komm, Komm und verziehe nicht, Kehre wieder, Herr der Herren, Höchster unter den Hohen, Gott aller Dinge, Herr für ewig, Herr von Ewigkeiten zu Ewigkeiten, Herr aller Äone“.

[11] Nach E. Stauffer, Christus und die Caesaren (Hamburg 1952, 4 A.), S. 160 ff.

spielten dabei eine Rolle. Einerseits hatten sich die christlichen Gemeinden ungemein ausgebreitet und dadurch Aufsehen erregt. Selbst in die regierenden Kreise, in den kaiserlichen Hof und sogar in die kaiserliche Familie drang das Evangelium vor (vgl. auch Nr. 14). Schon deshalb stellte sich für den Staat die Frage nach den Christen neu. Auf der anderen Seite hatten sich die Christen inzwischen deutlich vom Judentum gelöst. Damit begaben sie sich des Schutzes, den das Judentum für sie bedeutet hatte. Solange die Behörden die christlichen Gemeinden nämlich für eine jüdische Sekte hielten, fielen diese nicht unter das allgemeine Verbot, neue Gemeinschaften im römischen Reich zu gründen. Denn den jüdischen Synagogen war eine Ausnahme zugestanden. Bisher konnten sich überall vom Staat unangefochten christliche Gemeinden sammeln; sobald aber die Christen Streit mit den Juden bekamen, drohte Streit mit dem Staat. Diese Lage trat nun immer deutlicher ein. Domitian begriff im Christentum eine eigene, das Judentum an Bedeutung übertreffende weltweite Bewegung und hielt es für eine Bewegung gegen die Staatsräson, nämlich gegen den Kaiserkult[12]. So eröffnete er den förmlichen Feldzug des römischen Staates gegen das Christentum.

7. Im Jahre 95 richtete Domitian die Eltern seiner Adoptivsöhne und Thronfolger, Clemens und Domitilla, wegen Neigung zu jüdischen Sitten, wegen Atheismus und Majestätsverbrechen hin. Gewisse Anzeichen sprechen dafür, daß es sich bei ihnen um Christen handelte. Auch die Namen zweier christlicher, von ihm enthaupteter Soldaten sind bekannt[13]. Der 1. Clemensbrief, der vermutlich im gleichen Jahr in Rom abgefaßt ist, bestätigt, daß dort gerade gegen Christen vorgegangen wurde[14]. Der schon erwähnte Plinius-Brief berichtet von Verhörten in Kleinasien, die versicherten, schon vor zwanzig Jahren Christus abgeschworen zu haben. Auch das weist auf Christenprozesse unter Domitian hin. Die Lage spitzte sich zu. In seinem letzten Lebensjahr (96) soll Domitian zwei Christen aus Palästina herbeigeholt und besonders mißtrauisch verhört haben, weil sie mit Jesus verwandt waren. Als er ihre Harmlosigkeit erkannte, begnügte er sich damit, sie lächerlich zu machen[15]. Deutlich machte also Domitian am Ende seiner Amtszeit gegen die Christen Front (vgl. noch Nr. 20)[16].

[12] Etwas später, um 112, sendet der Statthalter von Bythinien in Kleinasien, Plinius, einen aufschlußreichen Bericht an seinen Kaiser Trajan in Rom und schreibt von dem seiner Meinung nach strafbaren, „unbeugsamen Starrsinn" der Christen, weil sie dem Kaiser göttliche Verehrung verweigern.

[13] Nach Stauffer, s. Anm. z. E. 11.

[14] Der erste Clemens-Brief ist ein ausführliches Sendschreiben im Auftrage der römischen Gemeinde an die Gemeinde in Korinth, in der Zwietracht herrschte. Er trug seinen Namen nach seinem vermutlichen Verfasser, Bischof Clemens von Rom. Ob er sich mit dem Clemens von Phil 4, 3 deckt? Jedenfalls verdient die Schrift hohes Ansehen. Der zweite Clemens-Brief (vgl. Nr. 14 am Ende), ein nur kleines Schriftchen, stellt die älteste erhaltene Predigt dar und ist fünfzig Jahre später entstanden. Er hat mit dem ersten Clemens-Brief sachlich nichts zu tun.

[15] Nach Stauffer, s. Anm. z. E. 11.

[16] Nach Stauffer, s. Anm. z. E. 11.

Wieviel dafür spricht, daß hinter der Offenbarung die letzten Regierungsjahre Domitians stehen, wird noch einmal deutlich, wenn uns im folgenden Abschnitt das Empfängerland des Buches vor die Augen tritt.

II. Die römische Provinz Asien

Die Empfänger des Buches

8. Nach 1, 4 wurde die Offenbarung nach „Asien" gesandt. Achtzehn mal erscheint diese Bezeichnung im Neuen Testament. Sie deckt sich aber nicht mit dem heutigen Begriff Asien. Auch gemessen an dem heutigen Kleinasien handelte es sich damals nur um ein Kleinstasien und umfaßte lediglich das westliche Drittel der heutigen Türkei. Die weiteste Entfernung zwischen den sieben erwähnten Städten, nämlich zwischen Pergamon und Laodizäa, entspricht etwa der Luftlinie von Berlin bis an die Spitze von Rügen oder zwischen Berlin und Hamburg (225 km). „Asien" ist in der Offenbarung also immer eines der vielen damaligen römischen Verwaltungsgebiete. Darum sagt diese Auslegung regelmäßig „Provinz Asien".

9. Heute ist jenes Gebiet ein recht abseitiger Raum, ein Winkel der Welt. Kenner der Antike belehren uns aber, daß es damals das kulturelle Zentrum der Welt darstellte und darin selbst Rom oder Athen überflügelte. Weil das für die Bedeutung der Offenbarung ins Gewicht fällt, interessieren Einzelheiten.

Diese Provinz hatte eine große Geschichte. Bereits um 900 v. Chr. kam der so aufgeschlossene und regsame griechische Stamm der Ionier ins Land und gründete an den Küsten und Flußläufen schnell aufblühende Städte. Nicht immer in den folgenden Jahrhunderten beherrschten sie auch das Hinterland. Oft genug mußten sie ihre politische Selbständigkeit hergeben, aber geistig-kulturell und auch wirtschaftlich waren sie ihren Besiegern regelmäßig überlegen. In ihren Städten, nicht etwa im griechischen Mutterland, stand die Wiege der griechischen Philosophie, einer in der Menschheitsgeschichte einzig dastehenden Erscheinung, ohne die die heutige Zivilisation nicht denkbar ist. Ferner entwickelte sich das Land durch Obst- und Weinbau, handwerkliche Industrien und vor allem durch den Handel zu einer Goldgrube. Dank ihrer natürlichen Lage wurden die Häfen zu Umschlagplätzen zwischen Morgen- und Abendland. Das gab einen ungewöhnlichen Horizont, förderte die Wissenschaften, Kunst und Religionen. Die Kehrseite will nicht übersehen sein: Dieser Landstreifen war begehrt. Oft wechselten die Besitzer. Phrygische, lydische, persische, mazedonische und zuletzt römische Herrschaften folgten einander. Jeder Wechsel bedeutete einen neuen Zuzug von Völkern, Sprachen, Sitten und Kulten. Faßt man das Bild zusammen, so ergibt sich ein wahrer Mischkessel, ein Tuschkasten mit allen Farben.

Rom brauchte sich diese Provinz nicht erst zu erobern. Attalus III., der letzte König von Pergamon, vermachte 133 v. Chr. sein Reich testamentarisch den Römern. Die Provinz wurde darum nicht unter Militärverwaltung, sondern unter eine Zivilverwaltung mit einem Prokonsul gestellt. Gerne sahen die Römer von einer Direktverwaltung ab, weil die Provinz straff genug in ihrem Sinne regiert wurde. So blühte das Land weiter. Die Hauptstadt Ephesus zählte bald eine Viertelmillion Einwohner. Laodizäa hatte Banken von Weltruf, fast alle Städte leistungsfähige Industrien[17]. In den Häfen drängten sich an den Kais mehrstöckige Speicher, dazwischen wogte das Heer der Schiffsmasten aus aller Herren Länder. Fremde Sprachen mischten sich unter die einheimische. Trachten aller Völker boten sich dem Auge dar.

10. Die Provinz war nicht allein Umschlagplatz für Waren, sondern auch für religiöse Kulte, die vor allem von Ost nach West drangen, darunter auch Naturkulte, die die Religionswissenschaftler lebhaft an die uns auch aus dem Alten Testament bekannten Baalskulte Syriens erinnern. Dieser Hinweis ist bei der Auslegung von Kapitel 2 und 3 aufzunehmen. Wenigstens zeichnet sich die ungewöhnliche religiöse Fruchtbarkeit dieser Landschaft und ihrer Menschen ab. Überall hochragende, marmorschimmernde Kult- und Wunderstätten und dazu der entsprechende Wallfahrtsbetrieb mit allen kommerziellen Begleiterscheinungen. Nicht zuletzt galt diese Provinz als die gebildetste und edelste im Reich. Sie konnte blühende Erziehungsanstalten, berühmte Bibliotheken und die mildesten, aufgeklärtesten Behörden vorweisen. Hier war, wenn irgendwo in der Welt, griechische Geistigkeit und Leichtigkeit, Lebensfreude und Gestaltungskraft zu Hause; siehe Reicke-Rost, Bibl.-Hist. Handwörterbuch, auch Religion in Geschichte und Gegenwart (RGG^3).

11. So erweist sich die Provinz Asien als eine Hochburg des „Hellenismus". Mit diesem Ausdruck bezeichnet man die großartige Kulturbewegung jener Zeit[18]. Sie begann ihren Siegeszug unter Alexander d. Gr. (356—323 v. Chr.), der dabei allerdings auch ein persisches Erbe fortführte, so daß es mit einem gewissen Recht auch „Orientalismus" heißen könnte. „Hellenismus" bedeutet eigentlich „griechisches Wesen"[19] und läßt nicht gleich erkennen, was gemeint ist. In auffallender Parallele zu heutigen Erscheinungen ging es um ein Zusammenwachsen der Menschheit aller Erdteile zu möglichst großen Einheiten, und zwar auf Kosten der völkischen, rassischen, sprachlichen, politischen, sozialen und religiösen Eigenart. Die ganze Menschheit sollte e i n Volk werden. Das kühne Programm einer Verschmelzung von Abend- und Morgenland trägt aber nicht ganz zu Unrecht den Namen des kleinen Hellenenvolkes, weil diese Menschen den Ausgleich zwischen den Interessengruppen schufen. Nicht nur, daß das griechische Mutterland die Schwelle zwischen Ost und West bildete — inmitten der völkerverbindenden Meere gelegen — und daß dieser Menschenschlag eine selten wache und aufgeschlossene Geistigkeit bewies — Griechen waren buchstäblich in der ganzen damaligen Welt gegenwärtig. Rings um das Mittelmeer und

[17] In 3,4 findet sich ein Bezug auf die Textilbranche in Sardes. 3,17—18 erwähnt mehrere Industrien in Laodizäa. 2,9 nennt den Reichtum Smyrnas. In Apg 19,23 ff begegnen wir der mächtigen „Gewerkschaft" der Goldschmiede in Ephesus. In Pergamon lebte man u. a. vom Kur- und Wallfahrtsbetrieb und seinen gewinnreichen Begleiterscheinungen.

[18] Seit dem Historiker J. G. Droysen (1808—1884).

[19] Die Griechen nannten sich nach der Landschaft Hellas in Mittelgriechenland „Hellenen".

um das Schwarze Meer, selbst am See Genezareth (vgl. Mt 4, 25; Mk 5, 20; 7, 31) gab es Griechenstädte. Über die Bernsteinstraße und über den Balkan hinweg trieben griechische Kaufleute Handel mit der Ostseeküste, über Ägypten hinweg mit Innerafrika, über Mesopotamien mit Indien. Überall eigneten sie sich neues Wissen an, durchdrangen es und gaben es geordnet weiter. Bei den Griechen gelang der Menschheit zuerst der Durchbruch zu wissenschaftlichem Denken. Sie entwickelten die erste Lautschrift und stellten die damalige Weltsprache zur Verfügung, die „K o i n e"[20], in der auch das Neue Testament verfaßt ist. So drückten sie der entstehenden internationalen Weltkultur ihren geistigen Stempel auf. Der Begriff des Hellenismus begegnet jedem, der sich mit der neutestamentlichen Zeit vertraut macht.

12. Ein Beispiel für diese Hellenisierung — und damit tritt die Offenbarung wieder in die Mitte des Gedankenganges — ist auch die Entwicklung des Kaiserkultes. Das Morgenland kannte die göttliche Verehrung von Herrschern seit langem; vor allem in Ägypten, wo der König von Geburt an und unabhängig von seiner Machtstellung als Gott galt. Langsam und gegen zähen Widerstand abendländischer, demokratischer Gesinnung drangen die morgenländischen Hofsitten westwärts. Schrittmacherin hierin war die Provinz Asien. Die frühesten Schriftdenkmäler, die wir von dieser neuen politischen Religiosität besitzen, stammen von dort.

Die Städte der Provinz wetteiferten, welche von ihnen mit gnädigster Erlaubnis des römischen Senats einen Tempel zu Ehren Roms und des Kaisers errichten durfte. Pergamon erhielt das Vorrecht schon unter Augustus (30 v. Chr. — 14. n. Chr.), Smyrna unter Tiberius (14—37 n. Chr.), Ephesus unter Claudius (41—54 n. Chr.). Mit dem neuen Kult waren regelmäßige, prunkvolle Feierlichkeiten verbunden, die als wirtschaftlicher Faktor nicht zu unterschätzen waren.

Dann kam Domitian (81—96 n. Chr.), und Ephesus lief allen Städten den Rang ab. Bald trug es den Ehrennamen „kaisertreue Stadt, kaiserliche Tempelhüterin"[21]. Es bekam ein Kolossalbild des Kaisers von vierfacher Lebensgröße. Dem „göttlichen Alleinherrscher und erlauchten Kaiser Domitian" wurden Altäre errichtet.

Österreichische Forscher haben Teile des zerschlagenen Gnadenbildes, des Tempels, des Hauptaltars und riesige Kandelaber, die bei den Kultfesten ihr Licht spendeten, ausgegraben. Mit der Eröffnung eines Kaisertempels in einer Stadt zog jedesmal auch eine kaiserliche Priesterschaft ein. Ihr Hoherpriester war zugleich der politische Vertrauensmann Roms in der Provinz und ein guter Aufpasser, ob sich die Staatstreue der Untertanen auch in eifriger Teilnahme am Kaiserkult beweise. Diese Priesterschaften taten sich nachweislich und verständlicherweise bei den Christenverfolgungen besonders hervor.

13. Ein Rückblick läßt uns erkennen, daß das Evangelium in dieser Provinz den Menschen in seiner Hochform antraf, nicht etwa unterentwickelt und in engem Horizont befangen. Dort hatte man herausgefunden, was es heißt, Mensch zu sein und

[20] Näml. „koine dialektos", d. h. allgemeine Sprache.

[21] „Hüterin" war Terminus, vgl. Apg 19, 35

demonstrierte es auf beeindruckende Weise. Es war der „moderne Mensch" mit einem gesteigerten Lebensgefühl, auf der Höhe seiner Zeit, Träger und Repräsentant seiner Zeit. Wenn Johannes nun den Gemeinden in der Provinz Asien seine Botschaft sendet, muß er in Rechnung stellen, daß sie nicht unter Provinzlern leben, sondern unter aufgeklärten, selbstbewußten Menschen einer hochgestimmten Epoche.

14. Damit stehen wir bei der Missionsgeschichte jenes Landes. Johannes war nicht der erste, der dort das Evangelium bezeugte. Schon Paulus verstärkte hier unter ausdrücklicher göttlicher Weisung seine Anstrengungen. Drei Jahre wirkte er in Ephesus, länger als anderenorts. Die Gemeinden dieser Provinz empfingen Briefe von Paulus (Kolossä, Ephesus, Laodizäa), von Petrus (1 Pt 1, 1), Johannes (Sendschreiben) und Anfang des zweiten Jahrhunderts von dem bald nach 110 n. Chr. als Märtyrer gestorbenen Ignatius (Ephesus, Magnesia, Tralles, Philadelphia und Smyrna). Hier lag also offensichtlich nicht nur ein Schwerpunkt des Heidentums, sondern auch des Christentums. Ephesus hatte Jerusalem und Antiochien als christliches Zentrum abgelöst; Rom war noch nicht emporgekommen. In keinem anderen Gebiet des Reiches hatte sich die christliche Bewegung inzwischen so ausgebreitet. Nach dem Plinius-Brief war die Zahl der Christen so groß geworden, daß die heidnischen Tempel schon verödeten, nach dem 2. Clemens-Brief übertraf sie die Zahl der Juden.

15. In dieser Provinz wurde die Auseinandersetzung zwischen Gemeinde und Umwelt also in einer für das ganze Reich gültigen und bemerkenswerten Form geführt. Das spürt Johannes und ruft darum immer wieder die Gesamtchristenheit auf: „Wer ein Ohr hat, der höre, was der Geist den Gemeinden sagt!" (Offb 2, 7. 11. 17). Zum Schluß dieses Abschnittes sei noch auf die Grundlinien dieser Auseinandersetzung hingewiesen, ohne die Einzelauslegung vorwegzunehmen.

Ein Mensch, der die Bildung auf seine Fahnen geschrieben hat – und das hatte der hellenistische Mensch in der Provinz Asien – ist immer stolz, daß er Verständnis hat. Man hatte also auch Verständnis für das Christentum (vgl. Apg 19, 31!). Trotz einiger Störungen, deren besondere Gründe zu prüfen sind, war die Haltung der sieben Städte nach Offenbarung 2 und 3 tolerant. Aber man erwartete auch Verständnis! Warum sollten sich die Christen nicht ihrerseits auch für die Gegenseite öffnen? Wer also ein Christ sein möchte, der sei es und bleibe es, aber er sei ein richtiger, eben ein verständnisvoller Christ! Das bedeutet, daß die Anfechtung noch nicht im antichristlichen, sondern im scheinchristlichen Gewande auftrat. Diese scheinchristliche Verführung ist darum auch das stehende Thema der Gemeindebotschaften: Vorsicht vor Scheinaposteln (2, 2), Scheinjuden (2, 9; 3, 9), Scheinpropheten (2, 20), Scheinleben (3, 1) und Scheinreichtum (3, 17)!

Nicht zuletzt in dieser Hinsicht bringt Johannes „Offenbarung" durch den, der „Augen wie Feuerflammen" hat und ein „zweischneidiges Schwert" (Offb 2, 12. 18). Er durchdringt allen Schein und enthüllt, was *ist*. Die Gemeinde darf um ihrer Umwelt willen nicht zu einer Scheingemeinde werden.

III. Johannes

Der Verfasser des Buches

16. Einige Leser mögen die Frage, wer der 1, 1. 4. 9 und 22, 8 als Absender genannte Johannes war, für überflüssig halten. Sie haben es bisher nicht anders verstanden, als daß es sich um den betagten Zwölferapostel Johannes handele, den Sohn des Zebedäus. Auch diese Auslegung vertritt zu 1, 1 die Verfasserschaft durch den Zebedäiden Johannes. Dennoch bleibt das eine Vermutung. Schon der Umstand, daß das Selbstzeugnis des Buches den Namen ohne jede Näherbestimmung nennt, läßt der Frage Raum, welcher Johannes sich unter diesem weitverbreiteten Namen verbirgt.

17. Es sind vor allem zwei Beobachtungen, die Schwierigkeiten bereiten. Obwohl die Offenbarung nach Wortschatz und Stil eindeutig in den Umkreis der anderen johanneischen Schriften gehört, erregen unübersehbare Unterschiede zugleich Bedenken gegen die gleiche Verfasserschaft. Das gilt zweitens auch für die Gedankenwelt. So häufig die Auslegung auf nützliche Parallelen zwischen dem Johannes-Evangelium und den Briefen einerseits und der Offenbarung andererseits hinweisen kann, sind begriffliche und sprachliche Unterschiede doch nicht zu leugnen[22].

18. Warum sollte dennoch an der Verfasserschaft durch den Zebedaiden festgehalten werden?

Dafür spricht m. E. bereits die Tatsache, daß die Offenbarung nach ihrer Abfassung schnell weite Verbreitung fand. Die Christen scheinen zu Anfang des zweiten Jahrhunderts kein Buch des Neuen Testamentes so eifrig gelesen zu haben wie dieses, wenn man die häufigen und anerkennenden Zeugnisse aus Kleinasien, Gallien, Afrika, Ägypten, Italien und Syrien sprechen läßt. Die ältesten offiziellen Kanonverzeichnisse im 2. Jahrhundert führen alle das Buch auf[23].

Damit halte man das andere zusammen: Das Werk wurde von Anfang an in größter Selbstverständlichkeit als Schrift des Zebedäiden gelesen[24]. Wie sollte auch das Buch irgendeines unbekannten Johannes ein solches Echo gefunden haben? Wie sollte ein Irrtum in der Verfasserfrage sich so rasch in der Provinz Asien verbreitet haben? Tausende von Gläubigen wußten vom Abtransport des „Alten" aus ihrer Mitte auf die nahe Insel Patmos. (Das hohe Alter des Johannes in Ephesus ist sicher bezeugt[25]). Oder sie wußten von diesem Geschehen eben nichts, dann konnte es ihnen

[22] Hauptbegriffe des vierten Evangeliums wie Licht, Finsternis, Glaube, Liebe, Wahrheit, Gnade, Friede fehlen in der Offenbarung oder spielen nur eine untergeordnete Rolle, sind meist auch etwas anders gefüllt. Auf derartige Unterschiede weist die Auslegung gelegentlich hin.

[23] Bousset und Zahn nennen ausführlich die Belege.

[24] Frühestes Zeugnis bei Justin mart., Dialog 81, 4, vor 160 n. Chr.

[25] Erst nach 400 taucht die Behauptung auf, nach Papias hätten die beiden Zebedäiden, also Johannes und Jakobus, in Palästina das Martyrium erlitten. Zur Unglaubwürdigkeit dessen vgl. Delling in Religion in Geschichte und Gegenwart, 3. A. Tübingen 1959, Bd. III, Sp. 803 f.

auch niemand vortäuschen. Um 170 taucht die kleine kirchliche Gruppe der sogenannten Aloger auf, die die überlieferte Verfasserschaft aus dogmatischen Gründen bestreitet. Der Inhalt der Offenbarung paßt nicht in ihren philosophisch gefärbten Glauben. Um dem Buch die Autorität zu nehmen und ihren Gegnern, die sich auf die Offenbarung beriefen, die Basis, behaupten sie, Verfasser sei (ausgerechnet!) der Johannes-Gegner Kerinth in Ephesus. Im nächsten Jahrhundert vertritt in ihrer geistigen Nachfolge, aber zugleich mit neuen, literarkritischen Argumenten, Dionysius von Alexandrien (um 250 n. Chr.) die Auffassung, es habe in Ephesus vielleicht noch einen zweiten Johannes gegeben, der als Verfasser in Frage käme. Wieder hundert Jahre später, um 340 n. Chr., macht Euseb aus der Annahme eine Gewißheit: Ja, es gab in Ephesus noch einen „Ältesten" Johannes, der der Verfasser der Offenbarung ist[26].

All diese Männer verbargen nicht ihr Mißbehagen gegenüber dem Inhalt des Buches, sahen sich aber angesichts der apostolischen Verfasserschaft in einer Notlage. Sie durften den Apostel nicht angreifen. So schafften sie sich einen zweiten Johannes, dem sie dann das Werk zuschrieben. Damit war das Buch sturmfrei! Bald danach, bereits um 150 n. Chr., wandte sich fast die ganze Ostkirche von der Offenbarung und von allem anderen apokalyptischen Schrifttum jüdischer und christlicher Herkunft ab. Erst im 7. Jahrhundert legt sich der Widerstand.

19. Auch in der Westkirche, die die so schnell einsetzende Reserve der Ostkirche zunächst nicht teilte, hatte man bald nur wenig Sinn für diese Botschaft. Befördert zur Staatsreligion und mit glänzenden Kaiserbeziehungen, stand die offizielle Kirche fest in dieser Welt. Was sollte da ein Buch, das vierzehn Wehe über diese Welt ausruft und in dem Flehen gipfelt: „Komm, Herr Jesu"? Trotzdem tat man hier das Buch nicht einfach beiseite, man deutete es um (vgl. Nr. 56).

Die oben (Nr. 17) angedeuteten, durchaus ernstzunehmenden Schwierigkeiten für die Verfasserschaft des Zebedäiden Johannes sollte man auf sich beruhen lassen. Die alte Überlieferung spricht zu laut, als daß man sie überhören könnte, und ist so glaubwürdig, daß man sie nicht einfach abtun sollte[27].

20. Wenn der Herrenjünger Johannes als Verfasser gilt, mag noch folgende Überlieferung Gehör verdienen. Tertullian berichtet um 200, daß Kaiser Domitian in der beginnenden Verfolgungszeit nicht nur jene beiden Verwandten Jesu (s. Nr. 7), sondern auch den letzten Augenzeugen der Lebenszeit Jesu, Johannes den „Alten", der die Gemeinden der Provinz Asien von Ephesus aus leitete, nach Rom bringen ließ. In Rom habe er ihn verhören und foltern lassen (die Überlieferung spricht von Eintauchen in heißes Öl) und dann nach Patmos verbannt. Sollte diese Nachricht zutref-

[26] Quellennachweise und Diskussion bei Feine-Behm, Einl. in d. NT, 14. A. Stuttgart 1965.

[27] „Es fällt schwer, die Entstehung einer so ‚falschen' Tradition zu verstehen", und die „Behauptung der Unvergleichlichkeit der beiden Bücher" sei „stark übertrieben", urteilt O. A. Piper in RGG[3] III. Sp. 829. Von den Neueren halten auch Michaelis, Hadorn und Stauffer an der Abfassung durch den Apostel Johannes fest. Andere lassen die Frage in der Schwebe.

fen[28], ständen hinter der Schilderung der Offenbarung von der Sieben-Hügel-Stadt mit ihrem ungeheuren Luxus und verführerischen Blendwerk, mit Stolz und Lastern, mit Terror und Blutvergießen und mit ihrer ganzen Gerichtsreife bittere persönliche Romerfahrungen (Offb 17).

IV. Zeitgeschehen, Altes Testament, Apokalyptik

Der geistige Raum des Buches

21. Die drei vorangegangenen Abschnitte über Anlaß, Empfänger und Verfasser des Buches haben schon die enge Tuchfühlung der Offenbarung mit dem öffentlichen Geschehen und auch mit dem geistigen Leben ihrer Tage herausgearbeitet. Sie ist zuerst einmal eine echte Gelegenheitsschrift wie auch die Paulusbriefe. Den Paulusbriefen gegenüber kommt aber noch hinzu, daß hier das Weltgeschehen zum Thema erhoben wird. Um so stärker wird sich Umweltgeschehen und Umweltdenken auf ihren Seiten widerspiegeln. In der Offenbarung sind ständig Wörter, Begriffe und Vorstellungen der hellenistischen Umwelt im Spiele (vgl. noch Nr. 25).

22. Kennzeichnend für Johannes ist die Vollmacht, mit der er Zeitgeschehen und Umwelt mit dem Alten Testament verknüpft. Bei geradezu knisternder Aktualität spricht er eine mit biblischen Begriffen so gesättigte Sprache, wie es eine Statistik kaum zu erfassen vermag[29] und wie das bei keinem andern Buch des NT der Fall ist. Diese Art „heiligen Stils"[30] mag zum Teil ganz unbewußt, aus einer ungewöhnlichen Verbundenheit mit dem Wort des Alten Testamentes heraus, sich ergeben haben. Selbstverständlich gibt es auch klar begründbare Bezugnahme auf das Alte Testament. Dazu gehört die Bevorzugung der Propheten Hesekiel, Daniel und Sacharja, dieser Hauptschriften, die das Weltgeschehen in das Licht des Gottesreiches stellen. Ganz bewußt und mit prophetischem Selbstbewußtsein[31] tritt Johannes in ihre Reihe.

23. Und noch eine Überraschung. So durchdrungen die Offenbarung vom Alten Testament ist, vermeidet sie doch das ausdrückliche Zitat. Niemals leitet Johannes

[28] Tertullian, 160—220 n. Chr., in Praescr. Haeret. 36.

[29] Die neue Londoner Ausgabe des Griechischen NT von 1966 zählt in ihrem Anhang etwa 600 atl. Bezugnahmen in den 404 Versen der Offenbarung; davon etwa 100 auf die Psalmen, 110 auf Jesaja, 60 auf Hesekiel, 70 auf Daniel und 30 auf Sacharja. Die Zahl der Anklänge mag noch weit höher liegen, weil sich in den Winkeln und Hintergründen der Visionen immer neue Beziehungen entdecken lassen. In 1, 1—3 finden sich z. B. vier Vokabeln, die auch Jes 56, 1—2 beieinander stehen („Offenbarung", „glückselig", „bewahren" und „nahe"). Liegt dieser Parallele eine erkennbare Absicht zugrunde? Merkwürdig auch der sprachliche Zusammenhang von 1, 5 mit Psalm 89, 28 und 38 (der Mond als „treuer Zeuge").

[30] Lohmeyer bei E. Lohse, a. a. O. S. 5.

[31] Vgl. AT Nikolainen, Über die theologische Eigenart der Offenbarung des Johannes (Theol. Literaturzeitung, 1968/3).

wie der Hebräerbrief oder wie Matthäus ein: „Wie geschrieben steht". Zitiert er etwa ohne Zitationsformel? Auch das trifft nicht den Sachverhalt. Sorgfältiger Vergleich zeigt, daß Johannes bei aller Verbundenheit mit dem Alten Testament jede Freiheit wahrt. Kühn werden die prophetischen Worte gekürzt, ergänzt, mit anderen gekoppelt oder vermischt. Trotz der Fülle von Anklängen entstand etwas Neues[32]. Die Offenbarung wiederholt also nicht einfach die alttestamentliche Prophetie. Wie kann Johannes vor-christliche Prophetie nach Christus wiederholen, als ob der Erfüller noch nicht gekommen sei! Gewiß ist die Prophetie noch nicht in ihre letzte Erfüllung eingegangen; sie zielt noch weiter. Aber sie ist immerhin schon durch ein S t a d i u m der Erfüllung hindurchgeschritten, durch das entscheidende Stadium, und trägt nun dessen Zeichen im Weiterlaufen auf der Stirn. Diese von der Christusoffenbarung gezeichnete Prophetie will gewürdigt sein. So erklärt sich auch die eigentümliche Atmosphäre dieses Buches mit seiner Nähe und zugleich seinem Abstand zum Alten Testament.

Erfüllung ist eben mehr als Weissagung, wie der Baum mehr ist als sein Same. In diesem Bewußtsein haben alle Apostel, die die Erfüllung in Jesus Christus geschaut, betastet und gehört haben, dem Alten Testament gegenüber gestanden. In dieser Vollmacht können sie die alten Worte in einer Freizügigkeit verwenden, die jeden überraschen muß, der von der Höhe, Tiefe, Länge und Breite der Christusoffenbarung nichts begreift.

24. Zum geistigen Raum, in welchem die Offenbarung ihre Botschaft ausrichtet, gehört schließlich auch die sogenannte Apokalyptik.

Den Namen für diese Bewegung hat unfreiwillig das letzte Buch der Bibel geliefert. Das griechische Wort a p o k a l y p s i s (Offenbarung) erscheint 1, 1, wo es als Buchbezeichnung in den Sprachgebrauch eingeführt wird. Später haben Forscher diese Bezeichnung auf eine ganz bestimmte Literaturgattung bezogen. Etwa 30 Schriften[33] aus der Zeit vom zweiten Jahrhundert vor bis zum zweiten Jahrhundert nach Christus nennt man heute „Apokalypsen" und die ihnen entsprechende religöse Haltung und Gedankenwelt die „spätjüdische Apokalyptik".

Über die Hälfte dieser Schriften stammt noch aus dem Judentum. Als dieses aber am Ende des ersten nachchristlichen Jahrhunderts die Apokalyptik in aller Form

[32] E. Lohse, s. Anm. E. 30.

[33] Einige von ihnen kennt man heute nur noch dem Namen nach aus alten Erwähnungen (z. B. Buch des Lamech, des Jakob, des Zacharias), andere durch verstreute Zitate bei anderen Schriftstellern (z. B. Josephs Gebet), wieder andere sind ganz oder teilweise in Abschriften und Übersetzungen erhalten. Die umfangreichste erhaltene Apokalypse mit 108 Kapiteln ist die des Henoch, dessen älteste Bestandteile in die Zeit vor 167 v. Chr. zurückreichen. Die Christen haben solche Schriften gern als Bestätigung ihrer Messiashoffnung übernommen — ein Grund für das Judentum, sie etwa seit 90 n. Chr. abzustoßen — und mit christlichen Zusätzen versehen, so z. B. Das Testament der zwölf Patriarchen, Die Himmelfahrt des Jesaja, des Mose, Das Testament des Abraham, des Isaak, des Salomo, der zwölf Patriarchen, Die Apokalypse des Abraham, des Mose, des Elia. Der sogenannte äthiopische Henoch wurde noch von den Kirchenvätern als Heilige Schrift gelesen, so hoch stand diese Apokalypse bei den Christen im Ansehen. Die ver-

verwarf, fand die Bewegung ihre Heimstatt im Christentum und erlebte dort 100—150 eine neue Blüte. Doch schon das Neue Testament selbst verrät eine eingehende Bekanntschaft des Urchristentums mit dieser Literatur. Der eindeutigste Hinweis findet sich Judas 14—16, wo „Henoch" zitiert wird. Die Stelle läßt sich nicht etwa im Alten Testament nachlesen, sondern in dem umfangreichen apokalyptischen Henochbuch (1, 9), das uns erhalten ist. Die in Judas 9 genannten Vorgänge entstammen nach einigen Kirchenvätern dem Werk „Die Himmelfahrt des Mose", von dem allerdings heute nur noch Bruchstücke bekannt sind. Ähnliches gilt für die Namen Jannes und Jambres in 2. Tim 3, 8. Hbr 11, 37 mag sich auf die „Himmelfahrt des Jesaja" beziehen, einem bereits christlich überarbeiteten apokalyptischen Werk, das 5, 11 erzählt, wie Jesaja zersägt wurde. Die Beispiele ließen sich vermehren. Je besser wir das apokalyptische Schrifttum kennten, desto deutlicher wären uns die Ähnlichkeiten in Sprache, Begrifflichkeit und Vorstellungen. So finden sich im NT geschlossene „apokalyptische" Stücke, wie z. B. Mk 13 und Parallelen, Lk 17, 20—37; 1 Th 4, 15—17; 1 Ko 15, 20—28; 2 Th 2, 1—12; 2 Pt 3, 10—13 und vor allem das Buch der Offenbarung.

25. Dieser Sachverhalt mag im ersten Augenblick verwirren. Sollte die Apokalyptik tatsächlich der „Mutterschoß" der urchristlichen Verkündigung oder eines ihrer Zweige sein? Aber Sprach- und Denkgemeinschaft will nicht unbesehen als Lehrgemeinschaft gedeutet werden. Sie könnte auch Lehrgegnerschaft bedeuten. Nicht nur freundschaftlicher Austausch gleicht Sprache und Gedankengänge an, heftige Fehden bewirken oft das gleiche. Das Neue Testament bietet dafür mannigfache Beispiele. In den Briefen des Paulus tauchen Schlagworte und Sätze derer auf, die er überwinden will. Er entwendet ihnen gewissermaßen ihre Waffen, zieht ihnen die Rüstung aus und macht sie dem Triumph des Evangeliums dienstbar. Auch in diesem Fall könnte man von „Abhängigkeit" sprechen, aber eben von einer negativen Abhängigkeit. Es ist damit zu rechnen, daß sich das urchristliche Denken und Sprechen negativ an der spätjüdischen Apokalyptik gebildet hat. Wer das beurteilen will, muß sich zunächst einen Überblick über diese Literatur verschaffen.

26. Die Apokalyptik flammte besonders in der Mitte des zweiten vorchristlichen Jahrhunderts auf, als nach einer Zeit toleranter Religionspolitik neue Herrscher in Palästina die Hellenisierung (s. Nr. 11) kräftig und zum Teil brutal vorantrieben[34]. Innere und äußere Notzeit brach für die Treuen unter den Juden an. Auf der einen Seite gewahrten sie im Zuge dieser Hellenisierung eine unaufhaltsame Verweltlichung ihres Volkes. Mit Polypenarmen griff der Weltgeist selbst nach den Frommen. An-

breiteste Apokalypse aber, die sich bis ins Mittelalter hielt und noch in deutsche Bibelausgaben der Reformationszeit gelangte, war das vielfach übersetzte vierte Buch Esra, nach und nach entstanden zwischen 70 v. bis 120 n. Chr. Noch heute berufen sich christliche Kreise für bestimmte Lehren auf dieses Buch. Schließlich sind auch Apokalypsen zu nennen, die von christlichen Verfassern stammen, so die Apokalypse des Petrus und der Hirt des Hermas, geschrieben um 130 n. Chr.

[34] Vor allem Antiochus IV. Ephiphanes von Syrien, 175—164 v. Chr.

dererseits traten Verfolgungen, Unterdrückung, Terror und Martyrium hinzu mit denen König Antiochus IV. gereizt auf den Widerstand antwortete.

In dieser düsteren Zeit gab es jedoch auch jüdische Kreise in Palästina, die das Elend nicht empfanden und denen die Not nicht Not machte, weil sie sich anzupassen wußten. Sie retteten sich an die Oberfläche. Sie fanden sich bereit zur Mitarbeit, zur Übernahme von Ämtern und bildeten mit der Zeit das offizielle Judentum. Aber in ihren Reihen sind die Apokalyptiker nicht zu suchen. Für diese sind Konventikel und Rückzugsstimmung kennzeichnend. Quälend liegt das Auseinanderklaffen von Bibel und Wirklichkeit auf ihnen.

In der Babylonischen Gefangenschaft hatten Propheten dem Volk große Dinge verkündigt: Wiederannahme durch Gott, wunderbare Heimführung und völkische Wiederherstellung. Was war geworden? Die Heimführung kam, aber viele Juden blieben lieber in der Fremde. Die Lage der Heimgekehrten war dürftig. Da gab es ein wenig Aufbau und viele Trümmer, wirtschaftliche Not, politische Unsicherheit, Spott der Nachbarn und religiösen Tiefstand. Sollte das wirklich alles gewesen sein? Wie blieb da Gottes Wort wahr? Wieso regierte sein Arm dennoch die Welt? Wo verlief jetzt die Geschichte seines Heils?

Das waren die Fragen der Apokalyptik, darauf suchte sie eine Antwort. Ihr Ansatzpunkt ist also die Qual der unerfüllten Verheißungen. Sie verband sich aber mit einem neuen, unüberwindbaren Glauben an die Wahrhaftigkeit Gottes. So wollten die Apokalyptiker die Tradition der Propheten fortsetzen. Dabei standen sie, wie einst die Propheten, in Front gegen die Herrschenden, gegen Priester und Schriftgelehrte, gegen das offizielle Judentum.

Ihre gute Absicht schloß aber nicht aus, daß sie sich vom biblischen Prophetentum gründlich entfernten. Generationenlange Fremdherrschaft, vor allem in der Perserzeit (558–331 v. Chr.), hatte sie geistig mitbestimmt. Selbst der Hellenisierung waren sie nicht entronnen. Überfremdungen müssen geradezu erwartet werden. Einige Erforscher der Apokalyptik hat diese Tatsache bewogen, von einem scharfen Gegensatz zur Prophetie zu sprechen, so daß „Apokalyptik" einen abwertenden Klang bekam[35]. Aber befriedigt es, Bewegungen ganz und gar nach ihrer Endgestalt und nach ihren Entartungen zu beurteilen, statt nach ihrem Ansatz und nach ihrer Absicht? Ein tiefgreifender Bruch liegt, wie gezeigt werden soll, nicht vor.

27. Gewisse Akzentverschiebungen ergaben sich schon aus der neuen Lage. Die Propheten sprachen noch stark missionarisch in das ganze Volk hinein und riefen es ein letztes Mal zur Buße. In den Augen der Apokalyptiker war diese letzte Gelegenheit vorbei. Das Volk hatte sich als Ganzes endgültig abgewandt und ließ sich nicht mehr erreichen. So wenden sie sich tröstend an den Kleinkreis der Treuen. Die Botschaft lautet nun: Hofft nicht mehr auf eine Wende durch umfassende Volksbuße. Im Gegenteil, es wird immer schlimmer! Die Welt ist böse, das Leben schwer. Es ist nur noch auf eines zu hoffen: auf den Zerbruch der ganzen Weltgestalt durch Gottes

[35] So etwa v. Rad; anders Moltmann, Russell.

Eingriff und durch den Einbruch einer neuen Welt. Wohl dem, der bis dahin seinen Glauben bewahrt!

Vielleicht hätten die Propheten in gleicher Lage ähnlich gesprochen. Ohne Frage finden sich bei ihnen entsprechende Ansätze. Schon Jesaja spricht von einer festbeschlossenen Vernichtung (28, 22). Jeremia muß unabwendbares Gericht ankündigen. Da ist keine völkische Zukunft und keine Möglichkeit zur Fürbitte mehr. Im Rahmen des Alten Bundes gibt es kein Heil mehr. Ja, das apokalyptische Ideengut läßt sich zu großen Teilen auf das Alte Testament zurückführen[36], und umgekehrt weisen die Propheten-Bücher „apokalyptische" Stücke auf, z. B. Jes 24—47, Sach 9—14, Joe 3—4. Den Propheten Hesekiel könnte man den „Vater der Apokalyptik" nennen. In seiner geistigen Nachfolge stehen Haggai und Sacharja.

28. Worin bestand die eigentliche Lehre dieser Bewegung? Ein Grundgedanke lautet: „Der Höchste hat nicht nur e i n e Welt geschaffen, sondern deren zwei"[37]. Wohlgemerkt, beide s i n d schon geschaffen, auch die zukünftige. Wenn auch verborgen, ist der kommende Äon schon da. Beide Wirklichkeiten liegen jetzt miteinander im Kampf. Der gegenwärtige Äon ist der Finsternis verfallen und rettungslos verloren. Er fällt immer tiefer. Nur ein einziger Trost bleibt: daß er nicht endlos währt, sondern befristet ist. Wenn seine Verderbnis ihren Höhepunkt erreicht hat und seine Gottlosigkeit ganz gottlos geworden ist, wird er zugleich mit seinem Ziel auch sein Ende erreichen. Dann ist er gerichtsreif. Also an der Verzweiflung an der Welt entzündet sich hier lebendige Hoffnung. Die äußersten Nöte werden als „Wehen"[38] des Neuen verstanden. Sie erwecken darum glühende Naherwartung des kommenden Äons.

So läßt sich wieder auf die göttliche Geschichtsvollendung vertrauen. Das ist freilich bei oberflächlicher Betrachtung nicht möglich; man würde nur des Gegenteils ansichtig. Tiefenschau ist nötig! Licht muß man haben über die „Geheimnisse" der Geschichte; Offenbarung muß man empfangen über den Grundplan, nach dem alles geschieht und geschehen muß.

29. Von diesem Grundansatz her lassen sich die Eigenarten der Apokalyptik verstehen. Das erste Merkmal soll ein Beispiel verdeutlichen. Jeremia hatte dem nach Babel verschleppten Volk die Beendigung der Strafe nach siebzigjähriger Gefangenschaft verheißen (25, 11; 29, 10). Der nackte Tatbestand der Rückkehr war inzwischen erfüllt. Aber danach meldete sich, wie oben erwähnt, eine Enttäuschung nach der anderen. Hatte Gottes Wort getrogen? Nein, aber es waren nicht 70 Jahre, sondern 70 Jahr w o c h e n gemeint, also 490 Jahre (Da 9, 24). Dieser Umgang mit einem verborgenen Sinn ist typisch für die Apokalyptik. Sie gebraucht eine Fülle von symbolischen Zahlen, Tieren, Sternbildern, Namen, Maßen, Zeiten und Farben. Eine

[36] Abgesehen von iranischen Einflüssen, die allerdings schon unmittelbar auf das AT wirkten.

[37] 4. Esra 7, 50.

[38] Apokal. Terminus, vgl. „messian. Wehen".

derartige Symbolik war grundsätzlich auch den alttestamentlichen Propheten bekannt, aber hier geht sie ins Maßlose.

30. Ferner verblaßte das national-politische vor dem weltgeschichtlichen Interesse. Der davidische Messias spielte kaum noch eine Rolle. Der Sehnsucht, verlorengegangene politische Macht wiederzugewinnen, ist der Abschied gegeben. Wohl nimmt das Heil seinen Weg über Israel, aber vor allem ist es weltumfassend und übervölkisch. Überhaupt führte die ernstliche Beschäftigung mit den Geschichtsrätseln zu einem ausgeprägten Geschichtssinn[39]. Mehr noch: Der Blick haftete nicht allein an der Menschen- und Völkerwelt. Die ganze von Gott geschaffene Kreatur, der Kosmos mit Gestirnen, Himmel und Erde, wurden einbezogen in Leid und Gericht, in Hoffnung und Neuschöpfung zur Verherrlichung Gottes. Das geschah ohne Frage in der Vollmacht des Gottesglaubens, wie er auch in den Propheten lebte. Gott verzichtet nicht auf seine Schöpfung. Seine Erlösung ist nicht enger als die Schöpfung[40]. Ja, in gewisser Weise ist es großartig, wie sich die apokalyptischen Kreise in ihren dunklen Zeiten nicht einfach auf „Innerlichkeit" zurückgezogen haben und nicht eng geworden sind, sondern immer universaler.

31. Das bedenklichste Merkmal läßt sich zugespitzt so ausdrücken: Der Plan Gottes, von dem die Propheten sprachen, wurde zum Plan-Gott. Bei den Apokalyptikern herrscht der Plan nämlich ehern und allgewaltig[41]. Menschen und Mächte mögen tun und lassen, was sie nur wollen. Der Plankundige sieht es mit stoischer Ruhe. Er weiß um die Planhaftigkeit der Gesamtgeschichte von Adam bis zur Wiederherstellung des Paradieses. Er kennt durch Offenbarung die Zeiten, Zwischenzeiten und Zahlen. Was anderen zu Herzen geht (Unrecht, Sünde und Elend), geht ihm nur ins Gehirn. An die Stelle des Mitleidens tritt die Berechnung. Tatsächlich ist Apokalyptik eine Sache für gute Kopfrechner. Bei den Propheten spielte dagegen noch Gottes Geduld, Langmut und Reue eine große Rolle. Gott merkt auf das Verhalten der Menschen und geht überaus lebendig auf sie ein. Er überrascht durch seine freie Gnade. Er stürzt Menschen, die sich absolute Sicherheit ausgerechnet haben, ins Entsetzen. Beim Apokalyptiker kommt diese lebendige Geschichte zum Stillstand. Statt auf Unverhofftes zu hoffen, weiß er schon alles, was kommt. Der philosophische Einfluß ist unverkennbar (vgl. Nr. 43 und 46).

32. Schließlich noch eine Auffälligkeit. Die Verfasser der apokalyptischen Schriften geben sich nicht zu erkennen, sondern schreiben unter dem Namen eines Großen

[39] „Der Gedanke der Weltgeschichte tauchte, wenn man von Ansätzen im babylonischen und persischen Denken absieht, wohl zuerst im gesamten Kulturleben der Menschheit bei der jüdischen Apokalyptik seit Daniel auf." Oepke, Ki–Th W III 581, 33 ff; vgl. auch Berkhoff, a. a. O. S. 19 ff.

[40] „Auch das Neue Testament hat das Fenster nicht geschlossen, das die Apokalyptik ihr (der endgeschichtlichen Hoffnung) in die Weite des Kosmos und ins Freie über die gegebene kosmische Wirklichkeit hinaus geöffnet hat." Moltmann a. a. O. S. 124.

[41] Vgl. Anm. E. 51.

der Vergangenheit[42]. Die Titel lauten etwa: „Testament des Adam", „Apokalypse Abrahams" . . ., des Mose, des Elia, des Baruch, Henoch usw. In deren längst vergangene Zeit versetzte sich der Apokalyptiker und kündigte nun in ihrem Namen Ereignisse seiner Gegenwart wie etwas noch Zukünftiges an. Wollte man sich auf diese Weise Ansehen und Autorität erschleichen? So befremdend solch ein Vorgehen auch auf uns Heutige wirkt, für Betrug dürfen wir es nicht erklären.

Eher mag man daran denken, daß in gefährlichen Zeiten nicht selten getarnt gesprochen werden muß. Es sei daran erinnert, daß die Apokalyptiker gegen die Machthaber standen und sich eifrig mit deren Untergang beschäftigten[43]. Vor allem aber deutet sich schon im Alten Testament der Begriff einer „verlängerten Persönlichkeit"[44] an (vgl. 2 Kö 2, 9 und 4 Mo 11, 16—17). Schüler traten im Geiste ihres Meisters an dessen Stelle und sorgten dafür, daß er nicht eine Größe der Vergangenheit wurde. Weil seine Botschaft wichtig geblieben war, dolmetschten sie sie für ihre Gegenwart. So standen sie im Geiste und in der Überlieferung etwa eines Mose, und es durfte heißen: Mose spricht!

33. Dieser Überblick sollte das Verhältnis der neutestamentlichen Apokalypse zur jüdischen Apokalyptik klären helfen. Gewiß handelt es sich um ein enges, aber doch auch um ein gebrochenes Verhältnis. Das wurde an vielen Punkten deutlich. Die Auslegung bietet an vielen Stellen Gelegenheit, die Linien nachzuziehen. Hier noch kurze Hervorhebungen:

Johannes bedient sich weder des Pseudonyms noch der künstlichen Rückversetzung in die Vorzeit. Eindeutig nennt er Verfassernamen, Ort, Abfassungszeit und Empfängerschaft. So taten es auch die Propheten. Sein Buch ist kein Studierstubenerzeugnis[45] wie viele Apokalypsen des Judentums. Er frönt nicht dem spekulativen Interesse, das von der Urzeit bis zur Endzeit alles periodisiert und in ein System bringt. Das Buch ist ein Muster urchristlicher, konkreter Seelsorge. Es mag zum Spekulieren und Berechnen mißbraucht werden, es selber spekuliert jedenfalls nicht. Es verwendet Zahlen, aber keinen perfekten Zahlenapparat[46]. Es bietet Bilder der Zukunft, aber kein ausgemaltes Zukunftsbild.

Was eine Gleichsetzung unserer Apokalypse mit der spätjüdischen Apokalyptik schließlich unverzeihlich machen würde, ist die Rolle, die der gekreuzigte und auferstandene Messias in ihr spielt. Nicht nur, daß die Apokalyptik diesen Messias

[42] Vgl. Anm. E. 33.

[43] Das Bekanntwerden des Verfassers hätte sicher schlimme Folgen für ihn nach sich gezogen. Vielleicht hängt damit überhaupt die Vorliebe für dies hintergründige und symbolische Sprechen (Nr. 29) zusammen. So hatten die Behörden keine Möglichkeit, gegen die einzuschreiten, die sich mit diesem Schrifttum beschäftigten.

[44] Vgl. D. S. Russell, Zwischen den Testamenten, Neukirchen 1966, S. 119 f.

[45] Vgl. Anm. 226.

[46] Es verwendet z. B. in Kap. 11—13 mehrfach die dreieinhalb Zeiten aus Daniel 9, ohne aber die Rechnung der 70 Jahrwochen zu erneuern. Es spricht Kap. 20 sechsmal von den 1 000 Jahren, ohne sich des Weltwochenschemas zu bedienen.

nicht kennt, sondern auch der Messias, von dem sie gelegentlich redet, erscheint – wenn überhaupt – nur am Ende als eine höchst passive Gestalt. In unserer Apokalypse jedoch ist Jesus Christus von 1, 1 an der Handelnde. Das Evangelium von seinem Tod und von seiner Auferstehung steht hinter allem; es hängt dem Buch nicht nur äußerlich an, sondern gestaltet es von der Wurzel aus. Er mit seinen Wundenmalen ist es zuerst und zuletzt, „der da ist, der da war und der da kommt". Was sollte zünftige Apokalyptik damit anfangen? Hier reißt ein unüberbrückbarer Graben auf: In der spätjüdischen Apokalyptik fehlt Jesus Christus, und in der neutestamentlichen Apokalyptik fehlt der Plan-Gott[47].

Ein sehr wesentlicher Punkt ist hier allerdings noch außer acht gelassen. Ihm gilt der folgende Abschnitt:

V. Siehe, ich komme bald!

Die Naherwartung des Buches

34. Das endgeschichtliche „bald" unterströmt die ganze Offenbarung. Bei der Auslegung von 1, 1 finden sich die Stellen, an denen das Stichwort „bald" auftaucht. Darüber hinaus läßt schon ein Blick in die Konkordanz ahnen, wie wenig es sich bei der Naherwartung um eine zeitweilige und zeitbedingte Überspanntheit handelt und wie tief sie in die biblischen Fundamente eingelassen ist[48]. Dabei darf man von vornherein in Rechnung stellen, daß diese Überzeugung bei den Menschen Gottes immer von den Besonderheiten ihres persönlichen Seelenlebens beeinflußt war, denn auch sie sind ohne ihr Menschliches nicht zu denken. Unwillkürliche Empfindungen bildeten sich in ihnen, rein persönliche Mutmaßungen liefen nebenher. Entscheidend bleibt aber, ob sie diese Begleiterscheinungen in die Mitte ihrer Verkündigung treten ließen, ob sie sie an die Spitze ihrer Gedanken rückten und ihre Hörer darauf verpflichteten. Dann wären sie falsche Propheten geworden. Ein Prophet ist nicht verantwortlich für alles, was ihn bedrängt, wohl aber für das, was er daraus macht oder eben nicht macht.

[47] Brütsch, a. a. O. S. 114, bringt zwei einprägsame Zitate über das Verhältnis der Offenbarung zur geistigen Umwelt: Johannes hat „die Steine und Quadern an verschiedenen Orten gebrochen, aber er hat sie selbst behauen" (R. Gutzwiller); „er hat aus alten Glasscherben neue Chorfenster hergestellt" (Couchoud). Hadorn betont (O. a. a. S. 8. daß die Johannesoffenbarung nur in formaler Hinsicht zur apokalyptischen Literatur gehöre, und zitiert sinnig 1 Mo 27, 22: „Die Hände sind Esaus Hände, aber die Stimme ist Jakobs Stimme."

[48] In den Propheten des AT finden sich in der Lutherbibel unter Stichworten wie „nahe", „bald", „schnell", „plötzlich", „eilend", „nicht fern", „kleiner Augenblick", „kurze Zeit" eine Fülle von Stellen: Jes 13, 6; 26, 19–21; 46, 13; 47, 9; 50, 8; 51, 4–5. 14; 56, 1; Jer 4, 19–20; 48, 16; 51, 33; Hes 7, 7–8; 12, 22–23; 30, 2–3; 36, 8; Hos 1, 4; Jo 1, 15; 2, 1; 4, 14; Ob 15; Ze 1, 7. 14; Mal 3, 1. 5. Aber auch Texte wie Sach 1, 12–16, in denen die genannten Stichworte fehlen, handeln von der Naherwartung.

35. Propheten gab es in Israel, weil es einen gebrochenen Bund gab. Davon müssen wir ausgehen. Einst hatte Gott Israel seine Gemeinschaft geschenkt. Ausdruck dieser Gemeinschaft war das Gesetz. Jedes Gebot dieses Gesetzes meint ja im tiefsten das Angebot: Ich war und will dir alles sein (Ich bin der Herr dein Gott), nun sei du mir auch treu! Greife nicht zur Selbsthilfe (Ehebruch, Mord, Diebstahl usw.) oder nach Nebengöttern (Zauberei, Aberglaube); das verbietet sich für dich! Lebe jetzt mit deinem ganzen Herzen und von ganzer Seele deinem Gott!

Zinzendorf sang, diesem Geist tief verbunden: „Hier hast du uns alle zu deinen Befehlen! Je mehr du befiehlst, je mehr Siege wir zählen; denn deine Befehle sind so viel Versprechen, durch alle verhauenen Bahnen zu brechen“[49].

Aber Israel lebte über diese Gebote und über das in sie gelegte Angebot Gottes hinweg. Es nahm Gottes Liebeserklärung nicht ernst: Gott ist harmlos, seine Gebote sind harmlos, die Verheißungen sind harmlos, die Sünde ist harmlos. Es kommt nichts danach! (vgl. Ps 50, 16—21; Jes 5, 18—19; Ze 1, 12).

Bei diesem tödlichen Irrtum über Gott setzten die Propheten ein: Irret euch nicht, Gott läßt sich nicht spotten! Wenn Israel das Gesetz bricht, wird die Kehrseite des Gebotes wirksam. Schon sehr alte Gebotsworte sind ausdrücklich mit dieser Kehrseite verknüpft: „Du sollst den Namen des Herrn, deines Gottes, nicht unnützlich führen, denn der Herr wird den nicht ungestraft lassen, der seinen Namen mißbraucht.“ Die Strafe folgt auf dem Fuße; auf der Stelle taucht sie neben dem Bundesbruch auf. Vor Gottes Liebe weglaufen und in seine Strafe hineinlaufen ist eins.

Hier stehen wir eigentlich schon an der Wiege der Naherwartung. Sie fließt aus der Verkündigung eines Gottes, der eben nicht harmlos ist. Gott ist Gott! Im gleichen Augenblick, in welchem ein Prophet im abtrünnigen Israel von dieser Erkenntnis überfallen wurde, schrie er auch schon: Der (Rache-)Tag des Herrn ist pünktlich. Kehrt um in letzter Stunde! Einige Propheten sahen nicht einmal mehr diese Mög-

[49] Wie aber verhält sich zu dieser Gesetzesauffassung und zum Gesetzesjubel etwa in 5 Mo oder in den Psalmen die von Paulus so betonte Lehre, daß das Gesetz Zorn anrichtet („*nur* Zorn anrichtet“, übersetzt Luther Rö 4,15), Sündigen hervorruft (Rö 7, 8—18), tötet (2 Ko 3, 6) und ein Fluch ist (Gal 3, 13)? Zunächst darf der Befund in beiden Testamenten nicht vereinfacht werden. Auf der einen Seite kannte auch Paulus des Menschen „Lust am Gesetz“ aus innerster Bejahung (Rö 7, 19. 22), und andererseits wurde schon im AT auch die Gerichtsfunktion dieses gleichen Gesetzes, das ursprünglich zum Leben gegeben war, verkündigt. Besonders Hesekiel hielt Israel die Gebote mit ihren richterlichen und vernichtenden Folgen vor (Hes 20). Nachdem dies Volk die Bundesgemeinschaft zerbrochen hatte — so sehen die großen Propheten die Lage —, atmete das Gesetz nicht mehr in Heils- und Freudenzusammenhängen, sondern blieb als nacktes Diktat zurück, das unweigerlich in den völligen Bankrott und in den Tod trieb. Hier schließt sich Paulus an: Was zum Leben gegeben, gereicht zum Tode (Rö 7, 10). Aber eben damit züchtigt das Gesetz zu Gott hin, dem Totenauferwecker, und zu Jesus Christus (Gal 3, 24). Dem Neuen Bund im Blute Jesu Christi entspricht dann als neues Heilszeichen das wieder mit Freuden befolgte „neue Gebot“ — auch darin stimmen die Propheten und die Apostel überein (vgl. Jer 31, 33; Hes 36, 27 mit Gal 6, 2; 1 Ko 9, 21; Jo 13, 34). Unter dem neuen Befehl vom Kreuz herab erfüllt sich wieder die ursprüngliche Gesetzesfreude (Jo 15, 10—11). Wichtig bleibt also für beide Testamente, daß das Gesetz sowohl Heilszeichen als auch Zorneszeichen sein kann, niemals aber Heils*weg*!

lichkeit zur Umkehr. Es war schon alles verspielt. So wahr Gottes Wort eben Gottes Wort war, mußte dieses Volk in den Tod. Der Tag des Zornes war dann schon das Allernächste, ohne einen Spielraum zur Umkehr.

36. Die Naherwartung ist also durch und durch geladen von der Gottesverkündigung der Propheten. Weil Gott Gott ist, ist die Strafe nahe. Diese Nähe ist ursprünglich Sachnähe. Freilich ist die Zeitnähe von diesen Aussagen nicht fernzuhalten. Am Rand taucht sie auf. Biblische Theologie ist Geschichtstheologie. Gott offenbart sich in Zeit und Raum des Menschen hinein. Nur darf der Rand nicht die Mitte verschlingen. Die prophetische Mitte, das Zeugnis von der Heiligkeit Gottes als Kraft zur Umkehr, darf nicht ausgewalzt werden zu einer heiligen Chronologie.

Die Frage nach dem Zeitpunkt bleibt offen, veränderbar und hinausschiebbar am Rande stehen. Hier behält Gott sich und seiner Majestät etwas vor. Menschen gebührt es nicht, Zeit und Stunde zu wissen. Sie bekommen keinen fixen Plan in die Hand, nach dem sie Gott sagen könnten, was als nächstes an der Reihe ist. Sobald ein Mensch aber glaubt, mit solch einem Plan operieren zu können, wird er ihm zerfetzt durch das erhabene Wort: Bei Gott ist ein Tag wie tausend Jahre und sind tausend Jahre wie ein Tag. Es muß dem Menschen genügen, daß Gott alles fein zu seiner Zeit tut (vgl. Jes 60, 22). Doch Gott tut es wirklich, und er tut es in der Zeit. Darum hat die Zeitfrage als stille Wächterin im Raume zu stehen. Sie bewahrt die Prophetie davor, Philosophie zu werden.

37. Ein Kernstück der prophetischen Naherwartung ist die Rede vom „Tag des Herrn" und seinen Zusammenhängen. Der Ausdruck findet sich Jes 2, 12; 13, 6. 9; 22, 5; 34, 8; Jer 46, 10; Hes 7, 19; 13, 5; 30, 3; Joe 1, 15; 2, 1. 11; 3, 4; 4, 14; Am 5, 18–20; Ob 15; Ze 1, 7. 8. 14–18; Sach 14, 1. – In allen Fällen ist dieser Tag ein Kampftag, an dem Jahwe sich endlich gegen seine Feinde durchsetzt. Wir beachten regelmäßig wiederkehrende Elemente. Da ist zuerst der Kriegsruf: „Der Tag des Herrn ist nahe!" Es heißt aufstehen vom bequemen Leben, Rüstung anlegen und sich um das Heerbanner scharen. Hier also hat das „nahe" seinen Sitz im Leben: Nicht Aufforderung zum Rechnen, sondern zur Mobilmachung. Es folgt der panische Gottesschrecken auf der Gegenseite. Die Hände erschlaffen, die Herzen verzagen, die Widerstandskraft erlahmt. Irrsinnig wie Blinde laufen die Menschen umher. Dann treten wunderbare Begleiterscheinungen auf: Die Erde bebt, Sterne erlöschen, der Himmel rollt sich zusammen, Finsternis und Donner ängsten. Nun wüten in der Vernichtungsschlacht Schwert, Getöse und Geheul. Das entstehende Blutbad wird mit einem Schlachtfest verglichen (Jer 46, 10 nach Menge). Den Sieger zeichnet unheimliche Schnelligkeit aus. Er überrollt den Gegner, so daß es gar nicht erst zur Gegenwehr kommt. Seiner absoluten Überlegenheit entrinnt niemand; keiner kann ihn aufhalten. Schließlich schildert der Prophet die zurückbleibende Verwüstung: die Städte liegen in Trümmern, das Land ist von wilden Tieren bewohnt. Der Sieg ist total.

Als erster redete der Prophet Amos von diesem „Tag des Herrn", doch setzte er ihn schon als etwas Bekanntes voraus. Offenbar schweben ihm die Feldzüge in Israels Anfangszeit vor. Von dieser Vorzeit wird nun eine Brücke geschlagen zur Endzeit (vgl. Jes 9, 4 und 28, 21). Doch dabei stülpt der Prophet alles um. Die Kriege Gottes in der Vorzeit wandten sich stets gegen die Heiden; für Israel waren sie Erlösungs- und Festtage, voller Licht und Freude! Nun schockiert Amos seine Landsleute: Er ist euch (Israeliten!) ja Finsternis und nicht Licht! (5, 18) Israel erscheint jetzt auf der Seite derer, mit denen Gott abrechnet. Israel gehört zu den Rebellen. So ist der Tag Gottes bei den Propheten entschränkt: In einer abgefallenen Welt, unter Heiden und Israeliten, richtet Gott wieder seine Alleinherrschaft auf.

Als der letzte Prophet des Alten Bundes, Johannes der Täufer, die prophetische Naherwartung wieder aufnimmt, streift er das Kriegerische ab, ohne an Ernst zu verlieren: „Es ist schon die Axt den Bäumen an die Wurzel gelegt" (Lk 3, 9). Die Wurzel ist also bloßgelegt. Der Holzfäller stellt sich breitbeinig zurecht und tippt mit der Schneide seiner Axt auf die Stelle, an der er zuschlagen wird. Einen Augenblick sammelt er sich. Die Axt „liegt", ruht an der ausgesuchten Stelle. Im nächsten Augenblick wird er sie hochreißen und blitzschnell ins Holz schmettern. Wie lange der Augenblick vor dem Zuschlagen währt, weiß keiner. Wieder andere Bilder der Naherwartung sprechen von der Nähe des Erntetages, der über das reife Getreide kommt, oder des Gerichtstermins, zu dem die Vorladung bereits ergangen ist, oder von der Nähe des Tagesanbruches, der im Orient besonders schnell und überraschend heraufzieht.

Von diesen Bildern läßt sich viel für die biblische Naherwartung lernen. Die Nähe des Unterwerfungsfeldzuges, der Getreideernte, des Baumfällens, des Gerichtstermins oder des Tagesanbruches ist in erster Linie eine Situationsbestimmung, nicht eine chronologisch interessierte Angabe. Die Verkündigung dieser Nähe teilt eine bei Gott gefallene Entscheidung mit: Er will die Dinge nicht mehr ins Unbestimmte laufen lassen, sondern zupacken. Schon legt er sich alles zurecht. Nicht als Übernächstes, sondern als Nächstes sorgt er für Bereinigung. Schade, wenn diese Bildtiefe verloren und der prophetische Vorstellungsraum verlassen wird! Wie oberflächlich, wenn die Naherwartung in einem Zeitplan ausgewalzt und nicht umgesetzt wird in ein wachsames Leben, in ein Leben für Gott und Christus.

Der Herr ist nahe! bedeutet: Ungehorsam ist Wahnwitz. Wir leben bedroht, völlig entsichert vor Gott, mit aufgedecktem Dach, ständig offen für den Einfall des Gerichtes. Über der Gegenwart hängt bereits die Zukunft Gottes wie eine bedrohlich hängende Wand, die jeden Augenblick einbricht.

38. Anders steht es mit der apokalyptischen Naherwartung. Die Zeitfrage ist hier die Hauptfrage und der Mittelpunkt der Offenbarungen. Der Apokalyptiker bekommt z. B. himmlische Tafeln oder Bücher vorgeführt, die alle Daten bis zum letzten Geschlecht enthalten[50]. An diesen Tafeln empfängt er Unterricht über den Gesamtplan von der Schöpfung an bis zur Wiederherstellung. Alles läuft in gleichmäßigen Perio-

[50] Z. B. Henoch 106, 19: „Denn ich kenne die Geheimnisse der Heiligen. Der Herr offenbart sie mir ja, und ich las sie auf den himmlischen Tafeln. Ich sah darauf geschrieben ..." Strack—Billerbeck II, S. 175 f, bringt viele Beispiele.

den ab. Nichts Neues, nichts anderes kann sich ereignen, weder durch Gott[51] noch durch den Menschen. Der Plan ist gemacht, im übrigen fallen keine Entscheidungen mehr (vgl. Nr. 31).

Weil aber verschiedene Pläne vertreten wurden, waren die Apokalyptiker immer eine zerstrittene Gesellschaft. Der eine vertrat einen Weltablauf in zwölf, der andere in zehn Epochen. Sehr beliebt war auch in Anlehnung an die Schöpfungswoche der Begriff der Weltwoche mit sieben Tagen von je tausend Jahren. Schließlich gab es das Schema der zweimal 2500 Jahre, zwischen denen Mose die Mitte und den Gipfel bildet.

39. Die Epochen wurden also „abgefahren", wie man einen Zug planmäßig abfahren läßt von Station zu Station. Darum stellte sich die Frage ganz von selbst: Wo befinden wir uns jetzt? Bei welcher Station oder zwischen welchen Stationen? Hier lebte dem Apokalyptiker das Herz auf! Das wurde seine eigentliche Beschäftigung: den eigenen Standort entdecken und von da aus das Ende, den Anfangstermin der messianischen Zeit errechnen! Dabei ergab sich eine Naherwartung. Wenn eine Apokalypse die bereits vergangenen Zeitabläufe schilderte, standen ihr viel Stoff, viele Namen und Einzelheiten zur Verfügung, so daß sie die Vergangenheit in aller Breite beschreiben konnte. Dadurch entstand nach rückwärts der Eindruck der Länge. Demgegenüber bestand für die Schilderung der zukünftigen Strecke Stoffmangel. Nur Andeutungen konnten da gewagt, nur in Symbolen und Formeln konnte da gesprochen werden. So entstand für die noch abzufahrende Strecke der Eindruck der Kürze. Tausend Jahre nach vorn erschienen wie ein Tag. Die Apokalypsen erweckten ausnahmslos den Eindruck, daß man bereits am Ende stehe. Wie wenig das mit der prophetischen Naherwartung zu tun hat, liegt auf der Hand.

40. Weit verbreitet war das Weltwochenschema. Danach begann die Geschichte mit zwei Jahrtausenden gesetzloser Zeit. Ihnen folgten zwei Jahrtausende unter dem Gesetz, dann die gleiche Zeitlänge als „Tage des Messias", in denen das wiederhergestellte israelitische Reich die Vorherrschaft unter den Weltvölkern ausübte. Freilich währten die „Tage des Messias" nach anderen Berechnungen nur 1000, 400, 100, 70 oder 40 Jahre. Den „Tagen des Messias" folgte der Weltensabbat, die Vollendungszeit. Nur dieses letzte Teilstück erscheint im letzten Buch der Bibel, allerdings mit Abweichungen im einzelnen.

[51] Wie ein König sich seinen Palast nicht nach eigener Ansicht baue, sondern nach Pergamenten und Tafeln, die den Bauplan enthalten, so blicke Gott bei der Weltschöpfung in einen Bauplan (das Gesetz). Die Frage von Jes 40, 14: „Wen fragt er (Gott) um Rat, der ihm Einsicht gebe?", die darauf zielt, daß Gott von nichts und niemand außer ihm abhängig ist, wird so beantwortet: „Er hat sich mit dem Gesetz beraten" (St—B II, S. 356 f). — Eine sehr bezeichnende jüdische Erzählung: Einige Schriftgelehrte hatten miteinander einen Streitpunkt. Da erging eine Himmelsstimme und hieß die Ansicht des einen gut. Doch unbeeindruckt erhob sich der andere und erklärte: „Nicht im Himmel ist sie!" (d. h. die Thora, das Gesetz). Er wies die Einmischung Gottes aus dem Himmel zurück, da für ihn das Gesetz die oberste Instanz war. Das Gesetz aber war Israel verliehen, darum konnte die Wahrheit nur durch weitere Gesetzeserörterung auf Erden festgestellt werden (Bietenhard, Himmlische Welt, S. 119).

Nach einer alten Berechnung der Synagoge geschah die Schöpfung im Jahre 3760 vor Christus. Danach hätten die „Tage des Messias“ 240 Jahre nach Christus beginnen müssen. So haben viele Juden es erwartet; daran haben sie trotz Enttäuschung festgehalten. Denn sie sagten sich: Die Zeit des Messias ist in der Tat im Jahre 240 angebrochen, nur daß der Messias nicht offen in Erscheinung treten konnte wegen der Sünden Israels. Daß er heute oder morgen oder an jedem beliebigen Tag in Erscheinung treten kann, hat Israel selbst in der Hand: Wenn Israel einmütig und gründlich Buße tut, kommt der Messias[52]!

41. Diese Berechnungen beschäftigten die Juden im zweiten vorchristlichen Jahrhundert und hatten ihre Hochblüte zur Zeit Jesu und des Urchristentums (165 v. Chr. bis 90 n. Chr.). Immer neue Termine wurden mit großer Gewißheit ausgerufen. Auch Enttäuschungen geboten keinen Einhalt. Einige Einsichtige wetterten: „Weggeblasen werden mögen die Gebeine der Endberechner“[53] Den Rechnern wurde der Anteil an der künftigen Welt abgesprochen. Umsonst! Ein Fieber hatte weite Kreise ergriffen, „in unablässigen Gottesdiensten Tag und Nacht“ (Apg 26, 7). So manche Worte Jesu werden auf diesen Hintergrund klar. Auch seine Gesprächspartner und seine Jünger waren von diesen Gedanken berührt.

42. Ohne Frage ist in der apokalyptischen Naherwartung das prophetische Erbe überfremdet. Die Zeit der Juden in Babel und vor allem die Jahrhunderte unter den Persern hatten abgefärbt. Griechisches Denken sickerte ein. Dadurch wurde die biblische Botschaft „verplant“, unlebendig und philosophisch. Auch für uns fällt es schwer, biblisches Denken nachzuvollziehen, denn auch unsere Geistigkeit geht wesentlich auf den Hellenismus zurück.

Alles Rechnen enthält einen Widerspruch zum Wachen. Wer die Stunde, in der der Dieb einbricht, errechnen kann oder glaubt errechnen zu können, stellt den Wekker und legt sich schlafen. Wer aber die Stunde nicht weiß, wird alle Stunden wachen Das ist Gottes Wille. „Gott hat uns den einen Tag verborgen, damit wir alle Tage wachen“ (Augustin).

43. Das Material zur christlichen Naherwartung mit dem Stichwort „bald“ oder „nahe“ ist bei der Auslegung von 1, 1 aufgezählt. Andere Stellen enthalten ein endgeschichtliches „schon“ oder „sofort“. Oder sie sprechen von der „kleinen Zeit“, die es noch währt, von der „letzten Zeit“ oder „Stunde“ und sie bekunden auf sonstige Weise das dicht bevorstehende Ende. Auch die Gleichnisse Jesu vom Wachen gehören hierher. Keine ntst Schrift schließt sich von dieser Erwartung aus. Die Erwartung des Endes ist der selbstverständliche Hintergrund für alles Sagen, Denken und Wollen und steht auf der ganzen Länge hinter den Texten.

44. Gleichzeitig liegt die Naherwartung des NT im Kampf mit dem apokalyptischen Wesen. Ausdrücke wie „Zeit und Stunde“ oder „Tag und Stunde“ (Mk 13, 32;

52 „Alle Endzeittermine sind vorüber, und die Sache hängt nur noch an Umkehr und guten Taten“ (Babyl. Talmud, Sanh. 97b).

53 St—B IV, S. 1013 („Der Kampf gegen die Endberechner“).

Mt 24, 36; 24, 50; 25, 13 und Parallelen, Apg 1, 7) wirken wie aus der Umwelt aufgegriffene Formeln, wie Anspielungen auf die Rechnerei der Apokalyptik. Über sie ergeht ein vernichtendes Urteil: „Von dem Tage aber und der Stunde weiß niemand" (Mk 13, 32). Der Zusatz an dieser Stelle: „auch nicht die Engel im Himmel", mag sich gegen die Hochschätzung der Offenbarungsengel in der Apokalyptik richten, die angeblich so vorzüglichen Heilsplanunterricht zu erteilen wissen (s. Nr. 38). Die Rechnerei tastet die Ehre Gottes an (Apg 1, 7). Mk 13, 35 stuft den Wert der Vorzeichenlehren wesentlich herab. Eine unmittelbare Abfuhr erhalten apokalyptisch gestimmte Gesprächspartner Lk 17, 20–23: „Die Gottesherrschaft kommt nicht so, daß man sie berechnen kann." Das ist die Antwort auf die Herzfrage der Apokalyptik: „Wann kommt das Reich Gottes?" Diese Frage wird Mk 13, 4 gestellt und mit der Warnung vor den Verführern beantwortet.

Vieles in den Evangelien ist wie ein heilsamer Aderlaß für die vom apokalyptischen Fieber Befallenen: „Laßt euch nicht verführen!" (Mk 13, 5) „Glaubt es ihnen nicht!" (Mk 13, 21) „Das Ende ist noch nicht da!" (Vers 7) und ähnlich öfter. Andere Stellen wenden sich wieder gegen das Mißverständnis, es werde das Ende hinausgeschoben (z. B. Mt 24, 48). In Lukas 18, 4. 7–8 werden ähnlich wie in Jesaja 60, 22 Länge und Kürze miteinander verbunden. Die Aussagen vereinigen sich aber in ihrer Spitze alle gegen j e d e Berechnung, sei sie kurzfristig oder langfristig, also gegen die Apokalyptik. So auch in den Briefen. Man lese 2 Th 2, 2–3 oder die scharfen Worte gegen die „jüdischen Fabeln" (Tit 1, 14 vgl. 1 Tim 1, 3–4; 4, 7; 2 Tim 4, 4). Die Stelle 2 Pt 3, 8–9 dient deutlich der Entschematisierung: Weder kennt Gott einen Zeit(plan)druck (8a), noch haben wir ein Zeitpolster (8b).

45. Tatsächlich ist es zu einer für die ersten Christen überraschenden Dauer der Entwicklung gekommen. Höchstwahrscheinlich rechnete Paulus mit einer schnelleren Ankunft des Herrn (1 Ko 7, 25–31). Weil aber diese zeitliche Erwartung nicht zum Dogma erhoben worden war, weil sie nicht zum Panier wurde, um das sich die Gemeinde sammelte, konnte die Verzögerung auch keine grundstürzende Enttäuschung hervorrufen. Selbstverständlich bewegte die Verzögerung die Gedanken und wird sie immer wieder bewegen. In der genannten Petrusstelle wird aber erkannt, daß es Gottes Sünderliebe ist, die die Zeit zur Gnadenzeit dehnt. Und das ist keine nachträgliche Verlegenheitslösung. Im Grunde trat die Gemeinde ihren Weg schon unter diesem Gesichtspunkt an (Apg 1, 6–8).

46. Für die christlichen Gemeinden ging es wie für die Propheten und gegen die Apokalyptik nicht von Programmpunkt zu Programmpunkt, sondern von Offenbarung zu Offenbarung. Das Verhältnis von Mensch zu Mensch kann unter eine Schablone geraten und unlebendig werden, nicht aber das Verhältnis von Gott und Mensch. Gott plant unter gewissen Umständen um (Jer 18, 7–8), bedauert eine Strafe (Joe 2, 13), beweint unser Nichtwollen, das uns gegen seinen guten Willen verschließt (Mt 23, 37–39), bleibt bei seiner Güte, „sofern du bei seiner Güte bleibst", und nimmt wieder an, „sofern sie nicht im Unglauben bleiben" (Rö 11, 22–23). Wie sollte Gott auch anders heilig und barmherzig sein? Wie wäre er sonst Vater unseres Herrn

Jesu Christi? Es ist einfach nicht auszusagen, mit welchem Ernst der große Gott auf unser Rufen und Glauben eingeht, so daß dadurch Berge versetzt werden und Himmel und Hölle sich bewegen. Aber ebenso entschlossen reagiert er – Herr, erbarme dich unser! – auf die leiseste Rebellion unseres Herzens. Menschliche Größen haben nicht mehr den Spielraum, sich um jede Kleinigkeit zu kümmern. Ihr Personal schirmt sie sorgfältig gegen jede Belästigung ab, damit sie ihre Kraft übergeordneten Gesichtspunkten widmen können. Aber Gottes Größe ist über die Maßen größer und deswegen ganz anders. Ihre Höhe, Tiefe, Länge und Breite umfängt auch das Kleinste. Sein Achthaben auf den Sperlingflug irritiert ihn nicht beim Lenken der Äone. Er läßt Sintfluten kommen und gehen und trocknet auch die Tränen der Witwen und Waisen. Sollten wir wirklich um seine Größe bangen, wenn er das Kleine gelten läßt? Und um seinen Willen, wenn Menschen etwas zu wollen haben? Nein, dann dächten wir zu klein, zu menschlich, allzu menschlich von seiner Größe und Herrschaft.

47. Doch es genügt nicht, die christliche Naherwartung in ihrem Gegensatz zur apokalyptischen und als Verlängerung der prophetischen Naherwartung darzustellen. Auch der Unterschied und wesentliche Neuansatz gegenüber dem prophetischen Erbe muß sichtbar werden. Im Neuen Testament ist nämlich eine Steigerung und Zuspitzung unverkennbar. Ein kleines, aber vielsagendes Anzeichen dafür stellt schon die Art dar, wie im Neuen Testament alttestamentliche Worte ergänzt werden. Daniel sagt z. B. (nach der Septuaginta): „Was geschehen muß". Johannes setzt hinzu: „Was in einer Schnelle geschehen muß" (1, 1; 22, 6). Jes 40, 10 lesen wir: „Siehe, ich komme!" Offenbarung 22, 7 und 22, 12 bezeichnenderweise: „Siehe ich komme bald!" Paulus hebt 2 Ko 6, 2–3 gegenüber Jes 49, 8 hervor: „Siehe, jetzt ist angenehme Zeit!" Und Petrus erweitert gegenüber Joel 3, 1–5: „Es wird geschehen in den letzten Tagen" (Apg 2, 17).

48. Wir erkannten als Quellort der prophetischen Naherwartung die prophetische Gottesverkündigung im Zusammenhang mit Israels Bundesbruch; die apokalyptische Naherwartung wurde in eigenartiger Weise aus der äußeren und inneren Bedrängnis des Volkes geboren. Was ist nun hinzugetreten? Was hat das neue Zeitgefühl der christlichen Gemeinden bestimmt? Es gibt ein Wort des Herrn Jesus Christus, nach welchem von einem bestimmten Zeitpunkt an gewissermaßen Bremsklötze fortgenommen wurden und Endgeschichte ins Rollen kam: „Ich sage euch: Von nun an wird's geschehen, daß ihr sehen werdet des Menschen Sohn sitzen zur Rechten der Kraft und kommen in den Wolken des Himmels" (Mt 26, 64). Sachlich handelt es sich bei diesem „von nun an" um Karfreitag und Ostern. Die Einsicht in die Reichweite dieser drei Tage ohnegleichen war es, die die christliche Erkenntnis auslöste: „Das Ende der Welt ist auf uns gekommen" (1 Ko 10, 11). Dieser „Tag" Jesu hat die Endereignisse ausgelöst, und die alte Welt trat in ihre letzten Tage[54]. „Von nun an" stand sie unter dem Urteil: gerichtet! und unter dem Spruch: befristet! Zugleich aber hebt mit Karfreitag und Ostern die neue Zeit an. Weniger haben die Osterzeugen

[54] Der Stein von Da 2, 34, der die Weltreiche zermalmt, kam ins Rollen.

nicht sagen wollen. Man versteht sie nur recht, wenn man bedenkt, daß nach biblisch-jüdischer Lehre der neue Äon mit der Auferstehung der Toten beginnt. Haben sie also den Gekreuzigten und Gestorbenen wieder als den Lebendigen gehört, gesehen, beschaut und betastet, so sind sie damit mitten in diesem Äon schon dem neuen Äon begegnet. Also bedeutet ihre Osterkunde Ende und Wende aller Dinge[55].

Der Quellort urchristlicher Naherwartung ist aufgewiesen. Mit den letzten Tagen Jesu beginnen die letzten Tage der Welt, so lang sie sich auch noch dehnen. Es geht im Grunde nicht mehr weiter.

49. Eine Beobachtung an den Berichten der Evangelien über die letzten Tage Jesu verdient in diesem Zusammenhang größere Aufmerksamkeit. Die Passionskapitel und Osterkapitel folgen nicht nur äußerlich den endgeschichtlichen Reden Jesu, sondern stellen in ihrer ganzen Länge deutlich ein Stück Erfüllung dieser Reden dar. Mk 13 lesen wir von der Notwendigkeit der Wachsamkeit in der letzten Zeit, von Waffenlärm, von Verrat durch Nahestehende. In Gethsemane werden diese Merkmale akut. Verhaftung und Verhöre, falsche Propheten, aber auch wunderbarer Geistesbeistand im Verhör, greuliche Lästerung, Überhandnehmen des Unrechts und große Trübsal werden angekündigt. All das kehrt in den Passionskapiteln wieder, Jesus bekam es zu schmecken. Auch der Hunger, das Erdbeben, die Beeinträchtigung der Himmelskörper, das Zeugnis unter den Heiden, die „Wehen" und die Verkürzung des Leides haben in den Passionskapiteln ihre Entsprechung. In den Ostergeschichten ist nach Mk 13, 26—27 von Engeln und von ihrer Aussendung in alle Welt die Rede.

Aber damit nicht genug. In der Apostelgeschichte hebt eine neue Runde der Erfüllung an. Dort lesen wir wieder von Verhaftung und Verhör, Geistesbeistand und Trübsal, Zeugnis und Tod, Erdbeben, falschen Propheten, Untreue im engsten Kreis usw. Mit Johannes läßt sich also vom „Kommen" des erhöhten Herrn in dreifacher Form sprechen:

50. Erstens „kommt" Jesus (Jo 20, 19. 24. 26; 21, 13) in Kraft und Hoheit, mit seinen königlichen Gütern und Wirkungen zu den „etlichen" von Mk 9, 1; 13, 30. Diese Bedeutung eignet den Ostererscheinungen.

Zweitens „kommt" der Herr durch den „Geist der Wahrheit" zu den Seinen (Jo 14, 18. 23. 28; 15, 26; 16, 7. 8. 13). Dieses Kommen bezieht sich auf die ganze Gemeinde in der Missionszeit. Der Erhöhte wirkt Erleuchtung, Gewißheit,

[55] „Die Welt kann nicht bleiben wie sie ist, weil Christus nicht im Tode geblieben ist", schreibt Lilje a. a. O. S. 243. Von Luther besitzen wir besonders lichtvolle Osterzeugnisse (nach K. Aland, Luther Deutsch, Bd. 8, 2. A. Stuttgart 1965, S. 179 f): „Die Worte, Christus von den Toten auferstanden, soll man gut merken und mit großen Buchstaben schreiben, daß ein Buchstabe so groß sei wie ein Turm, ja wie Himmel und Erde, daß wir nichts anderes sehen, hören, denken noch wissen als diesen Artikel." Wie konnte diese Schau innerhalb der Christenheit nur so verblassen? Man sagt „Auferstehung" und weiß nicht, was man damit sagt. Man glaubt an den Auferstandenen und ahnt kaum noch den Aufstand der Liebe und des Lebens gegen Sünde, Tod und Teufel, den Jesus bedeutet. Man blickt in die Zeitung und nährt mit Berichten über Erdbeben hin und her die Überzeugung, in der Endzeit zu leben, aber das „Zeichen des Jona", das uns als Zeichen ohnegleichen gegeben ist, verlor in merkwürdiger Weise seine Leuchtkraft.

Gebet, Überführung, Buße, Früchte und Gaben. Hier gilt das Wort aus dem alten Choral: „Er kommt auch noch heute."

Schließlich „kommt" er nach Offenbarung 1, 7 sichtbar für alle, am Ende vom Ende.

So stehen wir seit Ostern im entfalteten Ende. In diesem Licht erklären sich die merkwürdigen Worte, die Gegenwart und Zukunft nicht auseinanderhalten, in denen Dinge gleichzeitig die gegenwärtige und die zukünftige Zeit betreffen: „Es kommt die Zeit und ist schon jetzt" (Jo 4, 23; 5, 25; 16, 32). Oder: „Ihr habt gehört, daß der Widerchrist kommen wird, und ist schon jetzt in der Welt" (1 Jo 2, 18; 4, 3). So auch Paulus 2 Th 2, 6–7: Der Widersacher muß kommen, aber „es regt sich bereits das Geheimnis des Bösen". Da ist eben im Grunde ein großes Ende, ein großes Kommen, ein großer Ostertag. Vom frühen Morgen bis zum späten Abend: Morgens erscheint der Herr einigen, im Laufe des Tages immer wieder anderen Menschen, und am Abend sehen sie ihn alle.

Immer ist sein Kommen mit typischen Vorzeichen und Begleitzeichen verbunden. So gehen seit Ostern gewisse Erscheinungen in mehreren und immer neuen Wogen über die Geschichte hinweg. Dadurch werden die Christen wach für das Kommen des Herrn, ohne schon überschauen zu können, ob sie eine Zwischenwoge trägt, der wieder ein Wellental folgt, oder ob sie schon von der letzten Woge emporgehoben wurden, die am Gestade der neuen Schöpfung aufbrandet.

Bei diesem Sachverhalt zögert man, von einer tiefen Enttäuschung urchristlicher Naherwartung zu sprechen. Jene Gläubigen haben doch des Herrn Kommen erfahren: im Heiligen Geist, in Kraft und Herrlichkeit, in vielen Zeichen und Wundern! Nur derjenige, dem diese Worte Schall und Rauch sind, wird vom Riesenreinfall der ersten Zeugen sprechen.

51. Abschließend bleibt uns, den beträchtlichen Abstand zwischen prophetischer und urchristlicher Naherwartung festzustellen. „Viele Propheten und Gerechte haben begehrt zu sehen, was ihr seht, und haben's nicht gesehen, und zu hören, was ihr hört, und haben's nicht gehört", sagt der Herr zu seinen Jüngern. In seinem Licht ist alle Naherwartung im Alten Bund doch nur ein Sehen und Begrüßen „von ferne" (Hbr 11, 13).

Wie in der jüdischen Apokalyptik wird in der urchristlichen Erwartung ein bestimmtes Datum hochwichtig und ständig mit den Sinnen und Gedanken umkreist. Aber dieses Datum liegt überraschenderweise für die Christen nicht vor, sondern hinter den Wartenden. Es ist der Karfreitag und der Ostertag. Mit diesen Tagen brach der „Tag des Heils" schon an (2 Ko 6, 2). Worauf es noch zu warten gilt, ist nicht wie im Judentum die Totenauferstehung überhaupt, sondern nur noch ihre Vollendung. Denn seit Ostern hat sie begonnen mit dem „Erstling" Christus (1 Ko 15, 23–24). Damit hat die Welt ihr Ende bereits im Rücken. Das ist überaus neu und allen Formen jüdischer Vorstellung fremd.

52. Wenn dies völlig neue, christozentrische Verständnis der Naherwartung erkannt ist, empfängt auch die Frage, warum das lebendige Harren auf den Herrn

erlahmen konnte, ihre richtige Antwort. Die Offenbarung, der Hebräerbrief und der zweite Petrusbrief setzen diesen Niedergang der Hoffnung besonders deutlich voraus. Das geschah eben nicht, weil der Termin ausgeblieben war und die Gemeinde sich verrechnet hatte. So leicht es fällt, Berechnungen und Termine für die jüdische Apokalyptik nachzuweisen, so schwer wird uns das für die urchristlichen Quellen fallen. In der christlichen Gemeinde erlahmte die Naherwartung vielmehr, als die Tage Jesu verblaßten, als sie keine großen Taten Gottes mehr waren, als sie — obwohl Ende und Wende aller Ereignisse — in die Ereigniskette selbst zurücksanken, und als Jesus Christus — obwohl einer wie keiner und einer für alle — einer von vielen wurde. Karfreitag und Ostern ist der Quellort christlicher Naherwartung. Versiegt die Quelle, versickert der Strom. Darum sind jene neutestamentlichen Schriften, die mit diesem Erlahmen ringen, im Grunde nichts weiter als Neuverkündigung des Gekreuzigten und Auferstandenen in großer Konzentration. Steht dieser Glaube wieder in Kraft, ist auch die Hoffnung wieder lebendig. Hat Gott uns Christus gegeben, „wie sollte er uns mit ihm nicht alles schenken" (Rö 8, 32).

VI. Versiegle die Worte nicht!

Die Auslegung des Buches

53. Nach ihrer Abfassung sollte die Offenbarung sofort in die Gottesdienste der Gemeinden in der Provinz Asien gelangen. Darüber hinaus gehört sie auf alle christlichen Kanzeln und Katheder (s. zu 1, 3—4). Die Weisung zu 22, 10 sagt es noch einmal ausdrücklich: Dies Buch will ausgelegt werden — für alle. Wie wurde das Gebot befolgt?

Das Bild ist sehr widersprüchlich. Aus dem 2. Jahrhundert liegen, wie Nr. 18 erwähnt, Anzeichen für eine ungewöhnliche Verbreitung und Beliebtheit der Offenbarung vor. Im Laufe der Kirchengeschichte gingen immer wieder gewaltige Impulse von ihr aus. Kunst und Dichtung fanden hier ein unerschöpfliches Thema[56]. Große christliche Gemeinschaften oder Bewegungen wurden durch das glühend geliebte Buch geprägt. Johann Albrecht Bengel (1687—1752) machte es für das nächste halbe Jahrhundert zum Hauptbuch der Frommen und zu einem Dauerthema im Pietismus bis heute. Ja, das Buch wurde wohl mehr als alle anderen neutestamentlichen Schriften gelesen und ausgelegt.

54. Aber auch die andere Seite muß zur Sprache kommen. Einzelne Bestreiter meldeten sich schon im 2. Jahrhundert. Dann hat der größte Teil der Ostkirche das Buch für Jahrhunderte überhaupt beiseite gelegt. Auch im Westen erregte es Unbehagen (Nr. 18—19). Noch die drei Reformatoren behandelten es stiefmütterlich. Luthers „September-Testament" von 1522, das mit Recht so gefeierte Gottesgeschenk an das deutsche Volk, enthält in seiner Vorrede leider das erschreckende Fehlurteil über

[56] Im einzelnen s. Brütsch, S. 119 ff.

die Offenbarung, daß „Christus darinnen weder gelehrt noch erkannt wird". Spätere Ausgaben mäßigten die Schärfe. Aber noch die Ausgabe von 1689 bringt die Offenbarung ohne Nummer und Seitenzahl, also als eine Art Anhang, nicht als vollwertiges biblisches Buch. Zwingli äußert sich abweisend in der Berner Disputation von 1528: „Von der Apokalypse (Offenbarung) nehme ich kein Zeugnis an, denn sie ist kein biblisches Buch." Calvin hat sie in seiner Bibelerklärung einfach übergangen. Das kühle, zurückhaltende Verhältnis reicht bis in unsere Tage[57].

55. Wo liegen die Gründe dafür? Schon im 2. Jahrhundert spielte die Angst vor tatsächlicher oder vermeintlicher Schwärmerei eine große Rolle[58]. Auch Luthers Einstellung muß im Zusammenhang seines Kampfes mit den „Schwärmern" gesehen werden, die sich eifrig mit Versen aus der Offenbarung versahen. Aber Angst macht unsachlich. Schon Paulus scheint sich 1 Th 5, 19—21 gegen den Kurzschluß der Angst vor dem „Geist" zu wenden: „Den Geist dämpfet nicht!"

56. Ein anderer Grund liegt im Bündnis mit der Staatsmacht. Als die Kirche römische Staatskirche geworden war, trat das Sprichwort in Kraft: „Wes Brot ich eß', des Lied ich sing." Dazu paßte nicht das „Lied" der Offenbarung, in der das Kaisertum als das „Tier" und Rom als die darauf reitende „Hure" erscheint. Was Wunder, wenn der Kirchengeschichtsschreiber und große Verherrlicher des Kaiserbündnisses Euseb verächtlich über das Buch spricht. Immer wieder wird es ein weltseliges und sattes Christentum befremden (vgl. Nr. 19).

57. „Ohne Tränen wurde die Offenbarung nicht geschrieben, sie wird auch ohne Tränen nicht verstanden", äußert Bengel zu 5, 4 und schneidet damit eine grundsätzliche Frage jeder Schriftauslegung an, nämlich die Frage der Situationsverbundenheit. Manche Partien der Bibel bleiben ganzen Jahrhunderten verschlossen, bis eine neue geschichtliche Stunde der christlichen Gemeinde die Augen öffnet. Auch für den einzelnen Bibelleser mag ein bestimmtes biblisches Buch einfach noch nicht an der Reihe sein. Wer kein Verhältnis zum Leid hat, wird schwerlich Sinn haben für die Tiefe und Kraft der Offenbarung, die doch Zurüstung zum Leiden ist.

58. Schließlich fühlen sich Leser und Ausleger gegenüber der fremdartigen, kaum zu bewältigenden Bilderfülle der Offenbarung hilflos. Lohnt der praktisch-erbauliche Nutzen, der sich am Ende dennoch ergeben mag, den Aufwand, den die Auslegung dieses womöglich schwierigsten aller biblischen Bücher kostet? So volkstümlich es um die erste Jahrhundertwende in der Provinz Asien gewesen sein mag, als man die verhüllten Anspielungen (s. Anm. 43) sofort begriff und von ihnen wie elektrisiert war, w i r leben nicht in der Provinz Asien jener Tage!

[57] (S. 50) Z. B. R. Bultmann, Theologie des Neuen Testamentes, 5. A. Tübingen 1965, S. 518: „Man wird das Christentum der Apokalypse als ein schwach christianisiertes Judentum bezeichnen müssen."

[58] (S. 51) Die sogenannten Aloger (vgl. Nr. 18) bekämpften besonders die kleinasiatische Bewegung der Montanisten, die gegenüber der werdenden Amts- und Anstaltskirche die urchristlich-prophetische Linie erneuern wollte. Der Montanismus zehrte begreiflicherweise von der Johannesoffenbarung und ihrer Vorstellungswelt, schätze auch Ekstase und Zungenrede und lebte in glühender Naherwartung.

Tatsächlich kann der Ausleger an seiner Aufgabe verzagen. Auf der einen Seite stürzt eine chaotisch anmutende Fülle von Einzelheiten auf ihn ein, zu denen er je Stellung beziehen soll. Auf der anderen Seite muß er aber bei jeder Einzelheit die allgemeinen Baugesetze des Ganzen im Auge behalten. Weder darf er zu nahe herantreten, noch zu weit entfernt stehen. Ein so inhaltsreiches und tiefräumiges Buch erfordert viel Zeit, ein gutes Gedächtnis und Konzentration über lange Zeit. Selbst dann noch gehen die Auslegungen auseinander. Welche ist richtig? Bitter ist der Anblick, wenn die frommen Väter sich streiten.

59. Im großen und ganzen lassen sich vier Auslegungsweisen unterscheiden. Die historisierenden Auslegungen (welt-, kirchen- oder reichsgeschichtliche Auslegung) haben einen ersten Vertreter in dem uns erhaltenen Kommentar zur Offenbarung von Viktorin v. Pettau (gest. 303)[59]. Ein typisches Beispiel für ungute Auswirkungen dieser Auslegungsweise bot der ehrwürdige J. A. Bengel (s. Nr. 53). Er hielt die Offenbarung für einen prophetischen Abriß der Weltgeschichte seit Christus. Darum folgerte er in seiner „Erklärten Offenbarung Johannis“: „Eine Kenntnis von der alten und neuen Kirchen- und Weltgeschichte macht zwar die Sache bei weitem nicht aus, aber doch ist sie denen unumgänglich nötig, die eine wahre Auslegung der Weissagung geben wollen.“ Er setzte fortlaufend neben jedes Stück der Offenbarung die nach seiner Meinung passenden Daten aus der Weltgeschichte. So redeten die Bibelabschnitte für ihn verhüllt etwa von Karl dem Großen, von den Waldensern, von Luther oder Spener. Zahllose Ausleger gingen den Weg Bengels, wenn auch zum Teil vorsichtiger, indem sie nur die „Hauptwendepunkte“ vorausgesagt fanden („reichsgeschichtliche Auslegung“)[60], z. B. die Reformation, Gegenreformation, Aufklärung und Bibelkritik oder auch den ersten Weltkrieg. Eine Liste solcher Deutungen vom 2. bis 20. Jahrhundert, zu denen große und kleine Lichter ernsthaft beigetragen haben, würde ein dickes Buch füllen[61].

So fesselnd und volkstümlich diese Art auch ist, wir haben uns grundsätzlich davon abzuwenden. Gewiß bietet die Offenbarung im Sinne von 2 Pt 1, 19 „Licht auf dem Wege“ durch die Jahrhunderte; sie beleuchtet ihn, aber sie ist nicht der Weg. Sie erzählt nicht verschlüsselt die Weltgeschichte. Ihre 49 Gesichte sind nicht in irgendeiner Form Andeutungen der politischen, kirchlichen, geistigen oder geistlichen Ereignisse der folgenden 2000 Jahre.

Die Auslegung an Hand der abgelaufenen und ablaufenden Geschichte muß schon deswegen verwirren, weil das Geschichtswissen der Ausleger immer unvollständig bleibt. Hätte Bengel unser heutiges Geschichtswissen besessen, so hätte er den An-

[59] Neuere Vertreter s. „Einführung in die Literatur“.

[60] Ihr Begründer ist K. A. Auberlen (1857), neben ihm J. Ebrard (1853). Neuere Vertreter s. „Einführung in die Literatur“.

[61] Vgl. Lückes „Versuch einer vollständigen Einleitung in die Offenbarung Johannes“ (1832) mit weit über 1 000 Seiten (angeführt in J. P. Lange, Die Offenbarung des Johannes, 1871).

bruch des Tausendjährigen Reiches keinesfalls auf den 18. Juni 1837 gelegt (er lebte hundert Jahre früher). Sein ganzes Gebäude müßte verschoben werden! Jedes neue größere Ereignis könnte eine neue Gesamtauslegung der Offenbarung nötig machen.

Vor allem können die historisierenden Auslegungen kaum der Versuchung zur Berechnung entgehen, drängt sich in ihnen doch die Frage nach dem eigenen geschichtlichen Standort auf. Allzu gern werden darum die Symbolzahlen als Rechenzahlen genommen, was an sich schon eine Textvergewaltigung darstellt. Bengel selbst hat verschiedene Endtermine ausgegeben. Insgesamt sind wohl 200 solcher Daten in den vergangenen Jahrhunderten errechnet und ausgerufen worden. Die spätjüdische Apokalyptik lebt (vgl. Nr. 41)! Wie soll es bei dieser Arbeitsweise eine einmütige Auslegung geben können? Also gibt es Zank und Enttäuschung, und das Ansehen der Offenbarung leidet großen Schaden.

60. Von den folgenden Auslegungsweisen ist zwar keine d e r Schlüssel, wohl aber jede e i n Schlüssel, sofern sie nicht das alleinige Recht beansprucht.

Die z e i t g e s c h i c h t l i c h e Auslegung macht mit der Tatsache ernst, daß die Offenbarung, wie etwa auch die Paulusbriefe, als echte Gelegenheitsschrift verstanden werden will. Die Berechtigung dieses Einsatzes und sein großer Nutzen müssen hier nicht mehr dargelegt werden.

Dennoch ist die zeitgeschichtliche Auslegung seit der Aufklärung[62] in einer Art aufgekommen, die zu überprüfen ist. Danach hat Johannes n u r etwa für die zehn letzten Jahre des ersten Jahrhunderts geschrieben. Angesichts des drohenden Kaiserkultes weissagte er den Untergang des römischen Kaisertums durch die Wiederkunft Jesu Christi. Das sei der schlichte Sinn des „bald" von 1, 1 usw. Nun ist das römische Kaisertum aber erst Jahrhunderte später untergegangen und nicht durch die Wiederkunft Christi. Nüchtern betrachtet sei die Offenbarung also ein glatter Irrtum, aber ein Irrtum mit erbaulichem Nutzen. Sie enthalte Perlen der Frömmigkeit und Poesie und sei deswegen weiter verehrt worden und auch der Verehrung würdig.

Hier fehlt der Zugang zur biblischen Prophetie überhaupt. Niemals steckte die biblische Prophetie im Gefängnis einer einzigen Situation, immer lebte sie im Gesamtzusammenhang der Gottesherrschaft. Auch Johannes war nicht durch seine Lage abgesperrt von jeder anderen Situation. Er vermochte nicht deswegen so konkret zu jenen Gemeinden in der Provinz Asien zu sprechen, weil er von allen anderen Gemeinden und Zeiten absah, sondern umgekehrt: Aus dem Gesamtzusammenhang der Gemeinde Jesu Christi zwischen Himmelfahrt und Wiederkunft bringt er Licht auch in jenen Raum und in jene Stunde.

Am Beispiel: Ganz deutlich trug das damalige Rom die Züge von „Babel". Das bedeutete aber nicht, daß „Babel", dieser uralte Verkündigungsbegriff[63] der Bibel, in

[62] Ein spanischer Jesuit in Antwerpen, Ludwig von Alcasar (gest. 1613), machte schon den Anfang und spürte historische Beziehungen zur Römerherrschaft auf. Epochemachend war erst F. Bleek (1820); dann H. G. A. Ewald (1828) und viele andere. Neuere Vertreter s. „Einführung in die Literatur".

[63] Andere in der Offenbarung, aber nicht nur dort verwendete Verkündigungsbegriffe: Bileam (2,14), Isebel (2,20), Sodom und Ägypten (11,8), Euphrat (9,14; 16,12), Zion (14,1).

Rom aufgeht, sondern eben nur, daß Rom antichristliche und endgeschichtliche Züge trug. Darum ist „Babel" auch nicht mit Rom untergegangen, und darum predigt die Offenbarung auch heute ungebrochen von „Babel".

Deutlich trug die damalige kaiserliche Priesterschaft Züge des „falschen Propheten" an sich. Dies bedeutet wiederum nicht, daß Johannes nur sie im Auge hatte und daß nur diese Priesterschaft der „falsche Prophet" war; vielmehr nur, daß sie es a u c h war. Auch der „falsche Prophet" gehört seit Bileam zu den Verkündigungsbegriffen im Volke Gottes.

Johannes prophezeite wohl a u c h, aber nicht n u r über das eine Jahrzehnt, sondern über zwei Jahrzehnte, Jahrhunderte oder Jahrtausende — er wußte die Zeitdauer so wenig wie wir (s. Nr. 44). Er prophezeite eben für die Zeit der Gemeinde, die seit Ostern im entfalteten Ende steht (s. Nr. 50). Und dieser Gemeinde gilt, wie lange sich auch ihre Zeit erstreckt, das prophetische „bald". Das prophetische „bald" wandert die ganze Strecke mit, läßt sich je und je zu Vorerfüllungen nieder, erhebt sich wieder, bis es zur Letzterfüllung kommt.

Die ausschließlich zeitgeschichtliche Auslegung fällt mit unter das Urteil der historisierenden Auslegungen. Wie sachfremd ihre Methode ist, erkennt man daran, wie gewaltsam sie mit 17, 9—11 umgeht. Hier muß um jeden Preis die römische Kaiserreihe untergebracht werden! Warum sollte etwas so Einfaches nicht möglich sein, wenn Johannes es wirklich so gemeint hätte? Aber er hat es nicht so gemeint!

61. Die e n d g e s c h i c h t l i c h e Auslegung lehrt, daß das Buch schon von Kapitel 2 oder mindestens von Kapitel 4 an die Zeit n a c h der Entrückung der Gemeinde betrifft (ev. unter Einschluß einiger vorangehender Jahre). Bis dahin klafft also eine große Lücke, über die die Offenbarung schweigt. Den Generationen, die sich in dieser Lücke befinden, gilt das Buch im Grunde nicht, es sei denn als Belehrung über Heilsplanfragen. In dieser Weise legte schon der Katholik Fr. Ribera im Jahre 1591 aus. Er wollte den Protestanten, die seit Luther und entsprechend ihrer Kirchenlehre das „Babel" in Kapitel 13 hartnäckig auf den Papst bezogen („der Papst ist der rechte Antichrist", Schmalk. Artikel 4), den Boden entziehen. Darum behauptete er, das Buch behandele erst die letzten dreieinhalb Jahre vor der Wiederkunft des Herrn. In verschiedenen Abwandlungen fanden diese Gedanken auch in pietistischen Kreisen Eingang[64]. Zu begrüßen ist die Abkehr von der weltgeschichtlichen Deutung und das Ernstnehmen des Endgeschichtlichen an sich. Leider ist aber das Endgeschichtliche nicht neutestamentlich verstanden. Nach dem Neuen Testament stehen wir seit Karfreitag, Ostern und Pfingsten im Ende (Nr. 48). Indem diese „endgeschichtliche" Auslegung den endgeschichtlichen Charakter der Gegenwart verkennt, nimmt sie dem Buch seine Aktualität für die heutige Gemeinde und versiegelt es gegen seinen Willen (22, 10) für viele Generationen.

[64] J. Chr. K. von Hofmann sah 1844 in der Offenbarung die ganze Zeit der heidenchristlichen Gemeinde von der Zerstörung Jerusalems bis zur einstigen Bekehrung Israels übersprungen. Nur von der daran anschließenden Zeit und nur von Israel (nach der Entrückung der Leibesgemeinde) handele das Buch. Neuere Vertreter s. „Einführung in die Literatur".

DAS VORWORT DER OFFENBARUNG

Offenbarung 1, 1–8

Bucheröffnung

Offenbarung 1, 1–3

1 **Offenbarung Jesu Christi, die ihm Gott gegeben hat, seinen Knechten zu zeigen, was geschehen muß in einer Schnelle; und er** (Jesus)
hat (sie) **kundgemacht** („bezeichnet") **– Botschaft tuend durch**
2 **einen Engel – seinem Knecht Johannes, * der bezeugt hat das Wort Gottes und das Zeugnis Jesu Christi, alles, was er gesehen hat,**
3 *** Glückselig, der da vorliest und die da hören die Worte der Prophetie und halten, was darin geschrieben ist; denn die Zeit ist nahe.**

Zu Vers 1:
Dan 2, 28. 29

Diese Eröffnung[1] schließt sich eng und vielsagend an die Bucheinleitung der atst Propheten an. Dort wie hier die gleichen Bestandteile: Zuerst ein kurzes Überschriftswort. Im AT heißt es etwa: Dies ist das Wort (das Gesicht oder der Ausspruch) des Herrn. Es folgen in Nebensätzen die Entstehungsangaben (Verfasser, Empfänger, Zeit). Abschließend ergeht ein Eröffnungsgruß, z. B. Joe 1, 2–3; Jes 1, 2; Mi 1, 2. Damit hat Johannes von vornherein klargestellt, wo er eingeordnet werden will, nämlich in die Reihe der biblischen Propheten. Er beansprucht für sein Wort sofort biblische Autorität[2], nicht erst 22, 18–19. Um so nachdenklicher macht, daß gerade dieses Buch bis in unser Jahrhundert hinein von großen Teilen der Christenheit als

[1] Der Buchtitel „Offenbarung des Johannes" stammt so wenig vom Verfasser selbst wie die Überschrift „Evangelium nach Matthäus" von Matthäus oder die Aufschriften „An die Römer", „An die Korinther" usw. von Paulus. In allen Fällen handelt es sich um Kennzeichnungen, die später aus praktischen Gründen notwendig wurden. Wurden z. B. mehrere Schriftrollen in einem Krug oder in einer Kiste aufbewahrt, war es üblich, jede Rolle an einem der beiden herausragenden Stäbe durch einen Zettel inhaltlich zu kennzeichnen. In unserem Fall diente dazu der Begriff „Offenbarung" aus dem ersten Vers. Außerdem gehörte der Verfassername auf den Zettel. So entstand: „Offenbarung des Johannes". Dieser Titel hat seinen guten Sinn, wenn man an die anderen „Offenbarungen" denkt, die bald danach entstanden, z. B. die „Offenbarung des Petrus". Freilich steht er – wie schon Bengel rügte – im formalen Widerspruch zum ersten Vers des Buches selbst: „Offenbarung J e s u C h r i s t i." Aber diese Kritik rennt, wie Entstehung und Sinn des Titels zeigen, offene Türen ein. Spätere Handschriften haben den Titel gern angereichert, z. B. „Offenbarung des Johannes, des Theologen und Evangelisten". Offensichtlich galt es, Angriffe auf die Autorität des Buches abzuwehren.

[2] Darin liegt also weit mehr als der Anspruch, etwa nach 1 Kor 12–14 die Gnadengabe der Prophetie empfangen zu haben und auszuüben. Der Unterschied zwischen dem Propheten Johannes und den Propheten, wie es in der Gemeinde viele geben mag oder als die alle Glieder angesehen werden können (s. u.), scheint 22, 9; 19, 10 zum Ausdruck zu kommen. Er soll zu 1, 11 erörtert werden.

unterchristlich und außerbiblisch oder sonstwie bedenklich abgetan und aus Gottesdienst und Auslegung ferngehalten wurde (Einlt. Nr. 54).

Der hohe prophetische Anspruch, den Johannes schon durch den Stil seiner Eröffnung anmeldet, steht in enger Beziehung zu der Tatsache, daß die damaligen Gemeinden in der Provinz Asia in heftigster Fehde mit der jüdischen Synagoge lagen (2, 9; 3, 9; 11, 8). Das offizielle Judentum anerkannte wohl die Propheten der Vergangenheit – es schmückte ihre Gräber (Mt 23, 29–32) – und lehrte die Wiederkehr der Prophetie für die messianische Zukunft; in seiner eigenen Gegenwart ließ es jedoch keine Prophetie gelten (1 Makk 4, 46; 9, 27; 14, 41). Da treten die Christen auf: Hier ist Prophetie! Damit war nicht weniger gesagt, als daß der Messias erschienen sei und sie selbst die messianische Gemeinde der Endzeit darstellten; ferner: daß alle Juden, die jetzt nicht zur christlichen Gemeinde fänden, sich vom wahren Israel trennten. So schroff zog Johannes in allen seinen Schriften die Fronten, besonders in der Offenbarung.

Die Einordnung des Buches in die biblische Prophetie kündet an, daß der Herr Jesus Christus nicht einfach das Ende der Prophetie ist (etwa nach Hbr 1, 1), sondern zugleich ihr neuer Anfang auf neuer Ebene und in neuer Kraft. Als Erstling aus den Toten ist er in Person eine Prophetie ohnegleichen auf die neue Welt Gottes hin. Glaube an ihn bedeutet: Nun sind alle Verheißungen Gottes durch Christus erhoffbar geworden. Christusgemeinde ist Prophetengemeinde. Darin gründet nach 11, 7 sogar ihr Daseinssinn.

Der Prophet im engeren Sinne ist in der Gemeinde der zweitwichtigste Dienstträger nach dem Apostel. Beide dienen dem Herrn Jesus Christus, aber in verschiedener Hinsicht. Überspitzt läßt es sich so sagen: Der Apostel hat das Evangelium zum Gegenstand. Der Ton liegt stark auf dem „Christus gestern", auf seinem Wirken, Leiden und Auferstehen. Die Richtung geht missionarisch nach draußen. Der Gegenstand des Propheten ist dagegen die Offenbarung, mit einem starken Gewicht auf dem „Christus heute und in Ewigkeit", also auf dem, „was ist und was geschehen soll danach" (1, 19). Dabei wendet sich der Prophet vornehmlich an die Gemeinde selbst, die er auf- und auszurichten hat.

Am Anfang stehen also nicht die Propheten, sondern die Apostel, und jede Offenbarung muß am Evangelium geprüft werden. „Lasset Propheten reden zwei oder drei, und die anderen lasset die Rede prüfen" (1 Kor 14, 29). „Hat jemand eine Prophezeiung, so sei sie dem Glauben gemäß" (Rö 12, 7). In der Prophetie muß sich eben erweisen, daß Jesus Christus gestern, heute und in alle Ewigkeit derselbe ist

(Hbr 13, 8). Sie baut gewissenhaft über dem apostolischen Fundament in die Höhe, aber nicht nach links und rechts darüber hinweg. Sonst wäre sie Lügenprophetie. Auch das prophetische Buch des NT hält sich ganz und gar an den Grundriß des Evangeliums und will so gesehen und behandelt werden.

Wenn die Aufgabe des Buches in Prophetie besteht, gilt ihm die Regel, sich an dieses Amt zu halten (Rö 12, 7; 1 Pt 4, 15). Und dem Leser gilt die Regel, dieses Buch nicht nach allem Möglichen zu befragen und aus seinem Schweigen auf alles mögliche zu schließen. Nichts hinzutun, nichts abtun!

Die drei Verse der Bucheröffnung kehren fast wörtlich im Buchschluß wieder. Wie ein Rahmen legen sich diese Aussagen um das Ganze.

Dies ist die Offenbarung Jesu Christi. Offenbarung[3] setzt ein Ge- 1
heimnis voraus. Das Geheimnis kann in der wesentlich göttlichen Sicht der Dinge bestehen. Dann ist es Menschen unzugänglich. Es liegt für sie nicht vor Augen und nicht auf der Hand, läßt sich auch nicht aus dem, was sie sonst alles wissen, logisch erschließen. Sie können es sich nur sagen lassen. Im übrigen aber ist das Geheimnis in der Bibel allerschlichtester Natur, so daß ein Kind es versteht. Ein im Schubfach verborgener, viel umrätselter Geheimplan kann sich bei seiner Veröffentlichung als die allerklarste Sache von der Welt entpuppen. Die Schwierigkeit bei den göttlichen Geheimnissen liegt anderswo: Der Mensch läßt sich nichts sagen. Er glaubt der Veröffentlichung nicht.

Inbegriff der „Geheimnisse" Gottes ist das Evangelium vom gekreuzigten und auferweckten Herrn, „in welchem verborgen liegen alle Schätze der Weisheit und der Erkenntnis Gottes" (Kol 2, 2–3).

Einmal werden Gottes Geheimnisse offenbar werden. Gottes Schau der Dinge wird die Öffentlichkeit erobern. Die Dinge strahlen dann in aller Augen, wie Gott sie schon immer sah. Das Christuslicht geht auf,

[3] Offenbarung für grie Apokalypsis, eingedeutschte Form Apokalypse, bezeichnet das Enthüllte im Gegensatz zum Verborgenen und betrifft die Geheimnisse der Endzeit, grie eschaton (daher Eschatologie für die Kunde vom Ende), vgl. den kathol. Sprachgebrauch Geheime Offenbarung. Offenbarung = Apokalypse wird von Johannes erstmals, soweit nachweisbar, als Bezeichnung für ein Buch verwendet (dazu: Bibl.-Theol. Handwörterbuch 2. Aufl. Artikel „Apokalypse, Apokalyptik" und „Offenbarung"; W. Bauer, Wörterbuch 2. NT 5. Aufl. apokalypsis; Michaelis, Einl. i. d. NT, 1. Aufl. § 30 Johannesapokalypse, Ziffer 2).
Apokalypsis meinte ursprünglich: etwas aus einer Erdkuhle oder Höhle hervorholen. Später verblaßte der Gedanke an die Erde als Bergungsort. Nun dachte man stärker an etwas, was man unter einem Schleier hervorholt: Ent-Hüllung, Ent-Deckung. Unser deutsches Wort bedeutet: etwas „offen tragen", so daß man es sehen kann (vgl. Friso Melzer, Der christliche Wortschatz . . ., Lahr, 1951).

und alle Sonnen und Sterne erbleichen. Aber bevor Gott diese Endoffenbarung[4] hereinbrechen läßt, gibt er prophetische Offenbarung: Vorschau für einige von der Endschau für alle. Warum tut er das? Aus Freundschaft: „Der Vater hat den Sohn lieb und zeigt ihm alles, was er tut" (Jo 5, 20). Dann wendet sich der Sohn an seine Jünger: „Ein Knecht weiß nicht, was sein Herr tut. Euch aber habe ich gesagt, daß ihr Freunde seid . . . Solches habe ich zu euch gesagt, damit ihr (im Kommenden) nicht zu Fall kommt" (Jo 15, 15. 16; vgl. 1 Mo 18, 17; Ps 103, 7; 25, 14; Am 3, 7). In diesem Sinn ist das Buch der Offenbarung Vorgabe an die Gemeinde in bezug auf das Letzte. Die Gemeinde soll nicht im Vorletzten zu Fall kommen, ihr Leuchter soll brennen bis zuletzt.

Es fällt auf, daß Johannes den Begriff der „Offenbarung" nicht für eines der folgenden Gesichte verwendet. Er meidet die sonst im Urchristentum gebräuchliche Mehrzahlbildung „Offenbarungen" (z. B. 2 Ko 12, 7). „Offenbarung" erscheint bei ihm erstmalig als Buchbezeichnung (Einltg. Nr. 24). Mit dieser Eigenprägung unterscheidet er sich auch von atst Propheten. Bei allem Anklang ist da eben doch kein Gleichklang. Sein Buch ist nicht ein Offenbarungsbuch unter anderen, sondern d i e Offenbarung, nämlich Zusammenfassung aller biblischen Prophetie.

Nun tauchen hinter diesem Anspruch die großen Autoritäten auf: das Buch ist Offenbarung **Jesu Christi**[5]**, die ihm Gott gegeben hat.** Der Herr selbst steht hinter diesem Buch und hinter seiner Botschaft. Freilich wird der Ursprung der Botschaft noch weiter zurückverlegt. Christus empfing sie von Gott. So kennen wir Jesus auch aus dem Johannes-Evangelium: „Ich habe nicht von mir selber geredet; sondern der Vater, der mich gesandt hat, der hat mir ein Gebot gegeben, was ich sagen und reden soll . . . Was ich rede, das rede ich so, wie mir mein Vater gesagt hat" (Jo 12, 49–50)[6]. Im Hintergrund des Buches steht also Gott. Außer in der Einleitung 1, 8 ergreift

[4] „Offenbarung" im Sinne der Endoffenbarung Jesu Christi: 1 Ko 1, 7; Rö 2, 5; 8, 19; 2 Th 1, 7; 1 Pt 1, 7. 13.

[5] Jesus Christus ist hier der Enthüllende und nicht selbst der Enthüllte. Letzteres wäre zwar sprachlich möglich (so z. B. 1 Ko 1, 7; 2 Th 1, 7; 1 Pt 1, 7. 13), widerspräche hier aber der ausführlichen Parallele im Buchschluß 22, 16 und dem Zusammenhang hier: Christus wird gegeben, damit er weitergebe. — Übrigens lautet in unserem Buch die Bezeichnung für den Herrn ganz schlicht „Jesus": 1, 9; 12, 17; 17, 6; 19, 20; 20, 4; 22, 16. Viermal erscheint (allerdings nicht als Name, sondern als Titel) „Christus": 11, 15; 12, 10; 20, 4. 6. Nur in den Rahmenstücken des Buches findet sich die Doppelbezeichnung „Jesus Christus": 1, 1. 2. 5 oder „Herr Jesus": 22, 20. 21.

[6] Vom „Geben" Gottes an Christus spricht gerade das Johannes-Evangelium recht häufig: 3, 35; 5, 22. 27. 36; 6, 39. 65; 13, 3; 17, 4. 6. 8. 22; 18, 11. Dies ist eine der vielen sprachlichen Brücken zwischen beiden Werken.

er erst ganz am Schluß das Wort (21, 5—8). Dagegen steht Jesus vom ersten bis zum letzten Vers im Vordergrund. Er ist der Bevollmächtigte, dem Gott alles übertragen hat.

Zum Auftrag Jesu Christi gehört es, **seinen Knechten zu zeigen, was in einer Schnelle geschehen soll.** Die Empfänger des Buches erhalten hier und 2, 20; 22, 3 die Benennung „Knechte Jesu"[7]. Das ist ein verkürzter Ausdruck für „seine Knechte, die P r o p h e t e n" (10, 7; 11, 18; 22, 6 in Anlehnung an den Sprachgebrauch im AT, z. B. 1 Kö 17, 23). Empfängerschaft ist also eine Prophetenschar. Doch woran ist gedacht? Zielt der Ausdruck auf eine prophetisch begabte Gruppe innerhalb der Gemeinde? Diese Vermutung führt, wie 1, 4 zeigen wird, in die Irre. Für Johannes ist die ganze Gemeinde Prophetengemeinde. Alle, die überhaupt „das Zeugnis Jesu" haben, haben den Geist der Prophetie. „Das Zeugnis Jesu ist . . . der Geist der Prophetie" (19, 10)[8].

Dieser Gemeinde soll Jesus **zeigen**[9]**, was geschehen muß** (vgl. Vers 19 und 4, 1). Damit ist der Buchinhalt umrissen. Als einzige ntst Schrift hat die Offenbarung in ihrer ganzen Länge das Geschehen, also die Geschichte, zum Thema. Darum verdient sie gerade in unserem Jahrhundert Gehör, in einer Zeit also, in der sich die Einheit des Weltgeschehens immer stärker abzeichnet und auch das Bewußtsein, an einer gemeinsamen, weltweiten Geschichte beteiligt zu sein,

[7] In 7, 3; 10, 7; 19, 2. 5; 22, 6 lesen wir von Knechten Gottes, nicht Jesu. Doch alles, was Gottes ist, gehört auch dem Sohn. — Übrigens leitet eine Auslegungsschule von der Tatsache, daß „Knechte" im AT Israeliten bezeichnet, die Folgerung ab, daß auch hier von Juden die Rede sein müsse und daß sich demnach das Buch an Judenchristen wende. Aber Johannes schreibt nach 1, 4 an Gemeinden, die unzweifelhaft aus Juden und Heiden zusammengesetzt waren. Außerdem werden im NT laufend Israel-Bezeichnungen auf Heidenchristen bezogen, z. B. Ekklesia, Tempel, Haus Gottes, Volk Gottes, Priestertum, Licht, Herde, Beschneidung, Weinberg. Darin spiegelt sich der heilsgeschichtliche Grundvorgang wider, daß Heiden durch das Blut Jesu Miterben, Mitgenossen, Mit-Leib Israels werden. So sind sie mit Recht Mit-Träger der Israel-Namen. Wer den Epheserbrief studiert, den befremdet das nicht. Siehe ferner 1, 5—6 und Anmerkung 235.

[8] Diese Schau wird 11, 1—13 in den Mittelpunkt treten. Auch die Pfingstgemeinde teilte sie (Apg 2, 4. 16), und nach 1 Kor 12, 3 ist jeder bekennende Christ ein Prophet. In Mt 5, 12 sieht Jesus die Jünger in der Nachfolge der atst Propheten.

[9] Das grie, hier mit „zeigen" übersetzte Wort *deiknymi* erscheint in der LXX 82 mal für prophetisches Enthüllen (nach G. Bertram, bei Schlier, Ki-ThW II 29, 33). „Gott zeigt dem Pharaoh, was er vor hat" (1 Mo 41, 28); „der Herr hat mir gezeigt, daß er (König Benhadad) des Todes sterben wird" (2 Kö 8, 10), auch Jer 24, 1; Amos 7, 1. 7; 8, 1; Sach 3, 1; 4 Mo 23, 3; Hes 11, 25; 40, 4. Nach den letzten Beispielen bezieht es sich durchaus nicht immer nur auf Träume und Gesichte, die gezeigt, sondern auch auf Worte, die gesagt werden. Mk 8, 31 hat es geradezu die Bedeutung *„lehren"*; Mt 16, 21 meint es mündliche Mitteilung. Auch diese Vokabel gehört besonders zur johanneischen Sprache, vgl. auch Anmerkung 165.

universal wird. Immer weniger Menschen gelingt es, sich wirklich nicht um Politik zu kümmern.

Auch die Gemeinde des Herrn Jesus Christus sieht sich in diesen Horizont gestellt und fragt nach ihrer Sendung und nach der Möglichkeit, im Zuge der großen Entwicklungen und angesichts der Geschichtsrätsel Gemeinde zu bleiben. In solchen Zeiten darf zur Gemeinde nicht nur über die Gemeinde gesprochen werden. Vielmehr gilt es, in prophetischer Gnade den Blick auch auf das zu richten, was sie umgibt und was auf sie zukommt: auf die Geschichte.

Die erste und letzte Aussage über die Geschichte ist die, daß sie unter einem **Muß**[10] steht und also gezügeltes Geschehen ist. Aber w e r hält hier die Zügel, und was für ein Muß ist das? Auch die Griechen sprachen gern von einem alles durchdringenden Muß, von einem unpersönlichen, unentrinnbaren und unabänderlichen Weltenzwang, dem sich selbst die Götter beugen. Danach ist die Geschichte im Grunde Natur; sie läuft unter Naturgesetzen ab. Dem Einsichtigen bleibt nur der Fatalismus: stumm und mit möglichst wenig seelischer Erregung hinzunehmen, was kommt.

Menschen oder Götter mögen sich beugen – Gott aber beugt sich nicht. Er hält sich selbst und seinem Wort die Treue. Zwar scheint es so, als ob die Geschichte aus Gottes guten Bahnen ausgeschert wäre, aber das prophetische Wort durchleuchtet die Zusammenhänge: Gezügelt durch Gottes Herrlichkeit endet sie zu seinen Füßen. Diese Herumholung und Heimholung der Menschheit und Schöpfung ist Inhalt der Offenbarung.

Offensichtlich war das Leben des Herrn Jesus Christus eine besondere Durchbruchsstelle für dieses endgeschichtliche Muß, für diese zurechtbringende Gottesherrschaft. Auffällig ist das Vorkommen des Wörtchens „muß" in den Evangelien und seine Häufung in den Zusammenhängen der Passionswoche. Der am Kreuz Hängende ist das Stück der Menschheit, in dem Gott wieder total zur Herrschaft gelangt ist. Mit diesem Leben, Sterben und Auferstehen beginnt die Vollendungszeit (Einltg. Nr. 48). Er, der Gehorsame, ruht nicht eher, als bis alle Schöpfung früher oder später, willig oder unwillig in die Gehorsamsbewegung hineingerissen und auf die Knie gebracht ist vor dem Thron Gottes und des Lammes. Das geschlachtete Lamm ist Vollstrecker des göttlichen Muß (Kapitel 5).

Ein Merkmal göttlicher Macht ist die Plötzlichkeit, mit der Gott eingreift. Es wird **in einer Schnelle**[11] geschehen, ungestüm, im Sturm-

10 Dieses Muß findet sich auch häufig bei Daniel, z. B. 2, 28. 29, wobei auffällt, daß es sich um einen Zusatz der LXX handelt. Im hebräischen Text fehlt dieser typisch grie Begriff, der hier freilich neu gefüllt wird, s. d. Auslegung.

schritt. Immer wieder werden Menschen von Gottesoffenbarungen gleichsam überrannt: „Es geschah plötzlich ein großes Brausen vom Himmel" (Apg 2, 2); bei den Hirten „war alsbald die Menge der himmlischen Heerscharen" (Lk 2, 13), und den Paulus „umleuchtete plötzlich ein Licht vom Himmel" (Apg 9, 3). So zeigt sich das Herrische und Herrliche Gottes. Er ist so frei und nimmt sich einfach seine Gelegenheiten, ohne von innerweltlichen Entwicklungen und Voraussetzungen abzuhängen. „Um dein Grämen zu beschämen, wird es unversehens sein[12]!"

Und er (Jesus) **hat** (die Offenbarung) **kundgemacht.** Das Werk wurde dem Johannes also auf dem Wege des „Zeigens" (s. Anm. 9) und des Kundtuns oder Bezeichnens zuteil. Während der erste Ausdruck (deiknymi) stärker redebezogen verwendet wird, ist der zweite, seltenere (semaíno) eindeutig zeichenbezogen[13]. Dieser zurückhaltende Hinweis auf die zeichenhafte Übermittlung macht deutlich, daß die Offenbarung keine Ausnahme von 1 Ko 13, 12 bildet. Soviel auch in ihr geschaut wird, es wird noch nicht „von Angesicht zu Angesicht" gesehen, sondern nur „stückweise" erkannt; „durch einen Spiegel in einem dunklen Wort", so daß noch Geheimnisse bleiben (10, 4). Auch für Johannes auf Patmos galt, daß er wohl ganz an den Herrn glauben, ihn aber nicht ganz erkennen konnte. Das Erkennen bleibt hinter dem Glauben zurück. Die „Einheit des Glaubens und der Erkenntnis" liegt noch in der Zukunft (Eph 4, 13). Daß das Erkennen „von Angesicht zu Angesicht" (vgl. 22, 4) erst in der Zukunft möglich ist, wird den Glauben heute nicht enttäuschen. Dieser Hinweis mag dem Leser der Offenbarung, der neugierig auf Erkennenwollen aus ist, wie auch dem, der versucht ist, zu resignieren, zurechthelfen: Hier liegt eine Demütigung für das Erkennenwollen und zugleich eine Ermutigung für das Glaubendürfen.

Jesus macht die Offenbarung kund, **Botschaft tuend durch einen Engel.** Wie ein König seinen Hofstaat hat, so stehen dem erhöhten Herrn Engel zur Verfügung. Engel treten am Ostermorgen und in

[11] Die grie Vokabel *tachos* steckt z. B. in Tachometer (Geschwindigkeitsmesser) und enthält die Grundvorstellung „eilen", meint also die Bewegung, nicht den Zeitraum. Ein Tachometer ist keine Uhr. Die Vokabel erscheint im NT zehnmal in endgeschichtlichen oder verwandten Zusammenhängen: Lk 18, 8; Rö 16, 20; Offb 1, 1; 22, 6; verkürzt 2, 16; 3, 11; 11, 14; 22, 7. 12. 20. „In einer Schnelle" hat alten, formelhaften Klang und bezeichnet in der LXX immer wieder die Art des göttlichen Gerichts, z. B. Ps 2, 12; 5 Mo 9, 3; 11, 17; 28, 20; Jos 8, 18. 19. Siehe auch folgende Anmerkung.

[12] Erst in zweiter Linie enthält „in einer Schnelle" auch eine zeitliche Aussage im Sinne der Naherwartung. Weil diese Bedeutung aber bei „nahe" stärker hervortritt, siehe zu 1, 3.

[13] Im NT nur noch fünfmal: Apg 11, 28; 25, 27 und besonders wieder bei Johannes: Jo 12, 33; 18, 32 und 21, 19. Auch das darin anklingende Substantiv „Zeichen" ist ein johanneisches Vorzugswort; vgl. zu 12, 1.

Augenblicken seines Erdenlebens auf, in denen seine Hoheit aufleuchtet (Geburt, Sieg über den Versucher in der Wüste, Gethsemane). Wo Engel anwesend sind, erscheint der Herr in Herrlichkeit und handelt königlich. Die etwas umständliche Nachahmung des Grundtextes soll spüren lassen, wie sehr Christus selbst der Handelnde bleibt, wie wenig der Engel einen passiv im Hintergrund Bleibenden vertritt. Der Herr ist unmittelbar da, und doch gehen ihm Engel zur Hand und betonen dadurch seine Majestät[14].

Der erste Vers des Buches schritt den Weg ab, auf dem die Botschaft des Buches herbeikommt: Gott — Jesus Christus — Engel. Schließlich wird die vierte Station und damit die vierte Autorität genannt: Jesus gab die Offenbarung **seinem Knecht Johannes.** Soeben war „Knecht" ein Titel für alle Gemeindeglieder. Sie alle sind ja Propheten, wie sie alle auch Priester, Zeugen, Heilige oder Brüder genannt werden. Jetzt aber wird deutlich, daß es unter den „Knech-

[14] Häufiger als in irgendeiner anderen ntst Schrift kommt das Wort „Engel" in der Offenbarung vor, nämlich von insgesamt 175 ntst Vorkommen allein 67 mal. Auch wenn man den Umfang des Wortbestandes (also die Länge) der Schriften berücksichtigt, bleibt die Offenbarung bei weitem in Führung. Etwa doppelt so viele Wörter wie die Offenbarung weisen Matthäus, Lukas und Apostelgeschichte auf (je ca. 18 000 gegenüber ca. 9 000 nach dem griechischen Text von Nestle, 21. Aufl.), doch verwendet Matthäus „Engel" nur 20 mal, Lukas nur 25 mal und Apostelgeschichte nur 21 mal. Die Paulus-Schriften umfassen zusammengenommen ca. 32 000 Wörter, verwenden aber „Engel" nur 14 mal; der dagegen nur ca. 5 000 Wörter aufweisende Hebräer 13 mal. Die nicht genannten Schriften fallen nicht ins Gewicht (zur Wortstatistik vgl. R. Morgenthaler, Statistik des ntst Wortschatzes, S. 19 f. Tabellen § 1 und 3). Was hat das zu bedeuten? Erst einmal erinnert dieser Sachverhalt an das gehäufte Vorkommen der „Engel" in den nachexilischen Schriften des AT, etwa in Hes 40—48 und Sach 1—6, und vor allem in der Apokalyptik, wo die Engellehre geradezu wuchert. Zwischen Gotteswelt und Menschenwelt schiebt sich ein umfassendes Engelreich mit einer Fülle von Funktionen. Alles Geschehen zwischen Gott und Menschen geht nun über die Engel. Das unmittelbare Vernehmen der Stimme Gottes, wie die Propheten es bezeugten, hatte aufgehört. Gott regierte zwar, aber nur noch von ferne (Jer 23, 23). Dieser Sachverhalt und das darin liegende Gericht wird durch die Zwischenschaltung der Engel angezeigt. Hbr 2, 2 deutet an, daß ein durch Engel vermitteltes Wort minderen Ranges ist. Da auch der Inhalt unseres Buches durch einen Engel vermittelt ist, ließen sich manche Ausleger dazu verleiten, ihm die volle Höhe ntst Offenbarung abzusprechen. Doch muß man genauer hinsehen. Gewiß thront Gott hier in erhabener Ferne, die erst in der Vollendung aufgehoben wird (22, 3—4), doch begegnen uns in der Offenbarung nicht Wendungen wie „Gott und die Engel", sondern die Formel „Gott und das Lamm". Das Gewicht dieses kleinen Sätzchens ist kaum zu überschätzen. Gott offenbart sich durch Christus und nicht durch Engelvermittlung. Christus legt Johannes die Rechte aufs Haupt (1, 17), spricht zu den Gemeinden (Kapitel 2 und 3), wandelt mitten unter ihnen (2, 1), klopft an ihre Tür und hält das Abendmahl mit ihnen (3, 20). Die Engel in der Offenbarung stören nicht das unmittelbare Heilsverhältnis; sie sind Reste einer massiven apokalyptischen Engellehre des Judentums. Die Engellehre ist ganz der Christuslehre unterworfen. Wo überkommene Vorstellungen nützlich erscheinen, werden sie benutzt, aber ohne den in der Apokalyptik gewohnten Nachdruck.

ten" auch einen besonderen Knecht gibt (s. Anm. 2). Das außerordentliche Vertrauensverhältnis des Johannes zu seinem Herrn drückt sich hier im besitzanzeigenden Fürwort aus: s e i n Knecht (so noch von 1. Mose 15, 3). Es ist durch besondere Offenbarung gestiftet. Das Brudertum, das 1, 9 so überzeugend aufleuchtet, gilt zwar, aber es gilt unter der Wahrung besonderer Führungen. Es gibt d i e Knechte und d e n Knecht, wie es d i e Jünger gibt und d e n Jünger, „den der Herr lieb hatte" (Jo 13, 23).

Die Nennung des Johannes ohne Zusatz (auch noch Vers 4, 9 und 22, 8) spricht für die Verfasserschaft durch den Zwölferapostel[15]. Der Eigenname Johannes war damals häufig. Aber welcher Johannes konnte sich unter Verzicht auf jede Näherbestimmung unter diesem Namen der Christenheit vorstellen? Bei wem genügte es, zu sagen: „Ich, Johannes" (1, 9), und jedermann wußte, um welchen Johannes es sich handelte? Nur bei dem Herrenjünger. Es war einfach d e r Johannes. Diese schlichte und doch so betonte Selbstvorstellung begegnet uns auch in den Briefen des Johannes: „**der** Älteste" (2 und 3 Jo) und einfach „i c h" (1 Jo).

Also dieser Johannes **hat bezeugt das Wort Gottes und das Zeug-** 2
nis Jesu Christi. Nach der schriftstellerischen Gepflogenheit seiner Zeit spricht er von seinem augenblicklichen Schreiben in Vergangenheitsform[16]. Was er „bezeugt hat", nennt er „das Wort Gottes und das Zeugnis Jesu Christi"[17]; eine weitere Charakterisierung des Buches. Immer wieder haben atst Propheten ihre Botschaft „Wort Gottes" genannt, aber mit diesem ehrwürdigen Ausdruck verbindet Johannes einen anderen: „Zeugnis[18] Jesu Christi". Schon hier kündigt

[15] Warum nennt er sich nicht Apostel, wenn er es ist? Er kennt die grundlegende Bedeutung des Apostolats (21, 14; 18, 20). Aber die Apostel heißen in seinen Schriften oft *martys* = Zeuge. Vielleicht scheute er das Wort, weil er inzwischen zu viele „Lügenapostel" mit ihrem falschen Sendungsbewußtsein kennengelernt hatte (2, 2). Außerdem hat er hier das grie Tätigkeitswort *apostello* = senden, von dem „Apostel" abgeleitet ist, gerade auf den Engel bezogen. Daß er um seine apostolische Aufgabe wußte, soll in 1, 11 erörtert werden.

[16] Mit dem „Zeugnis" wird an dieser Stelle m. E. nicht auf das Johannes-Evangelium zurückverwiesen (so bereits Andreas von Caesarea in seinem spätestens 613 n. Chr. verfaßten Kommentar über die Offenbarung). Dagegen spricht schon dessen vermutliche Abfassungszeit. Außerdem müssen hier die vier Vergangenheitsformen „gab", „machte kund", „bezeugte", „sah" auf die gleiche Zeit bezogen werden.

[17] Hier wird also e i n e Botschaft zweifach benannt, um ihre Fülle zu erfassen. Der Doppelausdruck erscheint in leichter Abwandlung auch 1, 9; 6, 9; 12, 17; 20, 4.

[18] Die Wortgruppe „zeugen", „Zeugnis", „Zeuge" (*martyreo — martyria — martys*) hat für Johannes größtes Gewicht. Der Begriff erscheint regelmäßig zu Beginn und am Schluß seiner Schriften: Jo 1, 7 und 19, 35 oder 21, 24; 1 Jo 1, 2 und 5, 9; Offb 1, 2 und 22, 20. „Zeugnis" ist in der LXX und im übrigen NT selten; bei Johannes dagegen kommt es 30 mal vor. Siehe noch z. 1, 5.

sich der Zweiklang an, der für die gesamte Botschaft der Offenbarung bezeichnend ist: Gott und das Lamm (s. z. 5, 6).

Johannes richtet sein Zeugnis vollständig aus: **alles, was er sah.** Über fünfzigmal begegnet uns das „sehen" in der Offenbarung. Nach alter prophetischer Sprechweise schließt es das Hören ein[19]. Es ist ein Fachwort für den prophetischen Offenbarungsempfang schlechthin, weswegen Propheten in alter Zeit „Seher" genannt wurden. Der Seher mußte ein guter Hörer sein, denn Gott pflegt seinen Zeichen Deuteworte beizugeben. Mit ihnen steuert er Auge und Verstehen des Propheten und so auch die Weitergabe.

Zum Abschluß der Bucheröffnung ertönt die erste der sieben Seligpreisungen der Offenbarung[20]. Die Hörergemeinde ist zu beglückwünschende Heilsgemeinschaft. Ihr Hören wird sie bewahren (s. z. 3, 10). Biblische Seligpreisungen sind nicht aus der Beschaulichkeit heraus geboren, sondern entzünden sich am Gegensatz[21]. In der damaligen Provinz Asien wurden fremde Seligkeiten angepriesen, denen die Gemeinde, wie die Gemeindebotschaften erkennen lassen, hörig zu werden drohten. So prallt des Apostels Seligpreisung auf Gegenparolen, auf Lügenverheißungen und Glücksillusionen.

3 **Glückselig, wer da vorliest und die da hören die Worte der Prophetie**[22]. Hier tun wir einen Blick in die versammelte Gemeinde. Der „Leser" (nach Luther) ist der öffentliche Vorleser. Diese Weise war damals für viele Gemeindeglieder die einzige Möglichkeit, die Heilige Schrift kennenzulernen. Die öffentliche Vorlesung wird oft vorausgesetzt (2, 7. 11. 17. 29; 3, 6. 13. 22; 13, 9; 22, 17. 18). Die Offenbarung läßt sich im Unterschied zu vielen überaus langatmigen jüdischen Apokalypsen in etwa eineinviertel Stunden laut vorlesen.

Johannes erwartet, daß seine Botschaft, wenn man sie zur Kenntnis nimmt, von Gott, dem Offenbarer, und von Christus, dem Vermittler, bestätigt wird: „Glückselig" sind Leser und Hörer! Hinter ihm steht der Mund Jesu und der Mund Gottes. Er schreibt nicht für die private Lektüre oder für Sonderkreise, sondern an Gemeinden und ihre Öffentlichkeit.

19 Auch in Am 1, 1; Nah 1, 1; Hab 1, 1; Jes 1, 1; Ob 1, 1 und Hes 1, 1 schließt das Sehen die Worte der Offenbarung mit ein. Micha 1, 1 kann es geradezu heißen: „Das Wort, das ich schaute." Am Schluß der Offenbarung heißt es ausdrücklich: „Ich hörte und sah" (22, 8).

20 1, 3; 14, 13; 16, 15; 19, 9; 20, 6; 22, 7. 14. Ihnen stehen vierzehn Weherufe gegenüber (8, 13; 9, 12; 11, 14; 12, 12; 18, 10. 16. 19).

21 Z. B. Ps 1, 1; 118, 9; 146, 3–5; Jer 17, 5–7; Lk 11, 27–28; Jo 20, 29; 1 Pt 3, 14; 4, 14.

22 Nach „Offenbarung" (1, 1) und „Wort Gottes und Zeugnis Christi" (1, 2) ist „Wort (oder Buch) der Prophetie" (1, 3) die dritte Charakterisierung des Buches. Vgl. auch 22, 7. 10. 18. 19.

Sie sollen **halten, was darin geschrieben ist.** Bei diesem Halten geht es um eine ganz besondere Sorgfalt, die in hingebender Sammlung auf die Sache gerichtet ist[23]. Selig, wer für das prophetische Wort die Augen öffnet, die Ohren spitzt, das Denken schärft, das Gemüt bestellt, den Willen stählt und Geduld aufbringt. Halten – hier wäre viel zu verlieren: Alles!

Ein Ausruf über die Nähe des Heils begründet die Seligpreisung: **Denn die Zeit ist nahe.** Auch dieser Heilsruf gehört zum Rahmen und zum Tenor des Buches (22, 10). Mit jedem Satz will es der Botschaft vom nahen[24] Ende der Zeit dienen. „Zeit" ist hier ein bestimmter Zeit p u n k t[25]. Gott macht Einschnitte in den Zeitverlauf, setzt Termine und schafft Gelegenheiten. Diese Gottesstunden sind die Wendepunkte und Neueinsätze der Geschichte. Wenn es wie hier ohne nähere Bestimmung „d i e Zeit" heißt, handelt es sich um den Termin für die Enddurchsetzung der Gottesherrschaft (vgl. 11, 18)[26].

Die endgeschichtliche Naherwartung war für die Urchristenheit nicht ein vorübergehender Zustand religiöser Überhitzung. Noch im auslaufenden ersten Jahrhundert (und auch in allen folgenden Jahrhunderten) wird sie mit Ernst bekundet. Von „Enttäuschung" reden immer nur Außenstehende (2 Pt 3, 3 ff)[27].

Briefartiger Eingang

Offenbarung 1, 4–8

4 **Johannes den sieben Gemeinden in** (der Provinz) **Asien. Gnade sei euch und Friede von** (dem, dessen Name ist)**: der Seiende und der**

Zu Vers 4:
2 Mo 3, 14

[23] „Halten" ist wieder johanneischer Sprachgebrauch. Die anderen Schreiber des NT bevorzugen „bewachen, bewahren", womit nicht so sehr die Konzentration auf das Wort als vielmehr die Abwehr fremder, verfälschender Einflüsse betont wird, z. B. Lk 11, 28; Apg 7, 53; 16, 4; 21, 24; 1 Tim 6, 20 und 2 Tim 1, 14.

[24] Johannes bevorzugt allerdings die Vokabel *tachos* = bald, s. z. B. Vers 1 (vgl. Anmerkung 11). Nur in den Rahmenstücken übernimmt er das sonst übliche eggys = nahe". Weiteres siehe Anmerkung 27.

[25] Der Grundtext hat hier nicht *chronos* (Verlaufszeit, Zeitstrecke, z. B. 2, 21; 10, 6; 20, 3), sondern *kairos* (Zeitpunkt, bestimmte Zeit, Endzeit), das nach einigen Erklärern mit „kerben, schneiden", nach anderen mit „Krise" zusammenhängt.

[26] Johannes konnte offenbar damit rechnen, daß der Ausdruck ohne Erläuterung verstanden wurde. Dieser Umstand und Belege wie 2 Ko 6, 2; Rö 13, 12; Phil 4, 5; Jo 4, 23; 5, 25 lassen vermuten, daß diese Formel im urchristlichen Gottesdienst zu Hause war.

[27] *eggys* = nahe leiten einige Sprachgelehrte im Grie von „in der Hand befindlich" ab. Jedenfalls ist von räumlicher Abstandslosigkeit auszugehen; aber schon die LXX faßt an vielen Stellen zeitlich auf. Die Wortgruppe „nahe", „sich nähern", „näher" für endgeschichtliche Aussagen: Mt 3, 2; 4, 17; 10, 7; 24, 32–33 jeweils mit Parallelen; vgl. 21, 34; 26, 18; Lk 21, 2. 28; Rö 12, 11–12; Phil 4, 5; Jak 5, 8; Hbr 10, 25 und Offb 1, 3; 22, 10. Zur Sache siehe Einleitung Nr. 34–52.

Zu Ver 5:
Ps 89, 38. 28
130, 8
Zu Vers 6:
2 Mo 19, 6
Jes 61, 6
Zu Vers 7:
Dan 7, 13
Sach 12, 10 ff.
Zu Vers 8:
2 Mo 3, 14

5 **da war und der Kommende, * und von den sieben Geistern, die vor**
seinem Thron (stehen), **und von Jesus Christus,** (welcher ist): **der**
treue Zeuge, der Erstgeborene der Toten und der Herrscher der
Könige der Erde.
Dem, der uns liebt und uns erlöst hat von unseren Sünden durch
6 **sein Blut * und uns gemacht hat zu einem Königtum, zu Priestern**
für Gott, seinen Vater, ihm (gebührt) **die Herrlichkeit und die Ge-**
walt (bis) **in die Zeiten der Zeiten. Amen.**
7 **Siehe, er kommt mit den Wolken, und es wird ihn sehen jedes**
Auge, auch die, die ihn durchstochen haben, und heulen werden
seinetwegen alle Stämme der Erde. Ja, Amen.
8 **Ich bin das Alpha und das O, spricht der Herr, Gott, der Seiende**
und der da war und der Kommende, der Allgewaltige.

Die Offenbarung ist doppelt eingeleitet. Der buchartigen Eröffnung mit ihrem alttestamentlichen Gepräge folgt jetzt eine briefartige in neutestamentlicher Weise[28]. Auch der Buchschluß (ab 22, 6) weist in Vers 21 wieder unverkennbar das Briefelement auf.

4 **Johannes den sieben Gemeinden in** (der Provinz) **Asien.** Die Provinz Asien ist in der Einleitung Nr. 8–15 ausführlich behandelt. Die sieben in 1, 11 namentlich aufgezählten Gemeinden sind unbedingt als Erstempfänger der Offenbarung festzuhalten, und mit vollem Recht wurde das Buch in den Versammlungen gerade dieser Ortsgemeinden verlesen. Zugleich spricht aber manches dafür, daß die Zahl sieben an

[28] In Anlehnung an die damalige (orientalische) Briefsitte enthält die Einleitung den Namen des Absenders, des Empfängers und den Eingangsgruß oder Friedensgruß (vgl. E. Lohse, a. a. O. S. 13).

[29] Dafür folgende Gründe: a) Die Sieben taucht im Buch überaus oft und in den verschiedensten Zusammenhängen auf: sieben Gemeinden, Geister, Engel, Donner, Trompeten, Hörner, Augen, Schalen, Siegel, Berge, Könige, Plagen, Drachenköpfe (insgesamt 54 mal). Offensichtlich liegt hier ein Stilmittel der Darstellung vor, vgl. auch die dreieinhalb, die 42 und 1260. Die Siebenzahl wurde damals häufig zur Gliederung religiöser Stoffe verwendet; das Matthäus-Evangelium läßt diesen Brauch noch erkennen. In der Offenbarung wird die Sieben ungemein betont((Vorkommen im übrigen NT nur noch 33 mal; nur in Synoptiker, Apostelgeschichte und Hebräer). So, als sollte es heißen: Dies Buch ist heilig. Seine Botschaft ist vollkommen. Wehe, wer etwas verändert, hinzusetzt oder unterschlägt (22, 18). b) Zu beachten ist auch, daß es in der Provinz Asien mehr als sieben Gemeinden gab (Milet, Kolossä, Hierapolis, Troas), die durch die Nennung der Sieben gewiß nicht ausgeschlossen, sondern eingeschlossen waren, zumal ihre Lage in der damaligen geistigen Auseinandersetzung kaum anders gewesen sein dürfte. c) Schließlich war die Zahlensymbolik ein Denkmodell der ganzen antiken Welt. Der Ausleger begeht einen Fehler, wenn er die Zahlen in alten Texten nicht aus der Zeit heraus versteht. Damals lag es näher als heute, mit der Zahl allgemeine Weisheiten auszudrücken und Zusammenhänge zu deuten. Vor allem trifft das auf die Sieben zu. Die Belege dafür bei Griechen, Ägyptern, Babyloniern und vor allem in der jüdischen Apokalyptik (Einleitung, ab Nr. 24) sind zahllos.

dieser Stelle nicht nur Trägerin eines Zahlwertes, sondern auch eines Symbolwertes ist[29]. Die Sieben konnte damals einfach Fülle[30] bedeuten, besonders die heilige Fülle, nämlich die von Gott gewollte und geordnete Vollständigkeit. Daraus ergibt sich, daß Johannes über die Erstempfänger hinaus eine größere Empfängerschaft ins Auge faßte, nämlich alle Gemeinden in der Provinz, die in die gleichen Konflikte hineingezogen wurden (was dann auch von der gesamten damaligen Christenheit im Mittelmeerraum galt!). Die Versuchung, die damals in der Form des Kaiserkults an die christlichen Gemeinden herantrat, vom Herrn aller Herrn (1, 5) abzufallen und vor Unterherren in die Knie zu gehen, bedrängt die Gemeinde Jesu Christi zu allen Zeiten und in allen Erdteilen. So sind die sieben namentlich genannten Gemeinden Platzhalter für uns alle. Der Ruf: „Wer Ohren hat zu hören, der höre, was der Geist den Gemeinden sagt!" und die Seligpreisung: „Glückselig, der da vorliest und die da hören die Worte der Prophetie und halten, was darin geschrieben ist!" wollen bis heute gehört werden (vgl. auch Einleitung Nr. 13 und 15).

Gnade sei mit euch und Friede. Dieser Eröffnungsgruß erklingt in vielen ntst Briefen[31]. Hierin schließt Johannes sich den anderen Aposteln an. Aber eigengeprägt ist die Fortsetzung: . . . von (dem, dessen Name ist): **der Seiende und der da war und der Kommende**[32]**.** Dieser Ausdruck geht auf die Selbstbezeichnung Gottes in 2 Mose 3, 14 zurück. Dort heißt es dreimal „Ich bin, der ich bin", was das spätere Judentum gern auf die drei Zeiten bezogen hat: Gott war, ist und wird sein. Doch haben wir zwei Abwandlungen zu beachten:

Erstens wird hier im Grunde nicht im Dreizeiten-, sondern im Zweizeitenschema gesprochen und gedacht (wie auch 1, 8; 1, 17–18; 21, 6 und 22, 13; anders 4, 8, vgl. Hbr 13, 8). Das geschieht im Anschluß an Jesaja 41, 4; 44, 6; 48, 12: Die Gegenwartsaussage hat den Vorrang! Gott proklamiert majestätisch: „Ich bin!" Ihm gegenüber sind die Götzen, vor denen Israel sich duckte, „Nichtse" (vgl. Jer 18, 15; Jona 2, 9; Ps 31, 7). Sie haben keine eigene Existenz. Die Propheten konnten ausführlich ironisieren, daß es die Götzen nur so lange

[30] In einigen alten semitischen Sprachen ist „sieben" zugleich das Wort für „Fülle". Die Überprüfung der Stellen im NT zeigt jedoch, daß hier nicht immer heilige Fülle gemeint ist. Die Deutung als „Königsreichszahl", wonach die sieben Gemeinden dann juden-christliche Gemeinden sein sollen, muß erst begründet werden.

[31] Die eigenartige Verbindung des griechischen mit dem jüdischen Gruß ist erläutert in W. Stb. Phil und Kol, S. 39.

[32] Die Übersetzung ahmt den grammatisch ungewöhnlichen Ausdruck nach: Die Gottesbezeichnung wird nicht dekliniert. So reicht die Heilighaltung der Gottesbezeichnung bis in die Grammatik. In 4, 8 wird darum dem Ausdruck ein dreimal „Heilig!" vorangestellt. — Ähnliches geschieht auch im AT mit dem Gottesnamen „Jahwe" (vgl. Jes 6, 3).

gibt, wie es Dumme gibt, die an sie glauben[33] (vgl. Jes 44, [6–8] 9–20; bes. 19). Das „Ich bin" Gottes ist also inhaltsschwer und äußerst angriffig. Das erste Mal wird es siegreich und vernichtend gegen Pharao in Ägypten gestellt, dann im Jesajabuch gegen die Großkönige von Babel, jetzt gegen Rom und die Ansprüche seiner Gott-Kaiser. Jedesmal schaltet Gott sich mit dieser Selbstvorstellung allmächtig in die Lage seines eingeschüchterten Volkes ein: Ich bin unerschütterlich da! – Anschließend wird dieses Zeugnis nun durch das Zweizeitenschema ausgelegt. Dieser „Ich bin" greift hinter sich und vor sich, er umgreift die Allgeschichte als ihr Urheber und Vollender, als der „Allgewaltige", wie der Ausdruck auch 1, 8; 4, 8; 11, 17 lautet. Alles zwischen Anfang und Ende hat er in seiner Gewalt, weil er alle Gewalt hat. Allen Zeiten und Gegebenheiten ist er gewachsen; keine Zeit trifft ihn verlegen, unsicher, ratlos oder schwach an. So ergeht der Gnaden- und Friedensgruß nicht im Namen eines zeit- und weltfernen Philosophengottes, sondern im Namen des geschichtsmächtigen HERRN.

Front gegen spätjüdische und griechische Gottesspekulation wird auch damit gemacht, daß es von Gott nicht heißt, daß er s e i n, sondern daß er k o m m e n wird, ja, daß er dabei ist zu kommen. Das entspricht atst-prophetischer Gottesverkündigung. Gott ruht nicht wie ein Denkmal an seinem Platz und hält unter unseren Betrachtungen still. Nein, bewegt von der Not der Erde und von der Heiligkeit seines Namens, verläßt er seinen Platz und betritt unseren Platz. So suchten die Männer der Bibel nicht die Horizonte ab nach einem Gott „da drüben". In leidenschaftlicher Naherwartung riefen sie den Kommenden aus. Unter diesem Namen wurde auch Jesus von Nazareth ausgerufen (z. B. Mk 1, 7), und in ihm stießen immer wieder Menschen auf den lebendigen, herbeigekommenen Gott. Bei manchen Christen ist das Kommen Gottes zu uns verdrängt worden durch den anderen Gedanken, daß wir einmal zu Gott kommen.

5 Gnade und Friede ergehen aber auch **von den sieben Geistern.** In 4, 5 werden diese sieben Geister mit sieben Fackeln, in 5, 6 mit den sieben Augen des Lammes gleichgestellt. Und 3, 1 heißt es: Jesus „hat die sieben Geister Gottes". Handelt es sich um engelhafte Wesen, vielleicht um die sieben Thronengel von 8, 2? Vieles spricht gegen die Engeldeutung. Die Engel werden in unserm Buch niemals als „Geister" bezeichnet. Sie sind auch nicht die Urheber von Gnade und Friede. Als „Mitknechte" (22, 9) könnten sie nur vermitteln. Ferner werden die sieben Geister in den Kapiteln 4 und 5 nicht unter den

[33] Das schließt nicht aus, daß der Götzendienst in ihren Augen eine ernste Sache war und von unheimlicher Macht, s. z. 9, 20.

Anbetenden erwähnt, wo doch sonst alle Engel und geschaffenen Wesen ausnahmslos auf die Knie gehen. Schließlich läßt der Umstand, daß es sich hier um einen feierlichen Eröffnungsgruß handelt, erwarten, daß wir im folgenden von Gott, dem Heiligen Geist und von Jesus Christus hören (in dieser Reihenfolge auch 1 Pt 1, 2, vgl. 2 Th 2, 13–14). Was sollen Engel zwischen dem Vater und dem Sohn?

Darum sind die „sieben Geister" hier wohl nicht auf eine Engelgruppe zu deuten, sondern auf die Fülle (vgl. Anm. 30) des einen Geistes (Eph 4, 4), der den sieben, d. h. allen Gemeinden gegeben ist. Keine Gemeinde ist ohne seine Stimme und seine Kräfte, auch nicht Laodizäa[34].

Von dem in der Vielgestalt wirkenden Geist Gottes heißt es, daß er **vor seinem Throne steht.** Damit ist die Dienststellung ausgesagt[35]. Nach 4, 5 tut er Throndienst, indem er den Thronenden beleuchtet und verherrlicht; nach 5, 6 ist er Gesandter zu allen Gemeinden und nach 3, 1 derjenige, durch den Jesus handelt. So belehrt auch Jo 14–16 über den „Tröster": Er ist Gesandter (15, 26; 14, 26; 16, 7), steht Jesus zu Diensten an den Gemeinden (16, 13–14) und verherrlicht Jesus als Gott (16, 14). Da der Gruß an die sieben Gemeinden im Namen dieses Geistes ergeht, bleiben „Gnade und Friede" nicht blasse Allgemeinheiten. „Gnade und Friede" vom Heiligen Geist bedeutet, daß die Gemeinden in ihrer bedrängten Lage ihrer Berufung gerecht werden können. Die Fülle der Wirkungen des Heiligen Geistes kommt über die Problemfülle der Gemeinde und ihrer Glieder.

Der Eröffnungsgruß steht also unter der Dreizahl: Gott, Heiliger Geist, Christus. Doch die Person Christi wird noch einmal dreifach beleuchtet[36] und noch einmal dreifach gerühmt hinsichtlich ihres Werkes an der Gemeinde. Wer unter dieser plötzlich hervorbrechenden Beredtheit für das ganze Werk grundlegende Aussagen erwartet, wird nicht fehlgehen.

[34] Daß hier von dem einen Geist in der Mehrzahl gesprochen wird, muß nicht befremden. Als singularischer Plural erscheint im AT z. B. das Wort „Gott" und in Sprüche 9, 1 die „Weisheit". Von „Geistern", die von Gott ausgehen, lesen wir auch 1 Jo 4, 1 und Offb 22, 6 (vgl. auch Jes 11, 2, wo der Geist Gottes sich in einer Mehrzahl von Geistwirkungen manifestiert). Zu Laodizäa vgl. 3, 22!

[35] Hier und an etwa dreißig anderen Stellen des Buches tritt die ursprüngliche, anschauliche Bedeutung der hier gebrauchten grie Präposition „vor" hervor: „im Angesicht von". Bei einem Thronenden vorgelassen zu werden, ihm unter die Augen kommen zu dürfen und nun „im Angesicht" dieses Herrschers zu stehen, bedeutet Gnade und Erwählung, und damit Diener sein. „Vor dem Thron" ist also über die Ortsangabe hinaus Zustandsangabe. Das wird besonders zu 7, 9 und 15 zu bedenken sein. — Der Thron Gottes hat in der Offenbarung eine außerordentliche Bedeutung, z. Kapitel 4 und 5.

[36] Im Grundtext fallen die drei Bestimmungen für die Person Jesu, wie schon in Vers 4 die Bestimmungen für Gott, aus den grammatischen Regeln. Sie werden nicht dekliniert. Übrigens klingen alle drei Bestimmungen in Ps 89, 28. 38 an.

Und von Jesus Christus: der treue Zeuge. Wenn Johannes hier und 3, 14 das Christusprädikat „Zeuge" prägt, denkt er nicht allein daran, daß der Herr für die Wahrheit Gottes mit dem Wort eingetreten ist (so 1 Tim 6, 13 und Jo 18, 37). Der Zeugenbegriff wird bei ihm vertieft. Er schließt den Einsatz mit dem Wort u n d mit dem Leben in sich. Der Zeuge (griechisch martys) ist in unserem Buch der Blutzeuge. In diesem Sinn ging das griechische Wort in den späteren Sprachgebrauch ein, nämlich als „Märtyrer"[37]. Auch hier wird an den Tod Jesu erinnert.

Charakteristisch für den Zeugen ist die Treue. Dem treuen Zeugen stehen die falschen Zeugen gegenüber. So zeichnen es die Passionskapitel der Evangelien. Die falschen, bestellten Zeugen in der Passionsgeschichte sprachen für das abtrünnige Israel. Israel sollte Zeugnis ablegen f ü r Gott (Jes 43, 9—13; 44, 6—11), also auch für den Christus Gottes. Das war sein Beruf. Doch es zeugte zusammen mit den Heiden gegen Gott und seinen Gesalbten. Christus dagegen blieb allein gehorsam und treu „bis zum Tode, ja bis zum Tode am Kreuz" (Phil 2, 8). So vertrat er das wahre Israel, wenn auch als angeblicher Gotteslästerer hingerichtet. Als die wirklichen Gotteslästerer erwiesen sich jedoch diejenigen, die Christus verlästerten. Als Christuslästerer traten die Juden auf die Seite der Heiden und hörten damit auf, im Sinne der Erwählung Juden zu sein (vgl. 2, 9; 3, 9).

Durch das erste Prädikat wurde Jesus also in seinem Verhältnis zu Gott bestimmt. Doch wie in Phil 2, 6—11 aus seinem Tode für Gott seine Herrschaft über alles folgt, so auch hier. Das nächste Prädikat bezeugt seine Herrschaft über die Gemeinde und der dritte seine Herrschaft über alle Welt:

Und der Erstgeborene der Toten. Diese Bezeichnung ist keine Eigenprägung des Johannes. Auch Rö 8, 29; Kol 1, 15. 18; Hbr 1, 6 nennen ihn einen „Erstgeborenen" (ähnlich 1 Ko 15, 20). Erstgeburt bedeutete Herrschaftsrecht (1 Mo 49, 3; Ps 89, 28), und zwar vor allem über die nachgeborenen Brüder. So setzt diese Bezeichnung den Erhöhten in Beziehung zur Gemeinde (vgl. Rö 8, 29: „unter vielen Brüdern"). Worin ist die Erstgeburt Jesu Christi begründet? Der Zusatz **der Toten** weist auf Ostern. Die Ängste des Todes waren die Geburtswehen (Apg 2, 24). Das neue Leben Christi hat nun den Tod nicht mehr vor sich, sondern hinter sich; es ist der Beginn einer neuen Schöpfung

[37] Wie neu die Deutung von martys als Blutzeuge oder Märtyrer ist, macht eine entsprechende, freilich nicht sinngemäße Übersetzung von Apg 1, 8 bewußt: „Ihr werdet meine Märtyrer sein." Hier lag diese Bedeutung noch fern. Aber in den fünf „Zeugen"-Stellen der Offenbarung ließe sich jedesmal sinnvoll „Märtyrer" einsetzen: 1, 5; 2, 13; 3, 14; 11, 3; 17, 6; vgl. 6, 9; 22, 20. Dieser Sachverhalt trifft aber nicht unbedingt auch auf „Zeugnis" oder „zeugen" zu!

ohne Tod. Während alles andere Leben dem Tode tributpflichtig ist, „wissen wir, daß Christus, von den Toten erweckt, hinfort nicht mehr stirbt; der Tod kann hinfort nicht über ihn herrschen. Was er lebt, das lebt er Gott“ (Rö 6, 9). In welcher Weise das für die Gemeinde in Kraft tritt, wird 2, 8—11 behandelt.

Doch ist das neue Leben kein „Stilleben“, das bei sich selbst oder unter den „Brüdern“ bleibt wie in Rö 8, 29. Christus ist nach Kol 1, 15 auch der „Erstgeborene aller Kreatur“. Die Urchristenheit hat sich diesen weiteren Horizont nicht verstellen lassen. Auch Johannes schreitet über den engsten Kreis hinaus: **Und Herrscher der Könige auf Erden!** Damit tritt der Auferstandene bei Johannes, der sonst den Satan gerne als den „Herrscher dieser Welt“ bezeichnet (Jo 12, 31; 14, 30; 16, 11), in eine tiefgreifende Rivalität zu den Beherrschern dieser Welt. Aber letztlich hat er „nicht mit Fleisch und Blut zu kämpfen, sondern mit Fürsten und Gewaltigen, nämlich mit den Herren der Welt, die in der Finsternis dieser Welt herrschen, mit den bösen Geistern unter dem Himmel“ (vgl. Eph 6, 12). Doch diese Mächte verfügen über irdisch-menschliche Werkzeuge. Nicht nur Christus bereitet sich einen Leib, ein Organ seines Willens auf dieser Erde. Die Werkzeuge, die sich der Widersacher Christi erwählt hat und die ihn als ihren Oberkönig anerkannt haben, sind die „Könige auf Erden“. Im Gefolge von Ps 2, 2 tauchen sie immer wieder als Feinde Gottes und Christi auf, z. B. Jes 24, 21; Offb 6, 15; 17, 2. 18; 18, 3. 9; 19, 19; 21, 24. An der Einsetzung des Messias als Oberkönig (Ps 2, 6) entzündete sich ihre Feindschaft (Vers 1). Dadurch verfielen sie dem „Herrscher dieser Welt“ und wurden die Vasallen des großen Gegenspielers Jesu Christi. Nun stehen sie im Banne des „Weibes“ (17, 18) und im Gefolge des „Tieres“ (19, 19).

Auf diesem Hintergrund enthält die Christusbezeichnung „Herrscher der Könige auf Erden“ ein atemberaubendes Programm. Es ist das Programm der Himmelfahrt und das Programm dieses Buches: Der Gekreuzigte, der auferstanden ist von den Toten, herrscht, „bis daß er alle Feinde unter seine Füße legt“ (1 Ko 15, 25; vgl. Ps 110, 1). Einzeln und nacheinander überwindet er die Mächte, stürzt sie von ihren Thronen und zwingt sie auf die Knie. „Der letzte Feind, der vernichtet wird, ist der Tod“ (1 Ko 15, 26). Indem er dahin unterwegs ist, grüßt er seine Gemeinde mit Gnade und Frieden. —

Der Eröffnungsgruß vom allgewaltigen Gott, vom unerschöpflich wirkenden Geist und von Jesus Christus, den Karfreitag, Ostern und Himmelfahrt dreifach beleuchten, ist verklungen. Aber so kann Johannes die briefartige Eröffnung nicht schließen. Ein solcher Gott und ein solcher Gruß darf nicht ohne Echo bleiben. So macht Johannes sich zum Mund der antwortenden Gemeinde und bricht in eine Doxologie (feierliche Rühmung) aus. Dabei schließt er sich eng an die dreifache Bestimmung Jesu Christi an. Er ergänzt sie durch Entfaltung seines dreifachen Werkes speziell an der Gemeinde.

Dem, der uns liebt. Liebe[38] ist an dieser Stelle nicht die Gottesliebe zur ganzen Welt wie etwa in Jo 3, 16, sondern V o r liebe, also Austauschwort für Erwählung[39]. Jedoch zielt diese auswählende Liebe letzten Endes auf alle: Die Erwählten sind ausgesucht aus allen für alle (s. V. 6). Aber wem galt diese Erwählung? „Uns, uns, uns!" heißt es dreimal im Text. Wer kann es begreifen? Erscheinen die Christen in dieser Welt wirklich als die Geliebten Gottes? Müßten sie nicht vollkommener, geschmückter, bewunderter sein? Tatsächlich wurde damals bestritten, daß sie Geliebte Gottes seien (s. zu 3, 9). Wer versteht schon, daß „Gott erwählt, das da nichts ist" (1 Ko 1, 26—29)! Ohne die Fragen auf die leichte Schulter nehmen zu wollen — hier ist für den Leser und Hörer der Augenblick gekommen, mitanzubeten.

Das Johannes-Evangelium deutet die Liebe Jesu zu seinen Jüngern von Karfreitag her. In Jo 13, 1 wird der beginnende Passionsbericht unter die Überschrift gestellt: „So liebte er die Seinen bis ans Ende!" Ähnlich sieht Paulus den Zusammenhang von Jesu Liebe und Opfer (Gal 2, 20; Eph 5, 2. 25). Hier aber kommt zum Ausdruck, daß diese Liebe währt. Die Liebe, mit der er uns so geliebt h a t, ist gegenwärtig: Er l i e b t uns. Unverändert steht er der Gemeinde als Liebender gegenüber. Er liebt auch noch Laodizäa (3, 19). Er liebt, die er züchtigt. Ja, er liebt uns! Wir alle dürfen die Doxologie mitbeten.

Das Werk Jesu an uns entfaltet sich weiter:

Und uns erlöst hat von unseren Sünden durch sein Blut. Seit der Passahnacht in Ägypten gehören Erlösung[40] und Blut zusammen.

38 Im Unterschied zu den anderen johanneischen Schriften geht unser Buch mit dem Wort „Liebe" sehr sparsam um. Nur vier Stellen handeln von der göttlichen Liebe: 1, 5; 3, 9; 3, 19 und 20, 9, nur zwei von der Jüngerliebe, s. z. 12, 11.

39 Diese Verwendung z. B. auch Mt 12, 18.

40 Uns ist die Lesart der alten Lutherbibel oder der Elberfelder Übersetzung sehr geläufig: „Der uns g e w a s c h e n hat durch sein Blut." Der Unterschied zwischen „waschen" und „erlösen" ergibt sich im grie Text durch einen Buchstaben: erlösen = *lyo;* waschen = *loyo.* Alle neuen Übersetzungen entscheiden sich aus guten Gründen für die Lesart „erlösen": a) Sie ist handschriftlich besser bezeugt. b) Das hier erscheinende Wort für „waschen" findet sich sonst n i c h t in der Offenbarung. Dem „waschen" in 7, 14; 22, 14 liegt im Gric eine andere Vokabel zugrunde, die sich nur auf das Waschen von Sachen *(plyno),* nicht von Personen *(loyo)* beziehen kann. c) Das Blut wird in der Bibel zur Besprengung, Bestreichung und Ausgießung verwendet, nie aber zur Waschung des Leibes. (Einzige Ausnahme 1 Kö 22, 38.) Mittel zur Waschung war Wasser, so ausdrücklich Eph 5, 26; Hbr 10, 22 usw. In 1 Mo 49, 11 gibt es eine Waschung mit Wein. d) Die hier wahrscheinlich anklingende Stelle in Ps 130, 8 hat auch „erlösen".

Dort ist auch das Urmuster[41] zu suchen für das, was in der Bibel „Erlösung“ heißt: Rückkauf[42] der Gefangenen aus dem fremden Land, in das sie nicht gehören, das sie immer nur versklaven und ausbeuten wird. Das war Ägypten für das Volk Israel. Aber der eigentliche Besitzer, der Gott Abrahams, Isaaks und Jakobs, macht endlich seine Rechte auf dieses Volk geltend und erlöst es in der Passahnacht mit starker Hand zum Bunde mit sich und zum Dienst für ihn.

Statt „aus Ägypten“ heißt es hier „aus unseren Sünden“. Damit ist der Bereich der versklavenden Macht umrissen. Der Begriff der Sünde wird in Kapitel 2 und 3 Farbe bekommen. In der wirtschaftlichen und kulturell blühenden Provinz Asien sah man der Sünde den Sklavenhalter durchaus nicht immer an. Empörend, wie eine Stimme aus einer anderen Welt, muß das Urteil des Evangeliums in den Ohren gegellt haben: „Wer Sünde tut, der ist der Sünde Sklave!“ (Jo 8, 34). Erst der erkennt wirklich, was Sünde ist, der von ihr durch den Herrn Jesus Christus frei wurde.

Wie aber können Sündensklaven selbst etwas zu ihrer Befreiung tun? In jeder Regung und Bewegung sind sie ja schon wieder Gefangene der Sünde, betätigen sie sich als Sünder und bewegen sie sich also tiefer in die Sünde hinein, so wie damals Israel umso aussichtsloser unter das ägyptische Joch geriet, je mehr es begann, an seine Freiheit zu denken. Oder was hätten Sklaven für ihre Freiheit zu geben? Gott allein kann befreien, und das auch nur auf seine Ko-

41 Str Bill I 85 f. bringt dafür Belege aus dem AT und Judentum.

42 Vom „Kauf“ spricht die Parallele 5, 9, ein Ausdruck, der für unsere Ohren noch deutlicher rechtliche Maßstäbe in das Sprechen vom Heilsgeschehen hineinträgt als „Erlösung“. Aber das ganze NT spricht so. Besonders Paulus verwendet neben Ausdrücken aus der rein persönlichen Sphäre sehr betont rechtliche Begriffe für das Werk Christi. Modernes Denken tut sich damit schwer. Das Heil als Gnade, Friede, Liebe, Treue oder Vergebung scheint begreiflich, aber Heil als Rechtfertigung, Sühne, Straferlaß oder Loskauf befremdet. Unser Denken und Empfinden ist allgemein personalistisch verengt. Sünde nehmen wir einseitig als ein Ereignis zwischen Personen, zwischen Mensch und Gott oder Mensch und Mensch. Sünde gegen Gott ist aber zugleich Sünde gegen den Schöpfer und dessen Schöpfung in ihrem gesamten Gefüge von Dingen, Ordnungen und Verhältnissen. Sie schafft darum nicht allein Tatsachen im Personalen wie Verstimmung, Feindschaft, Zorn, sondern auch im Institutionalen und in der Sachwelt, nämlich Verwüstung, Verwirrung, Verkehrtheit, Reibung und Zerfall. Der Sünder erfährt sich eingekeilt von Mißständen, Sachzwängen und Belastungen, die in verhängnisvoller Weise sein ferneres Geschick mitbestimmen. Er schuftet jetzt nicht nur unter einem zornigen Gott, sondern auch auf einem verfluchten Acker. Dieser umfassenden Lage entspricht das Heil in Christus. Einerseits erfaßt es den Menschen ganz persönlich, versöhnt ihn mit Gott und erneuert ihn; andererseits aber greift es vollmächtig lösend in jene Sachzusammenhänge ein. Unter diesem Gesichtswinkel sollten wir die oben genannten juristischen Wendungen neu überdenken. Viel gegenwärtige Not mag daher rühren, daß das Heil in Christus so beziehungslos gepredigt wird, zugespitzt auf ein mystisches Personenverhältnis, auf ein geschichtsloses Existieren.

sten. So geschah es in der Passahnacht! Nicht nur äußerlich war es Nacht. Es gibt vom Menschen her betrachtet ein Erlösungsdunkel, wie es auch ein Schöpfungsdunkel gibt. In beiden Fällen — Schöpfung und Erlösung werden schon im AT in Parallele gesetzt — ist dem Menschen das, was ihn am meisten betrifft, am wenigsten deutlich. Darum kann er auch über das, was ihn am meisten betrifft, am wenigsten aussagen, wenn es ihm nicht gesagt wird.

Wohl kaum läßt sich über Erlösung zutreffender aussagen als in der Opfersprache: „Er hat uns erlöst durch sein Blut." Für das Volk Israel in Ägypten bestand die Öffnung ins Freie und in den Dienst für Gott in einer blutigen Öffnung, blutig nicht durch ihr eigenes Blut (2 Mo 12. 22). Das ist dieses Volkes unvergessenes Urerlebnis. Das Urerlebnis des erneuten Bundesvolkes ist das Erlösungsdunkel am Karfreitag[43]. Wieder blutige Balken und das Bekenntnis: „Durch das Blut Jesu haben wir Freiheit" (Hbr 10, 19), „zu dienen dem lebendigen Gott" (Hbr 9, 14).

Die häufig geübte Gleichsetzung des „Blutes Christi" mit dem Sterben Christi geht nach dem NT nicht auf. Erstens hebt die Rede, daß er sein Blut vergießt, sein Sterben deutlich aus der Passivität heraus. Er starb nicht allein als das Lamm, sondern war darin auch als Priester tätig. Zweitens umfaßt „Blut Christi" über das zurückliegende Sterben hinaus auch sein weiterwährendes und gegenwärtiges Eintreten für die Sünder. Er b l e i b t die große Opfergestalt und der Hohepriester über dieser Welt, worüber in dieser Welt nicht genug gesprochen werden kann[44].

[43] In 11, 8 stehen Tod Christi und Ägypten beieinander.

[44] Die Überzeugung, daß dieses *„für uns, für unsere Sünden"* aus Jes 53, das sich wie ein roter Faden durch das NT zieht (Mk 10, 45; 14, 25 und Parallelen, Rö 4, 25; 8, 32; 1 Ko 15, 3; 2 Ko 5, 21; Gal 1, 4; 2, 20; 3, 14; Eph 5, 2. 25; 1 Tim 2, 6; Tit 2, 14; 1 Pt 2, 24; 3, 18; 1 Jo 2, 2; Hbr 9, 28 usw.), für die christliche Gemeinde unersetzbar ist und daß damit auch die Opfersprache letzten Endes unverzichtbar ist, schließt nicht aus, daß dem modernen Menschen in diesem Punkt einiges zu erläutern bleibt. Wo auf dem Boden des AT von Opfer die Rede ist, spricht man auch bald von Blut, denn das Opfer gipfelte nicht in der Tötung, sondern in der sühnenden Verwendung des Blutes. Darin bestand die Inkraftsetzung des Opfers. Im Blut wurde das Opfer sprechend: Das Blut „redete" (Hbr 12, 24), es legte Fürbitte ein, die Gott in seiner Freiheit und Treue erhörte und mit der Erneuerung des Bundes beantwortete. Darum stand der Priester bei der Tötung des Opfertieres mittels des Schächtschnittes durch die Halsschlagader bereit, das ausströmende Blut in einer Schale aufzufangen. Er benötigte es in frischem Zustand, um es sprengen oder gießen zu können.
Was bedeuten nun die Aussagen vom Sprengen oder Vergießen des Blutes, von der Reinigung oder Waschung (vgl. Anm. 40!) durch Christi Blut? Das NT läßt keinen Zweifel daran, daß die Rede vom Blut Christi nicht in die Beschreibung seines Todes hineingehört, sondern in dessen Deutung. Nach den Augenzeugenberichten ist der Herr nicht ausgeblutet; sein Blut wurde nicht aufgefangen, gesprengt oder gegossen. Er erlitt eine

Geliebt, erlöst! Doch hiermit noch nicht genug, es muß zum Dreiklang des Werkes Jesu kommen: **Und hat uns gemacht zu einem Kö- 6
nigtum, zu Priestern für Gott, seinen Vater.** Erst hier kommt die Liebe an ihr Ziel, hier erst findet die Erlösung ihren Sinn. Die Gemeinde ist nicht geliebt und erlöst zu nichts. Das Erlösungswerk umfaßt mehr als: Unsere Schuld – seine Huld! Es geht weiter: fertig zum Dienst! Die empfangene und bejubelte Liebe darf nicht privatisiert werden. Es geht um den Dienst **für Gott.** Der Ausdruck will noch einmal Ägypten gegenübergestellt werden, der Sündenherrschaft, der früher Sklavendienst geleistet wurde. Nun ist das erlöste Volk frei für seinen neuen und doch ursprünglichen, rechtmäßigen Besitzer, für Gott. Ihm dienen ist nicht Sklavendienst, denn er ist ja „sein Vater", der Vater unseres Herrn Jesu Christus[45], dessen Blut gepriesen wird. Es kann nicht anders sein: Diese Erlösung schafft ein priesterliches Volk.

Dabei wurzelt Johannes wieder tief im AT. Israel hörte am Sinai in der Stunde seiner eigentlichen Volkwerdung die Worte (2 Mo 19, 6): „Ihr sollt mir ein Königtum von Priestern sein." Offenbar liegt auf „Königtum" kein besonderer Nachdruck. Im Zusammenhang ist es nichts weiter als ein Austauschwort für „Volk", „Staat" oder „Nation". In der Reihe der anderen Staaten sollte dieser Staat die Rolle eines priesterlichen Staates übernehmen. Darauf liegt der Ton. Der Unterschied zu anderen Völkern besteht nicht im Eigentumsverhältnis an sich. Im Grunde sind alle Völker Gottes Völker. „Die ganze Erde ist mein", heißt es ausdrücklich zuvor. Mit der Auserwählung Israels

verhältnismäßig unblutige Hinrichtungsart. Bei seiner Geißelung floß mehr Blut als am Kreuz! Überhaupt starb er nicht in der äußeren Form einer Opferung; nicht im Tempelbezirk, nicht am Altar. Er starb draußen vor dem Lager (Hbr 13, 13), an einer kultisch unreinen Stätte im Rahmen einer Gruppenexekution. Doch von diesem Geschehen auf der Schädelstätte bezeugt die Gemeinde, daß es das heiligste, gottwohlgefälligste, ewige Opfer ohnegleichen ist. Es ist das rettende Stellvertretungsgeschehen; die große Fürspracheaktion „für viele" (vgl. Mk 14, 24), d. h. für die ganze Welt.
So also verhalten sich im NT Bericht und durch den Heiligen Geist gewirkte Deutung gemäß der Schrift (1 Ko 15, 3). Das ist Richtschnur. Wir dürfen weder den Bericht durch die Deutung verzeichnen, als sei Jesus verblutet und anders gestorben, als es wirklich geschah; noch dürfen wir im Berichten und im Aufweis moralischer Nebenwirkungen (Ansporn zur Selbstverleugnung und Hingabe) steckenbleiben und die Erlösungsbotschaft schuldig bleiben.

[45] Es ist wieder eine Eigenart des Johannes, daß er sich scheut, von Gott als unserem Vater zu sprechen. In der Offenbarung bleibt der Vatertitel Gottes immer streng auf den Sohn Jesus Christus bezogen: 1, 6; 2, 28; 3, 2. 5. 21; 14, 1. Nur 21, 7 macht eine Ausnahme und stellt einen einsamen Höhepunkt dar, wo Gott sich als der Vater von Menschen bekennt. Dem entspricht im Johannes-Evangelium als Höhepunkt 20, 17. Öfter dagegen, aber auch nur an wichtigen Stellen, heißt es in der Offenbarung „unser Gott" (7, 10; 12, 10; 19, 1) oder „unser Herr" (11, 15).

verzichtet Gott nicht auf die anderen Nationen. Der Schöpfer gibt seine Schöpfung nicht preis. Nicht auf Kosten, sondern gerade zu Gunsten der Weltvölker geschieht diese Bestellung zum besonderen Gottesvolk. Israel soll seinen Sinn innerhalb der Völkerfamilie im priesterlichen Dienst suchen und finden, nicht im Herrschen, Erobern, Besitzen und Führen wie andere Völker. Aus dem Wortlaut ist also nicht eine Doppelberufung herauszulesen, so daß neben dem Priesterdienst als ein Zweites das Königtum Israels oder der Gemeinde zu verkündigen wäre. Vielmehr will die Wendung in 2 Mo 19, 6, die hier wörtlich wiederholt wird, zusammengezogen werden: priesterliches Königreich, wobei der Ton auf „Priester" als auf dem Neuen und Besonderen liegt. Der Vergleich mit Stellen wie Jes 61, 6 bestätigt das nur[46].

Wer ist nach diesem Vers das Priestervolk der Erde? Es sind die sieben Gemeinden in Asia und alle Gemeinden, mit denen Johannes sich hier zusammenschließt: uns, uns, uns! Damit rühren wir an den ntst Grundvorgang: Israel wurde allein noch repräsentiert durch Jesus. Ein Israeltitel nach dem anderen legt sich auf dieses eine Haupt: Er ist d e r liebe Sohn, er ist d e r gehorsame Knecht, d e r treue Zeuge, d e r Prophet usw. Aber in dieses wahre Israel in der Gestalt des gekreuzigten und auferweckten Christus werden Menschen hineingeboren, und zwar Juden und Heiden. In seinem Leib werden sie e i n Leib (Eph 2, 16), e i n Tempel, e i n Priestervolk. An diesem Jesus vorbei gibt es kein Gottesvolk, aber „in ihm" gehört jeder dazu. In ihm tragen nun auch heidenchristliche Gemeinden Israeltitel. Nicht, daß die bekehrten Heiden an Israels Stelle träten (Anm. 192), aber sie gehören jetzt „in Christus" zum wahren Israel. — Auch das Jo-Ev enthält das durchgehende Motiv von den Christusgläubigen als dem wahren Israel.

Worin besteht die Aufgabe des Priesters? Einerseits steht er vor Gott als Beter. Immer wieder erscheint die Gemeinde in der Offenbarung als Beterin und Lobsängerin. 1, 20 wird ihr Wesen im Bild des Tempelleuchters gedeutet. Dieses Gerät kann nicht den missionarischen Dienst nach draußen versinnbildlichen (wie das Bild von den Sternen), war es doch außerhalb des Tempels nicht sichtbar. Nein, der

[46] Hier wie auch 5, 10 ist gegen den revidierten Luthertext die Lesart „Königtum" vorzuziehen. — Die Glieder der gegenwärtigen Gemeinde werden im NT niemals „Könige" genannt, noch wird von ihrem „königlichen Herrschen" gesprochen. Das Zeitwort „königlich herrschen" wird zwar in der Zukunftsform auf sie bezogen (5, 10; 22, 5; 1 Ko 4, 8; Rö 5, 17), aber auch dann werden sie nicht Könige im absoluten Sinn sein, sondern nur Mitregenten Gottes und des Lammes, wie 3, 21; 20, 4–6; 2 Tim 2, 12 zeigen. Ein gewisser hochgemuter, „königlicher" Sprachgebrauch sollte bei den Christen verschwinden. Sie sind Priester und sollen es bis zum Datum von 22, 3 bleiben.

Leuchter brannte vor Gott. „Der Vater will solche haben, die ihn im Geist und in der Wahrheit anbeten" (Joh 4, 23–24). Er will Antwort auf seine Herrlichkeit. Die Gemeinde ist der Teil der Menschheit, der Gott schon jetzt antwortet. Ihre Gebete gehören zu den belangvollsten Dingen unserer Zeit. Mit ihnen steht die Gemeinde verantwortlich in der Geschichte, wie 8, 3–5 zeigen wird; und der Herr verheißt im Blick auf die Jüngergebete die „größeren Werke" (Jo 14, 12–14). Wenn die Gemeinde diese ihre Zuordnung zu Gott vergißt, wird sie belanglos und überfällig. Bei nächster Gelegenheit wird sie weggestoßen, und keine Hand wird sich für sie regen (2, 4–5).

Auch die andere Seite des priesterlichen Dienstes[47] soll hier schon angedeutet werden: Die Gemeinde ist Sprecherin Gottes vor den Menschen; sie ist als Zeugin und Prophetin den Menschen zugeordnet. Auch diese Linie durchzieht die Offenbarung: Nicht verleugnen, sondern festhalten am Namen Jesu, überwinden durch das Wort des Zeugnisses! Groß ist ihre Versuchung zu schweigen, die Wahrheit zu verfälschen und sogar zu fluchen, statt priesterlich zu reden als Sprecherin Gottes, auch im äußersten Fall (2, 10b). Wie die Gemeinde vor Gott bleiben muß mit ihrem Gebet, so muß sie auch vor den Menschen bleiben mit ihrem Zeugnis, wenn sie Gemeinde bleiben will. Nur indem sie sich beiden Aufgaben nicht entzieht, ist sie unüberwindlich.

Dazu hat der „König der Könige" die Gemeinde also **gemacht:** nämlich zur Priesterin. Er hätte seine Macht auch für etwas anderes einsetzen können. Er tat es nicht und er tut es nicht, manchmal zum Verdruß seines Volkes. Außerordentlich wichtig und alles Nachdenkens wert ist in diesem Zusammenhang die Haltung Jesu vor Pilatus nach Joh 18 und 19. Nicht mit der kleinsten Bewegung oder Regung drängt sich der Gegeißelte auf den Thron des Machthabers und aus seiner ihm eigenen Rolle heraus. Ihn drängt es ans Kreuz, um dort erhöht zu werden und vom Kreuz herab König zu sein, als Zeuge der Wahrheit (Jo 18, 37). Welche Rolle können dann diejenigen spielen, die aus der Wahrheit sind und seine Stimme hören?

Aus der dreifachen geistlichen Erfahrung: geliebt, erlöst und berufen, steigt nun die eigentliche Doxologie empor: **Ihm** (gebührt) **die Herrlichkeit und die Gewalt.** Der Bibelleser erinnert sich an die wichtige Rolle, die die Doxologien im letzten Buch der Bibel spielen. Immer wieder werden dort im Himmel und in der Zukunft Gott und das Lamm gerühmt. Um so mehr ist hier zu beachten, daß schon auf der Erde und bereits in der Gegenwart gepriesen wird. Diese Doxologie

[47] Diese beiden Seiten der Gemeinde fügt auch Kapitel 11 zusammen: V. 1 Anbetung und V. 2 ff. Zeugendienst.

ertönt noch mit der dünnen Stimme einer kleinen Minderheit, der Gemeinde. Doch die Gemeinde weiß, daß ihr Gesang einmal der Gesang der ganzen Welt sein wird. Sie singt als Vorsängerin das Lied der Zukunft. Die gesamte Schöpfung wird miteinstimmen, und Jesus wird endlich seine Ehre bekommen (5, 13—14).

Damals konnte man Jesus Christus nur Herrlichkeit[48] und Gewalt[49] geben, indem man sie dem Kaiser wegnahm. Beide Ausdrücke sind nämlich auch in Preisgesängen auf den Kaiser belegt (Einleitung Nr. 5). Auf diesem Hintergrund war die Anbetung Christi zugleich eine Absage an den Kaiser; darum eine Herausforderung und ein Wagnis. Das galt sowohl von Johannes, der diese Worte auf Patmos niederschrieb, als auch von den öffentlichen Vorlesern in den Städten und von den Gemeinden, die dazu Amen sagten. Vielleicht begriff die Umwelt den Vorgang nicht sofort, sondern deutete ihn als rein innergemeindliche Angelegenheit. Aber durch irgendeinen Umstand konnten die fremden Ohren hochempfindsam werden. Man hörte plötzlich aus dieser Anbetung und aus diesen Glaubensbekenntnissen den herzhaften Unglauben heraus gegenüber den Größen, die ringsherum Huldigung fanden. So prallte Huldigung auf Huldigung (Einleitung Nr. 1—2). Wer Christus anbetet, muß mit weitreichenden Folgen rechnen. Aber wer ihn nicht anbetet, nimmt auch Folgen auf sich. Niemals ist Beten und Nichtbeten eine nur innere Angelegenheit. Wer betet, ist bald auch Sprecher Gottes vor den Menschen und hat darüber Rechenschaft abzulegen.

Ehre und Gewalt gebühren Jesus bis **in die Zeiten der Zeiten, Amen.** Der hier wörtlich wiedergegebene Ausdruck bedeutet fraglos: bis in aller Zeiten Zeiten, bis in alle Ewigkeit[50]. Von der Ewigkeit Gottes

[48] Das von Luther mit Ehre, Herrlichkeit, Klarheit, Lob, Preis, Ruhm oder Majestät verdeutschte grie Wort doxa gab der Doxologie den Namen. Bei der Übersetzung des AT ins Grie trat doxa für das hebr kabod ein: Das Wuchtige, Imponierende, vor allem die betäubende, herrscherliche Strahlenpracht und Lichtherrlichkeit Gottes, die einst allen Wiederstand niederwirft und wieder die ganze Schöpfung einnimmt (Ps 72, 19; 57, 6. 12; Jes 40, 5; auch nach Offb 21, 24 hat doxa mit einer Lichterscheinung zu tun). Für unser Buch ist dies ein Hauptthema, 17 mal spricht es von der doxa. — Übrigens erscheint die Doxologie 1, 6 wörtlich 1 Pt 4, 11, ein Hinweis auf allgemeinen gottesdienstlichen Gebrauch. Vielleicht ist es die Glaubensantwort auf Jes 53, 2: „Er hatte keine doxa" (Septuaginta).

[49] Niemals bezieht das NT dieses Wort auf Menschen. Hbr 2, 14 hat der Teufel diese „Gewalt", elfmal wird sie Gott zugesprochen, besonders häufig in Doxologien. Es ist überirdische, überlegene Kraft, die im Falle Gottes den Endsieg herbeiführt. In diesem Zusammenhang ist auch der Ausdruck „Allgewaltiger" zu erwähnen (neunmal, davon achtmal in der Offenbarung und 1 Kor 6, 18, vgl. Anm. 54).

[50] Das hier mit „Zeiten", oft mit „Ewigkeiten" übersetzte Wort bezeichnet in seiner Einzahl die vorwärts oder rückwärts bezogene „fernste Zeit", also die graue Vorzeit oder ferne Zukunft. Sie kann, aber muß sich nicht in der Endlosigkeit verlieren, d. h. der Zu-

begannen die Propheten zu sprechen, als im 6. Jahrhundert vor Christus die Vernichtungskriege über Israel hereinbrachen. Sie meinten damit die unwandelbare Treue Gottes zu seinem Werk, die in allen Stürmen durchhält, die Gott in die Brandung der Zeit hineinhält wie einen Wellenbrecher. Wenn alles wankt und stürzt, bleiben Gnade und Friede von ihm und Herrlichkeit und Gewalt für ihn. In diesen Treuegrund Gottes kann die Gemeinde Anker werfen. Auf diesem Boden sagt sie **Amen.**

Dieses Amen wird zum Schluß des folgenden Verses wiederholt und noch gesteigert: Ja, Amen! (s. d.) In unverkennbarer Bewegtheit erklingt jetzt das Thema des ganzen Buches. Deutlich ist nun aber auch die Hinwendung zum Zukünftigen und die Wende von den Geliebten zu den Feinden:

Siehe, er kommt mit den Wolken. Eine so große Rolle diese Worte 7
aus Daniel 7, 13 auch im urchristlichen Denken spielten, so wenig wird der Vers hier einfach übernommen. Der geisterfüllte Prophet von Patmos wäre der letzte gewesen, der sich als bloßer Abschreiberling betätigt hätte (s. Einleitung Nr. 23). Der Einbau atst Materials in eigene Zusammenhänge kann nicht aufmerksam genug beobachtet werden. An dieser Stelle (nicht aber in Vers 13) läßt Johannes den „Menschensohn" von Daniel 7, 13 ungenannt. Im Danielbuch ist der Menschensohn eine ganz unrichterliche Figur, die ihre Feinde gar nicht mehr zu Gesicht bekommt, sondern lediglich zum feierlichen Empfang des Reiches erscheint. Das trifft hier, wie wir sehen werden, durchaus nicht den Sinn. Hier geht es gerade um Aburteilung der Feinde bei der Ankunft Christi (vgl. 14, 14—20). Fortgelassen ist gegenüber Daniel auch die Bemerkung, daß es sich bei den Wolken um Wolken „des Himmels" handelt. Johannes bewegt weniger das Interesse am

sammenhang entscheidet jeweils, ob das Wort die Bedeutung von Ewigkeit (unendliche Zeit) annimmt. Der Plural erscheint oft als verstärkender Plural in der überschwänglichen Sprache der Doxologien. Das gilt fast immer von der höchstmöglichen Steigerung in Form der verdoppelten Mehrzahl (außer 1, 6 noch an 11 Stellen in den Doxologien der Offenbarung): „bis in die fernsten Zeiten der fernsten Zeiten", so in der LXX (z. B. Ps 41, 13; 83, 5; 90, 2; 103, 17; 106, 48; 1 Chro 16, 36; 29, 10), in apokalyptischen Schriften (z. B. Henoch 103, 4; 104, 5), bei ntst Verfassern (z. B. 1 Tim 1, 17; Hbr 1, 8; 1 Pt 4, 11; 5, 11). Diese Wendung wurde damals offensichtlich allgemein als dichterische Umschreibung der Endlosigkeit Gottes und seiner alle Zeiten überdauernden Herrlichkeit verwendet und verstanden. Erst moderne Menschen kamen auf den Gedanken, hier läge eine Begrenzung auf bestimmte Zeitabschnitte im Plan Gottes vor. Ein Ausleger lehrt, „Zeiten der Zeiten" sei Bezeichnung für zwei von fünf in der Bibel nachweisbaren Zeitabschnitten, nämlich für den gegenwärtigen argen Äon und den darauf folgenden Äon der Königsherrschaft Christi, der mit der Übergabe des Reiches an den Vater endet. Andere Schriftstellen deuten gewiß auf einen Ablauf von unterscheidbaren Äonen hin. Der hier zu besprechende Ausdruck hebt jedoch eine Unterschiedslosigkeit hervor: Durch alle zukünftigen Entwicklungen hindurch dauert die Herrlichkeit Jesu.

Ursprung als vielmehr am Machtcharakter des Kommens. Die Wolken dienen als Kennzeichen der Macht[51]. Er kommt mit den Wolken, d. h. „mit großer Macht und Herrlichkeit", wie Mt 24, 30 es entfaltet. Das Kommen mit den Wolken steht seinem einstigen Kommen in Windeln, deren Zeichenhaftigkeit gleichfalls hervorgehoben wurde (Lk 2, 12), gegenüber. Der Singsang vom Kommen des Christkindes „alle Jahre wieder" stimmt nicht. All die weihnachtlichen Verkleinerungs- und Verniedlichungsformeln werden vor einer leeren Krippe geplappert. Unser Buch glüht von einer völlig anderen Christusverkündigung. Er ist dabei zu kommen; jawohl, aber mit den Wolken! Schließlich kommt Christus hier nicht wie der danielsche Menschensohn in den himmlischen Thronsaal zu Gott, sondern in die Menschenwelt. Das alles wird mit letzter Gewißheit ausgerufen, als ob es schon im Gange wäre: Seht! Seht!

Sofort verschmilzt Johannes diesen danielschen Auftakt mit Bestandteilen aus Sach 12, 10—14[52]: **Und es wird ihn sehen jedes Auge.** Dies ist nicht das Sehen von 22, 4: „Und seine Knechte werden sehen sein Angesicht, und sein Name wird an ihren Stirnen sein", oder von

[51] In 14, 14 wird diese Bedeutung noch stärker herausgestrichen durch die Farbangabe „weiße Wolke" (Farbe des Herrschers und Siegers). An anderen Stellen der Bibel erscheint die Wolke als Verhüllung oder auch als „Wagen" (Jes 19, 1; Ps 104, 3; 2 Kö 2, 11). Das liegt hier fern.

[52] Gern wird unser Vers auf eine Israelbekehrung gedeutet, obwohl die Durchbohrung durch einen Heiden geschah. Aber man macht darauf aufmerksam, daß die leise anklingende Sacharja-Stelle von einer nationalen Trauer und Umkehr Israels angesichts des Durchbohrten spricht. Jedoch hat Johannes hier kein Zitat aus Sacharja angekündigt, wie auch tatsächlich kein Zitat folgt. Was in diesem Vers folgt, sind Brocken aus vier atst Versen mit eigenen Zutaten (aus Dan 7, 13: „Siehe, er kommt mit den Wolken"; aus Sach 12, 10: „es wird ihn sehen" und „sie werden wehklagen um seinetwillen"; aus V. 12: „der Erde" und aus V. 14: „alle Geschlechter"). Vor diesem Sachverhalt geht es nicht an, einfach den Sinn bei Sacharja zu ermitteln und zu meinen, damit sei auch Offb 1, 7 ausgelegt. Unser Vers will aus sich selbst und aus seinem engeren Zusammenhang gedeutet werden. Es ergeben sich z. B. folgende Unterschiede gegenüber Sacharja: a) Sach 12, 10 spricht (besonders deutlich in der Übersetzung durch die LXX) von einer sinnbildlichen Durchbohrung im Sinne von Verhöhnung. Johannes aber verwendet im Unterschied zum grie AT ein Wort für buchstäbliches Durchstechen (hier und auch Jo 19, 37). Er denkt an den Lanzenstich in den Leichnam, also an einen völlig anderen Vorgang als Sacharja. b) Das „Sehen" bei Sacharja meint den bejahenden, vertrauenden, fast flehentlichen Aufblick; so ganz deutlich wieder die LXX. Johannes wechselt die Vokabel und auch, nach dem ganzen Zusammenhang (s. Auslegung), den Sinn. 11, 12 spricht ausdrücklich vom Sehen der „Feinde". c) Sacharja meint mit „Geschlechter der Erde" die Israelstämme in Palästina, im Gelobten Land (= „Erde"). Beide Begriffe, Geschlechter und Land, sind in der Offenbarung und auch Lk 21, 26—27 verallgemeinert zu „Menschen" und „Weltkreis". d) „Wehklage, wehklagen" ist wohl bei Sacharja, aber nicht mehr im NT ein positiver Begriff. Als auf dem Wege nach Golgatha über Jesus „Wehklage" erhoben wurde, wandte Jesus sich um: „Weinet nicht über mich!" Auch Mt 24, 30 sind die „Wehklagenden" beim Erscheinen des Menschensohnes nicht die „Auserwählten" von Vers 31.

Mt 5, 8: „Selig sind, die reines Herzens sind, denn sie werden Gott sehen." Es ist kein Aufsehen und Sich-Sattsehen, sondern entsetztes, erzwungenes Ansehenmüssen dessen, vor dem man sich verkriechen möchte (vgl. 11, 11—12; 6, 15—17; Lk 23, 30). Es betrifft alle Augen: die schläfrigen, die spöttischen, die frechen und die höflichen. Sie werden ihn sehen, ohne Ablenkung und ohne Unterbrechung ihn, nur ihn.

Ein Sprichwort sagt: „Wer nicht hören will, muß fühlen." Johannes sagt: Wer nicht hören will, muß (mit Erschrecken) sehen. An zahllosen Stellen fordert er zum Hören auf. Hören ist Merkmal der Gnadenzeit. Gott redet. Gnade ist es, wenn im Gottesdienst immer wieder ein „Prediger" vorhanden ist. Demgegenüber bedeutet Sehen (für die Hörunwilligen) den Predigt- und Gnadenabbruch. Dann ist keine Predigt mehr nötig; alle Augen sehen ja. Dann heißt es: Schluß der Debatte, Schluß mit Einwänden und Ausreden; und im gleichen Augenblick liegen alle vor der Wahrheit und Pracht des Gekommenen auf den Knien.

Unser Herr verfügt also über ein einfaches, aber wirksames Machtmittel, Menschen zu überführen. Er braucht sich nur sehen zu lassen. Dieses Mittel hat er am Anfang unseres Zeitalters, zu Ostern nämlich, eingesetzt, als es darum ging, eine Zeugenschar zu gewinnen. In den Jüngern war jeder Glaube gestorben. Die ersten Klänge der Auferweckungsbotschaft taten sie als Märchen ab. Da ließ der Herr der Herrlichkeit sich in einem begrenzten Kreis sehen. Dieses Sehen spielte in den Ostergeschichten eine entscheidende Rolle. Es läßt sich nachweisen, daß niemand dort glaubte, der nicht sah. Das gleiche Mittel wird Gott, wenn auch unter anderem Vorzeichen, am Ende der Gnadenzeit einsetzen. Unsere Zeit steht zwischen jenem Sehen am Anfang und diesem Sehen am Ende. „Er ist gesehen worden!" und „Es werden ihn sehen alle!" — das sind die beiden Zeugnisse, zwischen denen wir zum Glauben gerufen sind.

Und auch, die ihn durchstochen haben, werden ihn sehen. Diese Durchbohrung ist bei Johannes eindeutig auf den Lanzenstich bezogen (Jo 19, 37). Natürlich war es historisch nur ein einziger, ein römischer Soldat, der die Lanze führte. Hier aber werden sämtliche christusfeindlichen Aktionen verdichtet in diesen einen Lanzenstich. Eine ganze Welt hat die Hand an der Lanze. Saul von Tarsus war nicht der letzte, der in seiner Ahnungslosigkeit, wie vom Blitz getroffen, zu Boden stürzte und die Anklage Jesu vernahm: „Saul, Saul, was verfolgst du m i c h ?"

Und es werden heulen seinetwegen alle Geschlechter der Erde. In Kapitel 18, 9—19 findet sich der Text dieser „Wehklage" in ausführlichster Form. „Und sie schrien, weinten und klagten und sagten:

Weh, weh!" Unter ihnen stehen wieder die „Könige der Erde" (9). Doch mit ihnen heulen die Völker, die ihnen folgten. Das ist durchaus nicht der Ton der Buße, über den sich die Engel im Himmel freuen. Ohne an dieser Stelle auf alle Einzelheiten des göttlichen Gerichtes in seinen Höhen und Tiefen eingehen zu können, haben wir festzustellen, daß Johannes hier keine Bekehrungsstimmung schildert; keinen Gnadenempfang und keine geistliche Erneuerung. Der Ausdruck „alle Geschlechter", der hier noch durch die Hinzufügung „alle Augen" verstärkt wird, erinnert an „alle Knie" und „alle Zungen" in Phil 2. Damit haben wir auch den richtigen Gesichtspunkt für unsern Vers: In der Mitte des Blickfeldes steht, wie in Phil 2, 6—11, seit Vers 5 allein Jesus Christus und sein Weg. Dieser Herr von Karfreitag, Ostern und Himmelfahrt schreitet mit unaufhaltsamer Macht heran. Alle Welt huldigt ihm, ob nun jauchzend oder zähneknirschend, ob nun mit Vers 6 oder mit Vers 7, ob heute oder morgen. Aber an der Überlegenheit und Unüberwindlichkeit des Jesusnamens läßt sich „von Ewigkeit zu Ewigkeit" nichts mehr ändern. Das ist es, wozu die Gemeinde **„Ja, Amen"**[53] sagt.

Diese feierliche Bestätigung und gleichzeitige Treuezusage auf vorangegangenes Gotteswort seitens der hörenden Gemeinde kannte schon der jüdische Synagogengottesdienst. Es ist wichtig, daß der Mensch das Wort Gottes nicht echolos verschluckt, sondern daß ein Gespräch, eine beredte Gemeinschaft zwischen Gott und Mensch entsteht. Die biblische Theologie des Wortes meint nicht, daß Gott einen einseitigen Redetrieb besäße, der pausenlos Wörter produziert und daß er immerzu nur sich selber reden hören wollte, wobei der Hörer getrost den toten Mann spielen kann. Nein, sie umschließt durchaus auch dessen Antwort und Amen. Gott ist, wenn er redet, zugleich ganz Ohr und lauscht in die Hörergemeinde hinein, ob ihm jemand antwortet. Wenn dann das Amen als Vertrauensvotum und Treuezusage kommt, versinkt er nun nicht in Schweigen, sondern hebt er auf neuer Ebene neu zu reden an. Das Gespräch ist nun im Gange und führt von Amen zu Amen, von Gnade zu Gnade, von Klarheit zu Klarheit.

Die Urchristenheit hat das synagogale Amen neu erfaßt und christlich gefüllt. Danach e r g e h t in Christus nicht nur Gottes Wort, sondern in ihm e m p f ä n g t dieses Wort auch seine Antwort von den Menschen. Christus ist beides zugleich, Fülle der Verheißungen Gottes und Amen auf alle Verheißungen Gottes (2 Kor 1, 20a; Offb 3, 14). Damit ist das Gespräch gestiftet, und immer andere Men-

[53] Auch diese Verdoppelung (grie und hebr Beteuerungsformel) kehrt im Schlußteil wieder, wenn auch auseinandergezogen (22, 20).

schen können sich durch Vermittlung dieses Jesus einschalten in die Gemeinschaft mit dem Vater u n d dem Sohne (1 Jo 1, 3). „Durch ihn sprechen auch wir das Amen, Gott zu Lobe“ (2 Ko 1, 20b). Unser Amen lebt also von seinem Amen. Seine Treue (1, 5) macht uns treu. Diese Treue gelobt der Beter durch sein Ja und Amen. Er will dem Gehörten vertrauen und alles darauf setzen. Das vernommene Wort soll in seinem kleinen Leben nicht bloßes Getön bleiben, sondern geliebte, gelobte, gelebte und auf alle Welt übergreifende Wirklichkeit.

Das Vorwort der Offenbarung gipfelt schließlich in einem Vers,
dessen Sprecher Gott selbst ist (sonst nur noch 21, 5–8): **Ich bin das** 8
Alpha und das O, spricht der Herr, Gott, der Seiende und der da war und der Kommende, der Allgewaltige[54]. Beide Vershälften laufen parallel, beginnen jeweils mit dem machtvollen Hereintreten der Gottesgegenwart und entfalten diese im Zweizeitenschema[55], das uns schon in Vers 4 beschäftigte. In 22, 13 erklingt ein ganz ähnliches Wort aus dem Munde Jesu. Diese Gemeinsamkeit Jesu Christi mit Gott dem Herrn bis in die höchsten Namen und Ehren ist für Johannes nicht verwunderlich. Christus vertritt Gott ganz und gar. Gott hat Christus zu seinem Bevollmächtigten in jeder Hinsicht eingesetzt (Jo 3, 35). Johannes ergänzt also das paulinische „Gott w a r in Christus“ (2 Ko 5, 19): Er i s t und w i r d s e i n in Christus. Indem wir das hören und in einem feinen und guten Herzen behalten, mag die Auslegung des Buches beginnen.

DIE BEAUFTRAGUNG DES JOHANNES

Offenbarung 1, 9–20

Die Umstände

Offenbarung 1, 9

9 **Ich, Johannes, euer Bruder und Mitgenosse in der Drangsal und an der Königsherrschaft und im Harren auf Jesus, ich kam auf die Insel namens Patmos um des Wortes Gottes und um des Zeugnisses Jesu willen.**

[54] „Allgewaltiger“ ist in der Septuaginta Ersatzwort für den alten und häufigen Gottestitel „Herr Zebaoth“ (279 mal im AT). So nannte Israel seinen Herrn, wenn es die Niederwerfung der Gegengötter und besonders den Endsieg im Auge hatte. Vgl. auch Anm. 49.

[55] Die Verwendung des ersten und letzten Buchstabens des grie Alphabets für Anfang und Ende kennt die LXX noch nicht, wohl die Umwelt des Johannes. Doch ist es nur ein kleiner Schritt von der Zahlensymbolik zur Buchstabensymbolik, da die Buchstaben als Zahlzeichen verwendet wurden.

Noch unter dem Schall des göttlichen „Ich" in Vers 8 tritt jetzt das
9 „Ich" des Propheten vor die Gemeinde hin: **Ich, Johannes**[56]. Falsche Bescheidenheit liegt ihm fern. Er weiß sich als Gottes Stimme und läßt sich in dieser Hinsicht durch nichts und niemanden überstimmen. Doch dieses Stimme-Gottes-Sein hebt nicht für eine Sekunde das Bruder-Sein auf: **euer Bruder und Mitgenosse.** Im AT konnten Berufungen stark in die Vereinzelung führen (besonders Jer 15, 20; 20, 4. 7), in einen bis in die Kleidung und Lebensart hinein abgehobenen Prophetenstand. Im Neuen Bund aber bilden alle Glieder zusammen eine Prophetengemeinde (s. zu 1, 1). Jeder ist in seiner Weise Stimme. Besondere Berufungen, wie Johannes sie jetzt bezeugt, fügen nur um so tiefer in diese Gemeinde ein. Sie machen nicht zu einem hervorragenden, sondern zu einem hineinragenden Mann. Wie beschämend, wenn derjenige, dem etwas Besonderes anvertraut wurde, sofort ein schlechterer Bruder wird und sich der hohen Offenbarungen überhebt (vgl. 2 Ko 12, 17). Petrus beispielsweise erhielt gewiß eine Schlüsselfunktion, aber keine Schlüsselstellung. Er trat auf „mit den Elfen" (Apg 1, 14).

Neben den altbiblischen Brudernamen, der die religiöse Gemeinschaft kundtut, tritt ein mehr sachbezogener Ausdruck: **Mitgenosse**[57]. Die gemeinsame Sache wird dreifach bestimmt: **in der Drangsal, an der Königsherrschaft und im Harren auf Jesus.**

Der mittlere Begriff überdacht die beiden anderen. Das NT spricht mal von der **Königsherrschaft**[58] Gottes (z. B. Mt 12, 28; 21, 31; 21, 43), mal von der Königsherrschaft Jesu Christi (z. B. Mt 13, 41; 16, 28; Lk 1, 33; Jo 18, 36), ohne daß zwei verschiedene Reiche gelehrt werden: Es ist die eine Herrschaft beider (Eph 5, 5; Offb 12, 10). Ohne von Christus zu sprechen, kann nicht von Gottes Herrschaft die Rede sein, und umgekehrt.

Im Kern geht es bei dieser Königsherrschaft um das Königsein Gottes. Der Ruf: „Gott ist König!" läuft durch das AT hindurch bis in das letzte Buch der Bibel (Offb 11, 17; 19, 6). In diesem Lauf hat Gottes Königsein seine bewegte Geschichte und darum auch seine

[56] Vgl. Dan 7, 2. 28; 8, 1; 9, 2; 10, 2, auch Gal 5, 2; 1 Th 2, 17; Phlm 19.

[57] Das grie Wort *syngkoinōnos* ist außerbiblisch erst um 110 nach Christus für Geschäftsteilhaberschaft belegt, war also zur Zeit des Johannes ein moderner, profaner Ausdruck (vgl. 18, 4). Er liebt diese Verkoppelung von Bibelsprache und Gegenwartssprache, vom Hebr und Grie, von heiliger Geschichte und Zeitgeschichte. Dafür ließen sich viele Beispiele bringen.

[58] Die gleiche Vokabel *basileia* begegnete bereits 1, 6, dort aber abhängig von 2 Mo 19, 6 ohne eigenen Ton und geradezu deckungsgleich mit der Gemeinde. Hier liegt ein anderer Sprachgebrauch vor. Die drei Hauptstellen zur Königsherrschaft Gottes sind in diesem Buch 11, 15—17; 12, 10 und 19, 6 (s. d.).

verschiedenen Gestalten. Entscheidende Daten dieser Geschichte sind in der Vergangenheit Karfreitag und Ostern und in der Zukunft die Ankunft Christi in Herrlichkeit. Dazwischen geht diese Königsherrschaft vor allem in der Gestalt der Evangeliumsverkündigung einher. Sie benachrichtigt alle Völker von der Macht der Liebe, die sich in Jesus offenbart, und ruft zum Gehorsam des Glaubens auf. Darum läßt besonders Lukas „Königsherrschaft" und „Evangelium" eng zusammenrücken (4, 43; 8, 1; 16, 16; Apg 8, 12; vgl. auch Lk 18, 29 mit Mk 10, 29 und Mt 19, 29).

An dieser gegenwärtigen Gestalt der Königsherrschaft hat also Johannes zusammen mit den Gemeinden in der Provinz Asien Anteil. Nicht von ungefähr spricht er im gleichen Atemzug vom Wort Gottes und Zeugnis Jesu. Ihre gemeinsame Anteilhabe an der Königsherrschaft besteht demnach in ihrer „Gemeinschaft am Evangelium", wie Paulus es ausdrücken könnte (Phil 1, 5; 1 Ko 9, 23).

Das ruft sofort eine Gemeinschaft in der **Drangsal**[59] hervor. Schon im grie AT ist dieses Wort (thlipsis) vorwiegend Ausdruck für die Bedrängnisse des Gottesvolkes. Im NT steht es fast ausschließlich für die Leiden des Messias und des messianischen Volkes. Mt 24 befaßt sich ausführlicher mit diesen Leiden. Sie schwellen von Stufe zu Stufe an: Vers 4–8 schildert den „Anfang der Wehen", Vers 9–14 die „Drangsal" in Form der Jüngerverfolgungen[60], Vers 15–28 die „große Drangsal" als den Höhepunkt, Vers 29–31 die Geschehnisse „nach der Drangsal".

Die Jüngerverfolgungen lösen in der Gemeinde Verrat und Abfall aus (Mt 24, 10–12), aber auch Leidensgemeinschaft und Bewährung der Bruderschaft[61]. Darum betont Johannes hier die Bruderschaft. Gerade hatte sich eine Woge der Drangsal erhoben und ihn selbst in die Verbannung gebracht. Die Maßnahmen scheinen erst einzelne betroffen zu haben, aber alle waren bedroht, so wahr sie teilhatten am Evangelium von der Königsherrschaft Christi. Das war die Klammer um Schreiber und Hörer; sie ruft er ihnen ins Gedächtnis.

[59] Die übliche Übersetzung mit „Trübsal" erinnert gar zu sehr an eine dunkle, stumpfe Seelenstimmung, an Trübsinn und Trübsalblasen. Gemeint ist aber Druck durch Verfolgung, Gefängnis, Schmährede, Schläge, Hunger, Kälte usw. Freilich gibt es auch innere Bedrängnis um Jesu willen.

[60] „Drangsal" auf „Verfolgung" bezogen: Mk 4, 17; 13, 21; Rö 8, 35; 2 Th 1, 4.

[61] In diesen Zusammenhang gehören Mahnungen wie Hbr 10, 25. 32–35; 13, 1–3.

Die andere aus dem Evangeliumsdienst oder Königreichsdienst fließende Gemeinsamkeit ist das **Harren auf Jesus**[62], denn das Königsein Gottes und seines Christus hat heute noch nicht seine Endgestalt. Noch geschieht Gottes Wille nicht auf Erden wie im Himmel, noch beugen sich nicht alle Knie vor Christus, noch führen darum Tod, Leid, Geschrei und Schmerz ihr Regiment, noch liegen auch Versprechungen vor auf viel Besseres, auf unermeßlich Herrliches. Darum kann sich die Gemeinde nicht mit den bestehenden Verhältnissen abfinden. In aller Sanftmut ist sie mit ihnen gründlich unzufrieden, eine zukünftige Stadt suchen sie (vgl. Hbr 13, 14). Die Erweckung Jesu von den Toten und die Gabe des Heiligen Geistes erweckten in ihr unbändige Zuversicht und Vorfreude. Mit vorgestrecktem Kopf steht sie in der Gegenwart, ausgespannt auf die Zukunft des Herrn, interessiert am Vorausschreiten der Zeit, und sehnt sich nach der Veränderung dieser Welt. Die Offenbarung hebt dieses Element der Gemeindelehre stark heraus: Zu ihrer Jesuserinnerung und Jesusgegenwart gehört unbedingt auch ihre Jesuserwartung[63]. Durch dieses Warten erweist sich die Gemeinde als Braut (22, 17), und dieser Brautstand gehört zu ihrem Wesen. Das Erlahmen der Jesuserwartung in den sieben Gemeinden und die damit verbundene Wesensverfremdung waren ein Hauptanlaß für die Botschaften in Kapitel 2 und 3.

Der Selbstvorstellung fügt Johannes eine kurze Erinnerung an sein persönliches Ergehen an. Ausführliches darüber erübrigte sich, denn die Dinge konnten den damals Angesprochenen kaum unbekannt sein: **Ich kam auf diese Insel namens Patmos um des Wortes Gottes und des Zeugnisses Jesu willen**[64]. Die Insel, die zur Inselkette der Sporaden gehört, etwa in der Höhe von Milet gelegen, ist mit ihren 32 Quadratkilometern nicht gerade klein, aber durch Zerklüftung und Bodenbeschaffenheit unwirtlich, damals fast unbewohnt. Den Andeutungen des Kirchenvaters Tertullian, daß die Haft des Johannes milder Art gewesen sei, vielleicht eine Art Schutzhaft, ist Glauben zu schenken[65]. Johannes konnte immerhin ein umfangreiches Sendschreiben

[62] Die Übersetzung des Wortes *„hypomonä"* in „Harren" statt „Geduld" ist sprachlich möglich und liegt in der Offenbarung nahe. Es fehlte sonst in diesem Buch der Begriff des Hoffens. Ferner entscheidet sich die obige Übersetzung aus sachlichen Gründen für die Lesart „Harren auf Jesus" statt „Harren in Jesus". Die Wendung „in (Jesus) Christus" gehört in die Sprache des Paulus, nicht aber des Johannes. Dementsprechend heißt es auch 3, 10 sprachlich ähnlich wie hier „Harren auf mich". Weiteres zum Begriff siehe zu 2, 2, zum Sprachlichen vgl. Anm. 124.

[63] Nach 1 Kor 15, 19 ist ein Christenleben ohne eine diese Weltzeit übersteigende Jesuserwartung eine elende Angelegenheit.

[64] Zu dieser Wendung vergleiche 1, 2.

[65] Tertullian (ca. 160—220 n. Chr.) spricht in *De praescriptione haereticorum* von *„relegatio"*, der mildesten Form der Verbannung, nicht von *„deportatio"*.

verfassen und Boten abordnen. Den gemäßigten Behörden (Einleitung Nr. 10) lag nicht an einer Verschärfung der Lage, aber der persönliche Einfluß des greisen Apostels auf die Gemeinden paßte nicht in die von ihnen gewünschte Entwicklung. Mit der Verbannung des Apostels erreichten sie allerdings das Gegenteil.

Die Stimme des Engels

Offenbarung 1, 10–11

10 **Ich geriet in Geist**(ergriffenheit) **am Herrntag und hörte hinter**
11 **mir eine große Stimme wie** (von) **einer Trompete, * die sprach:**
Was du siehst, schreibe in ein Buch und sende (es) **den sieben Ge-**
meinden, nach Ephesus und nach Smyrna und nach Pergamon und
nach Thyatira und nach Sardes und nach Philadelphia und nach
Laodizäa.

Die beiden Hauptvisionen des Buches werden schon durch die be- 10
sonders ausführliche und feierliche Einleitung herausgehoben (hier und 4, 2): **Ich geriet in Geist**[66]. Hier steht die Erscheinung des Menschensohnes bevor, der Herr und Richter der Gemeinde ist. Kapitel 4, 2 beginnt die Schau Gottes, des Herrn und Richters aller Welt.

Das Geschehen am Propheten wird nicht psychologisch geschildert. Dann müßten ganz andere Begriffe kommen. Es ist davon auszugehen, daß Johannes befähigt werden sollte, Blicke in den Sinn der Geschichte zu tun, also in das „muß" von 1, 1. Als Mensch von Fleisch und Blut sah er der Geschichte ihren Sinn nicht an. Menschen machen ständig Dinge durch, deren Sinn sie nicht kennen oder über deren Sinn sie sich täuschen. Ein Geschehen, das sie mit Behagen genießen, könnte zu einer Unheilsgeschichte gehören, oder ein anderes, unter dem sie unsagbar leiden, in Wahrheit Bestandteil einer Heilsgeschichte sein. Auch in diesem Zusammenhang gilt, daß Fleisch und Blut das Reich Gottes nicht sehen können. Darum erfährt der Prophet ein Herausgerissenwerden aus aller natürlichen Befangenheit und Benommenheit in die Sphäre des Geistes Gottes, hoch hinaus über subjektive Empfindungen. Und von oben sieht man mehr. „Der Geist erforscht alle Dinge, auch die Tiefen der Gottheit" (1 Ko 2, 10).

[66] Der Ausdruck ist zu unterscheiden vom „Sein im Geist" nach Rö 8, 9, einem Dauerzustand des Christen. Hier handelt es sich um einen Sonderzustand (E. Lohse, a. a. O. S. 16: „Verzückung") zum Zweck des Offenbarungsempfanges. Er wurde durch die starke Stimme des Engels ausgelöst. Dieser Zusammenhang ist 4, 2 besonders deutlich. Den Begriff der „Ekstase" (Außer-sich-sein) deuten an: Apg 10, 10; 22, 17; 11, 5; (12, 11); 2 Ko 5, 13; 2 Ko 12, 2; Mk 3, 21.

Das geschah für Johannes auf Patmos **am Herrntag**[67]. Diese Tagesbezeichnung begegnet innerhalb der Bibel nur hier, während sie im unmittelbar an das NT anschließenden christlichen Schrifttum immer häufiger erscheint, und zwar einmütig als christliche Benennung des ersten Tages der Woche in Erinnerung an die Auferstehung des Herrn[68]. Als Auferstehungstag und als achter Tag weist er allerdings auch auf die Neuschöpfung am kommenden großen Gottestag hin. Eine nur kalendarische Angabe wäre Johannes sicher nicht wichtig genug gewesen. Durch die Nennung des Sonntags hob er vielmehr eine Doppelbeziehung hervor: Einerseits war es der Versammlungstag, an dem er die Gemeinden des Festlandes zur Anbetung des Auferstandenen beieinander wußte; andererseits der Hoffnungstag, der seinen Sinn auf Weltvollendung und Welterneuerung lenkte.

Und hörte hinter mir eine große Stimme. Die Vision beginnt mit einer Audition (Hörerlebnis). Es überrascht ihn von rückwärts (vgl. Hes 3, 12) eine Stimme. Sie hat mit seinen eigenen Stimmen, Erwartungen und Bestrebungen nichts zu tun. Der Prophet wird aus dem Eigenen herumgerissen in das, was Gott ist. „Er weckt mir das Ohr, daß ich höre wie ein Jünger" (Jes 50, 4. 5). Die Stimme hat eine Gewalt **wie einer Trompete Stimme**[69]. Der Klang – es handelt sich um ein Signalinstrument mit einem, höchstens zwei Tönen, soll mehr laut als schön gewesen sein: rauh, durchdringend, schmetternd. Er wurde mit dem Donner, dem Geschrei eines Esels oder dem Gebrüll eines Löwen verglichen. Um einen kaum beschreibbaren, überirdischen und erschreckenden Klang geht es hier[70].

67 Verbreitet ist die Auslegung, Johannes sei nicht nur auf die höhere Ebene des Geistes Gottes versetzt worden, sondern zugleich auch in den zukünftigen Zeitpunkt des „Tages des Herrn", also in die von den Propheten verheißene Zeit des Gerichtes und der Erlösung am Ende. So kommt es zur „endgeschichtlichen" Auslegung der folgenden Gesichte (Einleitung Nr. 61). Diese Deutung scheitert aber am Text, der nicht „Tag des Herrn" sagt, sondern wörtlich „herr-licher Tag" (kyriakä hämera), vgl. die Bildung von Eigenschaftswörtern wie „königlich, kaiserlich" usw.), also ein dem Herrn gehörender geweihter Tag, ein Herrntag. In der Provinz Asia war dieses von „Herr" abgeleitete Eigenschaftswort gängig (nachweisbar seit 68 n. Chr.). Belegt ist die Rede von herr-lichen Diensten, Finanzen, Kassen usw. Herr war in diesen Zusammenhängen der göttlich verehrte Kaiser in Rom. Ihm zu Ehren gab es auch regelmäßig „kaiserliche Tage". In dieser Umgebung, wohlgemerkt, gingen die Christen dazu über, den Tag, der sie an die Auferstehung ihres Heilandes erinnerte, Herrntag zu nennen. Es liegt nahe, auch darin eine Antwort auf den Kaiserkult zu erblicken (vgl. auch „Herrn-mahl", 1 Ko 11, 20).

68 Z. B. Didache 14, 1, wahrscheinlich im ersten Jahrzehnt des zweiten Jahrhunderts geschrieben, ferner in dem vor 110 an die Gemeinde in Magnesia gerichteten Brief des Ignatius 9, 1 und in dem einige Jahrzehnte später verfaßten sog. Barnabasbrief 15, 2.

69 Zum Instrument selbst und zur Übersetzung mit „Trompete" s. zu 8, 2.

70 Hier begegnet uns erstmals von 70 Malen das apokalyptische „wie". Daneben verwendet die Offenbarung noch das volltönendere und feierlichere „gleich", „gleichermaßen", „in

Die unbekannte[71] himmlische Stimme sprach: **Was du siehst,** schreibe in ein Buch. Johannes konnte den Empfängern die Gesichte nicht mündlich mitteilen. Aber diese Begründung des Schreibbefehls reicht noch nicht aus. Schon atst Propheten hatten ihre Botschaft gelegentlich zu Papier zu bringen, um ihr besonderes Gewicht anzuzeigen (z. B. Jer 36; Hab 2, 2). Indem Gott sein Wort schriftlich gibt, bindet er sich; und er bindet die Hörer: Ich habe es dir schriftlich gegeben! Dieses Wort gilt, es gilt über den Augenblick hinaus; es gilt auch für andere, die jetzt und hier nicht dabei sind. Es ist allgemein verbindlich. 11

An dieser Stelle ist der Unterschied zwischen christlicher Prophetie im allgemeinen und diesem prophetischen Wort zu erörtern. Schon 1, 1 klang es an und 11, 1–13 wird es unterstrichen, daß Johannes die gesamte Gemeinde als Prophetengemeinde betrachten konnte. Dennoch sicherte er seinem Buch nach 1, 3 einen einzigartigen Platz. Diesen Anspruch begründet seine besondere Berufung auf Patmos. Sie wurde sofort mit einem Schreibbefehl eröffnet (V. 11) und auf ihrem Höhepunkt noch einmal durch diesen Schreibbefehl gekrönt (V. 19). Dieser Schreibbefehl tönt im ganzen Buch nach (2, 1. 8. 12; 3, 1. 7. 14; 10, 4; 14, 13; 19, 9; 21, 5), und ihm entspricht die betonte Erwähnung der Buchform dieser Prophetie (1, 11; 22, 7. 9. 10. 18. 19). Das Schreiben rückt also in solch einem Maße in die Mitte, daß ihm offensichtlich theologische Bedeutung zukommt. Es erhebt dieses Prophezeien in einen maßgeblichen Rang für alles fernere christliche Prophezeien. In den hier gezogenen Bahnen ist fortan zu laufen, d. h. alle Propheten nach diesem Propheten stehen in seiner Überlieferung, er selbst aber setzt Überlieferung. In diesem Sinne gilt sein Auftrag: Schreibe! Selbstverständlich mögen auch spätere und auch heutige christliche Propheten aus praktischen Gründen ihre Worte niederschreiben, aber sie werden dadurch nimmermehr „Schriftpropheten" im theologischen Sinn sein.

Und sende (es) **an die sieben Gemeinden, nach Ephesus und nach Smyrna und nach Pergamon und nach Thyatira und nach Sardes und nach Philadelphia und nach Laodizäa.** Diese Städte waren Behörden-

Gleichgestalt" (45 mal). Beide Ausdrücke bringen ein Moment des Ausweichens und Schwebens in die Schilderung der Visionen. Weil es für ihren Gegenstand nichts wirklich Vergleichbares gibt, können sie nicht im naturwissenschaftlichen Sinn exakt beschrieben werden. Das gilt auch dann, wenn das „wie" gelegentlich fehlt. 5, 6 heißt es: „Ein Lamm wie geschlachtet"; 5, 12; 13, 8 jedoch einfach: „das geschlachtete Lamm." 15, 2 heißt es zuerst: „wie ein gläsernes Meer", in der zweiten Vershälfte aber: „Sie standen am gläsernen Meer."

[71] Vgl. 4, 1; 6, 6; 7, 4; 9, 13. 16. Nach dem alten Luthertext (vor der Revision von 1956) handelte es sich an dieser Stelle um die Stimme Jesu. Die bessere Textüberlieferung und auch sachliche Gründe sprechen für den hier wiedergegebenen Wortlaut.

sitze und schon dadurch Schwerpunkte für den Kaiserkult. Die Aufzählung folgt dem Postweg von der Hauptstadt Ephesus nach Norden bis Pergamon, dann ins Binnenland hinein und wieder südwärts, eine Strecke von vielleicht 400 km[72]. Die sinnbildliche Bedeutung der Siebenzahl hat schon zu 1, 4 beschäftigt: Über die aufgezählten Ortsgemeinden hinaus beansprucht Johannes Gehör bei den Gemeinden aller Orte und Zeiten.

Die Vision des Herrn

Offenbarung 1, 12–16

Zu Vers 13: Dan 7, 13; 10, 5 f
Zu Vers 14: Dan 7, 9; 10, 6
Zu Vers 15: Dan 10, 6; Hes 1, 24; 43, 2
Zu Vers 16: Ri 5, 31

12 **Und ich wandte mich um, zu erblicken die Stimme, die mit mir**
13 **sprach, und herumgewandt sah ich sieben goldene Leuchter, * und**
in der Mitte der Leuchter einen, gleich einem Menschensohn, bekleidet mit einem Schleppgewand und gegürtet um die Brust mit
14 **einem goldenen Gürtel. * Sein Haupt aber und die Haare weiß**
15 **wie schneeweiße Wolle und seine Augen wie feurige Flamme * und**
seine Füße gleich der Erzglut wie im feurigen Ofen und seine
16 **Stimme wie die Stimme vieler Wasser. * Und er hatte in seiner**
rechten Hand sieben Sterne und aus seinem Mund ein spitzes, zweischneidiges Schwert herausfahrend, und sein (Gesamt)**anblick – wie die Sonne leuchtet in ihrer Macht.**

Es empfiehlt sich, in die Auslegung dieses Abschnittes nicht schon die Deutung der Verse 17–20 hereinzubringen. Noch handelt es sich um den stummen, ungedeuteten Teil der Vision. Mit tastenden Worten schildert Johannes sie mal mit dem Begriffsschatz der Engelerscheinung aus Da 10, 5–6, mal mit Worten der Menschensohnerscheinung aus Da 7, 13, schließlich auch mit Erinnerungen an die Gotteserscheinung aus Da 7, 9. Hinzu treten Anklänge an Hes 1; 9; 11 und 12. Was sieht er nun? Einen Engel, Christus oder Gott? Volle Gewißheit wird erst durch die Stimme des Herrn entstehen.

Doch obwohl die Gestalt nicht redete, war sie doch nicht stumm. „Als ich ihn sah", bezeugt Johannes später, „fiel ich zu seinen Füßen wie ein Toter" (17). An ihr sprach jede Einzelheit, jedes Kleidungsstück. Im Morgenland ist die Kleidung in weit höherem Maß Ausdrucksmittel als bei uns, und der Sinn der Morgenländer für die Sprache der Gewandung ist stark entwickelt. Was einer trägt, das ist er. Darum spielt im NT das Anziehen, Ablegen, Überkleiden, Tragen oder Nackt-

[72] Über die wirtschaftliche und politische Bedeutung der genannten Städte, vgl. W. Barclay, Das sagt der Auferstandene, Kassel, 1967.

sein (vgl. „in Christo sein") eine so große Rolle. Also wird hier Stück für Stück geschildert, damit der Leser Stück für Stück beachtet.

**Und ich wandte mich um, zu erblicken die Stimme, die mit mir 12
sprach, und herumgewandt sah ich sieben goldene Leuchter.** Der Absicht des Propheten, im Herumwenden[73] den Träger der lauten Stimme zu gewahren, entspricht nicht das Ergebnis. Er schaut statt dessen sieben goldene Leuchter. Die Gedankenverbindung zum siebenarmigen Leuchter von 2 Mo 25, 31–40 (vgl. Sach 4, 2) ist kaum fernzuhalten. Nach der Zerstörung Jerusalems wurde er zum allgemein anerkannten Sinnbild des Judentums und erscheint auf zahlreichen Reliefs, auf jüdischen Lampen, auf Knochen- und Elfenbeinschnitzereien, auf Mosaikpflastern, auf Särgen und an Wänden. Aber gleichzeitig verschmilzt dieser atst Bezugspunkt mit einem zeitgeschichtlichen. Archäologen haben bei Ephesus riesige Lichtständer ausgegraben (s. Stauffer, Christus und die Caesaren, S. 183). Einst mögen sie bei Kultfesten im Tempel das Kaiserbild umstanden haben. So handelt es sich hier um sieben einzelne, im Ring oder im Halbkreis stehende Lichtständer, von denen einer nach 2, 5 fortgenommen werden konnte. Aber in ihrer Mitte steht nicht der Kaiser. Ein anderer trat an seinen Platz und beansprucht seine Ehre:

**Und in der Mitte einen, gleichgestaltig einem Menschensohn, be- 13
kleidet mit einem Schleppgewand.** Die Zurückhaltung im Nachzeichnen des Geschauten ist kaum zu übersehen (vgl. Anm. 70). „Menschensohn" ist hier nicht Titel wie in den Evangelien so oft, sondern der vorsichtige Versuch, die Gestalt mit Hilfe von Da 7, 13 zu beschreiben. Sie trägt ein lang wallendes Gewand, das nur gerade die Füße frei gibt (Vers 15). Diese Erwähnung wiederum könnte an den Engel in Da 10, 5 erinnern. Aber auch das ist keine genaue Parallele. Es wird ein Wort gewählt, das als Fachausdruck für die Amtstracht des Hohenpriesters gelten kann (2 Mo 25, 7; 28, 4. 31; 29, 5; Sir 45, 8)[74]. Desgleichen ist diese Gestalt im Unterschied zu Da 10, 5 nicht um die Hüfte, sondern **gegürtet um die Brust mit einem goldenen Gürtel.** So blieb der Faltenwurf des Gewandes ungehemmt, und der Eindruck der Pracht und Ruhe steigerte sich. Der jüdische Schriftsteller Josephus berichtet vom goldenen Gürtel und überhaupt vom reichlichen Gold in der Tracht des Hohenpriesters[75].

[73] Zweimal wird von der Wendung gesprochen und dadurch stark unterstrichen, daß die Stimme von rückwärts erschallt (1, 11).

[74] In Hes 9, 2. 3. 11 trägt einer der Gerichtsengel dies Schleppgewand zum Kennzeichen. Zum Richterlichen hier vgl. Vers 14.

[75] Unter Hinweis auf 1 Makk 10, 89; 11, 58; 14, 44 wird hier gern das Königliche hineingedeutet. Dort handelt es sich aber um eine goldene Spange, einen königlichen Orden. Freilich lagen das Hohepriester- und das Königsamt dicht beieinander.

14 Nach den folgenden Versen geht es hier aber nicht um einen Hohenpriester im allgemeinen, sondern sehr herausgehoben um seine Richterfunktion: **Sein Haupt aber und die Haare weiß wie schneeweiße Wolle und seine Augen wie feurige Flamme.** Dies sind wiederum Elemente aus dem Bild des göttlichen Richters von Da 7, 9. Da-
15 nach ist weiß die Umschreibung himmlischer Lichtnatur. **Und seine Augen wie feurige Flamme und seine Füße gleich dem Erzglut wie im feurigen Ofen.** Daß die feuerflammenden Augen und glühenden Füße Elemente des Richterlichen andeuten, zeigen 2, 18; 19, 12 in ihren Zusammenhängen: Es ist der alles durchstrahlende und verzehrende Richterblick und die vernichtende Glut des seinen Fuß auf den besiegten Feind setzenden Herrn der Gerechtigkeit. An dem seltenen Wort „Erzglut"[76] soll eher das Feuerelement als der Farbton zum Bewußtsein kommen: Wo diese Füße hintreten, bleibt Asche übrig[77]. Füße stellte man auf den Nacken Besiegter und Schuldverfallener! **Und seine Stimme wie die Stimme vieler Wasser.** Ähnlich lautet es in den Gotteserscheinungen Hes 1, 24; 43, 2. Meist wird Gott eine Donnerstimme beigelegt, aber Donner und Gewittersturm greifen ineinander (vgl. auch Offb 14, 2; 19, 6). Gegen diese Stimme kommt keine irdische Stimme an. In ihrem Gericht ersterben Menschenworte. Sie führt das letzte Wort und bekommt allein recht.

16 Dann fällt der Blick des Sehers auf die Rechte des göttlichen Richters und Herrschers. Das ist seine Tathand, mit der er handelt und regiert. Worüber regiert er, und worauf bezieht sich hier seine Verfügungsgewalt? **Und er hatte in seiner rechten Hand sieben Sterne.** Für diese Sterne in ihrer Siebenzahl bringt das AT keine Parallele. Dagegen sprach man in der damaligen Umwelt gern vom Siebengestirn (Kleiner oder Großer Bär) oder faßte Sonne, Mond und fünf Planeten zusammen. Der Begriff muß volkstümlich gewesen sein, denn auf Münzen erschien der Kaiser mit den sieben Sternen über seiner Hand, d. h. in der Pose des Weltherrschers. Nach weitverbreitetem Glauben waren die Gestirne Götter und Lenker des Schicksals. Wer sie in der Hand hatte, war der Allerhöchste. So schaut Johannes jedenfalls einen Allerhöchsten. Aber das Geheimnis der sieben Sterne lüftet sich erst Vers 20 (vgl. auch 2, 1).

Und aus seinem Mund ein spitzes, zweischneidiges Schwert herausfahrend. Ganz allgemein kann das Schwert[78] Bild für tödliche Worte

[76] Mal 3, 21. Das Treten auf besiegte Feinde: Ps 59, 11–12; 44, 5; 60, 14; 72, 4; 108, 14; Jes 14, 25; 22, 5; 25, 10; 26, 6; 28, 3. Im NT unterbleibt die grausige Ausmalung des Vorganges: 1 Kor 15, 27; Hbr 2, 8.

[77] Nachweis für diese Deutung bei J. P. Lange, Die Offenbarung des Johannes, Bielefeld/Leipzig 1871, S. 75.

[78] Das Grie kennt zwei Vokabeln für Schwert. Hier ist eigentlich das riesige Barbaren-

sein (Ps 57, 5; Spr 5, 4; 12, 18). Von Worten aus dem Munde Gottes lebt man (Mt 4, 4), aber sie können auch töten wie ein Schwert (Jer 49, 2; Offb 2, 12. 16; 19, 15. 21). Der Zusatz **aus seinem Munde** mahnt, sich nicht auf ein Schlachtfeld versetzt zu fühlen, wo das Schwert mit der Hand geführt wird, sondern auf den Gerichtsplatz[79]. Dort ergeht der Richterspruch, und zwar unwidersprochen (vgl. die Anwendung 2, 12–17).

Nachdem von der Gestalt in Vers 13 ihr Gewand, Vers 14 Gesicht und Haar und Blick, Vers 15 Füße und Stimme und in Vers 16a Hand und Mund beschrieben sind, folgt die Zusammenfassung: **Und sein** (Gesamt)**anblick – wie die Sonne leuchtet in ihrer Macht.** Der Sonnenvergleich ist ein altes Siegessymbol (Ri 5, 31; Mt 13, 43). Nach dunkler Nacht steht – um die Mittagssonne – der Endsieg Gottes strahlend da. – So schaut Johannes inmitten der Leuchter eine leuchtende Gestalt[80]. Alles an ihr leuchtet und übertrifft noch das Leuchten der Leuchter.

Das Charakteristikum an der Erscheinung ist das Richterliche[81]. Das bestätigt die Entfaltung in Kapitel 2 und 3, deren Quellort diese Vision darstellt. Sie spricht von Richterauge und Richterfuß (2, 18), vom Richterschwert (2, 16), von der Rechtsfindung (3, 2), von der Erforschung der Herzen und Nieren und Vergeltung nach den Werken (2, 23), vom Umstoßen des Leuchters (2, 5), Ausspeien (3, 16), Über-

schwert genannt, das beidhändig geschlagen wurde. Anders wurde das römische Kurzschwert bezeichnet; Hbr 4, 12 spricht vom Worte Gottes unter dem Bild des kurzen Schwerts. Dort geht es nicht um Tötung, sondern um das Freilegen und Entblößen der Eingeweide und Knochen, wie es mit einem Opfermesser geschah. An ein Opfermesser ist vielleicht auch Offb 13, 14 zu denken. Aber die beiden Vokabeln sind gerade bei Johannes weithin Austauschbegriffe geworden und oft nicht mehr zu unterscheiden, vgl. zu 6, 8.

79 Die Offenbarung hält diese Linie streng durch, auch dort, wo sie vom „Kriegen" Christi spricht: 2, 16; 19, 11. In beiden Fällen ist dieses „Kriegen" ausdrücklich durch das Richterliche erläutert. Der Krieg ist nicht Christi Mittel. Um seine Herrschaft ist seit Golgatha nicht mehr zu kämpfen. Sie steht fest. Verbleibender Widerstand wird erhaben fortgehaucht (2 Th 2, 8). Kaum betritt Christus den Kampfplatz, ist der Kampf auch schon beendet (Offb 19, 19–21). Aber sein Recht muß noch an den Tag kommen. Er wird das Urteil sprechen!

80 Das hier mit „(Gesamt)anblick" übersetzte grie Wort *opsis* wird von den meisten Übersetzern mit Angesicht oder ähnlich wiedergegeben (z. B. Rev. Luther, Zürcher, Elberfelder, F. Sigg, NT 68, E. Lohse). Für die vorliegende Möglichkeit, vgl. W. Bauer, Wörterbuch zum NT.

81 Gern wird in diesem Abschnitt ein dreifaches Amt Christi gefunden: König, Priester und Prophet. So folgt man aber nicht der Führung des Textes. Vom König und Prophetentum klingt unmittelbar gar nichts an. Aber auch das Hohepriestertum wird nicht voll entfaltet (Sühne), sondern vorzugsweise in seiner richterlichen Funktion. Gewand und Gürtel, die auf den Hohenpriester hinweisen, werden in den Gemeindebotschaften bezeichnenderweise n i c h t wieder aufgenommen.

führen (3, 19) und überhaupt von richterlicher Bestandsaufnahme, Warnung, Mahnung, Drohung und Belohnung (Exkurs 1).

Gewiß, nach 3, 19 geschieht das alles aus Liebe. Übergeordneter Gesichtspunkt bleibt 1, 5: „Er liebt uns." Es handelt sich um ein Gericht in ausgesprochener Gnadenzeit und noch nicht um das Endgericht nach 20, 11–14. Aber das sieht Johanes der stummen Richtererscheinung noch nicht an.

Die Stimme des Herrn

Offenbarung 1, 17–20

Zu Vers 17:
Jes 44, 6
48, 12
Zu Vers 19:
Dan 2, 29

17 **Und als ich ihn sah, fiel ich zu seinen Füßen wie ein Toter. Und**
er legte seine Rechte auf mich und sprach: Fürchte dich nicht! Ich
18 **bin** (es), **der Erste und der Letzte * und der Lebendige. Ich erlitt**
den Tod, aber siehe, ich bin lebendig in die Zeiten der Zeiten und
19 **habe die Schlüssel des Todes und des Hades. * Schreibe also, was**
du gesehen hast: sowohl was ist als auch, was geschehen wird
20 **danach. *** (Was anlangt) **das Geheimnis der sieben Sterne, die du**
auf meiner rechten Hand gesehen hast, und die sieben goldenen
Leuchter, (so) **sind die sieben Sterne die sieben Engel der Gemein-**
den, und die sieben Leuchter sind die sieben Gemeinden.

17 Nicht zur Anbetung fällt Johannes nieder: **Und als ich ihn sah, fiel ich zu seinen Füßen wie ein Toter.** So stürzten auch Mose, Jesaja, Hesekiel, Daniel, Petrus und Paulus zu Boden. In allen Fällen geht es um die Unverträglichkeit zwischen Gott und Mensch, zwischen Himmel und Erde. Die Irdischen prallen zurück und taumeln zu Boden. „Gott wohnt in einem Licht, da niemand zukommen kann" (1 Tim 6, 12).

Die Annahme jedoch, Johannes wäre niedergefallen, weil er bereits Christus erkannt habe, ist nicht zwingend, sondern eher unwahrscheinlich.

Was er sah, war eine für ihn noch anonyme himmlisch-richterliche Erscheinung. Z. B. erinnerten ihn das Schwert aus dem Mund, die nicht menschliche Stimme oder die glühenden Füße in nichts an die vertraute Gestalt Jesu, wie er sie in Palästina kennengelernt hatte. Das Deutewort folgte also, weil es wirklich nötig war. Doch als der Herr sich zu erkennen gab, richtete Johannes sich wieder auf. Nun konnte er das Richterliche ertragen: Es ist ja Jesus von Nazareth, der für uns starb, für uns lebt und für uns beim Vater betet. Dieses: „Es ist der Herr!" (Jo 21, 7) macht ihn wieder lebens- und dienstfähig.

Vor der eigentlichen Selbstvorstellung erfolgt eine sprechende Gebärde: **Und er legte seine Rechte auf mich.** Das bedeutet Lebendigmachung (Da 10, 10; 8, 18; Mt 17, 7), Erbarmung und Annahme (Mk 1, 44; Mt 14, 31), aber auch Einsegnung zum Dienst[82]. **Und sprach: Fürchte dich nicht!** So erschallte es in vielen Gottesoffenbarungen (z. B. Jes 7, 4). Und auch aus dem Munde des Herrn hatten die Jünger diesen Klang oft vernommen (Jo 6, 20; Mt 14, 27; Mk 6, 50; Lk 24, 39). So wird zu Erschrockenen gesprochen, nicht zu Dreisten. Es gibt eine Furcht, die Gott will, aber auch eine andere, die er nicht will. Er will nicht die Furcht, als sei er nichts als ein Zerstampfer; die also aus einem Herzen stammt, das zu klein ist für das Gute, das Gott wirken kann und will. Doch stehen ihm nur Menschen mit zu kleinen Herzen zur Verfügung, denn wessen Herz vermag seine Güte zu fassen! Darum durchtönt es die Heilsgeschichte: Fürchte dich nicht!

Oft ist es das einleitende Trostwort für eine nachfolgende Selbstausrufung Gottes mit Heilszusicherung (1 Mo 26, 24; 46, 3; Jes 41, 10. 13. 14; 43, 1. 5; 44, 2; 54, 4; Jer 30, 10; 46, 27). So folgt auch hier ein Ich-bin-Wort, das durch zwei Dreier-Reihen entfaltet wird. Die
erste Reihe: **Ich bin** (es), **der Erste und der Letzte und der Lebendige.** 18
Erster und Letzter ist nach 1, 8; 21, 6 und nach Jes 44, 6; 48, 12 Gott selbst. Das gleiche gilt von der Bezeichnung „der Lebendige" (4, 9. 10; 10, 6; 15, 7; Jos 3, 10; 5 Mo 32, 40; Ps 42, 3; 84, 3; Dan 4, 31; 12, 7; Hos 2, 1; 1 Th 1, 9 u. ö.). Darin wird Gott als der Sieger über den größten und letzten Feind gepriesen, den Tod (vgl. auch z. 4, 9–10). Erst recht ist er seinen vorletzten Feinden überlegen[83]. Diese Entfaltung des „Ich bin" schließt eindeutig aus, daß Johannes etwa nach Dan 10, 5 einen Engel geschaut hat. Handelt es sich also um eine Gotteserscheinung? Dieses Mißverständnis wiederum will die zweite Dreier-Reihe ausschließen:

Ich war tot, aber siehe, ich bin lebendig in die Zeiten der Zeiten und habe die Schlüssel des Todes und des Hades. Diese zweite Reihe nimmt nichts von der ersten Reihe zurück. Es bleibt bei der vollen Gottheit, die Johannes in der Vision geschaut hat. Aber es fließt gewissermaßen noch etwas hinzu: die Menschheit Jesu. Diese zweite Reihe spiegelt deutlich seinen Erdenweg wider.

Es wird an den geschichtlichen Vorgang seines Sterbens erinnert und sein Lebendigsein als ein Wunder ausgerufen: Siehe, das Oster-

[82] Die rechte Hand trug nach Vers 16 die sieben Sterne. Mußten diese jetzt nicht herausfallen? Doch so mißversteht man die Visionen grundsätzlich. Sie bringen vieles, was nicht in unsere Erfahrung paßt und doch seinen Sinn hat, vgl. auch Anm. 70.

[83] Vgl. im übrigen zur Sache 1, 4.

wunder![84] So schaute Johannes nicht die Gottheit des Vaters. Der Unterschied zwischen dem Vater und dem erhöhten Sohn bleibt unverwischt. Niemals verdrängt der Sohn den Vater. Dann wäre er ja nicht mehr der wahre, gehorsame Sohn. Sohneshoheit schließt den Sohnesgehorsam immer ein. Es ist also klar, daß Johannes Christus schaute.

Aus Tod und Auferstehung Jesu Christi ergibt sich als Konsequenz: **und habe die Schlüssel des Todes und des Hades[85].** Der Vater verlieh ihm Schlüsselvollmacht für alle Räume (vgl. Mt 28, 18). So hat der Sohn eine grenzenlose Herrschaft inne, die sich an keinem Punkt in Ohnmacht verwandelt. Wie ohnmächtig und nichtssagend wurden dagegen Kaisermacht und Kaiserkult angesichts des Todes! Wie versagt doch auch alle Kulturseligkeit vor der Todesfrage. Der Tod ist Sieger über allen Fortschritt. Aber Sieger über den Tod und damit wahrer Herr ist und bleibt Jesus Christus.

Nach 3, 7 besitzt der Herr Jesus Christus den Schlüssel für das Haus Davids, d. h. für die geistliche Stadt Davids, das neue Jerusalem, die Heilswelt Gottes. Hier aber liegt Johannes vor ihm wie ein Toter und ist damit ein Bild der Gemeinde, die noch die Tiefen der großen Drangsal bis hin zum Märtyrertod durchschreitet (2, 10). Im Blick darauf empfängt sie den Trost, daß sie auch in äußerster Dunkelheit (6, 9–10) innerhalb der Macht der Liebe steht. Ihr Herr besitzt nicht nur den Schlüssel für den Himmel, sondern auch für den Hades.

Das also ist der Herr, der Johannes von Furcht freispricht. Er spricht wirklich von jeder Furcht frei. Wie einst bei Mose, Jesaja oder Petrus wird darum auch hier aus dem Begnadeten ein Diener:

19 **Schreibe also, was du gesehen hast[86]: sowohl was ist als auch, was geschehen wird.** Dieser Schreibbefehl ergänzt den Befehl in Vers 11, der das Gewicht auf die Empfänger legte, hinsichtlich des Inhalts. Der Inhalt wird nach Gegenwart (Kapitel 2 und 3) und Zukunft (Kapitel 4–22) gegliedert. Kapitel 4, 1 beginnt deutlich der zweite, zukünftige Teil und 21, 6 meldet dessen Zielpunkt. Das Schwergewicht liegt nach 1, 1 auf dieser zukünftigen Entwicklung, von jenen Tagen an gerechnet. Aber die Durchleuchtung der Gemeindegegenwart darf

[84] Zur Auferstehung und zum Ausdruck „Zeiten der Zeiten" siehe zu 1, 5–6.

[85] Christus erhält die Schlüssel nach dieser Stelle also n i c h t in der Zeit zwischen Tod und Auferstehung in einer Hadesfahrt und in einem Hadeskampf, in dessen Verlauf er dem Tode den Schlüssel abgerungen hätte. Solche Vorstellungen liegen hier fern. Gott ist Schlüsselbesitzer und Schlüsselverleiher. Der Tod ist an dieser Stelle nicht persönlich, sondern räumlich aufzufassen. Es handelt sich also bei „Schlüssel des Todes" um einen Genitivus objektivus: Schlüssel zum Tode.

[86] Diese Vergangenheitsform schließt wie das „er hat bezeugt" in 1, 2 alle Gesichte des Buches ein, nicht nur die Verse 12–16.

nicht fehlen, da sie schon den Keim der Zukunft enthält. „Das Geheimnis des Frevels regt sich bereits" (2 Th 2, 7). In dieser Hinsicht müssen die Gemeinden erkennen, was ist, damit sie das, was kommt, bestehen.

Im Unterschied zur jüdischen Apokalyptik bleibt die Vergangenheit außer acht (Einleitung Nr. 38–40). Johannes hat kein Interesse daran, die ganze Heilsgeschichte (und die ganze Bibel) in ein Schema zu bekommen. Der Selbstdeutung Jesu Christi folgt im letzten Vers noch eine Deutung zweier Gegenstände, die ein wichtiges Geheimnis
bergen: **Das Geheimnis der sieben Sterne, die du auf meiner Rechten** 20
gesehen hast, und die sieben goldenen Leuchter. Diese beiden Dinge bedeuten offensichtlich etwas anderes, als ihnen anzusehen war. Worin besteht ihr verborgener Sinn?

Man deutete damals die sieben goldenen Leuchter auf das Judentum (s. zu V. 12). Heutige Leser können sich kaum vorstellen, welche Herausforderung in dem Satz lag: **Die sieben Leuchter sind** (die) **sieben Gemeinden,** also die überwiegend heidenchristlichen Gemeinden in der Provinz Asien. Gerade damals wurden sie von einer starken Judenschaft eingeschüchtert (2, 9; 3, 9), und das Eingreifen der Behörden stand ihnen im Zusammenhang damit bevor (2, 10). Streit mit den Juden bedeutete ja für die Christengemeinden Verlust der Rechtsgrundlage gegenüber dem Staat (Einleitung Nr. 6). Bei dieser Aussicht konnten die Christen wahrlich unsicher werden. Sollten sie ihren Anspruch nicht doch zurücknehmen und so ihren Frieden mit Juden und Heiden machen? Gegenüber einer solchen Flucht stellt die Offenbarung grundsätzlich fest: Ihr seid der goldene Leuchter, ihr seid das messianische Volk, ihr seid erwählt, erlöst und zu Priestern Gottes in der Welt gemacht (1, 5–6)!

Für die Deutung der sieben Sterne gibt es keine in jeder Hinsicht befriedigende Auslegung: **Die sieben Sterne sind** (die) **Engel der sieben Gemeinden.**

Wer sind die „Engel der Gemeinden"? Sind es bestimmte Gemeindeglieder?[87] „Engel" bezeichnet ursprünglich den Boten, gerade auch den menschlichen Boten (Hag 1, 13; Jes 44, 26; 2 Chro 30, 15; Mal 2, 7; Mk 1, 2; Mt 11, 10; Lk 9, 52; 7, 24; Jak 2, 25). In der jüdischen Synagoge gab es für jeden Gottesdienst einen Vorbeter oder Leiter, „Bote der Versammlung" genannt, der der Gemeinde gegenüberstand, wie es 1, 3 voraussetzt. Oder ist an den ständigen Vorsteher oder an sonst eine vollmächtige Persönlichkeit zu denken? Vergleicht Da 12, 3 nicht die „Lehrer" mit leuchtenden Sternen?

[87] So zuerst 1705 Vitringa, nach ihm z. B. Bengel, T. Beck, von den Heutigen die Jubiläumsbibel, Menge, Hadorn, Stauffer, Brinke, Frey, Langenberg und übrigens auch K. Barth.

Aber diese Deutung auf Einzelpersönlichkeiten in den örtlichen Gemeinden stößt auf Bedenken. So häufig die Offenbarung von Engeln spricht (67 mal!), versteht sie doch nicht einmal Engel als Menschen. Ein solcher Sprachgebrauch ist der Apokalyptik überhaupt fremd. Außerdem würden die Gemeindebotschaften gegen ihre einleitenden Verse und gegen die regelmäßigen Merksprüche („Wer ein Ohr hat, höre, was der Geist den Gemeinden sagt") und gegen die Ihr-Anrede von 2, 24–25 zu seelsorgerlichen Anreden an Einzelpersonen umgedeutet, was die Auslegung in nicht geringe Schwierigkeiten verstrickte. Was bedeutete dann z. B. in 2, 5 die Drohung an ein bestimmtes Glied der Gemeinde zu Ephesus: „Ich werde über dich kommen und deinen Leuchter wegrücken von seiner Stätte, wenn du nicht Buße tust"? Dieser Leuchter ist nach 1, 20 zweifellos die Gemeinde Ephesus. Nun würde die Unbußfertigkeit etwa des Bischofs mit der Verstoßung der Gemeinde bestraft. Könnte das der Sinn sein? Besonders schwer aber wiegt der Einwand, den A. Schlatter hervorhob: Es ist einfach nicht neutestamentlich, daß auf einen einzelnen Menschen eine solche Verantwortung für den geistlichen Stand der Gemeinde gelegt wird, wie das dann in Kapitel 2–3 geschähe. Kann wirklich einem Glied der Gemeinde allein alles aufgetragen werden: Verkündigung, diakonischer Dienst, Prüfen der Geister, Buße tun, Gemeindezucht, Treubleiben?

Andere Ausleger deuten den „Engel der Gemeinde" deswegen auf ein wirkliches Engelwesen[88]. Nun soll die Schutzengelvorstellung Licht bringen. Daniel spricht von „Wächtern" oder (Engel-) „Fürsten" für ganze Völker (Da 12, 1; 10, 13. 20. 21; vgl. 4, 10. 13. 17. 23). So sei hier an Engel gedacht, die für je eine Ortsgemeinde einständen und Lob, Tadel oder Verheißung vermittelten. Wegen der ernsten Lage würden die Gemeinden nicht direkt angesprochen. Es gehe ja nicht um einen Appell an menschliche Kräfte; himmlische Kräfte müßten sich bewegen.

Selbst dann, wenn man sich trotz gewisser Schwierigkeiten bei der Einzelauslegung in diesen Deutungsversuch hineindenkt, verschwindet nicht ein Unbehagen. So käme nämlich heraus, daß der himmlische Herr an himmlische Wesen eine Botschaft richtete. Diese Botschaft diktierte er aber einem Menschen auf Erden mit der Maßgabe, sie in die sieben Städte zu schicken. Das bleibt ungereimt. Außerdem fehlen sowohl im Judentum als auch im Christentum Belege für einen Engel der Ortsgemeinde.

Jede befriedigende Auslegung der „Engel der Gemeinde" muß zwei Sachverhalten gerecht werden: Erstens sind „Engel" von Johannes

[88] So schon die Alte Kirche, von den Neueren Bousset, Schlatter, Hartenstein, Lilje, Bietenhard, Rissi, Halver, G. Bornkamm, auch Cl. Westermann.

angeschriebene und vom Herrn und vom Geist angesprochene Empfänger der Botschaft. Der Text stellt sie nicht als geisterfüllte Sprecher dar. Deutungen, die das umdrehen, setzen schon falsch an. Zweitens zwingt der Text zu der Annahme, daß die Empfänger der Kapitel 2 und 3 sich mit den Empfängern des ganzen Buches decken und in den sieben Gemeinden der Provinz Asia zu suchen sind. So sagen es Vers 4 und Vers 11, das setzen auch die Merk- und Überwindersprüche voraus, das ergibt sich aus vielen Einzelheiten. Kapitel 2 und 3 enthalten weder Einzelseelsorge noch Himmelsbriefe, sondern Gemeindebotschaften.

Darum schließt sich dieser Kommentar einer dritten Gruppe von Auslegern an[89]: Die „Engel" sind reine Symbolfiguren; wie ja auch die Leuchter in der Christusschau 1, 12—16 oder wie die Tiere, Gegenstände und Gestalten in anderen Visionen. Sie erscheinen wie oft im AT und in den Religionen als Sterne (s. zu 9, 1). Die Deutung in Vers 20 hat man also nicht darin zu sehen, daß die Sterne als Engel erklärt werden — das war geläufig und kein „Geheimnis" —, sondern darin, daß diese Sternenengel Gemeinden darstellten[90].

Also ging es in der Vision von 1, 12—16 zweimal um die Gemeinde[91], bei den Sternen und bei den Leuchtern; zweimal sieben Lichtpunkte repräsentierten die Gemeinden. Es war wie ein Gemälde, das sie gleich zweimal darstellt. In der Gestalt der Leuchter erscheinen sie als solche, die Christus als der Ölspender (vgl. Sach 4, 2—3; Offb 11, 4) am Leuchten erhält und die als Gegenstände seiner Sorge und Liebe (1, 5—6) vor ihm stehen. Das ist die Gemeinde in ihrer Christus zugewandten Weise, als Beterin und in der Christusgemeinschaft: Er wandelt unter ihnen (2, 1). In der Gestalt der Sterne, die am Weltenhimmel stehen, ist die Gemeinde ihrer Umwelt zugewandt. Sie „leuchten wie Sterne in der Welt" (Phil 2, 14; Mt 5, 14; Eph 5, 8). Diese Sterne erscheinen in (1, 16; 2, 1) oder auf (1, 20) Jesu Hand. Er handelt durch sie. Sie sind ihm zuhanden und dienen ihm als Boten und Zeugen.

89 So ähnlich z. B. Behm, Goppelt, Holtz, Satake, Foerster, Schnackenburg, E. Schweizer, Stokmann.

90 Bei „Engel der Gemeinden" handelt es sich also nicht um einen Genitiv der Zugehörigkeit (nicht: ein Engel, der der Gemeinde zugeordnet ist), sondern der näheren Bestimmung: ein Engel, und zwar einer, der die Gemeinde versinnbildlicht, so daß die Gemeinde als Engel (Bote) dargestellt ist. Der „Tempel seines Leibes" (Jo 2, 21) ist auch nicht ein Tempel, den sein Leib hat, sondern der der Leib ist = Leibestempel. So hier Gemeindeengel. Es gibt viele Beispiele für diesen „genitivus appositivus" (Genitiv des Inhalts, vgl. Blass-Debrunner, Grammatik des ntst Griech. 12. A., Göttingen 1965, § 167, S. 110).

91 Dieses enge Beieinander zweier Bilder für die Gemeinde, die sich übrigens auch sachlich mit dem Leuchterbild und Sternenbild berühren, findet sich noch 11, 1 und 3: Die Gemeinde als anbetende Schar im Tempel und als vor der Welt weissagende Zeugen.

So ist die Vision gedeutet: Das „Geheimnis" von Vers 20 ist, wie es der Wortlaut auch nahelegt, einerlei Geheimnis. Es ist die eine Gemeindewirklichkeit unter zwei Aspekten vor der einen Herrenwirklichkeit. Es ist die Gemeinde unter dem Indikativ (Zuspruch) und dem Imperativ (Anspruch) ihres Herrn, empfangend und handelnd, im Bild aus der Sphäre des Tempelraumes und des Weltenhimmels. Diese betende und ihren Glauben bezeugende Gemeinde in ihrer Herrenbeziehung, oder umgekehrt: dieser gekreuzigte und auferweckte und kommende Weltenherr in seiner Beziehung zur Gemeinde aus Juden und Heiden ist das Geheimnis der Endzeit. In dem, was geschehen wird, wird er sie sich erhalten und sie für sich in die Welt senden. Das Maß dieses Ernstgenommenseins wird die Gemeinde immer wieder überraschen und einstmals auch alle Welt[92].

Dabei stehen hier der Herr als Richter und die Gemeinde als Gerichtete im Vordergrund. Sie ist der Teil der Menschheit, an dem das Gericht vorzeitig beginnt (1 Pt 4, 17). Freilich handelt es sich um ein Gnadengericht (3, 19), das vor dem zukünftigen Zorn bewahrt.

DIE GEMEINDEBOTSCHAFTEN

Offenbarung 2, 1 — 3, 22

Wie die ganze Offenbarung sind erst recht ihr zweites und drittes Kapitel Dokumente urchristlicher Gemeindeseelsorge. Das schließt die Gültigkeit des Werkes für spätere Jahrhunderte nicht aus, aber durch diese sehr konkreten Bezugnahmen auf örtliche Gemeindefragen in jenen Tagen wird die heutige Auslegung im Blick auf bestimmte Einzelheiten nicht selten aufs Vermuten und Tasten angewiesen sein.

Andererseits enthält dieser so orts- und zeitgebundene Abschnitt keimhaft auch alle großen, überzeitlichen und überörtlichen Themen des Buches. Nichts Wichtiges in den folgenden Kapiteln, das nicht hier schon anklingt.

Beides, die konkrete Seelsorge und die sachliche Einstimmung, steht also am Anfang des Werkes. Dieser Anfang sollte nicht umgangen, sondern mitgegangen werden. Wer sich nicht ernsthaft bei diesen ersten Kapiteln festhalten läßt, dem sind auch die folgenden nicht zu empfehlen[93]. Darum steige der Leser nicht irgendwo an einer für ihn

[92] Schon Paulus nannte die Gemeinde, zu der auch Heiden gehörten, ein Geheimnis, vgl. Rö 16, 25 f.

[93] Hier gründen auch wesentliche Bedenken gegen die kirchengeschichtliche Deutung der Botschaften, nach der die erste (Ephesus) sich auf die ausgehende apostolische Zeit be-

„interessanten" Stelle ein. Er komme nicht als Freibeuter über die endzeitlichen Abschnitte, sondern als heilig Erschrockener und Betroffener, als Gebeugter und Zurechtgebrachter, nämlich durch die schmale Pforte der Gemeindebotschaften.

Exkurs 1: AUFBAU UND LEHRE DER GEMEINDEBOTSCHAFTEN

Mit dem seelsorgerlichen Eingehen auf das bunte Bild damaligen Gemeindealltags verbinden die Gemeindebotschaften nicht nur eine einheitliche Lehre, sondern auch eine erstaunliche Gleichmäßigkeit im äußeren Aufbau.

a) Empfänger[94] und Schreibbefehl[95]

b) Selbstvorstellung des Botschaftserlassers

Die regelmäßige Eröffnung „dies spricht . . ." erinnert sowohl an prophetische Einleitungen zu Gottessprüchen (Jer 2, 1; 6, 16. 22; Hes 3, 11 u. ö., vgl. Apg 21, 11) als auch an den hoheitsvollen Stil damaliger Kaisererlasse, die ebenfalls Treue und Untreue, Lohn und Strafe zum Inhalt haben konnten (vgl. Einleitung Nr. 5).

Fast alle Selbstvorstellungen knüpfen an ein Motiv aus Kapitel 1 an, das sie zum Thema der dann folgenden Botschaft erheben und entfalten.

c) Richterliche Bestandsaufnahme

Die für sie typische Einleitung „ich weiß deine Werke" fehlt nur 2, 9. 13, wo einige wichtige Handschriften sie sachgemäß ergänzen (vgl. den Luthertext vor der Revision von 1956). „Werke" meinen nicht nur einzelne Taten, auch nicht allgemein Wirksamkeit, sondern überhaupt die Lebensfrucht der Gemeinden. Unter „Werken" erscheinen z. B. auch der Glaube (2, 19), das Harren und Ertragen (2, 2), die Schläfrigkeit (3, 2) und verschiedene geistliche Verfassungen (3, 8. 15).

zieht, die zweite (Smyrna) auf die Christenverfolgungen im 2. und 3. Jahrhundert, die dritte (Pergamos) auf Staatskirche und Papsttum, usw. Abgesehen von der Gefahr, weder der Historie noch dem Text gerecht zu werden und beide zu vergewaltigen, verleitet diese Auslegung dazu, sich nicht mehr dem vollen Ernst einer j e d e n dieser Botschaften auszusetzen.
Eine andere Weise, den Anspruch dieser Abschnitte für den heutigen Leser zu dämpfen, besteht in ihrer Deutung auf judenchristliche Gemeinden (nach der Entrückung der Gemeinde!). Sie wird u. a. mit Stellen wie 2, 2; 2, 23 begründet, nach denen die angeredeten Gemeinden auf dem Boden der Werke ständen, nicht auf dem Boden des Glaubens wie die heidenchristlichen Gemeinden des Paulus. Hier liegen Lehren zugrunde, die weder vor Johannes noch vor Paulus bestehen können (s. z. 2, 23; 3, 4; 14, 12).

[94] Zur Wendung „Engel der Gemeinde" s. zu 1, 20.

[95] Zum Schreibbefehl s. zu 1, 11 und 19.

Das „ich weiß“ leitet das Ergebnis einer Prüfung ein (2, 2; 3, 2), vgl. das Erkennen an den Früchten nach Mt 7, 16—21. Der Richter hat den „Baum“ geprüft und weiß nun Bescheid, und zwar umfassend und bis ins einzelne. „Kommt und seht, er hat mir alles gesagt, was ich getan habe, ob er nicht der Christus sei“ (Jo 4, 29; vgl. 1, 48; 2, 24—25; 6, 70 und 2 Tim 2, 19). Dem Wissen Jesu steht das Nichtwissen der Gemeinde gegenüber (3, 17). Sinn der Botschaften ist es, das schädliche Mißverhältnis zwischen seinem Wissen und ihrer Meinung über sich selbst aufzuheben; und zwar so, daß die Meinung der Gemeinde sich dem Wissen ihres Herrn anschließt! Die Gemeinden sollen nicht länger in der Nichtwirklichkeit leben. „Stelle unsere unerkannte Sünde ins Licht vor deinem Angesicht“ (Ps 90, 8)!

Die richterliche Bestandsaufnahme enthält A n k l a g e und Lob. Die Anklage wird 2, 4. 14. 20 durch die typische Wendung „ich habe wider dich“ eingeleitet. Sie bedeutet nach Mt 5, 23: als Prozeßgegner auftreten. Im AT spricht Gott häufig als Prozeßgegner seines Volkes. Hier tut es Christus gegenüber seiner Gemeinde. Der Gegensatz dazu erscheint Rö 8, 31—34: „Gott ist für uns“, weil Christus für uns bittet. Darum der Triumph im Prozeß: Wer mag wider uns sein! In den Gemeindebotschaften geht aber der Fürsprecher zur Anklage über! Dann ist auch die Umkehrung des Triumphes aus Rö 8 am Platz: Wer mag für uns sein, wenn Christus gegen uns ist? Wer kann dann noch helfen, was kann dann noch beruhigen? Nur noch einer: Jesus selbst! Vor Jesus gibt es nur die Flucht zu Jesus, vor der Anklage wegen unserer Werke nur noch die Rettung in seinen Werken.

Selbst angeklagte Gemeinden empfangen ein L o b. Allein Laodizäa empfängt nur Tadel, so wie Smyrna und Philadelphia nur Lob erfahren. Wo der Herr kein Lob bekunden kann, bekundet er aber dennoch und ausdrücklich seine Liebe (3, 19). Zu keiner Gemeinde spricht er von seinem Zorn.

d) Bußruf mit Drohwort bzw. Mahnwort mit Verheißung

Die B u ß r u f e werden nicht wahllos gegen jedermann ausgestoßen, sondern nur den fünf getadelten Gemeinden gesendet. Seelsorge meint auch nicht, daß man alles sagt, was man sieht und weiß, sondern allein das Notwendige und Nützliche; und das in der Liebe. So steht alles im Zeichen seelsorgerlicher Sorgfalt. Die nur gelobten Gemeinden empfangen keinen Bußruf, dafür aber ein M a h n w o r t (2, 10; 3, 11; und der treue Teil von Thyatira 2, 25), denn auch sie sind noch unterwegs. „Wer sich läßt dünken, er stehe, mag wohl zusehen, daß er nicht falle“ (1 Ko 10, 13). Nach den Gemeindebotschaften muß nicht jede Gemeinde Buße tun, aber jede Gemeinde muß kämpfen und siegen.

Buße tun bedeutet nach 16, 9. 11; 9, 20: Gott kniefällig die Ehre geben, nachdem man sich von anderen Herren weg von den Knien erhoben hat.Buße ist damit wie in 1 Th 1, 9 bestimmt: Weg von den Götzen zu Gott! Wer noch vor Götzen kniet und ihnen die Ehre gibt, ist ein Rebell gegen Gott und befindet sich mit ihm im Kriegszustand (2, 16). Was die Kraft zur Buße angeht, so deckt sich das Ende des NT mit seinem Anfang. Nach Mt 3, 2 tut man Buße, weil das Reich Gottes genaht ist. Buße ist nicht Zweckhandlung, damit das Reich Gottes kommt, sondern Folgehandlung. Wir öffnen nicht die Fensterläden, damit die Sonne scheint, sondern weil sie scheint.

So in den Gemeindebotschaften: Buße entsteht unter der Christusverkündigung. Der Christus gestern wird verkündigt: Gedenke und tue Buße (2, 5; 3, 3). Der Christus heute wird verkündigt: Er steht in Liebe vor der Tür und klopft an, tue Buße (3, 19—20). Der kommende Christus wird verkündigt: Ich komme, tue Buße (2, 5. 16; 3, 3).

Die Kraft zur Buße hängt von der Christusverkündigung ab. Erlahmt diese, kann Buße auch beim besten Willen nur noch gespielt werden.

Mit dem Bußwort ist für den Fall der Unbußfertigkeit immer das Drohwort verbunden (2, 5. 16. 21—22; 3, 3. 16). Es entspricht dem Siegerspruch für den positiven Fall. Immer ergeben sich Folgen. Der Bußruf kommt nie leer zurück.

Meist wird das Drohwort eingeleitet: „Wenn aber nicht" (vgl. Lk 13, 9). Darin taucht die negative Möglichkeit auf. Das NT nimmt die Gefahr des Abfalls ernst (Hbr 6, 4—6; 10, 26—31). Der Ton ist ultimativ: Wenn nicht, dann nicht! Dann geht's nicht auch so. Wir werden nicht „sowieso selig". Weder Gott noch die Sünde sind harmlos.

Die angedrohten Folgen werden mehrmals eingeleitet mit den Worten: „Ich komme dir" oder „über dich" (2, 5. 16; 3, 3). Diese Wendung zeigt das Feindliche und Erschreckende seines Kommens an im Unterschied zum tröstlichen: „Ich komme bald!" (3, 11).

e) Merkspruch

Die gleichlautenden Merksprüche (2, 7. 11. 17. 29; 3, 6. 13. 22) enthalten im Unterschied zu den Schreibbefehlen das Wort „Gemeinde" jedesmal in der Mehrzahl. Sie verallgemeinern also die Botschaften regelmäßig über die örtlichen Verhältnisse hinaus. — Ihr Ruf: „Höre!" setzt zweierlei voraus:

Der Geist redet zu den Gemeinden! Das ist kein Gegensatz zu dem Sprechen Christi nach den Selbstvorstellungen, sondern stimmt mit der johanneischen Lehre vom Heiligen Geist überein. Der Geist ist gewissermaßen der „andere Christus" (Jo 14, 16; auch Christus ist ja nach 1 Jo 2, 1 ein „Tröster"). In ihm hat die Gemeinde es also wieder mit Christus zu tun. Er macht die Worte Christi „lebendig" (Jo 6, 63) und bringt nicht neue, eigene Worte (Jo 14, 26; 16, 13).

Der Geist versieht sein Trösteramt sowohl nach den Abschiedsreden als auch nach den Gemeindebotschaften in zwei Formen: Er richtet und richtet auf. Er richtet die Gemeinden in den Botschaften durch Anklage, Bußruf und Drohwort, aber auch die Welt durch Entlarvung als Nikolaiten, Bileamiten und Isebel, vgl. Jo 16, 8—11. Andererseits richtet er die Gemeinde auf durch Lob, Mahnwort und Siegerverheißung, vor allem durch die Selbstvorstellungen Christi (nach Jo 16, 14 ist er es, der Christus verherrlicht!). Er erinnert an den Christus gestern (Jo 14, 26) und an den kommenden Christus (Jo 16, 13). So findet sich in den Gemeindebotschaften das Gedenken an den Gekommenen und das Wachen auf den Kommenden hin. Um des Richtens und Aufrichtens willen ist es der „Geist der Wahrheit" (Jo 14, 17; 16, 13). Er führt in alle Wahrheit über Christus und über den Menschen vor Christus.

Nach Jo 14, 17. 22, wie nach den Merksprüchen, redet der Geist ganz betont zu den Gemeinden und nur zu ihnen. Sobald er zu einem Menschen redet, ist dieser schon nicht mehr blind und unwissend. Aber er redet zu allen Gemeinden, auch zu Laodizäa. Keine Gemeinde ist in ihren Versammlungen ohne Reden des Geistes. Das ist geradezu Gemeindemerkmal oder Merkmal des Geliebtseins (3, 19). Darum werden die Besucher der Gemeindeversammlungen, in denen die Offenbarung verlesen wird, glückselig gepriesen. Freilich ist nicht alles, was im Raum der Gemeinde geredet wird, Stimme des Geistes. Es bedarf des Prüfens (2, 2; 1 Jo 4, 1).

Die andere Voraussetzung für das „Höre!" in den Merksprüchen ist die Tatsache, daß die Gemeinde „ein Ohr" (= Gehör) empfangen hat, wie es einst schon Israel verheißen wurde (5 Mo 29, 3). Das ist des Herrn Doppelwirken: Er schafft den Hörer genau so wie das Wort. Er wirkt kein Reden, ohne daß jemand versteht, und keine Hörfähigkeit, ohne daß jemand redet. Dieses vollkommene Tun verkündigt Apg 2 zeichenhaft und programmatisch zu Beginn des Gemeindezeitalters im Sprach- und Hörwunder zu Jerusalem. Erst beides zusammen macht die Gemeinde zur Gemeinde. Hörfähige Ohren für Gottes Stimme sind also ebenfalls Gemeindemerkmal. „Wer nicht aus Gott ist, hört Gottes Wort nicht" (Jo 8, 47; 10, 27; 18, 37).

Der Geist redet zu den Gemeinden, und die Gemeinde hat ein Ohr zu hören. Diese beiden gottgeschenkten Gaben versetzen in erhöhte Verantwortung: Höre! Wer ein Ohr hat, soll nun auch ganz Ohr sein und „desto mehr achthaben" (Hbr 2, 1). Oft weist das NT warnend auf das atst Bundesvolk hin, das sich verstockte (Hes 2, 4—7; 3, 4—10; Hbr 3, 7—11). So könnte die Gemeinde, obwohl sie ein Ohr hat und nicht taub ist, w i e taub sein, und obwohl sie nicht Welt ist, w i e Welt sein. Und wer taub ist, ist bald auch taubstumm. So versickern Gebet und Zeugnis.

Die Merksprüche richten sich auf diese Gefahr einer in Taubheit versinkenden Gemeinde. Sie sind ein gnädiges Weckwort, ein Hephata (Mk 7, 34). Jede Gemeinde bekommt ihr Hephata.

f) Siegerspruch

Die Siegersprüche stehen gewissermaßen den Drohworten gegenüber, so daß die Gemeinden im Augenblick des Bußrufes zwischen Verheißung und Drohung, zwischen Leben und Tod stehen. Welche Entscheidung auch gefällt wird, sie hat so oder so weitreichende und tiefgreifende Folgen. In diese atemberaubende Spannung tönen jedesmal die Merksprüche.

Jede Gemeinde bekommt also einen Siegerspruch (2, 7. 11. 17. 26; 3, 5. 12. 21) und kann siegen. Das ist Paragraph 1 der christlichen Seelsorge. Für jeden gibt es Zuversicht. Jeder kann „weit überwinden durch den, der uns geliebt hat" (Rö 8, 37).

„Siegen" ist ein Vorzugswort des Johannes (24 Stellen von etwa 30 im NT). Er spricht einerseits vom Gesiegt-H a b e n, vom vollbrachten Sieg des Herrn Jesus Christus (Jo 16, 33; Offb 3, 21; 5, 5), an dem die Glaubenden heute schon teilhaben (1 Jo 2, 13. 14; 4, 4; 5, 4. 5). An vier Stellen (außer den sieben Siegersprüchen) spricht er andererseits von einem noch ausstehenden Sieg (12, 11; 15, 2; 17, 14; 21, 7).

Ist der vollbrachte Sieg also doch noch nicht vollbracht? Was mangelt noch? Der Sieg Christi und der Glaubenssieg der Gemeinde ist zwar schon ein vollbrachter, aber noch nicht ein gefeierter Sieg. Es gibt Gefechte nach dem Sieg, die den Sieg anfechten. Das ist für die Gemeinde offensichtlich schwer zu begreifen. Zwei Fehlschaltungen treten auf:

Wenn der Sieg vollbracht ist, könnten wir ihn doch auf der Stelle feiern! So kommt es zu den wahnwitzigen Feiern auf dem Schlachtfeld, ohne Achtsamkeit auf die listigen Anläufe des Satans. Diese verfehlten Feiern kosten immer wieder große geistliche Verluste. Karfreitag hieß es wohl schon: „Es ist vollbracht!" (Jo 19, 30), noch nicht aber: „Es ist alles geschehen!" (Offb 21, 6). Der Sieg des Lammes hat bis dahin noch tätige, wenn auch schon besiegte Feinde.

Die andere Fehlschaltung besteht in der Schlußfolgerung: Wenn der Sieg noch nicht gefeiert werden kann, ist es also noch nicht vollbracht! Die Hitze der Anfechtung befremdet (1 Pt 4, 12) und verführt zur Bezweiflung des vollbrachten Sieges zu Karfreitag. Richtig herum muß es heißen: Gerade weil der Sieg Christi so ernstzunehmen ist, ist der Kampf so hitzig und so hartnäckig.

Festzuhalten bleibt für das richtige Verständnis des Johannes: Der noch ausstehende Sieg verbessert in keiner Weise den bereits gewonnenen Sieg des Lammes. Der Sieg am Ende ist kein neuer Sieg, sondern nichts als der Sieg vom Anfang. Aber nun ist es der durch die Drangsal hindurchgetragene und in Treue festgehaltene Sieg. Gleichfalls sind die Sieger am Ende die gleichen wie die, die unter dem Kreuz standen. Sie haben gesiegt „durch des Lammes Blut".

Nun endlich legen sie die Rüstung ab, lehnen das Schwert an die Wand und legen sich zu Tisch. Und der Herr wird sich wieder schürzen, vor ihnen hin und her laufen und sie bedienen (Lk 12, 37, nach Bengel die größte Verheißung der Heiligen Schrift). Von dieser vollkommenen Gemeinschaft mit Christus sprechen alle Siegersprüche. Es geschieht in immer neuen, immer kühneren Bildern.

Die ausgesetzten P r e i s e werden mit „Ich werde geben" eingeleitet. Preisaussetzungen gab es auch in den kaiserlichen Festspielen. Der Fürst dieser Welt hat etwas zu bieten: „Das alles will ich dir geben, wenn du niederfällst und mich anbetest" (Mt 4, 9). Die von Jesus Christus ausgesetzten Preise muten überschwenglich an. Sie stehen in keinem Verhältnis zur „Leistung" und werden darum nicht „Lohn", sondern Gnade sein, alle Begriffe sprengende Gnade dessen, der liebt (1, 6).

An die Gemeinde in Ephesus

Offenbarung 2, 1—7

1 Dem Engel[96] der Gemeinde in Ephesus[97] schreibe: Das spricht, der
da hält die sieben Sterne in seiner Rechten, der da wandelt in der
2 Mitte der sieben goldenen Leuchter. * Ich weiß deine Werke, sowohl
deine Arbeit als auch dein Harren, und daß du Böses nicht ertragen
kannst und hast geprüft die, die sich selbst Apostel nennen und es
3 nicht sind, und hast sie als Lügner erfunden. * Ja, du hast Harren
und hast ertragen um meines Namens willen und bist nicht müde
4 geworden. * Aber ich habe wider dich, daß du die erste Liebe ver-
5 lassen hast. * Gedenke also, wovon du gefallen bist, und tue Buße
und tue die ersten Werke. Wenn aber nicht, komme ich dir und
6 werde deinen Leuchter von seinem Ort rücken. * Aber dies hast du:
7 du hassest die Werke der Nikolaiten. * Wer ein Ohr hat, höre, was
der Geist den Gemeinden sagt. Dem Sieger werde ich geben zu
essen von dem Baum des Lebens, der im Paradiese Gottes ist.

Zu Vers 7:
1 Mo 2, 9
3, 22

[96] Zum „Engel der Gemeinde" s. 1, 20
[97] Zur Archäologie der Städte siehe die einschlägigen Werke. Sie wird hier nur so weit herangezogen, als sie für die Auslegung von Belang zu sein scheint.

Die Selbstvorstellung des Botschafterlasses (vgl. Exkurs 1b) nimmt 1, 13 und 16 auf. Das Geheimnis der Sterne und Leuchter ist inzwischen in 1, 20 auf die Gemeinde in ihrem doppelten Aspekt gedeutet. Beim zweiten Aspekt, beim Leuchterbild, verharrt diese Gemeindebotschaft (Vers 5).

Der Herr **wandelt in der Mitte der sieben goldenen Leuchter.** Die 1
Mittelpunktstellung bedeutet mehr als Ortsangabe, nämlich Schlüsselstellung. Als Hoherpriester (1, 13) versorgt er die Leuchter mit Öl (vgl. Sach 4, 2). Er, nicht sie sind die Lichtquelle. Das Thema der Reinigung der Leuchter, also der Gerichtsvollmacht des Herrn (2, 5), liegt gleichfalls nahe.

Neu ist hier gegenüber 1, 13 das W a n d e l n des Herrn inmitten der Gemeinden. 3 Mo 26, 12; 5 Mo 23, 14 spricht das AT vom Wandeln Gottes unter seinem Volk. Diese Parallelen aus der Urzeit Israels können hier kaum außer acht bleiben, noch weniger aber die Stelle aus der Urzeit der Menschheit, nämlich 1 Mo 3, 8[98]. Hier wird der Ausdruck ganz klar. Er deutet die paradiesische Gemeinschaft zwischen Gott und Menschen an. Da im Siegerspruch tatsächlich das Wort „Paradies" auftaucht (V. 7), gilt es die Frage im Auge zu behalten, ob der ganze Abschnitt hintergründig von 1 Mo 2 und 3 begleitet wird.

Die richterliche Bestandsaufnahme (Exkurs 1, c) untersucht das Gemeindeleben in Ephesus unter dem Gesichtspunkt der Dreiheit: Arbeit – Harren – Liebe[99]. Die beiden ersten Bereiche verdienen Lob. Die nicht mehr junge Gemeinde treibt das Werk weiter. Sie ist inzwischen nicht lässig geworden. Ihr Herr weiß sie nach wie vor bei unverdrossener **Arbeit.** Das Wort „Arbeit", „arbeiten", das den Beiklang von Schwerstarbeit oder Schufterei hatte, wurde bemerkenswerterweise stehender Ausdruck für die christliche Missionsarbeit (z. B. 1 Th 1, 3; 2, 9; 5, 12 und noch rund 20 mal; auch Offb 14, 13).

Im Zusammenhang damit kommt wieder das **Harren** auf Jesus zur Sprache, ganz ähnlich wie 1, 9, wo der Begriff ausführlich bedacht wurde. Dort verknüpften sich Drangsal und Harren, hier missionarische Mühsal und Harren, Vers 3 Ertragen von Kreuz und Harren, 2, 19 dienende Tat und Harren, 13, 10 bekennender Glaube und Harren und 14, 12 gläubiger Gehorsam und Harren. Die Stellen führen vor Augen, wie stark die Christuserwartung das gegenwärtige Verhalten bestimmt. Keine Rede von Flucht in die Zukunft! Die Tagesaufgaben werden gerade in Erwartung göttlicher Veränderungen um

[98] Nach der LXX erscheint das Wort „wandeln" auch 1 Mo 3, 10. 3 Mo 26, 12 wird von Paulus 2 Ko 6, 16 zitiert.

[99] Dies Schema wird auch 1 Th 1, 3 befolgt. Das NT spricht vom christlichen Leben gern in solchen Dreiheiten, meist allerdings in der bekannteren Fassung Glaube – Liebe – Hoffnung (1 Ko 13, 13 u. ö.).

so hoffnungsvoller angegangen. Das alte Prophetenwort Jes 40, 31 gilt im Licht der christlichen Naherwartung doppelt und dreifach: „Die auf den Herrn harren, kriegen neue Kraft, daß sie auffahren mit Flügeln wie Adler, daß sie laufen und nicht matt werden, daß sie wandeln und nicht müde werden." Wer nicht hofft, ist auch bald nicht mehr am Laufen. Er bleibt, wo er ist, und nimmt, was gerade kommt. Er schließt Frieden mit dem Heute: „Lasset uns essen und trinken, denn morgen sind wir tot" (1 Kor 15, 32).

Als ein Beispiel für diese Kraft, die aus der Hoffnung in das Gemeindeleben zu Ephesus strömte, erwähnt der Herr die Kraft, Er-
2 scheinungen der Gegenwart kritisch zu bewältigen: **Du kannst Böse nicht ertragen und hast geprüft die, die sich selbst Apostel nennen und es nicht sind, und hast sie als Lügner erfunden.** Diese Menschen gaben sich selbstverständlich nicht von vornherein als die „Bösen" zu erkennen. Im Gegenteil, sie beriefen sich auf außerordentliche Geisterfahrungen und maßten sich darum apostolische, also fundamentale Vollmacht an[100]. Ihre Hörer schienen allen Grund zu haben, sich ihrem Führungsanspruch zu beugen. Die allgemeine Stimmung fiel ihnen zu.

Umso anerkennenswerter ist die Haltung der Gemeinde zu Ephesus, die nach 2 Ko 11, 3–4. 13–15; Gal 1, 6–9; 1 Th 5, 20–21 und 1 Jo 4, 1–3 die Apostelprüfung übte. In dem Maße, wie sie auf das Kommen Christi wartete, wurde ihr alles Gegenwärtige vorläufig und fragwürdig, so groß es sich auch vor ihr aufbaute. „Prüfet a l l e s !" (1 Th 5, 21). Je großartiger sich etwas gab, desto mehr drängte es sie zu unbestechlicher christlicher Kritik: Wo bleibt bei euch Jesus als das fleischgewordene Wort und als der Gekreuzigte[100a], als der Träger

[100] Nach dem NT fußt das Apostelamt aber nicht allein auf einer geistlichen Erfahrung (Apg 1, 2), sondern zusätzlich auf Augenzeugenschaft (Apg 1, 21–22). Dieses zweite Element fehlte bei den sich auf den Geist berufenden (1 Jo 4, 1–3) Wandermissionaren. Ihr Bild rundet sich durch Nachrichten in zeitgenössischen christlichen Schriften. Z. B. schreibt Ignatius zu Anfang des 2. Jahrhunderts nach Ephesus: „Es pflegen nämlich gewisse Leute mit arger List den Namen (Christi) zur Schau zu tragen, während sie andere, Gottes unwürdige Dinge tun. Denen müßt ihr ausweichen wie wilden Tieren. Tolle Hunde sind es, heimtückisch beißend. Ihr müßt euch vor ihnen hüten als vor schwer Heilbaren . . . Ich habe erfahren, daß gewisse Menschen durchgekommen sind, mit schlechter Lehre. Ihr habt sie ihre Saaten unter euch nicht ausstreuen lassen, sondern habt euch die Ohren verstopft, um ihre Saat nicht aufzunehmen" (An die Epheser, 9, 1).

[100a] In Zeiten der Religionsmischung — und die Hellenisierung förderte einen solchen Vorgang auf der ganzen Linie (Einleitung Nr. 11) — galt es beharrlich nach dem I n h a l t des Bekenntnisses zu Christus zu fragen. Man konnte Christus z. B. in Verlängerung atst Linien als das „Wort" bekennen. Doch war dieser Begriff (grie *logos*) gleichzeitig im antiken Geistesleben weit verbreitet. Griechische Philosophen redeten von der Weltseele oder dem Weltgesetz als dem Logos. Er regiert das All und ist überall gegenwärtig, auch im menschlichen Verstand. Der jüdische Philosoph Philo, der zur Zeit Jesu lebte,

des Namens über alle Namen, in dem sich alle Knie beugen werden? Diese Prüfung war den Geprüften unangenehm. Sie rächten sich und
brachten Leid über die Treuen. **Ja, du hast**[101] **Harren und hast ertra-** 3
gen[102] **um meines Namens willen.** Muß man in diesem Punkt wirklich so beharrlich sein? Darf man so eng sein? Kann man die Dinge nicht ein wenig laufen lassen? Wie oft mag sich eine solche Lösung angeboten haben! Aber nach einem langwierigen und beschwerlichen Ausscheidungsprozeß heißt es von Ephesus: **Du bist nicht müde geworden.**

Erst am Ende dieser Zerreißprobe flammen vor aller Augen die Stichworte auf, die urplötzlich den Zusammenhang mit 1 Mo 3 herstellen: **die Bösen, du hast sie als Lügner erfunden.** Bosheit ist hier nicht einfach am Tage liegende sittliche Schlechtigkeit, sondern schwer durchschaubare Gott-Losigkeit. Die Irrlehrer hatten sich in eine hochgespannte Geistlichkeit hineingelogen. Darum wiederholte sich 1 Mo 3. Dort, im Uranfang (Jo 8, 44), war der Satan schon der Erzlügner und trat als Scheintheologe auf. Seine Opfer sind Schein-Gotteskinder, wie Jesus den Juden vorhält, deren eigentlicher Vater nicht Gott ist, sondern der Teufel[103]. So ist die Gemeinde Ephesus in diesen Lügnern satanischer List begegnet.

scheint den Logos als mythisches Zwischenwesen verstanden zu haben, das sich zeitweilig als Mensch verkleiden und zeigen kann. Rein bildhaft konnte auch der ägyptische Gott Thot Logos genannt werden, um seine kosmische Bedeutung zu bekennen. Aber in all diesen und anderen Fällen war eine Fleischwerdung des Logos, also sein wahres Menschsein, Leiden und Sterben, undenkbar. So durfte man sich durch die sprachliche Brücke zwischen Christentum und Heidentum nicht täuschen lassen. Es konnte sich etwas durchaus christlich anhören und betont als christlich ausgeben und stand doch im Banne der Umweltphilosophien.

101 Das von Christus festgestellte „Haben" der Gemeinde (z. B. auch 2, 6. 14. 15. 24. 25; 3, 11) gehört auch zum johanneischen Sprachgebrauch. Christus selbst „hat" (1, 16. 18; 2, 12; 3, 1. 7). Ähnliche Stellen vom geistlichen Haben finden sich im Evangelium und in den Briefen des Johannes.

102 Aus dem Harren wurde in Vers 2 gefolgert, daß die Gemeinde n i c h t ertragen kann, hier aber, d a ß sie erträgt. Einige späte Handschriften versuchten dem Widerspruch zu entgehen, indem sie im Grie nur zwei Buchstaben veränderten, und aus ebastasas ebaptisas machten, so daß es nun heißt: „Du hast in meinem Namen getauft." (Vgl. Nestle, Novum Testamentum Graece.) So würde die Gemeinde wegen ihrer hohen Taufziffern gelobt. Aber man muß das Wortspiel erkennen: Die Jesuserwartung erträgt zwar nicht das Böse, wohl aber das Kreuz. Kreuz und Tragen erscheinen häufig beieinander. Die falschen Apostel brachten ein Evangelium ohne Kreuz. Kreuz ist hier Merkmal der wahren Gemeinde.

103 Lüge steht als Thema über 1 Mo 3. Die Schlange ist listig, ihre Kunst ist die feine, halbe Lüge (3, 1. 4). Sie erzeugt Verlogenheit, so daß Adam lügt (3, 10. 12), dann auch Kain (4, 9). Am Ursprung des Bruches mit Gott ist die Lüge am Werk. Schlange und Lüge stellt auch Ps 58, 4 zusammen. Schlange ist in der Offenbarung Satansname, Lüge Satanswesen, darum auch Wesen des Antichristen (1 Jo 2, 22). Er tut lügnerische Zeichen 2 Th 2, 9) und sendet Lügenpropheten (1 Jo 4, 1; Offb 2, 20; 16, 13; 19, 20; 20, 10;

Der Satan ist nicht nur der Lügner, sondern auch der Mörder von Anfang, also von 1 Mo 3, 4 an. List oder Gewalt, Verführung oder Verfolgung sind seine beiden Wege zum gleichen Ziel, das Leben auszulöschen und das Paradies zu zerstören. Der Mensch soll von Gott abfallen wie das Blatt vom Baum und verdorren. Alle Gemeinden haben es in irgendeiner Weise mit dieser Schlange und mit ihrer scheinchristlichen Verführung oder antichristlichen Verfolgung zu tun. Schon Mt 24, 9–11 sagte der Herr den Jüngern: „Ihr werdet verfolgt, und ihr werdet verführt." Was im Zeichen offener Gegnerschaft nicht so leicht gelingt, wird im Schein der Bruderschaft versucht. Aber ob nun Verfolgung mit Gewalttat oder mit „Wohltat", das Ziel bleibt unverändert der Abfall.

Hier ist ein Grundanliegen des Buches festzuhalten: Weil hinter Gewalttat wie hinter verführerischem Blendwerk derselbe steht, der Satan, kann auch im Nu das eine in das andere umschlagen. Und es wird umschlagen! Noch herrschte in den sieben Städten aufs Ganze gesehen Toleranz. Johannes aber kündigt als Prophet den Umschlag in Brutalität an. Die Geschichte wiederholt sich: Aus denselben Mündern, die Hosianna gerufen hatten, dröhnten einst die Sprechchöre: Weg, weg! (Jo 19, 15) Der gleiche Pilatus, der dreimal versuchte, Jesus freizugeben, überantwortet ihn schließlich den Henkern. Den Gemeinden in der Provinz Asien sollte es ähnlich gehen. Die Offenbarung war Zurüstung auf das Martyrium. Ihre Prophetie erfüllte sich. Und darum, weil es dann wirklich so kam, erfuhr das Buch seine ungewöhnliche Verbreitung. Johannes hatte zutreffend enthüllt, was ist und was sein wird: es ist Verführung, es wird sein Verfolgung! Vers 6 wird Anlaß geben, die verführerischen Bewegungen in der Provinz weiter zu erörtern. Jetzt folgt aus der gleichen Gerechtigkeit heraus, die Punkt für Punkt das Lobenswerte wahrnahm und gelten ließ, eine schonungslose Anklage (Exkurs 1c). Die Dreiheit Arbeit – Harren – Liebe (s. zu 2, 2) ist bei Ephesus nicht mehr heil. Die dritte Säule – die Liebe – bröckelt ab. Eine Spaltung zwischen praktischem Dienst und Liebe behandelte schon 1 Ko 13. Durch sie wird alles wertlos, auch der lobenswerte „Haß" gegen das Böse in Vers 6.

4 Einige Auslegungen haben hier den Tadel gefunden, in Ephesus sei die **erste Liebe,** d. h. die Einrichtung des frühchristlichen Liebesmahls[104] und dadurch die Armenpflege vernachlässigt worden. In der

Mt 24, 11), Lügenchristusse (Mt 24, 24), Lügenlehrer (2 Pt 2, 1). Scheinjuden (Offb 2, 9; 3, 9) und hier Lügenapostel (2, 2). Er steht auch im Hintergrund, wenn die Gemeindebotschaften von Scheinleben (3, 1) und Scheinreichtum (3, 17) sprechen.

104 Es trug nämlich den Namen „Agape", das grie Wort für Liebe. Diese Verbindung stellt B. Lohmeyer her (nur einmal im NT, nämlich Jud 12, und zwar in der Mehrzahl; in späteren christlichen Schriften häufig genannt, vgl. W. Bauer, Wörterbuch).

Gemeinde habe das Soziale unter dem Dogmatischen (Vers 2 und 3) gelitten. Es sei zu der berüchtigten lieblosen Rechtlichkeit und Tüchtigkeit gekommen. Der Gedanke ist wertvoll und ließe sich mit Mt 7, 21–24 stützen. Aber ist er hier gemeint?

Für andere ist „die erste Liebe" die bräutliche Liebe, also die besondere Innigkeit und Verbundenheit mit Christus, dem Bräutigam (vgl. 22, 17). In diesem Zusammenhang wird die erlahmende Wiederkunftserwartung in Ephesus beklagt und werden Parallelen wie Hos 2, 9. 17; Hes 16, 43 herangezogen. Im Rahmen der Gemeindebotschaften liegt aber die Freundesliebe näher (3, 19–20; vgl. Jo 15, 15. Auch den johanneischen Stellen von der Jüngerliebe liegt das Bild eines bräutlichen Verhältnisses fern; Jo 16, 27; 21, 15–17). Sollte hier nicht nach allem bisher zum Abschnitt Festgestellten von der paradiesischen Gemeinschaft die Rede sein, von der Urstandsliebe? Wie die Menschheit ihren Urstand mit Gott hatte, so auch die Gemeinde mit ihrem Herrn[105]. Damals, als die Gemeinde durch die großen Schöpfungstaten Gottes in Jesus Christus ins Leben trat, geboren aus der gekreuzigten und auferstandenen Liebe und erweckt zur Widerliebe (1 Jo 4, 10 „zuerst geliebt") — das war „Paradies".

Diese erste Liebe hatte die Gemeinde zu Ephesus **verlassen,** nicht etwa in einem Akt der Verwerfung, sondern der Vergeßlichkeit (V. 2–3). So einsatzfreudig sie der Gegenwart und der Zukunft lebte (V. 2–3), so gefährlich litt sie an einer Vergeßlichkeit gegenüber ihren Anfängen und Ursprüngen. Sie verteidigte etwas gegen die Irrlehrer, was sie selber nicht mehr lebendig besaß. Du prüfst andere und verlangst: Kein anderes Evangelium! Prüfe dich selbst! (vgl. 3, 17; Rö 2, 17–21). Du lebst selbst nicht mehr im Ursprung und im Wesentlichen und darum fruchtlos und belanglos; dein eigner Leuchter könnte fortgestellt werden (Jo 15, 5–8).

Das Bleiben in der ersten Liebe ist nicht zu verwechseln mit einem Stehenbleiben im Anfang, was jedes Wachstum von vornherein ausschlösse. Der Herr will Fortschritt auf dem Boden des Anfangs (2, 19), d. h. über dem Fundament, nicht jedoch vom Boden des Anfangs hinweg. Das wäre Abfall. Abfall gebärdet sich gern als Fortschritt. Das führt wieder zum Motiv des Scheins, der Lüge und Verführung. Zum antichristlichen Wesen gehört diese scheinbare Überbietung des gekreuzigten und auferstandenen Christus (vgl. 1 Ko!). Was er brachte, glaubt man längst zu haben. Aber um nun weiterzukommen, erscheint die „erste Liebe", die urtümliche Bindung an ihn selbst, hinderlich.

[105] Der grundlegende Anfang ist Johannes besonders wichtig: Jo 1, 1; 1 Jo 1, 1; 2, 7. 13. 14. 24; 3, 11 u. ö. Auch Stellen wie Gal 3, 3; Hbr 12, 2 sind zu vergleichen. Das ganze NT dient dem Bemühen, die Gemeinden mit ihrem Anfang zu verklammern, so daß sie nicht in irgendeine Religiosität abtreiben.

Diese erste Liebe wird in vielen erkalten (vgl. Mt 24, 12). Im Zentrum des christlichen Glaubens tritt der Kältetod ein. Das Christusbekenntnis wird zu etwas nur Formelhaftem (2 Tim 3, 5).

Dieses Abgleiten wird zu einer Allgemeinerscheinung, so daß sich die Gemeinde darin schwer behaupten kann. Aber sie m u ß sich darin behaupten. Sie darf um ihres Auftrags willen nicht zur Masse gehören und Scheingemeinde werden. Das ist ihr eigentlicher Kampf: Beharren bis ans Ende (Mt 24, 13), bis zuletzt in der „ersten Liebe" bleiben.

Der Herr Jesus Christus hat in seinen letzten Tagen die letzte Zeit der Welt beispielhaft durchlitten (Einleitung Nr. 49). Die anfängliche Liebe erkaltete in vielen; seine Jünger verließen ihn; die Ungerechtigkeit nahm überhand. Eine Schwemme von Ichsucht, Zank, Verrat, Verleugnung, Lüge und Grausamkeit drohte ihn fortzureißen. „Aber wie er hatte geliebt die Seinen, so liebte er sie bis ans Ende" (Jo 13, 1).

Es gilt noch, für diese und viele andere Stellen in den Gemeindebotschaften die Du-Anrede zu deuten. Sie zielt auf das Gemeinde-Du, vorgebildet an zahllosen Stellen im AT (z. B. Jes 43, 1). Es geht um Gemeindeschuld, Gemeindegericht, Gemeindebuße und Gemeindesieg. Wenn wir Gemeindeschuld zugeben sollen, werden wir manchmal noch stolzer und störrischer, als wenn wir Einzelschuld einzugestehen haben. Was ist auch so finster wie die Gemeinschaft in der Sünde! Sie zahlt sich in Einzelsünden aus. Rätselhafte Zusammenbrüche einzelner Glieder sind gar nicht so rätselhaft. Sie klagen die Gemeinschaft an. Darum ist Gemeindezucht nur unter 1 Ko 12, 26 vertretbar: „Wenn ein Glied leidet, so leiden alle Glieder mit."

5 Das Buß- und Drohwort (Exkurs 1d) beginnt: **Gedenke!** Es steht auch Jes 43, 26; 44, 21; 46, 8–9 in enger Verbindung mit Bußrufen. Es geht nicht um einen gemütvollen Rückblick. Wer erkennt, daß in seinem Leben die Segenslinie abbricht, der geistliche Faden reißt und der echte Fortschritt stockt, der erinnere sich an Gottes Anfänge und entscheide sich neu für sie. Vergangenheit muß wieder lebendige Gegenwart werden. Es genügt nicht zu wissen, d a ß man umkehren muß. Zu fragen ist vielmehr, w o h i n man umkehren muß. Dorthin, wovon man abwich! Darum besteht fruchtbare Umkehr immer im „Gedenken". Umkehr irgendwohin würde nur auf neue Irrwege führen.

Die Gemeinde ist nicht zu immer neuer Analyse ihrer Sünde aufgerufen. Es heißt nicht: Gedenke, wohinein du gefallen bist, sondern **wovon du gefallen bist.** Nach 3, 3 wird an die Zeit des Gläubigwerdens erinnert, als Gott die Gemeinde in Ephesus durch sein Wort schuf. Die Rede vom Fall mag wieder auf 1 Mo 3 anspielen[106].

[106] „Fallen" als schuldhaftes Fallen im Sinne von Verfehlung, z. B. Rö 11, 22; 1 Ko 10, 12.

Diese Erinnerungen an den Urstand der Gemeinde sind für den, der Ohren hat, zugleich Beteuerungen, daß der Herr seinerseits noch derselbe ist wie in jenen Tagen. Darum darf auch die Gemeinde wieder dieselbe werden. Ihre dazwischengekommene Untreue soll nicht alles vorherige durchgestrichen haben. Der Herr streicht noch nicht durch, sondern er unterstreicht. Der Berufende ist treu, ruft noch immer (1 Th 5, 24) und liebt noch immer (1, 5). Auch die Gemeinde soll ihre Bekehrung noch einmal unterstreichen durch Buße.

Tue Buße und tue die ersten Werke. Der Begriff der lebenfüllenden, immerwährenden Buße liegt hier noch nicht vor[107]. Nicht Buße, und dann immer wieder Buße, sondern Buße und dann Früchte der Buße (Mt 3, 8), nämlich die ersten Werke! Es sind die aus der erneuerten Gemeinschaft mit Christus geschehenden Werke (Jo 15, 1–8). Darum kann es 2, 26 „meine Werke" heißen.

Wenn aber nicht, heißt es ultimativ, **komme ich dir und werde deinen Leuchter von seinem Ort rücken** (vgl. Exkurs 1d). Wenn Ephesus bedenkt, wovon es gefallen ist, wird es erkennen, daß es seinen Ort zwischen den sieben Leuchtern innerlich schon verraten und verspielt hat. Sein Leuchter ist bereits erloschen, die Gemeinschaft der „ersten Liebe" mit Christus ist schon verlassen. Geschieht Buße, so wird alles neu; sonst aber bringt der Herr ans Licht, was ist (1, 19). Die Gemeinde würde schließlich auch äußerlich als Nicht-mehr-Gemeinde erkannt werden (Mt 5, 12–16). Diese Ausstoßung[108] mag wieder an 1 Mo 3, 24 erinnern. Der übernächste Vers wird ausdrücklich zu diesem atst Kapitel zurückführen.

Nach diesen erschreckenden Worten bricht noch einmal ein anerkennender Ton durch, als ob die Gerechtigkeit des Richters Sorge

Das Wort, das Rö 5, 15 und 17 für Adams Sünde verwendet wird, bedeutet „Danebenfall". Vom „Fall" Adams spricht in der Bibel nur Weisheit 10, 1, also eine apokryphe Schrift.

107 Die Form des Imperativ des Aorist zielt auf ein Handeln im Einzelfall, nicht auf eine allgemeine Vorschrift! Luther beruft sich mit seiner ersten der 95 Thesen, wonach „das ganze Leben der Gläubigen (nichts als) Buße sein solle", auf Mt 4, 17 (vgl. Calwer Luther-Ausgabe 11, S. 89 und Anm. 13).

108 Zur Wendung „aus seinem Ort bewegen" vgl. 6, 14; 12, 8; 20, 11; Dan 2, 35. „Ort" *(topos)* hat hier geradezu die Bedeutung von Dasein. Nur wer seinen Platz hat, existiert. Nur dort, wo Gott einen hingestellt hat, kann einer bestehen. Sonst vergeht er. Wessen Stätte nicht mehr gefunden wird, dessen Gedächtnis ist verschwunden (vgl. auch Anm. 133). — Die Stadt Ephesus bot dafür ein anschauliches Beispiel. Sie lebte als Hafenstadt vom Meereszugang. Dieser war jedoch gefährdet, da die Stadt im innersten Winkel einer Bucht lag, die allmählich versandete. Zweimal in seiner Geschichte wurde Ephesus verlegt. Heute gibt es dort nur noch ein armseliges, von Fiebern heimgesuchtes Dorf. Am Standort des einstigen Tempels der Göttin Artemis (Diana), der eines der sieben Weltwunder des Altertums war, liegt heute ein stiller, schilfbedeckter Weiher, aus dem noch ein Säulenstumpf emporragt.

6 trüge, einen mildernden Gesichtspunkt übergangen zu haben: **Aber das hast du: Du hassest die Werke der Nikolaiten.**

Diese Leute werden nicht näher gekennzeichnet, sondern nur genannt und verurteilt. Sollte das nachgetragene Sätzchen etwa auf Vers 2 zurückweisen und den dortigen Lügenaposteln noch einen Namen beilegen[109]?

7 Zum Merkspruch s. Exk. 1e, zum Siegerspruch s. Exk. 1f. Dem Sieger will der Herr ein Essen geben, also ein Siegesmahl: **Ich werde ihm zu essen geben.** Dafür ist der Zusammenhang im Auge zu behalten: Sieger sind hier solche, die die nikolaitische Anfechtung im Namen Jesu überwinden. Die Nikolaiten (Anm. 109) gaben ja ihrerseits auch zu essen, freilich ein verderbliches Essen, nämlich „Götzenopferfleisch". Miteinander essen aber ist im Morgenland Geste der Gemeinschaft und Versöhnung. Die Einladung, an den Kultmahlen der heidnischen Umwelt teilzunehmen, zielte auf den Frieden zwischen Gemeinde und Heidentum. Ein fauler und trügerischer Friede mitten auf dem Schlachtfeld! Die Gemeinde, die sich zu solchen Feiern niederließ, wurde sicher bald verschlungen. Und der Prophet sah sie sorglos bei ihrem Henkermahl sitzen!

Das entgegengesetzte Verhalten, die Zurückweisung dieser Versuchung, fand seinen bildlichen Ausdruck im Wachen, Fasten, Rüstunganlegen und Kämpfen — bis der Herr kommt und seinerseits zum Essen bittet. Dann folgt das Essen zum Leben **von dem Baum**

109 Wenn diese Vermutung zutrifft, entsteht dadurch ein genaueres Bild von den Strömungen, denen die sieben Gemeinden gemeinsam ausgesetzt waren. Sowieso ist kaum anzunehmen, daß die geistlichen Anfechtungen der Gemeinden sich sehr voneinander abhoben. Nach 2, 15 gingen von den Nikolaiten vergleichbare Wirkungen aus wie von den Bileamiten, nämlich „Götzendienst und Unzucht" (Einzelheiten siehe 2, 14). Dies wiederum deckt sich mit dem Wirken „Isebels" 2, 20. So entsteht die Gleichung: Nikolaiten = Bileam = Isebel; drei Abwandlungen der gleichen Gefahr. Wie erklären sich die drei Namen? Mit „Bileam" und „Isebel" verbindet sich die Einnerung an satanische Großangriffe auf das Gottesvolk im AT, das eine Mal in der Mosezeit, das andere Mal in der Königezeit. In beiden Fällen ging es um innergemeindliche Verführung, denn Bileam war in gewisser Weise Gottesmann, und Isebel Glied des eigenen Königshauses. Daß „Bileam" in ntst Zeit stehender Verkündigungsausdruck war, bestätigen Jud 11; 2 Pt 2, 15. Es bedeutete ein vernichtendes Urteil, wenn jemand innerhalb der Gemeinde mit diesem Namen belegt wurde. Johannes tut es in prophetischer Vollmacht. Mit einem langen Finger zeigt er auf geistlich anspruchsvolle (vermutlich gnostische) Gruppen und prangert sie an: Das ist Bileam! Das ist Isebel! (Vgl. E. Lohse a. a. O. S. 23 und 278.) Oder sollten die Nikolaiten wirklich auf den Almosenpfleger in Apg 6, 5 zurückgehen, wie einige Nachrichten behaupten? Erwägenswert scheint die Vermutung, daß eine Bewegung, die z. B. in Pergamon vorwiegend von Juden getragen und deren Anhänger darum als Bileamiten bezeichnet wurden, in Ephesus stärker heidnisches Gepräge trug. Darum paßte in Ephesus der atst Name „Bileam" (Volksverwüster) nicht so gut, sondern besser dessen griechische Entsprechung „Nikolaus" (Volksbesieger).

des Lebens, der im Paradiese Gottes ist. Dieses Wort weist klar auf 1 Mo 2, 9; 3, 22. 24 zurück und beschließt einen Abschnitt, der fast Vers auf Vers in verborgener Beziehung zu jenen Kapiteln des AT stand.

„Paradies"[110] war für die biblischen Verfasser ein Fremdwort (aus dem Persischen), wo es eine künstliche, umzäunte Parkanlage bezeichnete, wie die persischen Großkönige sie anlegen ließen. Lediglich Königskinder und Hofpersonal hatten Zutritt. Nach 1 Mo 2 ist der Mensch außerhalb des Paradieses geschaffen. Nicht kraft Geburtsrecht, sondern aus reiner Gunst Gottes durfte er dort leben. Leben im Paradies und Genießen seiner Früchte bedeutet deswegen gnadenvolle Gemeinschaft mit dem Herrn des Paradieses. Bruch dieser Gemeinschaft zieht zwangsläufig die Verstoßung aus dem Garten Gottes nach sich.

Für das Ende der Zeiten ist zuerst bei Hesekiel (36, 35) eine Wiederkehr der Urzeit und des Paradieses angekündigt, ein Gedanke, der nicht nur im Judentum[111], sondern weit darüber hinaus bei den Völkern sein Echo fand. Die Rede von einem Goldenen Zeitalter, von paradiesischen Verhältnissen spiegelt die Sehnsucht einer Menschheit wider, die weiß, daß sie nicht mehr zu Hause ist[112].

Lehrreich ist schließlich ein Vergleich mit 22, 2–3. Hier steht der Lebensbaum im Garten, dort in der Stadt. Hier werden seine Früchte zur Sättigung der Gemeinde verwendet (so vermutlich in Übereinstimmung mit Hes 47, 12), dort seine Blätter zur Heilung der Völker. Hier ist das Thema Gottesgemeinschaft, dort Gottesdienst. Johannes wendet das Bild vom Lebensbaum also nicht mechanisch an, sondern wählt die Vergleichspunkte sorgfältig, um sie in den jeweiligen Sinnzusammenhang einzufügen. Für die Gemeinde Ephesus litt die Frage des Dienstes keine Not (Vers 2 und 3), wohl aber die der Gemeinschaft mit ihrem Schöpfer und Erlöser. Für ihren notvollsten Punkt empfängt sie jetzt die Verheißung: Vollkommene Gemeinschaft mit Gott in Jesus Christus. Damit kehrt Vers 7 zu Vers 1, nämlich zum Paradiesesgedanken, zurück. Wie Christus dort durch sein Wandeln

110 Erst in den späteren Schriften taucht die Vokabel „Paradies" für Garten Eden auf: Holi 4, 13; Neh 2, 8; Pred 2, 5. Dann im NT: Lk 23, 43; 2 Ko 12, 4 und hier.

111 In der jüdischen Apokalyptik ist das Paradies beliebtes Thema weitschweifiger religiöser Fantasie. Bunt werden seine Wonnen ausgemalt. Die Offenbarung umkreist in diesem Zusammenhang nur ein einziges: den Lebensbegriff. Dem dient die Rede von Lebensbaum, Lebenswasser, Lebenskrone und Lebensmahl. Paradies ist im Grunde Gegenwart des lebendigen Gottes, das Lamm und die Gemeinschaft mit ihm, vgl. zu 7, 17.

112 Vgl. Artikel „Paradies" I in RGG, 3. Aufl., Bd. V, Sp. 95 f.; auch Bibl.-Hist. Handwörterbuch, Göttingen, 1966 unter dem gleichen Stichwort.

unter den Gemeinden das Paradies stiftet, vollendet er nach dem Überwinderspruch diese Gemeinschaft, indem er vom Baum des Lebens zu essen gibt, von dem zu essen bisher der Menschheit verwehrt war.

An die Gemeinde in Smyrna

Offenbarung 2, 8—11

Zu Vers 8:
Jes 44, 6
48, 12
Zu Vers 10:
Dan 1, 12. 14

8 **Und dem Engel[96] der Gemeinde in Smyrna[97] schreibe: Das spricht**
9 **der Erste und der Letzte, der tot war und lebendig wurde. * Ich**
weiß deine Drangsal und Armut — aber reich bist du; und die
Lästerung derer, die sich selbst Juden nennen und es nicht sind,
10 **vielmehr Synagoge Satans. * Fürchte nicht, was du leiden wirst.**
Siehe, der Teufel wird von euch (einige) **ins Gefängnis werfen,**
damit ihr geprüft werdet, und ihr werdet Drangsal haben zehn
Tage. Sei treu bis zum Tod, und ich werde dir geben den Kranz
11 **des Lebens. * Wer ein Ohr hat, höre, was der Geist den Gemein-**
den sagt. Wer siegt, wird wahrlich nichts erleiden vom zweiten
Tod.

8 Zu Empfängerangabe und Schreibbefehl siehe Exkurs 1a. Zur Selbstvorstellung (Exkurs 1b) ist 1, 17 und 18 zu vergleichen. Besonders das zweite Begriffspaar, das Karfreitag bis Ostern umspannt, ist wegweisend für das Verständnis der folgenden Botschaft. Bis zum Siegerspruch umkreist sie das Thema von Tod und Leben und stellt den Weg der Gemeinde Smyrna auf dem Hintergrunde des Weges Jesu dar. Während die Stadt Smyrna als blühender Hafen- und Handelsplatz Ephesus kaum nachstand und eine der schönsten Städte des Altertums gewesen sein soll, bot die Gemeinde Smyrna ein besonders kümmerliches Bild und rief damit gerade in einer solchen Umgebung die Daueranfechtung hervor: Sieht so die Ekklesia Gottes aus? Wenn ihr darum gesagt wird, wie stark ihr Erscheinungsbild mit dem Erscheinungsbild des Herrn übereinkam, lag darin ein besonderer Trost.

Die richterliche Bestandsaufnahme (Exkurs 1c) enthält keinen Tadel. Bringt sie also Lob für gute Taten? Aber die Gemeinde tut scheinbar nichts. Sie ist bloß da und erleidet das Tun anderer. Das Gesetz des Handelns liegt ganz und gar beim Gegner, der bedrängt, beraubt und verlästert. Die Christen in Smyrna sind nach Rö 8, 36 „geachtet wie Schlachtschafe".

9 Dazu spricht der erhöhte Herr: **Ich weiß.** Er weiß von sich selbst,

wie das ist, und versteht darum seine Gemeinde. Es gibt eine Nacht, da man nicht wirken, sondern nur leiden kann. Während der Leidenstage Christi ging das Gesetz des Handelns ebenfalls auf seine Feinde über. Seinen Häschern bescheinigte er: „Dies ist eure Stunde und die Macht der Finsternis" (Lk 22, 53), und Pilatus: „Du hast Macht über mich" (Jo 19, 11). Es kamen die Augenblicke seines Verstummens vor den Menschen und seines Gebundenseins am Kreuz. Nicht einmal seine Hände konnte er falten, geschweige denn sie jemand auflegen. Aber wie hat er im Leiden gewirkt! Welche Aktion in der Passion! Er ruft: „Es ist vollbracht!" Mit diesem Herrn ist die Gemeinde Smyrna in ihrer Passion ganz eng zusammengerückt. Durch drei Begriffe entstehen deutliche Parallelen:

Die **Drangsale** (s. zu 1, 9), die in Vers 9b und 10 entfaltet werden, erinnern den Leser des NT an die „Drangsale Christi" (Kol 1, 24), die **Armut** an „seine Armut" (2 Kor 8, 9). Nach dem folgenden Einschub: **aber reich bist du!**[113] muß es sich um materielle Armut gehandelt haben, vielleicht als Begleiterscheinung der Drangsal (vgl. Hbr 10, 34). Allzu leicht aber ruft Armut seelische Schädigungen hervor. Das griechische Wort (ptocheia) malt geradezu die geduckte Bettlergestalt vor unsere Augen. Scheu und umhergescheucht ist der Arme seinem Nächsten unangenehm. Das Judentum verachtete ihn und sah ihn unter dem Fluch Gottes. Hier setzt der dritte Begriff an: **Lästerungen.** Die Armut macht die Gemeinde vor der Judenschaft fragwürdig. Im gleichen Zusammenhang sind die Lästerungen, die Jesus zu erdulden hatte, zu sehen: Lk 22, 64–65; 23, 39; Mk 15, 29; Mt 27, 39. Wie paßt eine solche Jammergestalt zum Geliebtsein bei Gott?

Der an sich recht weiträumige Begriff der Lästerung erscheint in der Offenbarung sehr zugespitzt (2, 9; 13, 1. 5. 6; 16, 9. 11. 21; 17, 3): Es ist die Herrschaft des Lammes, die bewußt und hohnvoll zurückgewiesen wird. Dadurch empfängt der Begriff eine antichristliche Färbung. Er kennzeichnet den satanischen Gegenspieler und seine Trabanten seit der Passion Christi; hier die, **die sich selbst Juden nennen.** In der Provinz Asien lebte eine einflußreiche, alteingesessene Judenschaft. Als diese Städte in auffallender Weise Erfolgsgebiet der christlichen Mission wurden, flammte die Feindschaft auf. Juden führten die erste und vielleicht auch die zweite römische Gefangenschaft des Paulus herbei. Von einem besonderen Haß der Juden gegen die Christen in Smyrna berichtet der Kirchengeschichtsschreiber Euseb[114]. Ein erbit-

[113] Der Zusammenhang von äußerer Armut und geistlichem Reichtum wird in der Bibel oft hervorgehoben: Ps 34, 11; Lk 6, 20; 12, 21; 2 Ko 6, 10; 1 Tim 6, 18; Jak 2, 5. Die Umkehr in 3, 17.

[114] Näheres s. z. B. W. Barclay, Was sagt der Auferstandene, Kassel 1967, S. 28 f.

terter Kampf um den wahren Träger des Ehrennamens „Jude“ (vgl. Rö 2, 28–29) scheint zwischen Synagoge und Christen entbrannt zu sein. Wer ist wirklich „Jude“, also Erwählter und Gesandter Gottes? Wer ist Gottesvolk, oder wer ist Scheingottesvolk und in Wahrheit Satans Werkzeug?

Die Entscheidung fällt an der Stellungnahme zu d e m Erwählten, zu Christus; indem man ihn bezeugt oder verlästert. Wer Christus verlästert oder ihn in seinen Bekennern verlästert, betreibt das Werk des Satans und führt Satans Kriege (12, 17). Er gehört zu den Rebellen von Ps 2, die sich gegen den Gesalbten auflehnen. Nach diesem Maßstab fällt hier der Urteilsspruch durch den erhöhten Herrn über die dortigen Juden: **sie sind es nicht, vielmehr Synagoge Satans**[115]. Der Bestreitung des Judennamens entspricht die furchtbare Bestimmung durch den Satansnamen. Im Johannes-Evangelium wird der gleiche Maßstab angewandt. Weil die Juden Jesus töten (Jo 8, 37) und seine Jünger töten wollen (Jo 16, 2), haben sie nicht mehr Abraham zum Vater – Vaterschaft bedeutet in diesem Sprachgebrauch Jüngerschaft –, sondern den Teufel. Denn Hassen und Töten ist satanisch, genau so wie Lügen und Verführen, das in der Botschaft an Ephesus im Vordergrund stand (s. zu 2, 2). So wird die Synagoge mit der gleichen Begründung umbenannt wie 11, 8 Jerusalem.

10 Dem Lob folgt das Mahnwort (Exkurs 1d), das eine Leidensansage und eine Verheißung umschließt. Mit **Fürchte nicht** gibt Johannes weiter, was er selbst 1, 17 empfangen hat. Der Ausdruck **was du leiden wirst** läßt wieder die Erinnerung an die Passionsberichte wach werden. Etwa zwanzigmal ist dort vom Leiden Jesu die Rede, zuweilen verbunden mit dem Hinweis, daß der Menschensohn unter Heiden leiden werde (z. B. Mt 20, 19). Das erleuchtet blitzartig die Leidenstiefe: Der Gottesmensch in den Händen der Heiden! Leiden durch die Brüder läßt sich als Züchtigung verstehen. Man kann sie sich eher als Werkzeug Gottes denken. Die Gottlosen aber sind doch wohl Werkzeuge Satans. In ihren Händen ist man ganz von Gott verlassen. „Mein Gott, mein Gott, warum hast du mich verlassen?“ (Ps 22, 1). Das ist der Kern des Leidens: Der Fromme scheint widerlegt, seine Bezweifler bestätigt. „Wo ist nun dein Gott?“ (Ps 42, 4) höhnen sie. Auch Jesus selbst hat man mit dieser Elle gemessen: mindestens im letzten Augenblick müßte er doch vom Römerkreuz herabsteigen, wollte er Gottes geliebter Sohn sein (vgl. Mt 27, 40–43). Aber: „Ich starb“ (Vers 8).

[115] Damit wird eine beliebte Selbstbezeichnung der Synagoge nach 4 Mo 16, 3; 20, 4 (grie: „Synagoge des Herrn“) umgekehrt. Zur Sache vgl. noch die ausführliche Parallele 3, 9.

In Wahrheit aber hat ihn Gott nicht verworfen, sondern ununterbrochen geliebt, wenn auch geopfert. Nur weil er der Geliebte war, konnte er ja Opfer sein. Doch wo der Geliebte geopfert wird, verbirgt sich die Liebe. Das ist Karfreitag: nicht Abwesenheit, wohl aber Verhüllung der Liebe Gottes, so daß die wahren Zusammenhänge nicht sichtbar sind.

Smyrna wird ein ähnlicher Weg zugemutet: **Siehe, der Teufel wird von euch** (einige) **ins Gefängnis werfen.** Die angekündigte Gefängnishaft setzt die Einschaltung der an sich uninteressierten heidnischen Behörden voraus. Wie im Falle Jesu können die Juden ihre Absichten nicht ohne die heidnische Obrigkeit ausführen; sie verstehen es aber, ihren beträchtlichen Einfluß einzusetzen, und verbünden sich gegen die Christen mit den Heiden. Das bestätigt der Gemeinde den Eindruck, daß die Synagoge nicht Gottes Volk ist[116].

Wie in Vers 9 wird auch hier **der Teufel**[117] als eigentlicher Urheber erkannt. Die Verfolger sind Verführte und bedürfen der Fürbitte (wie Lk 23, 34).

Die Verhaftungen geschehen von einer höheren Warte aus gesehen, **damit ihr geprüft werdet.** Das griechische Wort für Versuchung läßt sich durch das lateinische Fremdwort wiedergeben: ihr werdet Experimenten unterworfen. Man experimentiert etwa mit einem technischen Gerät, um seine Leistungsfähigkeit nach allen Seiten in Erfahrung zu bringen. So steht die Gemeinde Smyrna im Begriff, in den Prüfstand geschoben zu werden. Ihre Treue soll erprobt werden. Das ist die Bedeutung der Drangsale. Auch Christus wurde auf seinem Wege diesen Proben unterworfen (Lk 22, 28. 40; Hbr 2, 18; 4, 15), die ihn bis ins Äußerste und Innerste anspannten (Jo 12, 27; Mt 26, 38).

Auch Smyrna erhält sein Gethsemane. **Und ihr werdet Drangsal haben zehn Tage.** Die Zeitangabe erinnert an Da 1, 12. 14, wo sie deutlich Inbegriff eines kurzen Zeitraums ist (ähnlich 1 Mo 24, 55; 4 Mo 11, 19; Ri 6, 25). Die Drangsale sind von Gott begrenzt. Selbst in Heiden- oder Satanshand befand sich der Gekreuzigte dennoch in Gottes Hand; er befahl seinen Geist in Gottes Hände! Gott ist treu, auch wenn er seine Geliebten leiden läßt (1 Ko 10, 13). Er überwacht

[116] Dieses Urteil betrifft eine bestimmte jüdische Synagoge mit einer bestimmten Haltung gegenüber einer bestimmten christlichen Gemeinde und sollte nicht verallgemeinernd auf „die" jüdische Synagoge oder „das" Judentum bezogen werden. Allzu schnell werden sonst aus Verfolgten Verfolger, wie die Geschichte lehrt — und welches Urteil Christi wird diese wohl treffen?

[117] Warum heißt es Vers 9 „Satan" und Vers 10 „Teufel" (Diabolos)? „Satan" hat die gleiche Grundbedeutung wie das grie Diabolos: Ankläger im Prozeß. Für die grie sprechenden Leser trat dieser Sinn in dem Wort aus ihrer Muttersprache besonders deutlich hervor. Das scheint Johannes zu beabsichtigen! Die Juden würden ja buchstäblich als Ankläger der Christen bei den heidnischen Stellen tätig werden.

das „Experiment". Darum erscheint es als maßvoll (Rö 8, 18; 1 Pt 5, 10). — Für den Historiker ergibt weder diese Stelle noch 2, 13 das Bild einer umfassenden und grundsätzlichen Christusverfolgung; weder für den Augenblick noch für die nahe Zukunft. Bis auf die Juden ist die Umwelt duldsam, was jedoch ein plötzliches Hervorbrechen von Gewalttaten seitens der Allgemeinheit nicht ausschließt (vgl. zu 2, 3).

Fürchte dich nicht! war die erste Vershälfte überschrieben. Welchen Weg die Gemeinde auch geht, sie geht ihn hinter Jesus her und gemeinsam mit Jesus. Er stellte sich ihr als der Lebendige vor, d. h. als ihr heiliger Zeitgenosse. Hier liegt der tiefe Unterschied zwischen dem Weg Christi und dem Christenweg: Er ging ihn in letzter Einsamkeit. Keiner vermochte mit ihm zu wachen. Keiner konnte ihn verstehen und zu ihm sagen: Ich weiß! Diese letzte Einsamkeit braucht kein anderer mehr zu durchschreiten. Für die Nachfolger geht es auch im äußersten Fall um die „Gemeinschaft der Leiden Christi" (Phil 3, 10). Darum fürchte dich nicht!

Die zweite Vershälfte führt fort: **Sei treu bis zum Tod.** Treue ist hier sicher wieder die Zeugentreue von 1, 5. Sei ein treuer Zeuge! Treu ist im NT nicht schon der, der bis in seine Todesstunde gläubig bleibt, sondern der Missionar bleibt; der den Glauben nicht nur hat, sondern unbeirrt auch bezeugt.

Wohl kaum wird hier der ganzen Gemeinde das Martyrium angekündigt. Aber es geht für die ganze Gemeinde um Treue, die alles einkalkuliert. Ob einem das Letzte abverlangt wird, muß sich zeigen. Jeder ist aufgerufen, treu zu sein und lieber sterben zu wollen als Jesus zu verleugnen.

Jesus wurde „gehorsam bis zum Tode" (Phil 2, 8). Doch durchs Kreuz zur Krone heißt es dort in der Fortsetzung. Auch diese Linie wird für die Gemeinde Smyrna ausgezogen: **Und ich werde dir geben den Kranz des Lebens.** In den Städten der Provinz blühte das Festspielwesen, bei dem Siegerkränze verliehen wurden[118]. Drei Stellen des NT handeln vom Märtyrerkranz. Er ist Preis für den Sieg in Drangsal und Prüfung. Der Sieg besteht nicht in Eroberungen oder Erfolgen, sondern darin, daß der Geprüfte nicht „abfällt": nicht von der Treue des Zeugen (vgl. 3, 11; 12, 11), nicht von der Liebe (Jak 1, 12) und nicht vom Glauben (2 Tim 4, 8).

Von allen sieben Gemeinden wird die Gemeinde Smyrna am stärksten in diesen Märtyrerhorizont hineingestellt. Vers für Vers entste-

[118] Gerade d i e ntst Briefe, die mit dieser Provinz zusammenhängen, erwähnen gerne Wettkämpfe und Bekränzungen: 1 Ko 9, 24—26a; Gal 2, 5; 5, 7; Phil 2, 16; 3, 12—14; 2 Tim 2, 5; 4, 8; 1 Pt 5, 4.

hen die Parallelen zur Passion ihres Herrn. Aber der Herr macht den eisernen Ring des Leidens durchsichtig, und dahinter weitet sich der Horizont der Auferstehung und **des Lebens.** Smyrna ist in Wahrheit Kandidatin des Lebens, nicht des Todes. Hier liegt die Hilfe für sie. Das Gefährliche am Leiden besteht in der drohenden seelischen Verkümmerung und Verkrümmung. Armut macht so leicht ärmlich, Gehaßtwerden gehässig, Geschlagenwerden verschlagen. Leid ist eine feindliche Macht (21, 4). Darum starb der Herr Jesus Christus nicht gelassen und heiter wie Sokrates. ‚Um diese gefährlichen Auswirkungen des Leidens für die Gemeinde abzufangen, spricht die Gemeindebotschaft zu ihr: Ihr geht bei allem Kreuz einen positiven Weg und lauft einem guten Herrn in die Hände, der der Lebensfürst ist und euch mit Leben krönt.'

Wieder erschallt der Merkspruch (Exkurs 1e): **Wer ein Ohr hat,** 11
der höre, was der Geist den Gemeinden sagt. Jede Gemeinde benötigt eine besondere Anhauchung mit dem Geist Gottes. Für Ephesus hieß es: Zurück zum Urstand der ersten Liebe! Hier gilt der Durchblick bis hin zum Lebenshorizont des Endstandes. Wißt euch alle Tage als Kandidaten des Lebens; bleibt unter Drangsal, Armut und Lästerung positiv! Rühmt euch sogar der Drangsale (Rö 5, 3), weil sie euch die Gemeinschaft mit Christus anzeigen.

Der Siegerspruch (Exkurs 1d) unterstreicht dieses Thema nachdrücklich (Anm. 111). Der **zweite Tod** (20, 6. 14; 21, 8) ist nicht eine Wiederholung des ersten Todes, denn nach 20, 14 wird ja der erste in den zweiten Tod hineingeworfen. Vom ersten Tod heißt es 21, 4: „Er ist nicht mehr", vom zweiten vier Verse später: „Er brennt mit Feuer und Schwefel." Darum ist der zweite Tod auch ein anderer Tod, nämlich Tod ohne folgende Auferstehung. Wenn der Sieger **nichts mehr erleiden wird vom zweiten Tod,** entsteht damit eine letzte Parallele zum Herrn Jesus. Auch er ist der Todesgewalt völlig entnommen: „Wir wissen, daß Christus, von den Toten auferweckt, hinfort nicht stirbt. Der Tod wird hinfort nicht über ihn herrschen. Denn das er gestorben ist, das ist er der Sünde gestorben e i n m a l" (Rö 6, 9). Kein zweiter Tod für Christus! Für ihn ist der Tod tot und das Leben wirklich Leben, ohne einen Rand des Todes. So ist die Gemeinde auf dem Kreuzesweg unterwegs ins wahre Leben, hinein ins ganz Helle.

An die Gemeinde in Pergamon

Offenbarung 2, 12–17

Zu Vers 14:
4 Mo 31, 16
25, 1 f
Zu Vers 17:
Ps 78, 24
Jes 62, 2

12 **Und dem Engel[96] der Gemeinde in Pergamon[97] schreibe: Das sagt,**
13 **der da hat das zweischneidige und spitze Schwert. * Ich weiß, wo**
du wohnst: wo der Thron Satans ist. Und du hältst fest an mei-
nem Namen und hast nicht verleugnet die Treue zu mir, selbst
(nicht) **in den Tagen des Antipas, meines treuen Zeugen, der ge-**
14 **tötet worden ist bei euch, wo der Satan wohnt. * Aber ich habe**
eine Kleinigkeit wider dich, daß du dort solche hast, die festhalten
an der Lehre Bileams, der den Balak lehrte, die Söhne Israels zum
Abfall zu verführen, Götzenopferfleisch zu essen und Unzucht zu
15 **treiben. * So hast du, ja** (auch) **du solche, die gleicherweise an der**
16 **Lehre der Nikolaiten festhalten. * Tue also Buße, wenn aber nicht,**
komme ich dir schnell und werde mit ihnen kriegen mit dem
17 **Schwert meines Mundes. * Wer ein Ohr hat, höre, was der Geist**
den Gemeinden sagt. Dem Sieger werde ich geben vom verborge-
nen Manna, und ich werde ihm geben einen weißen Stein, und auf
dem weißen Stein einen neuen Namen geschrieben, welchen nie-
mand weiß außer dem, der ihn empfängt.

12 Zu Empfängerangabe[119] und Schreibbefehl siehe Exkurs 1a. Die Selbstvorstellung des Botschaftserlasses (Exkurs 1b) greift 1, 16 auf. Ist sie wieder für die folgende Botschaft richtungweisend?

Sie ist so kurz, daß nichts ablenkt und allein eines im Mittelpunkt steht: **das zweischneidige und spitze Schwert.** Es wird nicht einmal aus 1, 16 wiederholt, daß es dem Richter aus dem Munde ragt (so jedoch V. 16). Alles ist auf die Schärfe von Hieb und Stich gestellt. Alle Verdunkelungsversuche werden von diesem Richter durchstoßen, alle Vermischungen und Verwischungen zertrennt. Als Thema der Botschaft ist zu erwarten: Wider die Vermischung!

Dieses Schwert wird in Vers 16 ausdrücklich auf die Bileamiten bzw. Nikolaiten bezogen. Das Schwert spielte in den Bileamsgeschichten mehrmals eine Rolle (4 Mo 22, 23. 31; 31, 8; Jos 13, 22). So zeichnet sich ein Rahmen ab: Diese Gemeindebotschaft behandelt die gefährliche Vermischung des Gottesvolkes auf dem Hintergrund der Anfechtung Israels in seiner Wüstenzeit (vgl. Anm. 109).

Die richterliche Bestandaufnahme (Exkurs 1c) bringt in Vers 13 hohes Lob.

13 **Ich weiß, wo du wohnst.** Wider Erwarten beginnt der Herr nicht,

[119] Der Städtename ist in beiden Formen belegt, Pergamon und Pergamos.

möge doch nicht mit Kanonen auf Spatzen schießen! In Wahrh
setzten aber diese angeblich geringen Dinge alle Bewährung und E
schiedenheit der Gemeinde aufs Spiel.

Der Rat, den Bileam dem König Balak erteilte (4 Mo 31,16; 2
1–3), bestand in einer ganzen „Harmlosigkeit", gemessen an ein
Aufrüstung zur Feldschlacht: Lade sie zur Teilnahme am Götzendien
ein (und an der dabei üblichen Unzucht)! Schicke ihnen nicht ein gro
ßes Heer entgegen, sondern kleine Mädchen! Es handelte sich als
um eine Kleinigkeit im Sinne einer Falle[126]. Du hast dort solche, di
festhalten an der Lehre Bileams, der den Balak lehrte, die Söhne
Israels zum **Abfall zu verführen, Götzenopferfleisch zu essen und Unzucht zu treiben.**

Schmerzlich berührt es, dem Begriff des Festhaltens von Vers 13 nun auch in diesem Zusammenhang zu begegnen (ebenfalls V. 15): Zweimal beharrliches Anklammern, das eine Mal aber am Namen Jesu, das andere Mal am Rat des Bileam. Dieses zweierlei Festhalten schien sich in Pergamon zu vertragen. Aber das Schwert des Herrn fährt dazwischen. Es verträgt sich nicht!

Beim Essen des **Götzenopferfleisches** handelt es sich um Mahlzeiten im Rahmen heidnischer Gottesdienste. Als Tischherren galten die Götter selbst, die das Fleisch der ihnen geopferten Tiere spendeten. Auf diese Weise genossen die Teilnehmer die Gemeinschaft mit den Göttern (vgl. 1 Ko 10,20). Zugleich bedeuteten diese Feiern gesellschaftliche Höhepunkte und Verpflichtungen. Es war schwer, sich auszuschließen, wenn Verwandtschaft oder Bekanntschaft einluden. Schon Paulus setzte sich mit diesem Problem auseinander (z. B. 1 Ko 8–10). Das Fleisch ist ihm zunächst eine neutrale Angelegenheit, aber kann man es „an sich" genießen? Wie steht es mit dem Zusammenhang? Sobald man zu Ehren der Götter mitißt, gewinnt es ein negatives Vorzeichen, und es heißt: „Fliehet den Götzendienst!" (1 Ko 10,14).

Diese Mahlzeiten arteten, gefördert durch üppiges Essen und durch Weingenuß, in ausschweifende und unzüchtige Gelage aus. Wichtiger aber ist die dahinterstehende Religiosität, die alle Kulte des vorderen Orients und damit Israels Umwelt beherrschte, nämlich die Vergötterung der natürlichen und sinnlichen Kräfte. Das Land galt als Muttergöttin. Sie wird fruchtbar, wenn der jugendliche Himmelsgott, Baal

e Wendung „zum Abfall verführen" lautet wörtlich: „eine (Tier)falle legen."
aus der Jägersprache bekam später die Bedeutung: ein Verderben bereiten,
izen und zum Abfall verführen. In Vers 20 wird es auch durch „verführen"
it aber ist wieder der Zusammenhang mit dem Satan hergestellt, vgl. den
2,2. Der Zusammenhang Satan und Falle erscheint auch Mt 13,39.41;
,17.20. Sehr oft bezieht das AT dieses Fallenstellen auf die Verleitung zum
; außerdem Rö 14,13; 1 Ko 8,13.

wie so häufig, mit dem Wirken der Gemeinde, sondern mit ihrem Wohnplatz. Aber wie wichtig ist für eines Menschen Wirken seine Wirkungsstätte! (Vgl. die grundsätzliche Bedeutung des „Ortes", Anm. 108). Christus urteilt nicht an der Macht der Verhältnisse und der Atmosphäre vorbei. Die Gemeinde Pergamon lebt in Wohngemeinschaft mit dem Satan. Wie soll sie da als Gemeinde leben können?

Alle genannten Städte waren Satans Einflußgebiet (2, 9. 24; 3, 9). Aber Pergamon war der **Thron Satans,** Zentrale satanischer Strategie[120]. Welchen Anlaß hatte diese prophetische Deutung? Weil in der Offenbarung der Thron Gottes das Zentralbild ist, wird es sich hier um das entscheidende Gegenbild handeln.

Wird darauf angespielt, daß der Statthalter in dieser alten Königsstadt wohnte (während er in der damaligen Hauptstadt Ephesus seinen Amtssitz hatte)? Oder ist daran zu denken, daß hier schon 29 vor Christus dem römischen Kaiser Augustus ein Tempel geweiht worden war, als älteste und wichtigste Stätte des sich entwickelnden Kaiserkultes? Oder stach Pergamon als Stadt des ersten Martyriums (V. 13) in der Provinz hervor? Oder legt schon der Augenschein die Erklärung nahe, nämlich der Blick auf den 300 Meter über der Stadt weit sichtbar prangenden riesenhaften Zeusaltar, einer der sieben Weltwunder des Altertums[121]? Doch auch der Zusammenhang mit dem blühenden Schlangen-Heilkult (Asklepios — Soter) legt sich nahe, der damals in aller Welt zweihundert Heiligtümer unterhielt und dessen Hauptsitz Pergamon darstellte. Ein marmornes Schwimmbecken, das zum Bäder- und Kurbetrieb gehörte, ist noch heute zu besichtigen. Dort wirkte später Galenus, der berühmteste Arzt des Altertums. Leidende aus aller Welt wallfahrteten herbei, und Anekdoten und Titulierungen (z. B. Heiland), die an die Evangelien erinnern, wurden überliefert. Vieles daran konnten die Christen als eine teuflische Nachäffung ihres Heilandes empfinden. Vor allem mußte die Herausstellung und Verehrung der Schlange biblisches Denken geradezu auf den Gedanken an den Satan stoßen[122]. Schließlich erlebten auch Kunst und Wissenschaft an diesem Ort ihre Höhepunkte. Erinnert sei an das Bibliothekswesen, auch an das besonders feine Schreibleder, dort ent-

120 Die Aussage erinnert an Hes 2, 6: „Auf Skorpionen sitzest du."

121 Teile des Altars sind im Pergamon-Museum zu Berlin ausgestellt.

122 Daß die Schlange für die alten Völker ein so hochheiliges Tier war, wird schon für 1 Mo 3 eine Rolle spielen: Sie ist Inbegriff des eindringenden Heidentums und damit Verderbensmacht und Todbringerin für Gottes Volk. Schlange oder Drache ist in der Offenbarung des Teufels Name, in 12, 9; 20, 2 wahrscheinlich unter Anspielung auf 1 Mo 3.

wickelt und produziert, das den Namen der Stadt als „Pergament" in die Welt hinausgetragen hat.

Bei dieser Sachlage empfiehlt es sich, die Bezeichnung „Thron Satans" auf die ganze Stadt[123] zu beziehen, in der die Gemeindeglieder verstreut wohnten, nicht aber auf bestimmte Bauten. Es ging um etwas Atmosphärisches, um Pergamon als hellenistisches Zentrum in seiner imposanten Gesamtheit, mit allem, was es religiös, kulturell und politisch so betäubend ausstrahlte. Wer aber Hellenismus sagt, sagt Verschmelzung (Einleitung Nr. 11). Die Gemeinde lebte mitten in diesem Schmelzofen.

Damit hat der Gedankengang wieder zur Bileamgeschichte zurückgeführt. Wer jene Kapitel im AT liest, spürt, wie sie durchzittert sind vom Wissen um einen Generalangriff Satans auf Gottes Volk. Es geht um Sein und Nichtsein. Zugleich verdient eine weitere Parallele festgehalten zu werden: Israel stürzte unmittelbar nach einer Kette von Siegen (4 Mo 21, 21—35) in diese Probe. Darin liegt die Taktik des Feindes: Er hofft auf des Siegers Neigung zur Leichtfertigkeit. Auch der Gemeinde Pergamon wird ein kürzlich errungener Sieg bescheinigt:

Du hältst fest an meinem Namen. Das deutsche Wort „festhalten" ist hier zu blaß. Mit aller Kraft sich festklammern und festkrallen, darum ging es. Es sollte etwas entrissen werden (vgl. 2, 25; 3, 11). Zum Loslassen wurde aufgefordert. Eine Verfolgungswelle ging über die Gemeinde hinweg. Umkämpft wurde der Name Jesu.

An diesem Namen entzündete sich, wie so oft im NT, die Auseinandersetzung mit der Umwelt (Mt 10, 22; 19, 29; 24, 9; Jo 15, 21; Apg 5, 41; 9, 16; 21, 13; 15, 26; 1 Pt 4, 14; Offb 3, 8): Im Zusammenprall mit dem Schlangenkult könnte es der Heilandsname gewesen sein (s. o.), gegenüber dem Kaiserkult später der Herrenname, gegenüber dem Judentum die Bezeichnung Jesu als Messias oder Gottessohn. Alle diese Titel werden im christlichen Bekenntnis als Namen „über alle Namen" verstanden, die Jesus über alle Größen emporheben, die den Kaiser und die Götter auffordern, daß sie „sich beugen sollen" (Phil 2, 9—10). Die Umwelt war oft großherzig und hätte die Verehrung Jesu hingenommen, wenn daneben die Ehrung anderer Herren und Heilande hätte weitergehen können. Aber die Erhebung dieses Jesus zum einzigen und wahren Herrn und Heiland war der Zündstoff, sobald das nur einmal begriffen wurde. Dann lief eine **gedemütigte** Welt Sturm gegen den Namen Jesu und verlangte von der Gemeinde, dieses Bekenntnis zurückzunehmen.

[123] Der Name der Stadt („Bergstadt") und die entsprechende Lage mögen den Vergleich gefördert haben.

Die folgenden Sätze verbreitern den gewonnenen Eindruck
Und du hast die Treue zu mir[124] nicht verleugnet. Der sc
Sinn von „verleugnen" ist, auf Befragen hin nein sagen; sei
begriff ist „bekennen": auf eine Behauptung hin ja sagen (b
drücke Joh 1, 20). So gab es in Pergamon harte Wortwe
gehörigen Druck, Jesus dem Herr die Treue aufzukün
Gemeinde bewährte sich aber **selbst in den Tagen des**
meines treuen Zeugen, der getötet worden ist bei euch, w
wohnt. Die schweren, von satanischer Finsternis erfüllten
inzwischen zurück. Die ganze Gemeinde geriet damals in
punkt öffentlicher Angriffe, doch war Antipas das einzi
erhält denselben Titel wie Jesus Christus in 1, 5. Die eng
gemeinschaft spricht daraus. Der Herr zieht ihn ganz
heran.

Über die äußere Seite des Vorfalls lassen sich nur
anstellen. Th. Zahn bringt den ausdrücklichen Hinweis
dieser Stelle mit dem Schlangenkult zusammen. Vieleic
ein Fest zu Ehren dieses „Weltheilandes" in Pergam
aus der ganzen Provinz strömten zusammen; drangv
durch die sich bei hochgespannter Stimmung die Proz
Da wird der als Christ bekannte Antipas als kritische
merkt. Schon Schweigen kann sprechen! Er wird hera
bleibt standhaft bis in den Tod. Er scheint ein Opfe
geworden zu sein. Nichts deutet auf eine planmäßige
auf ein gerichtliches Verfahren hin.

Doch auch gegen diese Gemeinde, die sich damal
schüchtern lassen, die aus schwerem Druck bewäh
hebt sich jetzt die Anklage ihres Herrn (Exkurs 1
eine „K l e i n i g k e i t" wider dich. Der Anklagepu
als geringfügig, und Vers 16 folgen allerschärfste
einem leichten Tadel keine Rede sein kann. Da
„Kleinigkeit" in Anführungszeichen zu setzen. Es
Kleinigkeit. Die Reden der Bileamiten stehen im

[124] Hier wird gern „meinen Glauben" übersetzt. Er
men der Gedankenwelt dieses Buches, an alle
Treue" zu übersetzen, z. B. 1, 5; 2, 10. 13. Zw
Genitiv „Treue m e i n e r", der sich im Deutsc
fassen: Treue, die sich auf mich bezieht, Tre
(„Harren meiner" = Harren auf mich), 1, 18
Tode). Diese Eigentümlichkeit hängt mit dem
nes zusammen.

[125] Dieser Satz ist grammatisch nicht übersetzbar.
änderung vor. Hier wurde angenommen, daß A
Handschriften haben ihn aber im Nominativ.

[126] Die folgend
Dieses Bild
zur Sünde
ersetzt. Da
Schluß von
16, 23; Rö 1
Götzendiens

wie so häufig, mit dem Wirken der Gemeinde, sondern mit ihrem Wohnplatz. Aber wie wichtig ist für eines Menschen Wirken seine Wirkungsstätte! (Vgl. die grundsätzliche Bedeutung des „Ortes", Anm. 108). Christus urteilt nicht an der Macht der Verhältnisse und der Atmosphäre vorbei. Die Gemeinde Pergamon lebt in Wohngemeinschaft mit dem Satan. Wie soll sie da als Gemeinde leben können?

Alle genannten Städte waren Satans Einflußgebiet (2, 9. 24; 3, 9). Aber Pergamon war der **Thron Satans,** Zentrale satanischer Strategie[120]. Welchen Anlaß hatte diese prophetische Deutung? Weil in der Offenbarung der Thron Gottes das Zentralbild ist, wird es sich hier um das entscheidende Gegenbild handeln.

Wird darauf angespielt, daß der Statthalter in dieser alten Königsstadt wohnte (während er in der damaligen Hauptstadt Ephesus seinen Amtssitz hatte)? Oder ist daran zu denken, daß hier schon 29 vor Christus dem römischen Kaiser Augustus ein Tempel geweiht worden war, als älteste und wichtigste Stätte des sich entwickelnden Kaiserkultes? Oder stach Pergamon als Stadt des ersten Martyriums (V. 13) in der Provinz hervor? Oder legt schon der Augenschein die Erklärung nahe, nämlich der Blick auf den 300 Meter über der Stadt weit sichtbar prangenden riesenhaften Zeusaltar, einer der sieben Weltwunder des Altertums[121]? Doch auch der Zusammenhang mit dem blühenden Schlangen-Heilkult (Asklepios — Soter) legt sich nahe, der damals in aller Welt zweihundert Heiligtümer unterhielt und dessen Hauptsitz Pergamon darstellte. Ein marmornes Schwimmbecken, das zum Bäder- und Kurbetrieb gehörte, ist noch heute zu besichtigen. Dort wirkte später Galenus, der berühmteste Arzt des Altertums. Leidende aus aller Welt wallfahrteten herbei, und Anekdoten und Titulierungen (z. B. Heiland), die an die Evangelien erinnern, wurden überliefert. Vieles daran konnten die Christen als eine teuflische Nachäffung ihres Heilandes empfinden. Vor allem mußte die Herausstellung und Verehrung der Schlange biblisches Denken geradezu auf den Gedanken an den Satan stoßen[122]. Schließlich erlebten auch Kunst und Wissenschaft an diesem Ort ihre Höhepunkte. Erinnert sei an das Bibliothekswesen, auch an das besonders feine Schreibleder, dort ent-

[120] Die Aussage erinnert an Hes 2, 6: „Auf Skorpionen sitzest du."

[121] Teile des Altars sind im Pergamon-Museum zu Berlin ausgestellt.

[122] Daß die Schlange für die alten Völker ein so hochheiliges Tier war, wird schon für 1 Mo 3 eine Rolle spielen: Sie ist Inbegriff des eindringenden Heidentums und damit Verderbensmacht und Todbringerin für Gottes Volk. Schlange oder Drache ist in der Offenbarung des Teufels Name, in 12, 9; 20, 2 wahrscheinlich unter Anspielung auf 1 Mo 3.

wickelt und produziert, das den Namen der Stadt als „Pergament" in die Welt hinausgetragen hat.

Bei dieser Sachlage empfiehlt es sich, die Bezeichnung „Thron Satans" auf die ganze Stadt[123] zu beziehen, in der die Gemeindeglieder verstreut wohnten, nicht aber auf bestimmte Bauten. Es ging um etwas Atmosphärisches, um Pergamon als hellenistisches Zentrum in seiner imposanten Gesamtheit, mit allem, was es religiös, kulturell und politisch so betäubend ausstrahlte. Wer aber Hellenismus sagt, sagt Verschmelzung (Einleitung Nr. 11). Die Gemeinde lebte mitten in diesem Schmelzofen.

Damit hat der Gedankengang wieder zur Bileamgeschichte zurückgeführt. Wer jene Kapitel im AT liest, spürt, wie sie durchzittert sind vom Wissen um einen Generalangriff Satans auf Gottes Volk. Es geht um Sein und Nichtsein. Zugleich verdient eine weitere Parallele festgehalten zu werden: Israel stürzte unmittelbar nach einer Kette von Siegen (4 Mo 21, 21–35) in diese Probe. Darin liegt die Taktik des Feindes: Er hofft auf des Siegers Neigung zur Leichtfertigkeit. Auch der Gemeinde Pergamon wird ein kürzlich errungener Sieg bescheinigt:

Du hältst fest an meinem Namen. Das deutsche Wort „festhalten" ist hier zu blaß. Mit aller Kraft sich festklammern und festkrallen, darum ging es. Es sollte etwas entrissen werden (vgl. 2, 25; 3, 11). Zum Loslassen wurde aufgefordert. Eine Verfolgungswelle ging über die Gemeinde hinweg. Umkämpft wurde der Name Jesu.

An diesem Namen entzündete sich, wie so oft im NT, die Auseinandersetzung mit der Umwelt (Mt 10, 22; 19, 29; 24, 9; Jo 15, 21; Apg 5, 41; 9, 16; 21, 13; 15, 26; 1 Pt 4, 14; Offb 3, 8): Im Zusammenprall mit dem Schlangenkult könnte es der Heilandsname gewesen sein (s. o.), gegenüber dem Kaiserkult später der Herrenname, gegenüber dem Judentum die Bezeichnung Jesu als Messias oder Gottessohn. Alle diese Titel werden im christlichen Bekenntnis als Namen „über alle Namen" verstanden, die Jesus über alle Größen emporheben, die den Kaiser und die Götter auffordern, daß sie „sich beugen sollen" (Phil 2, 9–10). Die Umwelt war oft großherzig und hätte die Verehrung Jesu hingenommen, wenn daneben die Ehrung anderer Herren und Heilande hätte weitergehen können. Aber die Erhebung dieses Jesus zum einzigen und wahren Herrn und Heiland war der Zündstoff, sobald das nur einmal begriffen wurde. Dann lief eine **gedemütigte** Welt Sturm gegen den Namen Jesu und verlangte von der Gemeinde, dieses Bekenntnis zurückzunehmen.

[123] Der Name der Stadt („Bergstadt") und die entsprechende Lage mögen den Vergleich gefördert haben.

Die folgenden Sätze verbreitern den gewonnenen Eindruck.

Und du hast die Treue zu mir[124] **nicht verleugnet.** Der schlichteste Sinn von „verleugnen" ist, auf Befragen hin nein sagen; sein Gegenbegriff ist „bekennen": auf eine Behauptung hin ja sagen (beide Ausdrücke Joh 1, 20). So gab es in Pergamon harte Wortwechsel und gehörigen Druck, Jesus dem Herr die Treue aufzukündigen. Die Gemeinde bewährte sich aber **selbst in den Tagen des Antipas**[125]**, meines treuen Zeugen, der getötet worden ist bei euch, wo der Satan wohnt.** Die schweren, von satanischer Finsternis erfüllten Tage lagen inzwischen zurück. Die ganze Gemeinde geriet damals in den Brennpunkt öffentlicher Angriffe, doch war Antipas das einzige Opfer. Er erhält denselben Titel wie Jesus Christus in 1, 5. Die enge Schicksalsgemeinschaft spricht daraus. Der Herr zieht ihn ganz dicht an sich heran.

Über die äußere Seite des Vorfalls lassen sich nur Vermutungen anstellen. Th. Zahn bringt den ausdrücklichen Hinweis auf Satan an dieser Stelle mit dem Schlangenkult zusammen. Vielleicht fand gerade ein Fest zu Ehren dieses „Weltheilandes" in Pergamon statt. Pilger aus der ganzen Provinz strömten zusammen; drangvoll die Straßen, durch die sich bei hochgespannter Stimmung die Prozession bewegte. Da wird der als Christ bekannte Antipas als kritischer Zuschauer bemerkt. Schon Schweigen kann sprechen! Er wird herausgefordert und bleibt standhaft bis in den Tod. Er scheint ein Opfer des Fanatismus geworden zu sein. Nichts deutet auf eine planmäßige Verfolgung und auf ein gerichtliches Verfahren hin.

Doch auch gegen diese Gemeinde, die sich damals nicht hatte ein- 14
schüchtern lassen, die aus schwerem Druck bewährt hervorging, erhebt sich jetzt die Anklage ihres Herrn (Exkurs 1c): **Aber ich habe eine „Kleinigkeit" wider dich.** Der Anklagepunkt ist alles andere als geringfügig, und Vers 16 folgen allerschärfste Töne, so daß von einem leichten Tadel keine Rede sein kann. Darum empfiehlt sich, „Kleinigkeit" in Anführungszeichen zu setzen. Es ist eine sogenannte Kleinigkeit. Die Reden der Bileamiten stehen im Hintergrund: Man

[124] Hier wird gern „meinen Glauben" übersetzt. Erstens empfiehlt es sich jedoch im Rahmen der Gedankenwelt dieses Buches, an allen Stellen „gläubig, Glaube" mit „treu, Treue" zu übersetzen, z. B. 1, 5; 2, 10. 13. Zweitens ist der im grie Text angehängte Genitiv „Treue meiner", der sich im Deutschen schwer nachahmen läßt, objektiv zu fassen: Treue, die sich auf mich bezieht, Treue zu mir. Vgl. die Genitive 1, 9; 3, 10 („Harren meiner" = Harren auf mich), 1, 18 („Schlüssel des Todes" = Schlüssel zum Tode). Diese Eigentümlichkeit hängt mit dem semitischen Sprachempfinden des Johannes zusammen.

[125] Dieser Satz ist grammatisch nicht übersetzbar. Jede Übersetzung nimmt irgendeine Textänderung vor. Hier wurde angenommen, daß Antipas ursprünglich im Genitiv stand. Die Handschriften haben ihn aber im Nominativ.

möge doch nicht mit Kanonen auf Spatzen schießen! In Wahrheit setzten aber diese angeblich geringen Dinge alle Bewährung und Entschiedenheit der Gemeinde aufs Spiel.

Der Rat, den Bileam dem König Balak erteilte (4 Mo 31, 16; 25, 1–3), bestand in einer ganzen „Harmlosigkeit", gemessen an einer Aufrüstung zur Feldschlacht: Lade sie zur Teilnahme am Götzendienst ein (und an der dabei üblichen Unzucht)! Schicke ihnen nicht ein großes Heer entgegen, sondern kleine Mädchen! Es handelte sich also um eine Kleinigkeit im Sinne einer Falle[126]. Du hast dort solche, die festhalten an der Lehre Bileams, der den Balak lehrte, die Söhne Israels zum **Abfall zu verführen, Götzenopferfleisch zu essen und Unzucht zu treiben.**

Schmerzlich berührt es, dem Begriff des Festhaltens von Vers 13 nun auch in diesem Zusammenhang zu begegnen (ebenfalls V. 15): Zweimal beharrliches Anklammern, das eine Mal aber am Namen Jesu, das andere Mal am Rat des Bileam. Dieses zweierlei Festhalten schien sich in Pergamon zu vertragen. Aber das Schwert des Herrn fährt dazwischen. Es verträgt sich nicht!

Beim Essen des **Götzenopferfleisches** handelt es sich um Mahlzeiten im Rahmen heidnischer Gottesdienste. Als Tischherren galten die Götter selbst, die das Fleisch der ihnen geopferten Tiere spendeten. Auf diese Weise genossen die Teilnehmer die Gemeinschaft mit den Göttern (vgl. 1 Ko 10, 20). Zugleich bedeuteten diese Feiern gesellschaftliche Höhepunkte und Verpflichtungen. Es war schwer, sich auszuschließen, wenn Verwandtschaft oder Bekanntschaft einluden. Schon Paulus setzte sich mit diesem Problem auseinander (z. B. 1 Ko 8–10). Das Fleisch ist ihm zunächst eine neutrale Angelegenheit, aber kann man es „an sich" genießen? Wie steht es mit dem Zusammenhang? Sobald man zu Ehren der Götter mitißt, gewinnt es ein negatives Vorzeichen, und es heißt: „Fliehet den Götzendienst!" (1 Ko 10, 14).

Diese Mahlzeiten arteten, gefördert durch üppiges Essen und durch Weingenuß, in ausschweifende und unzüchtige Gelage aus. Wichtiger aber ist die dahinterstehende Religiosität, die alle Kulte des vorderen Orients und damit Israels Umwelt beherrschte, nämlich die Vergötterung der natürlichen und sinnlichen Kräfte. Das Land galt als Muttergöttin. Sie wird fruchtbar, wenn der jugendliche Himmelsgott, Baal

[126] Die folgende Wendung „zum Abfall verführen" lautet wörtlich: „eine (Tier)falle legen." Dieses Bild aus der Jägersprache bekam später die Bedeutung: ein Verderben bereiten, zur Sünde reizen und zum Abfall verführen. In Vers 20 wird es auch durch „verführen" ersetzt. Damit aber ist wieder der Zusammenhang mit dem Satan hergestellt, vgl. den Schluß von 2, 2. Der Zusammenhang Satan und Falle erscheint auch Mt 13, 39. 41; 16, 23; Rö 16, 17. 20. Sehr oft bezieht das AT dieses Fallenstellen auf die Verleitung zum Götzendienst; außerdem Rö 14, 13; 1 Ko 8, 13.

genannt, sie mit seinen Regengüssen besamt. Diese Götterehe wird im Kultus gefeiert, dargestellt und in „heiligen Hochzeiten" nachvollzogen zu Ehren Baals. Die atst Propheten und auch Johannes nannten diese Gottesdienste wenig ehrerbietig **Unzucht.** In Korinth soll es nach Strabo (griech. Geograph und Schriftsteller, gest. 20 n. Chr.) tausend ständige Tempeldirnen gegeben haben. Diese Einrichtung drang auch in Israel ein: 1 Kö 14, 23–24; 15, 12; 22, 47; Hos 4, 14; 5 Mo 23, 18–19; Jer 2, 20; 3, 2. 6; Hos 4, 12–14; nach 2 Kö 23, 7 auch einmal in den Tempel von Jerusalem. Hes 23 ist eine flammende Anklagerede gegen diese Sünde Israels.

Die kleinasiatischen Kulte hatten auffallende Ähnlichkeit mit den syrischen und palästinensischen, so daß Johannes mühelos verstanden wurde, wenn er atst Worte auf die Lage der sieben Städte bezog. Einer der bevorzugtesten Götter des Hellenismus war Dionysius, in dessen Dienst sich die Menschen rauschhaft an die Natur und an das Vitale verloren. Speziell in Kleinasien genoß die „große Mutter Kybele" Verehrung. Es ist die „Diana" oder „Artemis" der Epheser von Apg 19, 24–35, die als Fruchtbarkeitsgöttin vielbrüstig dargestellt wurde.

Selbstverständlich untergrub die Teilnahme an solchen Kulten auch die Moral im außerreligiösen Leben. Der griechische Mensch neigte bis in seine edelsten Spitzen hinein zu großer Duldsamkeit gegenüber geschlechtlicher Ungebundenheit. Paulus bekam mit diesem Geist innerhalb der Gemeinde zu tun, der die sexuelle Freizügigkeit als den Beweis christlicher Überlegenheit wertete (1 Ko 8, 10). In der hellenistischen Welt war die Unzucht in allen ihren Formen unwahrscheinlich verbreitet, so daß Johannes die Stadt Babel, das Bild der damaligen Kulturmenschheit, als „Mutter der Hurerei" schaute (17, 5)[127].

[127] Zwei Zitate mögen die Linien bis in unsere Zeit ausziehen: „Wenn man sich einmal einen Eindruck geholt hat vom Sexualgehalt antiker Kulte, . . . wundert man sich nicht, daß sich das ursprüngliche Christentum mit größter Energie von aller Natur- und Triebhaftigkeit und insbesondere durch seine asketische Tendenz von der Sexualität abgewandt hat. . . . In einer Zeit, wo ein Großteil der Menschheit anfängt, das Christentum wegzulegen, lohnt es sich wohl, klar einzusehen, wozu man es eigentlich genommen hat. Man hat es genommen, um der Roheit und Unbewußtheit der Antike zu entkommen. Legen wir es weg, so steht schon wieder die ursprüngliche Roheit da, von der uns ja die zeitgenössische Geschichte einen nicht mehr zu überbietenden Eindruck gegeben hat" (C. G. Jung, Wandlungen und Symbole der Libido, 1925²).
„Innerhalb einer späten, verfallenden Zivilisation erheben sich wieder die Tempel der Isis und Astarte, jener asiatischen Muttergottheiten, denen man in Orgiasmen und Zuchtlosigkeiten, mit dem Gefühl hoffnungsloser Verlorenheit inmitten sinnlicher Schwelgereien dient. Die anmutige, bezaubernde Buhlerin ist das Idol der Zeit und schreitet geschmückt, mit gemalten Lippen — wie einst durch Babylon — durch die Städte Europas. Und die in durchsichtige Gewänder gekleidete Beherrscherin des Mannes trägt das Symbol der unbeschränkten Geschlechtsmischung, den Hund, auf dem Arm . . ." (Bäumler, Mythos von Orient und Okzident, CCXCI).

Der Ausdruck „Unzucht treiben" trifft also einen vielschichtigen Tatbestand. Er bedeutet, heidnischen Kulten anheimfallen, also von Gott abfallen, die „Ehe" mit ihm brechen. Dieser geistige Ehebruch wuchs sich oft zur buchstäblichen Unzucht aus. Das erste Gebot, das vor Nebengöttern warnt, ist unterirdisch mit dem sechsten Gebot, das vor Nebenfrauen warnt, verbunden. Treue ist unteilbar, ob es sich nun um die Treue zu Gott oder zur eigenen Frau handelt. Diese „Unzucht" im umfassenden Sinn hatte sich in der Gemeinde Pergamon besonders fest und frech eingenistet. In Ephesus war lediglich von den „Werken" dieser Leute die Rede. Hier wird über ihre Lehre und ihre Lehrtätigkeit berichtet. Vielleicht liegt darin das Fortschreiten von der eigenen Praxis zur öffentlichen Rechtfertigung, ja Werbung. Sie machen Schule und haben Schüler.

Was tut die Gemeinde? **Du hast solche,** ein völlig neutraler Ausdruck, keine Stellungnahme verratend. Weder kann wie von der Gemeinde Ephesus gesagt werden: „Du hassest sie" (2, 6), noch wie von den Christen in Thyatira: „Du duldest sie" (2, 20). In Pergamon gehen diese beiden Gruppen und diese beiden Verkündigungsströme einfach nebeneinander her. Aber diese innergemeindliche Neutralität ist gerade der Anklagepunkt gegen das nach außen so tapfer bekennende Pergamon. Wie still, wie merkwürdig still sind die gleichen Männer geworden. Das ist Untreue im Ansatz. Die Kraft zum Bekennen war erlahmt und setzte an einem bestimmten Punkt aus. Da war etwas in ihnen, das sich mit den Bileamiten verständigte und sich in ihrem Verhältnis zu Jesus als Fremdkörper auswirkte.

Die Untreue hat ja ihre besten Schlupfwinkel bei den Treuen. Dort vermutet sie niemand, auch die Treuen selbst kaum. Aber der erhöhte Herr bringt das Verborgene ans Licht. Sein Schwert ist nicht stumpf geworden. Schnittsicher legt er den Herd der Untreue bloß. Auch der Allertreueste soll sich prüfen. „Wer sich dünkt, er stehe, mag wohl zusehen, daß er nicht falle." Der Satan ist überaus listig, und Jesus sagt: Du wohnst bei des Satans Thron.

15 Das völlig Unvermutete, das bei dieser Aufdeckung zum Vorschein kommt, und der tiefe Schmerz darüber liegt im Ton des abschließenden Anklagewortes: **So hast du, ja du, solche, die in gleicher Weise an der Lehre der Nikolaiten festhalten.** Entweder stellen die Nikolaiten eine zweite Gruppe neben den mehr jüdisch geprägten Bileamiten dar (Anm. 109), oder es soll gesagt werden: Wie Balak seinen Bileam hatte, so hatten die Pergamener ihre Nikolaiten. Die Nikolaiten spielten in Pergamon die Rolle Bileams.

16 Dem kurzen Bußruf folgt das Drohwort (Exkurs 1d): **Tue also Buße, wenn aber nicht, komme ich dir schnell und werde mit ihnen kriegen mit dem Schwert meines Mundes.** Diese und die andere Stelle

19, 11 vom „Kriegen" Jesu Christi verwahren sich deutlich gegen ein buchstäbliches Verständnis (Anm. 79). Aber Christus wird richten, und zwar werden die Bileams immer sehr scharf genommen (4. Mo 31, 8; Mt 17, 6–7; Gal 1, 7–9; 5, 12 und unten Vers 22.) Das Gericht weiß die Urheber genau zu treffen, aber die ganze Gemeinde wird dadurch gezüchtigt und beschämt.

Wer ein Ohr hat, höre, was der Geist den Gemeinden sagt. (Zum 17
Merkspruch vgl. Exkurs 1e.) Was sagt der Geist im Lichte gerade dieser Gemeindebotschaft? Er sagt zur Gemeinde ja und nein, ja zu ihrem Bekenntnis nach außen, nein zu ihrem innergemeindlichen Schweigen. Er sagt ihr: Deine Bekenntnissituation ist mit „jenen Tagen" nicht zu Ende. Sie verlängert sich bis in dein Heute. Unverändert wohnst du, wo Satans Thron ist. Die „alte Schlange" begegnete damals als Mörderin, jetzt als Verführerin. Zweimal also der Satan. Darum geht es auch zweimal um deine Treue und zweimal um Sieg. Erkenne die Duplizität der Ereignisse und laufe nicht, nachdem du in der offenen Auseinandersetzung gesiegt hast, in den Hinterhalt. In die Mitte der Gemeinde tritt ihr Herr, dessen Schwert nicht nach einer Seite hin stumpf geworden ist. Ihm geht es um einen allseitigen Sieg.

Der Siegerspruch (Exkurs 1f) wiederholt zu Anfang sinngemäß den Spruch an Ephesus: **Dem Sieger werde ich geben vom verborgenen Manna.** Dort und hier ist vom Essen als Zeichen vollkommener Gemeinschaft mit Christus die Rede[128]. Bengel bemerkt: „Darüber sollte man den Appetit zum Götzenopferfleisch verlieren." Allerdings bewegt sich 2, 7 im Rahmen der Paradieses-Vorstellung. Hier aber steht die Mosezeit im Hintergrund, darum Anknüpfung an die Manna-Speisung.

Die Fortsetzung des Spruches erinnert an 2, 10b und die Wettkampfatmosphäre: **Und ich werde ihm geben einen weißen Stein.** Die Sieger auf den Olympiaden wurden nach ihrer Rückkehr in der Heimatstadt hoch geehrt und wohl auch durch Wertgegenstände oder Steuervergünstigungen belohnt. Sie benötigten aber eine Beglaubigung. Zu diesem Zweck empfingen sie bei der Siegerehrung in Olympia außer dem Kranz auch weiße Marmortäfelchen mit ihrem Namen.

[128] Das Manna hat die jüdischen Endzeitspekulationen außerordentlich beflügelt. Jeremia soll Bundeslade und Mannakrug auf dem Sinai in Sicherheit gebracht haben, wo beides in messianischer Zeit wieder aufgefunden werden wird. Oder der Himmel birgt jetzt Mannavorräte, die am Ende für die große Empfangsmahlzeit aufgetan werden usw. Johannes gab dem „Manna" christlichen Inhalt. Das Lebensbrot ist eindeutig Jesus selbst, und zwar sowohl als der ins Fleisch Gekommene wie auch als der im Heiligen Geist Gegenwärtige und in Herrlichkeit Erscheinende (Jo 6, 32–35. 38. 48–51. 54–58). Auf dem letzten Punkt liegt hier der Ton.

Der Empfang des weißen Steines erklärt sich also als Element der Siegerehrung[129].

Die Fortsetzung zieht die Aufmerksamkeit auf sich: **Und auf dem Stein einen neuen Namen geschrieben, welchen niemand weiß außer dem, der ihn empfängt.** Hier begegnet das erste Mal in der Offenbarung das Wort **neu.** Später wird von neuen Liedern, neuem Jerusalem, neuem Himmel und neuer Erde zu hören sein. Alles neu! Das ist das Kennwort der kommenden Welt Gottes. Gegenbegriff ist das gegenwärtig Bestehende. Den Übergang vom einen zum anderen leistet nicht eine Entwicklung. Entwicklung macht nichts neu, sondern offenbart nur das Alte neu. Darum bezeichnet „neu" den Schöpferakt, das Wunder (vgl. zu 5, 9).

Dieser Akt wird hier auf den **Namen** der Sieger bezogen. Wie am Anfang alles bei Namen gerufen wurde (1 Mo 1, 5. 8) und damit seine Stellung, Berufung und sein Geschick empfing, so auch in der Erneuerung aller Dinge. Die Bibel kennt Umbenennungen als Umprogrammierungen (Abraham 1 Mo 17, 5; Jakob 1 Mo 32, 29; Jünger Mk 3, 16; Joh 1, 42). Gott bricht ein Leben ab und um. Jes 62, 2; 65, 15; 56, 5 kündigt eine endzeitliche Umbenennung Israels an. Es empfängt den Siegernamen. Damit ist das bisherige Dasein endloser Ängstigung beendet: „Denn die früheren Ängste sind vergessen und vor meinen Augen entschwunden" (Jes 65, 16).

Auch die Gemeinde in Pergamon kam aus der Gefährdung nicht heraus. Kaum hatte sie eine Schlacht glücklich geschlagen und glaubte sich eine Verschnaufpause gönnen zu dürfen, da stand schon wieder alles auf dem Spiel. Aber Gott wird aus diesem Stand in einen anderen Stand hinüberbringen. Er gibt dem Treuen noch einmal einen neuen Namen. Daß **niemand weiß,** wie dieser neue Name lautet, außer dem Geber und dem Träger des Namens, unterstreicht die Geborgenheit des neuen Zustandes. Dieser Name ist Geheimnis zwischen Christus und der sieghaften Gemeinde und damit Ausdruck störfreier Gemeinschaft. Wie dieser Name jedem Mißbrauch durch Dritte entzogen ist, so kann auch niemand dieses neue Verhältnis zu Christus antasten. Die Gemeinde kann endlich ungetrübt ihrer Berufung leben: unangreifbares Leben! (vgl. hierzu 7, 9).

Denen, die schwer um ihre Treue ringen, beteuert der Herr doppelt seine Treue: Ich werde geben, ich werde geben.

[129] Die Deutungen als Amulettsteinchen (Schutzgedanke), Gerichtssteinchen (Freispruch) oder atst Lossteinchen (Glücksteil, Ps 16, 6) legt der Text nicht nahe.

An die Gemeinde in Thyatira

Offenbarung 2, 18–29

18 **Und dem Engel[96] der Gemeinde in Thyatira[97] schreibe: Das spricht**
der Sohn Gottes, der da hat die Augen wie Feuerflammen, und
19 **seine Füße gleich Erzglut. * Ich weiß deine Werke – deine Liebe**
und deine Treue und deinen Dienst und dein Harren; und deine
20 **letzten Werke** (sind) **größer als die ersten. * Aber ich habe wider**
dich, daß du (gewähren) **lässest das Weib Isebel, die sich selbst**
eine Prophetin nennt und lehrt und meine Knechte verführt zur
21 **Unzucht und zum Götzenopferfleisch. * Und ich habe ihr eine Frist**
gegeben, damit sie Buße tue, aber sie will nicht Buße tun von ih-
22 **rer Unzucht. * Siehe, ich werfe sie auf ein Krankenlager, und die-**
jenigen, die mit ihr Ehebruch getrieben haben, in große Trübsal,
23 **wenn sie nicht Buße tun von ihren** (des Weibes) **Werken. * Und**
ihre Kinder werde ich töten durch Pest, und alle Gemeinden sollen
erkennen, daß ich (es) **bin, der da erforscht Nieren und Herzen,**
24 **und ich werde euch geben einem jeden nach seinen Werken. * Ich**
sage aber euch, den übrigen in Thyatira, die nicht haben diese
Lehre, die nicht erkannt haben die Tiefen des Satans, wie sie (die
Anhänger Isebels) **sagen: Nicht werfe ich auf euch eine andere**
25/26 **Last. * Nur: Was ihr habt, haltet fest, bis ich komme. * Und**
dem, der siegt und hält bis ans Ende meine Werke, werde ich ge-
27 **ben Vollmacht über die Nationen, * und er wird sie weiden mit**
28 **einem eisernen Stock, wie irdenes Geschirr zerbricht, * wie auch**
ich (es) **empfangen habe von meinem Vater, und ich werde ihm**
29 **geben den Morgenstern. * Wer ein Ohr hat, höre, was der Geist**
den Gemeinden sagt.

Zu Vers 18: Dan 10, 6
Zu Vers 20: 4 Mo 25, 1 f
Zu Vers 23: Jer 11, 20 Ps 7, 10 62, 13
Zu Vers 26 f: Ps 2, 8 f

Nach Empfängerangabe und Schreibbefehl (Exkurs 1a) nimmt die Selbstvorstellung des Herrn (Exkurs 1b) wieder ein Element aus Kapitel 1 auf: **Das spricht der Sohn Gottes, der da hat die Augen wie Feuerflammen, und seine Füße** (sind) **gleich Erzglut.** Als „Sohn Gottes" wird Christus in der Offenbarung nur hier vorgestellt. Aber 1, 6 fand sich eine indirekte Parallele (s. dort weitere Stellen). Der Titel scheint hier mit Ps 2, 7 zusammenzuhängen, wird doch dieser Psalm zum Schluß ausführlich verwendet (V. 26–27). Der Gottessohn ist hier der Richter der aufsässigen Untertanen. Die folgenden Stücke aus 1, 14. 15, die feuerflammenden Augen und glühenden Füße, heben die überlegene Rechtsfindung und Rechtsvollstreckung hervor. 18

Diese Gemeindebotschaft läßt sich als Steigerung des Sendschreibens an die Gemeinde in Pergamon verstehen, die auch schon mit

Götzendienst und Unzucht zu tun hatte (hier V. 20). Doch dort ging es nach V. 12 und 16 um den Richter s p r u c h. Pergamon scheute die Stellungnahme; es fehlte die Kraft, das Notwendige zur Sprache zu bringen. Hier mangelt es nicht nur an der Kraft, sondern auch schon am klaren Wissen; es scheint schon eine bedingte Zustimmung zur Irrlehre vorzuliegen (V. 20 im Unterschied zu V. 14).

An dieser Stelle mag ein weiterer Punkt vorweggenommen werden. Thyatira stand im Schatten Isebels (V. 20), der Unheilsgestalt aus der Königszeit, wie Pergamon unter dem Bileamthema. Auch darin lag eine Verschlimmerung. Beide verkörperten die Verführung, aber Bileam war Ausländer, Isebel Glied des eigenen Königshauses geworden. Das machte die Lage notvoller und die Abwehr schwerer.

19 **Ich weiß deine Werke,** hebt wieder die richterliche Bestandsaufnahme an (Exkurs 1c). Das Lob wird stärker als in anderen Gemeindebotschaften entfaltet: **deine Liebe und deine Treue und dein Dienst und dein Harren.** Zweimal wird hier das Schema innen-außen angewandt: Zu Christus hin Liebe (vgl. 2, 5), vor der Welt Zeugentreue (vgl. 2, 13); in der Gemeinde tätige Bruderliebe, außerhalb leidensbereites Harren auf Jesus (vgl. 2, 2). Mit diesen Christen schien es umgekehrt zu stehen wie mit denen zu Ephesus, bei denen die Liebe und die ersten Werke zurückgingen. Hier nahmen sie sogar zu: **Und deine letzten Werke sind größer als die ersten** (vgl. dazu 2, 5). So überraschend wie in der ersten Gemeindebotschaft bricht aber jetzt die Anklage (Exkurs 1c) herein:

20 **Aber ich habe wider dich, daß du** (gewähren) **lässest das Weib Isebel, die sich selbst eine Prophetin nennt und lehrt und meine Knechte verführt zur Unzucht und zum Götzenopferfleisch.** Es liegt der gleiche Tatbestand wie bei Bileam vor, vielleicht noch herausfordernder und unverschämter, indem jetzt die Unzucht sofort an die erste Stelle tritt (zu den Einzelheiten 2, 14)[130]. Auch die öffentliche Werbung fehlt nicht: In Thyatira scheint man der predigenden Irrlehrerin die Gemeindebelehrung überlassen[131] zu haben, während die von Christus gelobten Jünger sich auf das Feld der praktischen Nachfolge zurückzogen (vgl. V. 19). In Pergamon standen immerhin noch zwei Verkündigungsrichtungen nebeneinander.

Isebel ist hier sicher ein symbolischer Name (Anm. 109). Daß er ausgerechnet „die Keusche" bedeuten könnte[132], muß auch im Blick auf die israelitische Königin im AT mit Bitterkeit vermerkt werden.

[130] Die Stadt Thyatira scheint einer Nachricht zufolge in sittlicher Hinsicht in einem schlechten Ruf gestanden zu haben.

[131] Vgl. zum Ausdruck „lassen" Jo 11, 48: „Lassen wir ihn (machen), werden sie alle an ihn glauben."

[132] Nicht völlig sicher, vgl. A. Meister, Biblische Namen, Wuppertal 1958.

Über sie drang der syrische Fruchtbarkeitskult in Israel ein (1 Kö 16, 31—33). 1 Kö 22, 38; 2 Kö 9, 30 schimmert vielleicht etwas von seinem Charakter durch. Sie predigte zwar nicht selbst, aber sie brachte hunderte von Propheten der heidnischen Fruchtbarkeitsgöttin ins Land (1 Kö 18, 19), rottete die Propheten des Herrn aus (1 Kö 18, 4. 13) und schüchterte Elia ein. So wurde sie Musterbild der Lügenprophetie. 1 Kö 21, 25 wird ihre Verführerrolle erwähnt und Vers 26 auch ein Zusammenhang mit der Bileam-Zeit hergestellt. Auch hier verführt sie **meine Knechte** (so wörtlich 2 Kö 9, 7; 17, 13). Es sind die Gemeindeglieder, die 1, 1 „seine Knechte" genannt werden.

Und ich habe ihr eine Frist[133] **gegeben, damit sie Buße tue.** Obwohl 21
es Apg 11, 18 heißt, Gott „gibt" Buße, versetzt er doch nicht einfach in Buße. Er wirft sie dem Menschen nicht an, wie den Putz an die Wand. Der Mensch wird von Gott nicht wie eine Wand behandelt, das wäre gnadenlose Gnade (Einleitung Nr. 46). Er gibt Raum und Zeit zur Buße. **Aber sie will nicht Buße tun von ihrer Unzucht.** Nach Mt 23, 37 hatte Jesus seinen guten Willen geraume Zeit aufrechterhalten: „Wie oft habe ich gewollt . . . aber du hast nicht gewollt." Auch Jo 5, 40 heißt es: „Ihr wollt nicht." Ebenso hatte Israel unter dem Bekehrungswirken des Elia (1 Kö 18, 37) wirklich etwas zu wollen. Die Länge der Gnadenfrist wird 1 Kö 18, 21 vorausgesetzt: „W i e l a n g e hinket ihr auf beiden Seiten? . . . Und das Volk antwortete ihm nichts." Keine Zusage und keine Absage. Bockig steht es in der Gnadenstunde da.

Das folgende Drohwort (Exkurs 1d, zur Schärfe siehe zu 2, 16) besteht im Blick auf „Isebel" nur noch aus einer Strafmitteilung, weil ihre Bußzeit ja bereits abgelaufen war: **Siehe,** beginnt die schwurähnliche Versicherung. „Irret euch nicht, Gott läßt sich nicht spotten; denn was der Mensch sät, das wird er auch ernten" (Gal 6, 7). In diesem Sinne wird der Zusammenhang zwischen Sünde und Gericht (Anm. 208) auch hier erkennbar:

Ich werfe sie auf ein Krankenlager. Das Hurenbett wird zum Siech- 22
bett, wie Saat zur Ernte wird. **Und diejenigen, die mit ihr die Ehe gebrochen haben, in große Drangsal, wenn sie nicht Buße tun von ihren** (des Weibes) **Werken.** Diese Ehebrecher — es handelt sich wohl nicht nur um geistlichen Abfall, sondern auch um buchstäblichen Ehezerfall — waren einst „meine Knechte" (V. 20). Nicht nur Christusnachfolge führt in Drangsal (s. zu 1, 9), sondern auch Abfall und Sünde: „Es ist bei Gott recht, Drangsal zu vergelten denen, die Drangsal antun" (2 Th 1, 6; Rö 2, 9). Vielleicht war „Isebel" der menschlichen Leidensscheu entgegengekommen, hatte den schmalen Weg deswegen breit gemacht und versprochen, in ein glücklicheres Leben zu führen.

[133] Hbr 12, 17 wird ähnlich vom „Raum (Ort) zur Buße" gesprochen.

Aber sie führte in trostloses Leid. Noch aber wird für ihre Anhänger auf Umkehr gehofft. Der Ton ist jedoch ultimativ wie Ps 2, 10–12: „Seid verständig, laßt euch warnen, daß er nicht zürne und ihr umkommet auf dem Wege."

Ein Gott ohne Zorn wäre auch ein Gott, der von dem durch die Sünde angerichteten Weltleid nichts wüßte. Unrecht und Verführung erregen ihn, als ob es ihn selbst beträfe. Auch das seelische Gleichgewicht dessen, der ihn wirklich kennt, bleibt beim Anblick dieser Dinge nicht ungestört.

23 Das Drohwort schließt mit einer Ankündigung, deren Auslegung nicht einhellig ist: **Und ihre Kinder werde ich töten durch Pest**[134]. Wieder bietet sich eine Verbindung mit der atst Isebel an, deren Kinder Geschick 1 Kö 21, 21. 29; 2 Kö 10, 7 berichtet wird. Handelt es sich auch hier um die leiblichen Kinder der Frau oder aber um ihre Schüler? Im zweiten Fall läge eine Parallel-Aussage zu Vers 22 vor. Dort und hier wird den Anhängern Drangsal angedroht; hier aber, nachdem sie Umkehr abgeschlagen haben und nicht mehr „Knechte Jesu" heißen können, sondern endgültig „Kinder" der Irrlehrerin geworden sind[135].

Das Gericht ist, wie das Gericht auf dem Karmel 1 Kö 18, gleichzeitig Handeln Gottes an der Gesamtgemeinde: **Und alle Gemeinden sollen erkennen.** Es soll ihnen wieder voll bewußt werden, was ihnen in ihrer Vergeßlichkeit abhanden gekommen ist: Ich bin, so daß alles „Hinken auf beiden Seiten" aufhört. Nicht nur im Zeichen des Trostes kann dieses „Ich bin" in die Gemeinde hineingesprochen werden (1, 4. 8. 17), auch einmal unter dem Dröhnen des Gerichts. Erste Erkenntnisquelle ist gewiß Gottes Güte (Rö 2, 4). Wo Gottes Güte aber nicht zum Erkennen seiner Wahrheit und Wirklichkeit führt, sondern immer wieder zum Verkennen, zur Verharmlosung Gottes und seines Evangeliums, gibt es noch diese zweite Erkenntnisquelle: das Gericht in der Gemeinde. Jesus verspricht, diese Verkennungen aufzuheben: **Siehe!**

Er ist der Gemeinderichter, **der da erforscht Nieren und Herzen,** also Begierden und Gedanken, **und ich werde euch geben, einem jeden nach euren Werken.** Auf die untrügliche Rechtsfindung durch allen scheingeistlichen Dunst hindurch wiesen schon in der Selbstvorstellung des Herrn (V. 18) die „Augen wie Feuerflammen", auf die heilige Gerichtsvollstreckung „nach den Werken" die „Füße wie Feuer" (Einzelheiten s. zu 1, 14).

[134] Wörtlich: „töten durch Tod", womit in der LXX mehrmals der Pesttod umschrieben wird, z. B. Hes 14, 21; 33, 27; 2 Sa 12, 14. Der gleiche Ausdruck findet sich auch 6, 8.

[135] Der gleiche Sprachgebrauch auch z. B. 1 Ko 4, 14. 17; 2 Ko 6, 13; Mk 10, 24.

„Nach den Werken" ist eine allgemein biblische Wendung (z. B. Spr 24, 12). Auch bei Paulus klingt sie an, z. B. Rö 2, 6. Formeln bedürfen aber immer der Auslegung durch den jeweiligen Zusammenhang. Hier steht das „ich werde geben" dem „ich habe gegeben" in V. 21 gegenüber: Wenn also jemand im Gericht „nach den Werken" ewiges Leben empfängt, dann wird zu rühmen sein, was die Güte, Geduld und Langmütigkeit Gottes an ihm tat. Davon, daß irgend jemand sein Heil verdient, kann keine Rede sein. Andererseits steht das „ich werde geben" dieses Verses dem „ich werde geben" in V. 26 und 27 gegenüber. Die dort genannten Heilsgaben übersteigen jedes Verdienst (vgl. Exkurs 1f am Schluß). So steht unser Vers zwischen den Gnaden Gottes. Es geht von Gnade zu Gnade und d a r u m in äußerstem Ernst auch um Werke.

Schließlich enthält der besprochene Vers 23 aber auch eine Gegen- 24
losung gegen die erkenntnisstolze Scheinfrömmigkeit, die im folgenden Mahnwort (Exkurs 1d) zitiert wird: **Ich sage aber euch, den übrigen in Thyatira.** Dieser Teil der Gemeinde scheint der kleinere Teil zu sein, nur ein Überbleibsel, ein an die Wand gedrängter Rest von solchen, die sich einen sauberen Christussinn bewahrt haben. In Vers 19 wurde diese Gruppe auffallend gelobt, und jetzt wird sie getröstet und gemahnt, wie die nur gelobten Gemeinden in Smyrna und Philadelphia – trotz des Tadels in Vers 20! Warum kommt kein energischer Befehl: Tut die Isebel-Leute hinaus!? Das ist in gewissen Verhältnissen nicht möglich, nämlich dann nicht, wenn die an Christus gebundene Gemeinde in der Gemeinde zur Minderheit geworden ist. Hier übernahm deswegen der Herr selbst die Gemeindezucht (V. 22–23).

Die „übrigen" erinnern wieder an die Auseinandersetzung Elias mit Isebel: 1 Kö 19, 10. 14. 18. Es sind die „7000, die ihre Knie nicht vor Baal gebeugt haben", oder **die nicht haben diese Lehre.** Diese Lehre wird nun gekennzeichnet: **die nicht erkannt haben die Tiefen Satans, wie sie** (die Anhänger Isebels) **sagen.** Vielleicht verdreht dieser Satz mit Absicht das Schlagwort von der „Tiefe Gottes", die diese Irrgläubigen erkannt zu haben behaupten, in „Tiefe des Satans". Damit würde abgestritten, daß es Gott ist, den sie erkannt haben, welcher Erlebnisse sie sich auch rühmten. Es ist ein irregeführter oder heuchlerischer Tiefsinn. Wahrscheinlich aber handelt es sich um ein echtes Schlagwort der Gegner. „Wir haben Erkenntnis!" blähten sie sich auf (1 Ko 8, 1). Um Gott und seine Gnade wirklich zu begreifen, mußte man nach ihrer Lehre in den „Tiefen Satans" gewesen sein, worunter sie allem Anschein nach ein Rauscherlebnis verstanden, bei dem auch sittliche Grenzen niedergelegt wurden. Alles einmal mitgemacht zu haben, galt als Zeichen der Reife, dessen man sich rühmte. Wer nicht genug übernatürliche und satanische Dinge erlebt hatte, mochte geradezu von Minderwertigkeitsgefühlen befallen worden sein. Paulus setzte dagegen: „An der Bosheit seid Kinder!" (1 Ko 14, 20). „Ich will aber, daß ihr weise seid zum Guten, aber einfältig zum Bösen" (Rö 16, 19). Manchmal gewinnt man den Eindruck, daß ein handfester Aberglaube die Menschen mehr fesselt als schlichter Glaube an Christus, der in der Liebe tätig ist.

Diesen „übrigen" gilt also die Zusage: **Nicht werfe ich auf euch eine andere Last.** Hier könnte die im vorigen Vers verwundert festgestellte Milde und das Ausbleiben eines Drohwortes an die Getadelten seine Erklärung finden: Sie haben schon genug gelitten. Damit ist die Sache erledigt. Weitere Straf- oder Leidenslasten sollen nicht auferlegt werden. Nicht nur die Gnadenfrist für Isebel ist bereits abgeschlossen (V. 21), auch die Gerichtszeit für die übrigen[136].

25 **Nur: Was ihr habt, haltet fest, bis ich komme.** Festhalten wird freilich von ihnen erwartet wie von der Gemeinde in Pergamon (2, 13). Aber ihr Kampf ist ein reiner Verteidigungskampf; ihr Sieg wäre, daß in Thyatira wahre Christen b l e i b e n. Von Bodengewinn wird nicht gesprochen.

26 An dieses Beharren knüpft auch der Siegerspruch an (Exkurs 1f). **Und dem, der siegt und hält meine Werke bis ans Ende.** „Ende" ist hier das Kommen Jesu von Vers 25. Bis an dieses Ende dem Anfang treu bleiben (s. zu 2, 5), dem gilt Thyatiras Kampf. Das in 1, 3 und so oft auf Worte Jesu bezogene Halten bezieht sich hier auf die Werke Jesu. Das mag kein Zufall sein. Schon Vers 19 vermeldete bei aller Ausführlichkeit nichts von einer Predigttätigkeit der Treuen in Thyatira. Isebel scheint die Verkündigung völlig an sich gerissen zu haben. Sie ging in ihrer Weise mit den Worten Jesu um, und niemand war ihren Verdrehungskünsten gewachsen. Bei dieser Sachlage wäre eine Mahnung an die „übrigen", das Wort Jesu zu bewahren, es also im Gottesdienst zu verkündigen und zu hören, gegenstandslos gewesen. Wer aber einem Irrlehrer gegenüber nicht mehr zu Wort kommt oder keine Worte mehr findet, ist noch nicht aller Verantwortung ledig. „An ihren Früchten sollt ihr sie erkennen!" (Mt 7, 20). Worte hin, Worte her — wo sind die Werke Jesu? Wie ist es mit seiner Gesinnung nach Phil 2, 1—11 bestellt? Wer diesen Weg beharrlich geht, hat Verheißung: **Ich werde ihm Vollmacht geben über die Nationen.** Der Gedanke an neue Missionsvollmacht innerhalb der irdischen Ge-

[136] „Ich werfe nicht auf euch" steht dem „ich werfe sie" in Vers 22 gegenüber. — Oder man versteht Last als Gesetzesauflage und zieht Apg 15, 28 heran. Dort werden unter vier verbotenen Stücken auch Blut und Ersticktes aufgezählt. Diese beiden Punkte würden dann hier vom Herrn selbst ausdrücklich zurückgenommen, während allein die Verbote des Götzenopferfleisches und der Unzucht (hier V. 20) aufrechterhalten blieben.

meindegeschichte paßt nicht in den Rahmen der Siegersprüche, die immer den Eintritt des Endes voraussetzen. Es gilt vielmehr die Wiederaufnahme des schon in der Selbstvorstellung Vers 18 angeklungenen Psalm 2 zu beachten. Vollmacht ist hier Anteil am endgeschichtlichen Zorngericht durch den Sohn Gottes über seine unbeugsamen Gegner (1 Kö 6, 2). Mit anderen Worten: Das jetzt so übermächtig hereindrängende Heidentum wird die Gemeinde nicht überwältigen, sondern dieser scheinbar unterlegene Rest wird überwinden. „Kindlein, ihr seid von Gott und habt jene überwunden; denn der in euch ist, ist größer, als der in der Welt ist" (1 Jo 4, 4).

In bildgeladener Sprache aus Psalm 2 heißt es weiter: **Und er wird** 27
sie weiden mit einem eisernen Stock, wie irdenes Geschirr zerbricht.
In diesem Zusammenhang ist „weiden" ebenfalls Gerichtsausdruck (vgl. 19, 15) und der „eiserne Stock" als Waffe gedacht. Auch das Zerschmeißen von Geschirr war für den antiken Menschen sofort ein klarer Hinweis: Bei ägyptischen Thronfeierlichkeiten zerschmiß der König symbolisch Töpfergeschirr. So würde er den Widerstand ande-
rer Reiche brechen (vgl. Jes 30, 14; Jer 19, 11). **Wie auch ich empfing** 28
von meinem Vater. Hier wird indirekt der Gottessohn-Titel von V. 18 wieder aufgenommen. Der Vater gab ihm Vollmacht (Mt 28, 18), aber der Sohn gibt weiter und gibt teil denen, die er liebte, erlöste und berief (1, 5—6).

Die zweite Gabe hängt eng mit der ersten zusammen: **Und ich werde ihm geben den Morgenstern.** Die Betrauung mit der Aufgabe („Vollmacht über die Nationen") wird ergänzt durch Überreichung eines entsprechenden Zeichens an die Siegergemeinde. Im Altertum war die Venus geläufiges Symbol für Sieg und Herrschaft[137].

Wer ein Ohr hat, höre, was der Geist den Gemeinden sagt. (Zum 29
Merkspruch s. Exkurs 1e.) Was spricht der Geist Gottes zur Gemeinde unter dem Isebel-Thema? Das Heidentum hatte in dieser Gemeinde eine Schlacht gewonnen, behauptete das Feld und führte das Wort. Die Verschmelzung von Christus und Baal schien fast vollzogen. Noch hält sich ein christlicher Rest. An ihm werden wenigstens noch im Wandel Unterschiede deutlich. Über dieser Gemeinde flammen die Augen des Gottessohnes auf, der unterwegs ist zu seinem Endsieg. Sein Geist scheidet die Geister: Da ist die verstockte Isebel, für die die Gnadenfrist ablief, ferner die Gruppe ihrer Anhänger, auf deren Umkehr noch zu warten ist, und da sind schließlich

[137] Diese Deutung empfiehlt sich, weil der Stern an dieser Stelle nicht etwas ist, was über ihnen oder in ihnen aufgeht, sondern ihnen in die Hand gegeben wird. Er versinnbildlicht also weder Christus (wie 22, 16) noch sein Reich (4 Mo 24, 17) noch die volle Heilserkenntnis (2 Pt 1, 18). Vgl. E. Lohse, a. a. O. S. 28.

die übrigen. Die übrigen stellt er nun beiseite, legt ihnen die Hand auf – schonend, aber auch mahnend. Dieser bereits geschlagene Haufe kann gewinnen, d. h. Christus wird den Kampf gegen das Heidentum gewinnen, und sie werden in wunderbarer Weise dabei sein.

An die Gemeinde in Sardes

Offenbarung 3, 1–6

Zu Vers 5:
Ps 69, 29
2 Mo 32, 32 f
Dan 12, 1

1 **Und dem Engel[96] der Gemeinde in Sardes[97] schreibe: Das spricht,**
der da hat die sieben Geister Gottes und die sieben Sterne. Ich weiß
deine Werke – du hast den Namen, daß du lebst, aber du bist tot.
2 *** Werde wach und stärke das übrige, das im Begriff ist zu sterben.**
Denn ich habe deine Werke nicht als völlig erfunden vor meinem
3 **Gott. * Gedenke also, wie du empfangen hast und hörtest, und be-**
wahre (es) **und tue Buße. Wenn du nun nicht wachen wirst, werde**
ich kommen wie ein Dieb in der Nacht, und du wirst wahrlich nicht
4 **wissen, zu welcher Stunde ich über dich komme. * Aber du hast**
wenige Namen in Sardes, die ihre Kleider nicht besudelt haben,
und sie werden wandeln mit mir in Weiß, denn würdig sind sie
5 (es). *** Wer so siegt, wird angetan werden mit weißen Gewändern,**
und keinesfalls werde ich seinen Namen aus dem Buch des Lebens
auslöschen, und ich werde bekennen seinen Namen vor meinem
6 **Vater und seinen Engeln. * Wer ein Ohr hat, höre, was der Geist**
den Gemeinden sagt.

1 Zur Empfängerangabe und zum Schreibbefehl s. Exkurs 1a. Ohne Zweifel steht die Selbstvorstellung (Exkurs 1b) in starker Beziehung zu den ihr folgenden Versen. **Das spricht, der da hat die sieben Geister Gottes.** Sie sind Träger seiner göttlichen, lebenschaffenden Macht (1, 4), die hier besonders deutlich auf die Gemeinden bezogen wird: **und die sieben Sterne** (1, 16. 20). In diesem Fall gilt seine Geistesfülle einer Gemeinde, die geistlich tot ist. „Der Geist macht lebendig" (Jo 6, 63). Das Lebensthema tönt bis in den Siegerspruch hinüber.

Daran anknüpfend soll hier der Vorschlag gewagt werden, den Abschnitt auf dem Hintergrund des Hesekiel zu sehen, besonders der Kapitel 18 und 33–37. Von Sterben, Tod und Leben spricht er häufiger als irgendein anderer Prophet. Das Erweckungsthema und der Geist als Lebensmacht (Hes 37, 5. 10. 14; 18, 31) sind für ihn zentral.

Die richterliche Bestandsaufnahme (Exkurs 1c) ist kurz und vernichtend, wovon allerdings einige Personen nach Vers 4 auszunehmen sind. Bengel schreibt: „Das ist ein furchtbares Wort, daß nur dadurch noch erträglich ist, daß es noch in diesem Leben gesprochen wird", und daß es der Herr spricht, der über die Fülle des Geistes und über die Auferstehungskräfte verfügt. Vor ihm sind auch die Toten nicht hoffnungslos.

Zunächst wird ein Haben (Anm. 101) bescheinigt. **Du hast den Namen, daß du lebst.** Es war eine Gemeinde von Ruf. Aber dieser Ruf trog. Auch der Ruf Smyrnas, der Ruf der Armut und Ärmlichkeit, trog. Jene trug „allezeit das Sterben Jesu an ihrem Leibe" und befand sich dennoch auf dem Lebensweg als die wahrhaft „Reiche" (2, 9). Hier aber muß der Herr anders herum den Schein berichtigen. Wenn auch für Menschenaugen nichts den Ruf der Gemeinde in Sardes, eine lebendige und aussichtsreiche Gemeinde zu sein, widerlegte – innen keine Zerreißproben und außen kein Märtyrerhorizont –, so fragt man sich gerade: Warum wurde diese Gemeinde so in Ruhe gelassen? Warum blieb der Satan, der sonst keine Gemeinde ungestört ließ, Sardes fern? Weil die Gemeinde geistlich tot war. Wo Sündentod, kein Märtyrertod.

Aber diese Zusammenhänge merkt sie noch nicht. Noch spricht sie nicht mit Hes 37, 11: „Unsere Gebeine sind verdorrt, und unsere Hoffnung ist verloren, und es ist aus mit uns." Sie hat in der Umwelt ja den Namen, daß sie lebt, und von diesem Namen wiederum lebt sie[138]. Gemeinde und Umwelt wiegten sich gegenseitig in Schlaf. Aber der Herr weiß: **Du bist tot**[139]. Er schaut längst hinter die Fassade und sieht, daß alles Schein ist. In Sardes ist man falsch zufrieden und guter Dinge, falsch aktiv, falsch fromm und falsch treu.

In einem sehr eindringlichen Bußwort (Exkurs 1d) hämmern fünf 2
Imperative durch den Schlafsaal der Gemeinde. Das Bild vom geistlichen Tod geht über in das Bild vom geistlichen Schlaf (vgl. Eph 5, 14)[140]: **Werde wach!** Der Weckruf verbindet sich sogleich mit dem Wächterauftrag: **Und stärke das übrige, das im Begriff ist zu sterben.** So wurde einst Hesekiel beauftragt: „Ich habe dich zum Wächter gesetzt über das Haus Israel" (Hes 3, 17–19; 33, 7–9). Die Gemeinde Jesu ist nach 1, 1 Prophetin, also Hesekiel-Gemeinde. Sie soll ihre Umgebung vor dem anrückenden Gericht warnen. Aber in

[138] Die viermalige Erwähnung des „Namens" in diesem Abschnitt knüpft vielleicht daran an, daß die Gemeinde auf Ruf und Namen viel gab. – Vielleicht liegt in 3, 1 der Ursprung für den Begriff des „Namenchristen".

[139] Sündentod bei Hesekiel: 18, 32; 33, 11; 37, 1–14.

[140] Einige Ausleger (z. B. J. P. Lange, S. 89) verstanden diesen Bildwechsel nicht und meinten, das Urteil in Vers 1 werde nachträglich wieder gemildert. Sardes sei doch nicht geistlich tot, sondern noch ansprechbar gewesen. Aber auch für geistlich Tote gilt Lk 20, 38: „Ihm leben sie alle." Auch die Fülle des Todes nach Hes 37, 2 bedeutet kein Unmöglich für den, der die Fülle des Geistes hat.

Sardes schläft der ntst Hesekiel auf seinem Posten. Er schläft und läßt schlafen, d. h. sterben. In der Gemeinde Sardes ist also das Harren (1, 9) erlahmt. Sie spricht: Er kommt noch lange nicht, wenn er überhaupt kommt! Das ist ihr Totsein von Vers 1. Nun wird sie neu zu ihrem Wächteramt erweckt[141].

Das übrige ist grammatisch[142] und sachlich nicht dasselbe wie „die übrigen" 2, 24. Hier ist kein Gedanke an einen treuen Rest, vielmehr an die Umwelt der Gemeinde zu Sardes, die **im Begriff ist zu sterben.** Doch zwischen Fällung und Vollstreckung des Todesurteils entsteht ein Raum der Gnade, in dem das Zeugnis der Gemeinde gebraucht wird. Es könnte aber auch übersetzt werden: **das sterben will.** Über den Verurteilten liegt Resignation, vgl. Hes 33, 11: „Warum wollt ihr sterben?" Es gibt dieses trotzig-verzagte Nichtwollen, dieses heimliche Zweifeln an Gnade, Buße, Änderung und Erneuerung in der Umgebung der Gemeinde. Der furchtbare Anblick von 9, 6 gilt hier noch nicht: „Und in jenen Tagen werden die Menschen den Tod suchen und nicht finden, werden begehren zu sterben, und der Tod wird von ihnen fliehen." Aber die Entwicklung läuft dahin. Sardes soll dazwischentreten und den Gehorsam des Glaubens aufrichten: **Stärke** das übrige, das sterben will! Wie ein abschließendes Ergebnis einer richterlichen Bestandsaufnahme heißt es noch: **Ich habe deine Werke nicht als völlig erfunden vor meinem Gott.** Die Gemeinde, die in dem Rufe stand, „lebendige Gemeinde" zu sein, ist einen entscheidenden Teil ihres Dienstes schuldig geblieben, nämlich den Wächterdienst in der Nacht der Glaubens- und Hoffnungslosigkeit. Der faule Knecht hatte sein Pfund vergraben (Mt 25, 25) und sich selbst gelebt.

Wieder ist an Hesekiel zu denken: Gott rügte die damaligen Propheten, weil sie die Gottlosen ungewarnt in den Tod laufen ließen und sich selbst schonten (13, 5; 3, 17–19; 33, 6; 34, 1–6). So lebte die Gemeinde nicht ihrer Sendung, die sie erhielt, als sie Gemeinde wurde, und für die sie geliebt, erlöst und geschaffen ist (1, 5–6).

3 An diese ihre Anfänge erinnert der dritte Imperativ: **Gedenke**

[141] Ein Blick in die Zusammenhänge bei Hesekiel erweist sich hier als fruchtbar. Der heranrückende Feind, vor dem die Gottlosen zu warnen sind, ist Gott (21, 14–15; 14, 17). Er hat sein Schwert gezogen, um die Ungehorsamen zu richten. Zugleich hintertreibt er sein eigenes Gericht, indem er Hesekiel als einen Wächter oder Späher aufstellt. Alarmgeben ist das Amt des Propheten (Jer 6, 17; Hab 2, 1; Jes 21, 6–8). Dadurch wird er zum Lebensretter; doch dahinter steht eben Gott, der kein Gefallen hat am Tode des Sünders (18, 23. 32; 33, 11). — In der Offenbarung ist nicht ein einzelner, sondern die ganze Gemeinde Prophet; zu warnen ist auch nicht allein Israel, sondern die Völker.

[142] Die Form von 2, 24 findet sich auch 8, 13; 9, 20; 11, 13; 19, 21 und 20, 5. Die Form von 3, 2 erscheint Hes 36, 3 und 5 für „übriggebliebene Heiden", die das Gericht noch vor sich haben; außerdem Lk 12, 26; 1 Ko 11, 34; 15, 37.

also, wie du empfangen hast und hörtest. Wie Ephesus (s. 2, 5) soll sie ihren vergessenen Anfang wieder ergreifen. Die Entstehung der Gemeinde in Sardes wird durch Ausdrücke in Erinnerung gebracht, die mehrmals im NT das Erwachen für Christus umschreiben. Im Mittelpunkt stand die Missionspredigt. Menschen wurden Nehmende und Hörende. Die Aufforderung, daran zu „gedenken", schließt ein, daß Gott sein Wort aufrechterhält. Er bietet alles ein zweites Mal an (vgl. zu 2, 5). Doch aus dem Hörenden und Empfangenden muß ein Bewahrender werden: **und bewahre** (es). Es gibt keine lebendige Gemeinde ohne dieses Bewahren (vgl. 3, 10).

Der fünfte Imperativ an Sardes **und tue Buße** steht sonderbarerweise an letzter Stelle. Vielleicht erklärt der Vergleich mit der Botschaft des Hesekielbuches auch diese Reihenfolge. Hesekiel spricht sehr häufig von der Buße, allein im 18. und 33. Kapitel je siebenmal. Jedesmal liegt dabei der Ton auf Abkehr und Ablassen von der Sünde. Unter dieser Voraussetzung steht der Begriff hier sinnvoll am Schluß, indem aus dem neuen Bedenken, Ergreifen und Bewahren des Evangeliums die Folgerungen zu ziehen sind: Abkehr von den heidnischen Verunreinigungen, s. Vers 4.

Das Drohwort (Exkurs 1d) kleidet sich in das schon in Jer 49, 9, Joe 2, 9 bekannte Bild vom Diebeseinbruch, das im NT bei Matthäus, Lukas, Paulus, Petrus und Johannes wiederkehrt: **Wenn du nun nicht wachen wirst, werde ich kommen wie ein Dieb in der Nacht.** Der Dieb kommt als Feind. Christus als Einbrecher! Der Vergleichspunkt besteht hier in der Ahnungslosigkeit der Heimgesuchten. **Und wirst wahrlich nicht wissen, zu welcher Stunde ich über dich kommen werde.** Das Bild darf nicht dahin gepreßt werden, als bekäme eine bußfertige und wachende Gemeinde die Stunde zu wissen. Aber das Kommen des Herrn verliert für die wachsame Gemeinde den Überfallcharakter (vgl. 1 Th 5, 3–4). In 16, 15 erscheinen die Zusammenhänge sehr plastisch (s. d.). Hier liegt der Ton auf einer für Gottes Volk verderblichen Unwissenheit. Bei den Christen in Laodizäa war es mangelnde Selbsterkenntnis (3, 17), in der Gemeinde Sardes mangelnde Christuserkenntnis, die jener voraufgeht. Heiden mögen durch Mangel an Erkenntnis entschuldbar sein, Christen belastet er. „Mein Volk wird vertilgt aus Mangel an Erkenntnis" (Hos 4, 6). Unwissenheit und Unwissenheit ist eben nicht in allen Fällen das Gleiche, wie auch nicht Schlafen und Schlafen. Das Schlafen der G e m e i n d e ist das Schlafen auf Posten (3, 2), und darum so folgenschwer.

Überleitend zum Siegerspruch macht der Herr auf bestimmte Glie- 4
der der Gemeinde aufmerksam: **Aber du hast wenige Namen in Sardes, die ihre Kleider nicht besudelt haben.** Dem Schein-Namen von

Vers 1 stehen echte „Namen“ gegenüber, die die Gemeinde „hat“, nämlich Personen[143]. Gekennzeichnet werden sie durch ihre Kleider. Hier ist an die Vorbemerkung zu 1, 12–16 zu erinnern: Was einer trägt, das ist er. Besudelte Kleider bedeuten sündiges Wesen. Die Sünde bestand in Sardes wie in den anderen Städten im Abfall zu den heidnischen Kulten[144]. Aber hier werden Ausnahmen gerühmt. Ihnen gilt die Verheißung: **Und sie werden wandeln mit mir.** Dieser Ausdruck erinnert wie so manche Stücke des Abschnittes an die Botschaft für Ephesus, nämlich an die paradiesische Gemeinschaft von 2, 1. Sie werden dann gekleidet sein in der Siegerfarbe[145], **in Weiß, denn würdig sind sie** (es). Aus diesem Wortlaut könnte freilich wieder der jüdische Verdienstgedanken herausgelesen werden (vgl. 2, 23). Diejenigen erhalten also weiße Kleider, die ihre Kleider im Erdenleben unbefleckt hielten („bewahrten“ 16, 15), d. h. die Versuchung des Heidentums überwanden und Christus treu blieben. Aber wodurch blieben sie treu und überwanden sie? Durch des Lammes Blut (12, 11), durch ständiges Waschen der Kleider in des Lammes Blut (7, 14; 22, 14) oder durch das Einkaufen dieser Kleider bei Jesus ohne Geld (3, 18). Welche „Würdigkeit“ weisen sie also bei der endzeitlichen Einkleidung vor? Gnade! Begnadigte empfangen dann Gnade! Freilich stammt das Wort „würdig“ aus dem kaufmännischen Denken und hat einen Platz in der jüdischen Verdiensttheologie, aber hier wird es evangelisch gefüllt: Gnade wird durch Gnade „verdient“. Aus seiner Fülle nehmen wir Gnade für Gnade (Jo 1, 16). Das ist und bleibt die vollkommene Beschreibung des Christseins; und man wird ein Christ, indem man unter der Missionspredigt ein Nehmender wird (V. 3).

5 **Wer so siegt.** Es soll und muß in der Gemeinde nicht bei den „wenigen“ von Vers 4 bleiben, die Jesus treu bleiben. Aber an den Treuen werden drei Akte angekündigt, deren sprachlicher Ausdruck im Bereich des Gerichtlichen wurzelt: **Er wird angetan werden mit weißen Gewändern.** Im morgenländischen Rechtswesen gab es die Einkleidung als Akt der Freisprechung (so deutlich 6, 11). Entkleidung

[143] Bei feierlichen Namensaufrufen, wie sie z. B. bei Konstituierungen von Körperschaften üblich sind, erhält „Name“ die Bedeutung von „Person“, so z. B. vierzehnmal in 4 Mo 1; auch 3, 40. 43; 26, 53. Nach Abschluß der Liste stellt die Versammlungsleitung die Zahl der Namen fest. Um solche amtliche und rechtskräftige Personenerfassung geht es auch Apg 1, 15. Vgl. ferner 11, 13.

[144] Das seltene Wort „besudeln“ meint Sach 14, 2 geschlechtliche Versündigung; dagegen Jer 23, 11; Jes 65, 4; 1 Ko 8, 7; Offb 14, 4 Verunreinigung durch Götzendienst; also bedeutet es Unzucht im buchstäblichen und religiösen Sinn (s. zu 2, 14).

[145] Dieser Sinn der Farbe zeigt sich besonders eindeutig 7, 9, aber auch 3, 5; 6, 11; 19, 8; etwas anders 3, 18 (wie Sach 3, 3–5).

bedeutete Entehrung des Schuldigen (Hes 16, 39; vgl. Offb 3, 18; 16, 15). **Und keinesfalls werde ich seinen Namen aus dem Buch des Lebens auslöschen.** In Gerichtsversammlungen werden Bücher aufgetan. Das „Buch des Lebens“ erklärt sich am besten aus Jes 4, 3 als Bürgerliste des neuen Jerusalems, die Gott führt. Streichung wäre Ausrottung aus seinem Volk. Darauf nimmt wieder Hesekiel Bezug (13, 9), als er gegen die versagenden Propheten spricht. Aber Sardes hat nun nicht mehr den alten Namen von Vers 1. **Und ich werde bekennen seinen Namen vor meinem Vater und seinen Engeln.** Auch das Bekennen gehört vor den Gerichtshof, wie er hier versammelt gedacht ist. Christus tritt als Hauptzeuge auf. Es ist derselbe, der die Gemeinde Sardes nach Vers 4 bereits angeklagt hat (vgl. „vor meinem Gott“ Vers 2, „vor meinem Vater“ Vers 5). Auch dort war von einer Rechts„findung“ die Rede. Jetzt aber schämt er sich nicht, sich zu den gleichen Menschen voll zu bekennen (Hbr 2, 11). Im Gericht an der Gemeinde wird also ein neues Treuekapitel aufgeschlagen, das in immer neue Erfahrungen der Treue Gottes hineinführt.

Wer ein Ohr hat, höre, was der Geist den Gemeinden sagt. Diese 6
Gemeinde wird durch das Hören auf ihren Herrn mit neuer, nicht mehr erwarteter Hoffnung erfüllt. Sie mußte sich als erstorben erkennen. Aber bei Jesus ist Geist ohne Maß. Der Herr hält sein Lebensangebot voll aufrecht. Die Gemeinde fühlt sich noch gelähmt von bleierner Müdigkeit, aber nun glaubt sie wieder an ihren Auftrag für die Umwelt. Ihre Kleider sind besudelt, aber Jesus hat strahlendes Weiß für sie bereit und einen so überzeugenden Namen, daß er in der Heiligkeit vor Gott und seinen Engeln genannt werden kann.

An die Gemeinde in Philadelphia

Offenbarung 3, 7–13

7 **Und dem Engel[96] der Gemeinde in Philadelphia[97] schreibe: Das**
spricht der Heilige, der Wahrhaftige, der den Schlüssel Davids hat;
der Öffnende – und niemand wird verschließen, und der Ver-
8 **schließende – und niemand öffnet. * Ich weiß deine Werke –**
siehe, ich habe vor dir eine offene Tür gegeben, die niemand zu
schließen vermag –: daß du eine kleine Kraft hast, aber du hast
9 **bewahrt mein Wort und nicht verleugnet meinen Namen. * Siehe,**
ich gebe aus der Synagoge Satans, von denen, die sich selbst
Juden nennen, (es) aber nicht sind, sondern lügen –, siehe, ich
werde machen, daß sie kommen und sich zu deinen Füßen nieder-

Zu Vers 7:
Jes 22, 22
Zu Vers 9:
Jes 60, 14
45, 14
49, 23
Ps 86, 9
Jes 43, 4

Zu Vers 12:
Hes 48, 35
Jes 62, 2
65, 15

10 **werfen und erkennen, daß ich, ja ich dich geliebt habe. * Weil du**
bewahrt hast das Wort vom Harren auf mich, werde auch ich dich
bewahren (und retten) **aus der Stunde der Prüfung, die kommen**
wird über den ganzen Erdkreis, zu prüfen die Bewohner der Erde.
11 *** Siehe, ich komme schnell. Halte fest, was du hast, daß niemand**
12 **deinen Siegeskranz wegnehme. * Den Sieger werde ich zur Säule**
im Tempel meines Gottes machen, und er soll wahrlich nicht nach
draußen hinausgehen (müssen), **und ich werde auf ihn den Namen**
meines Gottes schreiben und den Namen der Stadt meines Gottes,
des neuen Jerusalem, das herabsteigt aus dem Himmel von mei-
13 **nem Gott, und meinen neuen Namen. * Wer ein Ohr hat, höre,**
was der Geist den Gemeinden sagt.

7 Zu Empfängerangabe und Schreibbefehl s. Exkurs 1a. Die Selbstvorstellung des Botschafterlassers (Exkurs 1b) knüpft nur mit dem Wort **Schlüssel** an 1, 18 an. Dort ging es um die Schlüssel zum Totenreich; zu dem ganz anderen Schlüssel an dieser Stelle siehe Jes 22, 20–22. Eljakim soll in das Amt des Hofmeisters eingeführt werden und als dessen Wahrzeichen einen großen Schlüssel auf der Schulter tragen. Zu allen Räumen, besonders zu den Vorratsräumen, besitzt er Zugang, denn er hat „Vater" zu sein und alle zu versorgen. Das Judentum hat die Stelle messianisch gedeutet. Wenn hier schon nicht mehr vom Schlüssel zum Hause Davids, sondern einfach vom Schlüssel Davids die Rede ist, drückt sich darin der Wille zur Vergeistigung aus. Der Davidspalast im irdischen Jerusalem interessiert nicht, sondern das Davidsheil im neuen Jerusalem. Christus macht die Schätze der Heilswelt Gottes zugänglich (Rö 8, 32). Er besitzt die Schlüssel zu allen Räumen, nach 1, 18 zum Totenreich, nach 3, 7 zum Heilsreich. Ihm ist gegeben alle Vollmacht im Himmel und auf Erden (Mt 28, 18).

Das Sprechen in Begriffen aus dem AT geht weiter: **Der Heilige, der Wahrhaftige.** Die zweite Bezeichnung verstärkt die erste. Er ist der wahrhaft Heilige[146]. Damit schmückt Jesus sich mit einer der häufigsten Gottesbezeichnungen des Judentums. Nirgendwo aber erscheint sie so beherrschend wie im Jesaja-Buch (über 60 Stellen). Gott ist der Reine und widersteht allem, was ihm nicht gleicht. Und doch entzieht Gott sich nicht den Ungleichen. Nein, er ist so sehr gegen Unreinheit, daß er auf die Unreinen zugeht, sie angreift und in seiner Reinheit überwindet. Der Heilige ist so heilig, daß er heilig macht. Darum konnte gerade Jesus Träger dieses Titels werden (z. B. Jo 6, 69). Er verband sich in besonderer Weise mit dem Gottesknechts-

[146] In ähnlicher Weise 3, 14; 19, 11; 21, 5; 22, 6: der wahrhaft Treue; 15, 3; 16, 7; 19, 2: der wahrhaft Gerechte. Wahrheit, wahrhaftig sind Vorzugswörter der johanneischen Schriften.

Titel (z. B. Apg 4, 27. 30), der wiederum aus Jesaja stammt. Jesus ist der „heilige Knecht", von Gott gesalbt.

Die Selbstvorstellung ist sprachlich also jesajanisch geprägt. Diese Prägung setzt sich im ganzen Abschnitt durch. Nicht nur, daß die Türverwalterfunktion Jesu im nächsten Vers Thema bleibt und sich noch einmal im Siegerspruch andeutet. Auch viele andere Einzelheiten und der ganze Zusammenhang atmen die Trostbotschaft des Jesajabuches.

Wie ist diese Gemeindebotschaft von der an Smyrna, mit der sie so vieles verbindet, abzuheben? Beide Gemeinden empfangen keine Anklage, sondern werden gelobt und getröstet. Beide leiden unter der „Synagoge Satans" (2, 9; 3, 9). Zu beiden wird vom Siegerkranz gesprochen (2, 10; 3, 11). Und doch unterscheiden sie sich. Für Philadelphia kommt keine Verfolgung durch die heidnischen Behörden hinzu wie 2, 10. Die Gemeinde hat es allein mit Juden zu tun. Wenige Jahre später sendet Ignatius einen Brief nach Philadelphia, der die Gemeinde ganz ähnlich beurteilt: Sie steht lobenswert da, ist aber in schwere Auseinandersetzung mit der Judenschaft verwickelt, die das AT glaubt als Waffe ins Feld führen zu können. Im Blick darauf mag diese Gemeindebotschaft so besonders tief in das AT eingetaucht sein. Die Christen sollen in dem Bewußtsein bestärkt werden, daß das AT keinen Grund für, sondern nur gegen das dortige Judentum liefert. Für die Christen in Smyrna trat dagegen die Auseinandersetzung mit den Heiden beherrschend in den Mittelpunkt. Darum werden sie auf den Kreuzesweg verwiesen, der Jesus in den Händen der Heiden zeigt.

Darum ist die Botschaft an Smyrna die neutestamentlichste unter allen, mit der ntst Leidensgestalt in der Mitte. Dagegen empfängt die Gemeinde in Philadelphia das alttestamentlichste Wort mit dem heiligen Gottesknecht in der Mitte.

Die richterliche Bestandsaufnahme (Exkurs 1c) wird zu Beginn von 8
einem Zuspruch unterbrochen: **Siehe, ich habe vor dir eine offene Tür gegeben, die niemand zu schließen vermag.** Die Gemeinde litt unter den Absperrversuchen durch die Judenschaft, die ihr den Zugang zu Gott absprach und ihren Gottesvolkcharakter, nämlich das wahre Judesein (V. 9), bestritt. Aber der Herr bekundet ihr von vornherein sein Vertrauen. Als großer Schatzmeister versichert er ihr gegenwärtigen und zukünftigen Zugang zu allen Heilsgütern.

Zum vollen Anteil an den Schätzen Christi wird in der Regel auch eine offene Missionstür gehören[147]. Der Ausbruch aus der Ummaue-

[147] Offne Tür als Bild für das Geschenk einer missionarisch offenen Situation: 1 Ko 16, 2; 2 Ko 2, 12; Kol 4, 3; Apg 14, 27.

rung durch Mißtrauen, Voreingenommenheit oder Haß gelingt letzten Endes nicht durch die Geschicktheit oder Liebenswürdigkeit der Christen, sondern ist eine Gabe Christi. Aber der besprochene Abschnitt enthält keinen Hinweis auf Heidenmission. Und auch der Siegerspruch bezieht sich auf den Zugang zur Gottesstadt, nicht auf die Heidenwelt. Steht die Gemeinde wirklich in der Liebe und Erwählung Gottes? Darum geht es.

Wie mag eine auserwählte Gemeinde aussehen? **Du hast eine kleine Kraft.** „Fürchte dich nicht, du Würmlein Jakob, du armer Haufe Israel", heißt es auch Jes 41, 14 an einer Stelle, den den Juden sicher bekannt war, die ihnen aber neu gesagt werden mußte. Von dieser Stelle her zieht sich der Gedanke von der kleinen Gemeinde durch das NT. Da ist die Rede von der „kleinen Herde" (Lk 12, 32), den „kleinsten unter allem Samen" (Mt 13. 32), dem „Glauben wie ein Senfkorn" (Mt 17, 20); und bei Matthäus finden sich die Jüngerbezeichnungen der „Kleinen" oder „Geringen" (10, 42; 18, 6. 10. 14; 25, 40. 45). Diese Feststellungen sind, wie in Jes 41, 14 und wie hier, immer wieder mit einer besonderen Schutzzusicherung verbunden.

War die Gemeinde in Philadelphia klein an Zahl oder nur finanzschwach? Oder soll an die geringe Bildung und an die Herkunft aus den untersten Schichten erinnert werden (1 Ko 1, 26)? Das mag alles sein, aber der Ton liegt auf den geringen Wirkungsmöglichkeiten: Du bist einflußlos! Und von dieser innerweltlichen Belanglosigkeit wurde seitens der Juden auf das Gottesverhältnis geschlossen; ein Trugschluß, den die erste Vershälfte richtigstellt.

Wie verständlich wäre es gewesen, wenn die Gemeinde in Philadelphia gesprochen hätte: Die Welt ist groß und wir sind klein; darum hat es keine Bedeutung, was wir tun und lassen. Aber die Gemeinde ist treu gewesen: **Aber du hast bewahrt mein Wort und nicht verleugnet meinen Namen**[148]**.** Zu diesem Lob ist 2, 13 zu vergleichen. Dort wurde die Probe gegenüber dem „Satansthron" bestanden, hier gegenüber der „Satanssynagoge" (V. 9). Die Judenschaft hatte die Christen unter Druck genommen, Jesus abzusagen. E i n Jude (nämlich Paulus), der Christen zwang, Jesum zu fluchen, ist namentlich bekannt und hat es selbst berichtet: „Ich zwang sie zu lästern" (Apg 26, 11).

9 Das Trost- und Mahnwort (Exkurs 1d) beginnt mit dem zweiten „siehe" (V. 8. 9 zweimal), das die besondere Autorität eines göttlichen Zuspruchs hervorhebt: **Siehe, ich gebe aus der Synagoge Satans, von denen, die sich selbst Juden nennen,** (es) **aber nicht sind, sondern lügen –.** Zu dieser Vershälfte kann auf 2, 9 verwiesen werden. Auch

[148] „Name" wieder sehr oft bei Jesaja.

bei Jesaja wird Israel unter Umständen der Ehrenname entzogen: „Ihr Herren von Sodom, du Volk von Gomorra" (1, 10). Jesaja 1, 21 ist Jerusalem eine „Hure", voller „Mörder". Von der Lüge Israels sprechen 28, 15–17, vgl. 30, 9–11; 59, 13. Neu ist hier die Ankündigung von Judenbekehrungen[149] in Philadelphia: **siehe, ich werde machen, daß sie kommen und sich zu deinen Füßen niederwerfen und erkennen, daß ich, ja ich dich geliebt habe.** Der Satz findet sich großenteils Jes 60, 14 und 43, 4. Überdies ist er gesättigt mit Vorzugswörtern oder Gedanken aus dem jesajanischen Trostbuch[150].

Freilich verwendet die Offenbarung diese Elemente wieder völlig selbständig (vgl. z. B. 1, 7 und Einleitung Nr. 23). Jetzt sind nicht die Juden diejenigen, die als Ziel der Völkerwallfahrt aufgesucht und als die Geliebten erkannt werden, sondern sie selbst machen sich auf, kommen zur Gemeinde aus Juden und Heiden und erkennen diese als das wahre Gottesvolk. Der Anspruch dieser Gemeinde mit der kleinen Kraft war nicht überheblich; Christus selbst übernimmt es, den Beweis dafür überwältigend anzutreten.

Eine Grundaussage über das Wesen der Gemeinde, die schon 1, 5 vorangestellt wurde, klingt hier wieder auf. Ihr Wesen ist Geliebtsein bei Gott und Jesus. Geliebtsein ist nicht Liebsein. Nicht die Qualität der Gemeinde bringt die Juden auf die Knie, sondern (betont) „er, ja er", der liebende Herr[151].

Man beachte, daß an dieser Stelle nicht von einem Erkennen aller Juden beim Kommen Jesu die Rede ist. Hier wird die Bekehrung einiger Juden angekündigt. Immer wieder werden einzelne Juden zum Glauben kommen[152], und dies als gewaltige Trosterfahrung für die Gemeinde. Schärfste Bestreiter treten auf ihre Seite, und die notvolle Frage: „Woran sollen wir erkennen, daß du uns lieb hast?" (Mal 1, 2) findet ihre Antwort. Zugleich zeigt sich, wie die Bezeichnung „Satanssynagoge" nicht gemeint sein kann: Sie bedeutet keine Verdammung sämtlicher Juden. Die Glieder der Synagoge sind nicht abgeschrieben, so wenig Petrus abgeschrieben war, als der Herr zu ihm sagte: „Gehe hinter mich, Satan!" (Mt 16, 23).

Eine zweite Verheißung folgt: **Weil du bewahrt hast das Wort vom** 10
Harren auf mich, werde auch ich dich bewahren (und retten) **aus der Stunde der Prüfung, die kommen wird über den ganzen Erdkreis, zu**

149 Vgl. H. Frey.

150 Zum Kommen der Heidenvölker, ihrem Niederfallen zur Anbetung, ihrem Erkennen der Liebe Gottes zu den Erwählten, z. B. 41, 8. 20; 43, 4; 44, 2. 15. 17. 19; 45, 14; 46, 6; 49, 7. 12. 18. 23. 26; 51, 2; 52, 10; 60, 10; 61, 9; 63, 9; 66, 14. 18. 23.

151 Wertvoll ist der Vergleich mit der ausführlicheren Stelle Joh 17, 22–23.

152 Die Parallele 1 Ko 14, 24–25 läßt an ein Ereignis im christlichen Gottesdienst denken.

prüfen die Bewohner der Erde. Die gewissenhafte Ausrichtung des „Wortes" (V. 8) wird jetzt hinsichtlich ihres Inhalts deutlich: Zur wahrhaft christlichen Wortverkündigung gehört wesentlich die Ausrufung des kommenden Herrn[153]. In der späteren Christenheit rückte leider weithin an die Stelle dieses Zielpunktes der Todesgedanke: Der Mensch kommt nach seinem Sterben zu Gott.

Wie die Gemeinde mit dem „Wort" umgeht, so geht der Herr mit ihr um[154]. Die bewahrende Gemeinde wird die bewahrte Gemeinde sein. Jo 17, 15 bestimmt das Verständnis des Ausdrucks „bewahren": „Ich bitte nicht, daß du sie von der Welt nehmst, sondern daß du sie bewahrst vor dem Bösen." Der Gedanke, daß die Gemeinde gar nicht erst in die Gefahr hineinkommen könnte, scheidet betont aus. Aber sie soll in furchtbaren Verführungszeiten rein erhalten bleiben; sie soll, wie Vers 17 wiedergibt, geheiligt werden in der Wahrheit (s. auch zu 7, 2 und 12, 14).

Prüfung (zum Ausdruck s. 2, 10) durchzieht die ganze Endzeit, aber nicht nach Ausbreitung und Stärke gleichmäßig (s. zu 1, 9). Es gibt Zuspitzungen und eine letzte Zuspitzung in der Auseinandersetzung zwischen Christus und dem Antichristus. Solch ein Höhepunkt ist die „große Drangsal" (s. zu 7, 14), ein Geschehen für Gläubige und auch für die **Bewohner der Erde.** Es sind diejenigen, die der Erde verhaftet sind und sich begeistert für die Erde entscheiden, sich ihr an die Brust werfen, um sich in ihr gegen Christus und das Himmelreich zu verschanzen (vgl. 6, 10; 8, 13; 13, 8. 12. 14; 17, 2. 8; in 11, 10—12 wechselt Erdbewohner mit „Feinde"). Alle werden nun endgültig daraufhin geprüft, wie sie sich zu Gott und seinem Lamm verhalten wollen. Mitten darin ereignet sich das Wunder der Bewahrung (s. zu 7, 3; 9, 4; 11, 1; 12, 6. 14. 16; 14, 1).

11 Den beiden Trostworten folgt schließlich eine Mahnung (Exkurs 1d), die an 2, 10 erinnert: **Siehe, ich komme schnell** (vgl. 1, 3). **Halte fest, was du hast, daß niemand deinen Kranz wegnehme.** Der Ausdruck könnte so verstanden werden, als ob die Gemeinde den Kranz schon besäße. Aber kein Wettläufer läuft mit Kranz; und Philadelphia befindet sich noch nicht am Ziel. Der Siegerkranz ist ihr schon „beigelegt" (2 Tim 4, 8) und wird für sie „bewahrt im Himmel" (1 Pt 1, 4), doch er ist ihr noch nicht aufgesetzt. „Niemand wird gekrönt, er kämpfe denn recht" (2 Tim 2, 5). Die Gemeinde könnte noch viel verlieren: das Evangelium, das Harren auf Jesus, die Liebe zu den Feinden, die Unabhängigkeit von Ehre und Ansehen und darum eben den Siegerkranz.

[153] Zur Übersetzung „Harren auf mich" und zur Sache s. 1, 9. Zum Harren auf den Herrn vgl. wieder Jes 8, 17; 25, 9; 30, 18; 33, 2; 40, 31; 64, 3.

[154] Diese Entsprechung auch Jer 15, 19; Gal 6, 7. Zum negativen Fall vgl. Anm. 208.

Damit ist zum Siegerspruch (Exkurs 1f) übergeleitet: **Den Sieger** 12
werde ich zur Säule im Tempel meines Gottes machen. Nach Vers 9 spricht der Herr hier wiederum von seinem Machen. Es ist schöpferisches Tun, wie es auch Jesaja und das AT kennen. In Vers 9 bezog es sich auf die Gegner, hier auf die Siegergemeinde. Ihr wird ein Gestaltwandel angekündigt. Ihre augenblickliche Gestalt (V. 8) ist nicht ihre Endgestalt. „Es ist noch nicht erschienen, was wir sein werden" (1 Jo 3, 2). Denn es wird gesät verweslich, in Schwachheit und Unehre, aber auferstehen unverweslich, in Kraft und Herrlichkeit (1 Ko 15, 42–43).

Von der Neugestalt kann nur in Bildern gesprochen werden, hier im Bild der **Säule.** Damit wird nicht auf die Trägerfunktion angespielt (wie z. B. Gal 2, 9; 1 Tim 3, 15)[155], sondern nach 1 Kö 7, 15–22; 2 Kö 25, 13–17; 2 Mo 13, 21; Jer 1, 18 auf ihre Zeichenfunktion. Sie ist ein ragender, weit sichtbarer und nicht umzustoßender Zeuge. Nach treuem Zeugnis bei kleiner Kraft (V. 8) wird der Sieger nun ein verherrlichter Zeuge Gottes sein.

Die Säule steht im **Tempel.** Daß sich hier alles im Bildlichen bewegt, erhellt schon aus 21, 22, wonach es in der Vollendung keinen Tempel mehr gibt (s. zu 11, 1). Vielleicht liegt eine zeitgeschichtliche Anspielung vor. Die Oberpriester im Kaiserkult durften sich nach ihrer Amtszeit eine Gedenksäule im Tempel errichten lassen. Um den Gedanken der Ehrung des treuen Dieners durch den Herrn geht es auch hier. „Wer mir dienen will, der folge mir nach; und wo ich bin, soll mein Diener auch sein. Und wer mir dienen wird, den wird mein Vater ehren" (Jo 12, 26).**Und er soll wahrlich nicht nach draußen hinausgehen** (müssen). Die Bewahrung (V. 10) triumphiert. Das Draußen, wo die Verleugner wüten (22, 15), ist nun gänzlich entrückt. Die Überwinder bleiben im Dienst für immer. „Ich werde bleiben im Hause des Herrn immerdar" (Ps 23, 6).

Das Folgende mag an die Tatsache anknüpfen, daß die Gedenksäulen in damaligen Tempeln mit dem Vaternamen, dem Heimatort und mit dem Dienstjahr beschriftet waren. Andererseits wird das Bild von der Säule bereits wieder fahrengelassen und die in 2, 17 nur kurze Angabe über den neuen Namen breit hier entfaltet: Die bloße Nennung wird zur Schreibung (auf die Stirn 9, 4; 14, 1; so kennzeichnete man im Altertum seine Sklaven und nahm sie öffentlich in Schutz

[155] Die Fortsetzung: „und er soll wahrlich nicht nach draußen hinausgehen müssen", spricht gegen eine Trägerbedeutung der Säule an dieser Stelle. Der Tempel würde durch die Entfernung eines Pfeilers zusammenbrechen. Hier ist an die freistehende Zeugnissäule zu denken.

und Dienst[156]). Feierliches Schreiben bedeutete etwas unwiderruflich machen. „Was ich geschrieben habe, das habe ich geschrieben" (Jo 19, 22). Ferner werden gegenüber 2, 17 aus einem Namen drei Namen. Jeder von ihnen drückt ein Stück Vollmacht aus. Namenfülle bedeutete Machtfülle. Schließlich enthüllt sich der neue Name als der Name Gottes (in trinitarischer Entfaltung?).

Der erste Name: **Und ich werde auf ihn den Namen meines Gottes schreiben.** So wird Jo 20, 17 bestätigt: „Mein Gott ist euer Gott und mein Vater ist euer Vater" (vgl. Anm. 45). Jetzt ist Philadelphia unwidersprochen und unwiderruflich Gemeinde Gottes. **Und den Namen der Stadt meines Gottes, des neuen Jerusalem, das herabsteigt aus dem Himmel von meinem Gott** (21, 2. 10). Ihre bisher verborgene Bürgerschaft (Phil 3, 20; Gal 4, 26; Hbr 12, 22) ist jetzt offenbar. **Und meinen neuen Namen.** Schließlich werden sie teilhaben am neuen Namen Jesu (19, 12. 13. 16), also an seiner neuen Geltung. Sie werden mit ihm herrschen.

13 **Wer ein Ohr hat zu hören, der höre, was der Geist den Gemeinden sagt.** (Zum Merkspruch Exkurs 1e.) In dieser Botschaft geht es wie im Trostbuch des Jesaja um Vergewisserung des Heilsstandes: Du bist mein! Das sagt der Geist nun gerade einer Gemeinde, der es die Maßgeblichen (die Juden) absprechen. Seine Stimme deckt sich nicht mit der Stimme menschlicher Frömmigkeit, denn er versteht mehr von Liebe Gottes in Jesus Christus, als menschliche Frömmigkeit es sich je träumen läßt. Aus diesem ersten Zuspruch folgt der zweite: Alles was mein ist, ist dein! Wie sollte Gott uns nicht mit Christus alles schenken und teilgeben an seiner ganzen Namensfülle? Wer Kind ist, ist auch Erbe.

An die Gemeinde in Laodizäa

Offenbarung 3, 14—22

Zu Vers 14:
Ps 89, 38
Spr 8, 22
Zu Vers 17:
Hos 12, 9

14 Und dem Engel[96] der Gemeinde in Laodizäa[97] schreibe: Das spricht
der Amen, der treue und wahrhaftige Zeuge, der Erste der
15 Schöpfung Gottes. * Ich weiß deine Werke, daß du weder kalt
16 noch heiß bist. O daß du kalt oder heiß wärest! * So, weil du lau
bist und weder heiß noch kalt, stehe ich im Begriff, dich aus mei-
17 nem Munde auszuspeien. * Weil du sprichst: Reich bin ich, ja
reich bin ich geworden und habe Bedarf an nichts, und nicht weißt,
daß du der Mühselige und Bemitleidenswerte bist, und arm und

[156] Gott als Stifter eines neuen Namens wieder besonders bei Jesaja: 56, 5; 62, 2; 65, 15; vgl. 60, 14; 61, 6.

18 **blind und nackt, * (darum) rate ich dir, von mir in Feuer geglüh-** Zu Vers 19:
tes Gold zu kaufen, damit du reich wirst, und weiße Gewänder, Spr 3, 12
damit du dich kleidest und nicht offenbar werde die Schande dei-
ner Blöße, und Salbe, um deine Augen zu salben, damit du siehst.
19 *** Ich — die ich liebe, die weise ich zurecht und züchtige sie. Darum**
20 **sei (fortan) eifrig und tue Buße. * Siehe, ich stehe vor der Tür und**
klopfe an; wenn jemand meine Stimme hört und öffnet die Tür,
werde ich zu ihm eingehen und speisen mit ihm und er mit mir.
21 *** Dem Sieger werde ich geben, zu sitzen mit mir auf meinem**
Thron, wie auch ich gesiegt habe und sitze mit meinem Vater auf
22 **seinem Thron. * Wer ein Ohr hat, höre, was der Geist den Ge-**
meinden sagt.

Zu Empfängerangabe und Schreibbefehl vgl. Exkurs 1a, zur Selbstvorstellung des Botschafterlassers Exkurs 1b. **Das spricht der Amen.** In 2 Ko 1, 20 heißt es noch sprachlich korrekt: Christus ist d a s Amen. Hier aber heißt es in lapidarer Verkürzung: der Amen (nämlich: der Amen heißt oder ist). Anknüpfungspunkt mag Jes 65, 16 sein. Gott schwört nicht nur, er i s t selbst ein Schwur. Zwischen ihn und sein Wort ist einfach kein Keil zu treiben, weil es ein Dazwischen bei ihm nicht gibt. Sein Sagen und Sein fußen aufeinander und sind ein und dasselbe. Dieser Gott zeigt nun in Jesus sein Gesicht. Wer Jesus sieht, bekommt den Amen zu sehen, seinen Schwur zu hören, seine Treue zu erleben. 14

Dieser Herr trifft hier auf eine Gemeinde, die völlig Scheingemeinde ist. Auch bei anderen Gemeinden klaffen Schein und Sein verhängnisvoll auseinander. Hier aber redet der Angeklagte noch selbstbewußt dazwischen, um sich zu rechtfertigen (V. 17): Ich habe alles, mir fehlt nichts. Laodizäa rückt durch diese Selbstverherrlichung in eine äußerste Nähe zu Babel (18, 7). Was ist unter diesen Umständen das christliche Bekenntnis noch mehr als ein bloßer Schwall von Wörtern? In diesen Wörterschwall hinein tritt also das Wort, der Schwur, der Amen.

Der treue und wahrhaftige Zeuge. Der „treue Zeuge", verstärkt durch „wahrhaftig" (Anm. 146), ist nach 1, 5 auszulegen, nämlich in seiner Beziehung auf Karfreitag. Das Amen, das er verkörpert, der Schwur, den seine Liebe schwört, ist durch sein Blut besiegelt. Alle Rede Gottes in Christus deckt sich und tritt als ewiger Verlaß, als lautere Treue und als glühende Liebe auf diese laue Gemeinde zu. Ob diese Glut in Laodizäa zündet?

Die Selbstvorstellung schließt: **der Erste der Schöpfung.** Nach Kol 1, 18 und vor allem nach Offb 1, 5 empfiehlt es sich, bei dieser Wendung an Ostern als an die Grundlegung der neuen Welt zu denken[157]. So haben hier alle Bezeichnungen christologische Tiefe. Sie sprechen von Karfreitag und Ostern, und der Siegerspruch in Vers 21 spricht von Himmelfahrt. Die Verkündigung der großen Taten Gottes umrahmt also die Botschaft an Laodizäa.

Das geschieht offensichtlich mit Bedacht einer Gemeinde gegenüber, die nichts so nötig hat, wie neu evangelisiert zu werden. Diese Gemeindebotschaft unterscheidet sich dadurch von den anderen, daß sie unentwegt von Christus spricht und ihn in immer neuen Wendungen an die Lage der Gemeinde heranträgt (vgl. z. Merkspruch), daß sie wenig voraussetzt und in keinen tieferen biblischen Zusammenhang einsteigt, statt dessen aber besonders deutlich bei der Situation der Gemeinde anknüpft. Nicht von ungefähr bevorzugen Evangelisten diesen Text.

15 Die richterliche Bestandsaufnahme (Exkurs 1c) behandelt diese Gemeinde als einen einzigen Block. Da sind keine „übrigen" (2, 24) oder „etlichen" (3, 4), die treu bleiben. **Ich weiß deine Werke, daß du weder kalt noch heiß bist.** Für kochendes oder kaltes Wasser gibt es Verwendung. Aber wen soll lauwarmes Wasser stärken oder erquicken[158]? Hier wird es Christus angeboten, denn er schmeckt es in seinem Mund (V. 16). Es widert ihn an. Er ist zu Gast in Laodizäa, und sie schenken ihm seelenruhig lauwarm ein. Sie bedienen ihn mit ihrem trägen Dienst, mit ihren schleppenden Gottesdiensten, leiernden Gebeten und mit ihrer nachlässigen Seelsorge. **Ich weiß,** sagt der Herr zu diesem Treiben. Selbstverständlich weiß er, denn er bekommt es ja zu schmecken. Alle Gemeindelauheit, alles träge und uninteressierte Wesen, auch Menschen gegenüber, verletzt i h n. Was einem seiner geringsten Brüder getan wird, wird ihm angetan.

Nicht nur Christus, auch der Satan weiß um den geistlichen Tiefstand der Gemeinde (vgl. zu 3, 1). Darum läßt er sie vollständig in Ruhe. So verlautet nichts von Verführung oder Verfolgung, von Verleugnen, Abfall oder Erschütterung. Alles ist intakt und alles findet statt. Der Mitgliederstand gibt zu keiner Sorge Anlaß. Ja, die lauen Glieder halten den Herrn Jesus Christus für so harmlos, daß sie nicht einmal austreten.

O daß du doch kalt oder heiß wärest! Dieser Ausruf verrät eine bestimmte Wertung. Die höchste Stufe ist „heiß", etwa nach Rö 12, 1: „seid brünstig im Geist". Dann folgt auf der Wertskala kalte, klare

[157] Vgl. Lohse, a. a. O. S. 31.

[158] Der Begriff der Lauheit stand in einer anschaulichen Beziehung zur Stadt. In der Nähe der Nachbarstadt Hierapolis entsprangen nämlich kohlesäurehaltige heiße Quellen, die dort für den Kurbetrieb nützlich waren (vgl. W. Barclay, Das sagt der Auferstandene, Kassel 1967, S. 96 f.). Sie flossen auch an Laodizäa vorbei, wo sie aber inzwischen ihre Wärme verloren hatten.

Ablehnung. Ganz unten aber steht die Lauheit. Da dämpft man sachte, aber zielbewußt das Brennen und Brausen des Geistes, ist aber beileibe auch kein Gegner. Gewöhnlich gilt dieser Mittelweg zwischen den Extremen als der „goldene Mittelweg". Aber der Weder-Noch-Christ steht in der Wahrheit nicht in der Mitte, sondern am Absturz, ganz unten auf der Skala der Werte.

Gewöhnlich steht zwischen Anklage und Drohwort (Exkurs 1d) der Bußruf. Hier aber ergeht ein solch flammender Zorn über den Zustand der Gemeinde, daß im gleichen Atemzug die Drohung folgt. Das heißt nicht, daß keine Buße mehr möglich ist, denn die Aufforderung dazu folgt später; wohl aber bedeutet es, daß vor der laugewordenen Gemeinde kein lauer Herr steht. Seine Glut ist Hoffnung für alle Lauen.

So, weil du lau bist und weder heiß noch kalt, stehe ich im Begriff, 16
dich aus meinem Munde auszuspeien. Im Blick auf vier Gemeinden sprach der Herr: Ich habe etwas wider dich! Hier heißt es: Du bist mir widerlich! Das ist der Gipfel der Verurteilung. Und doch — er trägt die Unerträglichen noch eine Weile. Gerade hier folgt ein außergewöhnlich eindringliches Bußwort (Exkurs 1d), ein Ringen und Werben um Laodizäa ohnegleichen.

Die Gemeinde ergreift nun das Wort und offenbart ein erschütttern- 17
des Nichtwissen gegenüber dem Wissen ihres Herrn in Vers 15. **Weil du sprichst: Reich bin ich, ja reich bin ich geworden.** So sprach einst der reiche Kornbauer Lk 12, 19. Hier ist es ein reicher Händler. „Ja", besinnt er sich, „reich bin ich geworden." Man kennt die Neigung der Erfolgsmenschen, in ihren Erinnerungen zu graben, wie sie einst ihr Geschäft aufgebaut haben. Damals einen kleinen Laden übernommen, jetzt ein Klotz von Kaufhaus! Den Abschluß mag Sach 11, 5 bilden: „Sie halten's für keine Sünde und sprechen: Gelobt sei der Herr, ich bin nun reich!" Auch hier geht das Protzen mit dem materiellen Erfolg über in ein Pochen auf religiösen Besitz.

Ich habe Bedarf an nichts. Diese Wendung erscheint 1 Ko 12, 21 gegenüber dem anderen Glied in der Gemeinde: Der Bruder kann mir nichts Wesentliches bieten. Es ist nicht wichtig, was er sagt. Ich habe an mir selbst genug. Der Selbstversorgerstolz richtet sich hier aber vor dem Herrn selbst auf. Jo 15, 5 wird auf den Kopf gestellt: Ohne dich können wir alles tun! Erschreckend, das so zu formulieren, aber wie oft wird es gelebt (1 Ko 4, 8)! In dieser Selbstgenügsamkeit gegenüber Jesus, in diesem Fortbleiben von seinem Gnadenthron liegt die Ursünde der Gemeinde und der Anfang vom Ende.

Aber auch Simson merkte nicht, daß seine Kraft von ihm gewichen war: **Und nicht weißt, daß du der Mühselige und Bemitleidenswerte bist.** So sieht das Wirklichkeitsbild des geschäftstüchtigen und weltförmigen Mannes aus, der überall mithält. Er ist abgespannt und aufgerieben, der Typ des Mühseligen nach Mt 11, 28 (dieselbe Vokabel Rö 7, 24). Er sollte zu Jesus kommen, aber er weiß es nicht. Er dünkt sich unabhängig: Ich bedarf nichts. Aber er bedarf der Herzmittel und der Kur. Und wenn er einmal zur Ruhe kommt, bedarf er der Ablenkung und der Termine und eilt schon wieder fort. Vor allem bedürfte er des Erbarmens und schließlich der Buße. Und weil er so mühselig ist, ist er bemitleidenswert. Der Zorn macht Jesus nicht blind für den Sünder. Er bewahrt sich einen Blick für die arme Kreatur. Sie tut ihm leid, um so mehr, als sie sich selbst nicht leid tut, sondern noch groß tut. In drei Bildern wird der geistliche Zustand entfaltet: **arm, blind und nackt** (s. u.).

18 Diesen drei wunden Punkten entsprechen die drei Ratschläge. **Ich rate dir.** Vielleicht klingt hier Händlersprache an. Jesus begegnet als Kaufmann (Mt 13, 45) und bietet drei damals bekannte Spezialitäten aus Laodizäa an[159]. Offenbar ist die Gemeinde mit ihrer Umwelt inzwischen innigst verwachsen. Einst in dieser Stadt der Kaufhäuser ein Tempel Gottes, ist sie nun ebenfalls zum Kaufhaus geworden (Jo 2, 16) und wieder in ihre Umwelt eingemeindet. Kaufgeist, Händlergeist und Schachergeist hatten den Heiligen Geist verdrängt. Aber Jesus verwandelt sich ihreswegen in einen Händler, der alle seine Konkurrenten ausstechen möchte: **Kaufe von mir.** Du bekommst garantiert gute Ware. Zäh bietet er, fast wie ein Hausierer, mal dies, mal das an und zieht vor dem zögernden Kunden immer neue Artikel hervor. So tief läßt der ewige Sohn sich herab. Er wurde den Laodizäern ein Laodizäer, um sie zu gewinnen.

Womit soll Laodizäa bezahlen? Sicher müßte diese Frage mit Jes 55, 1 beantwortet werden: „Wohlan, alle, die ihr durstig seid, kommt her zum Wasser! Und die ihr kein Geld habt, kommt her, kauft und eßt! Kommt her und kauft ohne Geld und umsonst Wein und Milch!" Auch Offb 22, 17 kennt dieses merkwürdige „Kaufen". Sicher liegt darin ein Hinweis auf die hohen „Preise", die der Mensch in dieser Welt für Minderwertiges zahlt, Preise an Reinheit, Ehre, Frieden und Gesundheit. Da kauft es sich bei diesem neuen „Kaufmann" günstiger, außerordentlich günstig, nämlich umsonst. Er beginnt sein Angebot:

Kaufe von mir in Feuer geglühtes Gold, damit du reich werdest. Das Gold der Banken von Laodizäa stand wegen seiner Wertbeständigkeit in gutem Ruf (vgl. 159). Damit galt man als gut bedient. Aber dieser Händler warnt: Ihr alle, die ihr euch mit Laodizäas Gold eingedeckt habt, seid arm und am Ende erbärmlich betrogen. Macht

[159] Vgl. W. Barclay a. a. O. S. 89 ff.

noch schnell Geschäfte mit mir und werdet wahrhaft reich. Gold ist hier Inbegriff echten Habens. Vom Haben und Nichthaben sprachen alle Gemeindebotschaften (Anm. 101). Christus macht Inventur. Er stößt auf völlig leere Regale. Aber noch ist Zeit. Er will der Gemeinde vom Soll zum Haben verhelfen, also zur Liebe, zum Glauben, zum Dienst, zum Zeugnis, zur Hoffnung (vgl. 1 Pt 1, 7. 18; 1 Ko 12–13).

Und weiße Kleider, damit du dich kleidest und nicht offenbar werde die Schande deiner Blöße. Laodizäa besaß eine leistungsfähige Textilindustrie, besonders für modische, schwarze Stoffe (vgl. 159) – Angeklagte sollen vor Gerichten in Schwarz erschienen sein. Verurteilte wurden entkleidet (hier V. 17, auch Jesus wurde vor der Kreuzigung entkleidet), Freigesprochene erhielten ein weißes Gewand (siehe zu 3, 4). Das ist hier der Zusammenhang. Der Herr will nicht die Nacktheit seiner Gemeinde. Er bietet ihr Reinigung und Freispruch an.

Und Salbe, um deine Augen zu salben, damit du siehst. Verursacht durch grelle Sonnenstrahlung, ständigen feinen Staub, Wasserknappheit und allgemeine Unsauberkeit waren Augenkrankheiten im Morgenland Allerweltskrankheiten. Darum gab es viele Blinde, viele Augenärzte und hunderte von verschiedenen Augenmitteln in Form von Salben, Puder und Tropfen. Auch Laodizäa vertrieb einen gerühmten Markenartikel dieser Art (vgl. 159).

Indem die Gemeinde Vers 17 ein Blinder genannt wird, ist alles Elend zusammengefaßt. Blinde sind oft arm, und Arme gehen dürftig gekleidet. Die Ursache für Armut und Nacktheit liegt in der Blindheit. Die geistliche Blindheit, von der das AT so häufig spricht, bezieht sich auf die Gewalt des Zornes und die Tiefe der Güte Gottes, auf das Recht Gottes, Forderungen zu stellen, auf die Folgen des Ungehorsams und auf die Unterschätzung der Sünde und Satans. Nach Jo 9, 41 ist derjenige von dieser geistlichen Blindheit befallen, der sie abstreitet. Man stelle sich einen Blinden vor, der sich sehend gebärdet und sich nicht führen lassen will noch sich vorsichtig entlangtastet. Ich brauche niemand, ich kann es allein! Diese verhängnisvolle Blindheit liegt hier vor (V. 17).

Darum stellte der große Augenarzt zuerst die Diagnose: „Du bist blind!" und nun: „Ich verkaufe dir Augensalbe!"

In diesem Augenblick legt der Herr die Maske des geschäftsbeflissenen Händlers ab und offenbart sich als der, der er ist: als Freund
aller Gemeinden: **Ich – die ich liebe, die weise ich zurecht und züchtige** 19
sie. Die Freundesliebe (Jo 15, 14–15, hier V. 20) äußert sich in zwei Tätigkeiten, die dem Ausdruck nach aus Spr 3, 12 (und Hbr 12, 7) herüberklingen, aber wieder im Zusammenhang zu prüfen sind. Dort stehen sie im Vater-Kind-Verhältnis, und Züchtigung ist an jener Stelle Strafleiden. Johannes liegt es aber fern, von Christus als dem

Vater der Jünger zu sprechen. Von Strafleiden fehlt im Abschnitt jede Spur. Zwischen Freunden geht es einerseits um das Wort der Wahrheit: **Ich weise zurecht.** Der Freund verschmäht alles, was nicht Wahrheit wäre. Er prüft unbestechlich die Werke und nennt das Schlechte ungeschminkt beim Namen. Es folgt das Wort der Züchtigung: **Ich züchtige.** Er droht in flammendem Zorn, zerschlägt die Einbildung, fordert Konsequenzen und gebietet Umkehr. Das alles spiegelt sich in der Gemeindebotschaft wider. Dazwischen auch das Werben um Gehör, der Weck- und Lockruf. Wenn auch kein Lob möglich ist, so fehlt es doch nicht an Liebe. Auch im Zorn denkt er an sein Erbarmen und „plagt nicht von Herzen" (Kla 3, 33).

Darum sei (fortan) **eifrig und tue Buße.** Die erste der beiden Mahnungen steht in Dauerform. Den Jahren der Lauheit (V. 16) mögen Jahre des Eifers folgen. Der Eifer des tempelreinigenden Jesus möge sie erfassen (Jo 2, 17) und den alten, unreinen Eifer, der die Gemeinde zum Kaufhaus werden ließ, verbrennen. Hinaus mit der weltversunkenen Emsigkeit, mit dem Feilschen, Raffen, Schaffen, Rennen und Laufen um nichts! Gottes Name, Reich und Wille bestimmen die Gemüter neu.

20 Buße entsteht an Christus und nur an ihm (Exkurs 1d): **Siehe, ich stehe vor der Tür und klopfe an; wenn jemand meine Stimme hört und öffnet die Tür, werde ich zu ihm eingehen.** Im Altertum konnte man auf zweierlei Weise Einlaß in ein Haus begehren; entweder durch Klopfen mit einem Metallring oder einfach durch Ruf. Hier erschallt beides, Klopfer und Stimme, ein Zeichen für die Dringlichkeit des Begehrens. Wieso hörten die Laodizäer die **Stimme** Jesu? Durch Krankheit, Leid oder Zeitgeschehen? Nach Jo 10, 3. 27; 18, 37 und vor allem nach dem siebenfachen „höre!" in den Merksprüchen ist an das Sprechen des Geistes eben in diesen Gemeindebotschaften zu denken. In ihnen stellte und stellt der Herr sich seinen Gemeinden vor und läßt er seine Stimme erschallen.

Obwohl es ihm nicht an Schlüsseln fehlt (1, 18; 3, 7), überläßt er das Öffnen dem Menschen selbst. Von allen Gewaltmitteln, in den Sünder einzudringen, nimmt er Abstand und begegnet in vornehmster Liebe. Es gibt keinen vornehmeren Gast als ihn und seinen Geist. Vor ihm werden Menschen wieder wahrhaft Mensch, verantwortlich bis ins Letzte; darum auch schuldig bis ins Letzte, wenn sie eine solche Liebe aussperren.

Wann **geht** Jesus **ein** zu dem, der ihm öffnet? Bei seiner Wiederkunft? Ein Eingehen des wiederkommenden Herrn zu einzelnen Menschen wird nirgendwo gelehrt. Oder geschieht dieses Eingehen bei der Feier des Abendmahls? Der Text spricht, wie die Übersetzung zu zeigen sucht, mit einem sehr allgemeinen Wort von einem Gemeinschaftsmahl, das nicht ohne weiteres auf die Abendmahlsfeier bezogen werden sollte: **und speisen mit ihm.** Zu vergleichen sind Verse des Johannes, die vom Kommen des erhöhten Herrn durch den Geist sprechen: Jo 14, 23. 18; 16, 7. 13. 22. Er durchschreitet sofort jede Tür, die sich in Buße öffnet. Drinnen muß nicht erst auf die nächste Abendmahlsfeier gewartet werden.

Seine Gegenwart im Heiligen Geist wird (ähnlich Mt 28, 20; 18, 20) gekennzeichnet: **ich mit ihm und er mit mir.** Vielleicht deutet die Umkehrung einen Rollentausch an. Der Gast wird Gastgeber. Der eingekehrte Jesus sorgt für den vollen Becher und für das Lebensbrot. Weil Buße letzen Endes auf seine Kosten geht, ist Buße für uns ein „fröhliches Werk" (Luther).

Was diese letzte Gemeindebotschaft bisher auszeichnete, größte 21
Schuld, schärfste Bedrohung, dringlichster Bußruf, innigste Liebe, setzt sich auch im Siegerspruch (Exkurs 1f) fort: wieder ein Gipfel, nämlich höchste Verheißung. **Dem Sieger werde ich geben zu sitzen mit mir auf meinem Thron.** Das „mit mir" aus Vers 20 verlängert sich bis in die Vollendung. „Vater, ich will, daß, wo ich bin, auch die mit mir seien, die du mir gegeben hast, auf daß sie meine Herrlichkeit sehen (Jo 17, 24). Aus der verborgenen Tischgemeinschaft wird öffentliche Throngemeinschaft. Das Bild ist wegen der Geräumigkeit antiker Throne sinnvoll. Aber es ist eben ein Bild, da von Unaussprechlichem gesprochen wird. Der Sieger wird in eine bereits vorher bestehende Throngemeinschaft aufgenommen: **Wie ich auch gesiegt und mich gesetzt habe mit meinem Vater auf seinen Thron.** Der Bibelleser weiß aus Kapitel 5, auf welches Datum der Herr hier anspielt und welcher Art dieser Sieg war: Er siegte am Karfreitag, als er für die Welt und auch für Laodizäa starb. Seitdem herrscht er (Anm. 79). Seine Gemeinde steht jedoch noch im Glaubenskampf, bis auch sie sich setzen darf.

Das Judentum lehrte, daß im Himmel niemand sitzt als Gott allein. Alle anderen stehen. Auf diesem Hintergrund erhält diese Verheißung eine Steigerung, die alle Maße und Begriffe sprengt. Der Thron Gottes ist in der Offenbarung von 1, 4 bis 22, 4 das Zentralbild. An 47 Stellen wird er erwähnt. Er ist der Ausgangspunkt für alles Geschehen im Himmel und auf Erden, in der alten und in der neuen Welt. Auf diesem Thron aber hat Christus seiner Gemeinde Laodizäa „eine Stätte bereitet" (Jo 14, 2). Davon wird in einer Stunde gesprochen, in der diese Gemeinde noch lau ist. Jesus bietet ihr sein Letztes an, seine Gemeinschaft mit dem Vater auf dem Thron.

Wer ein Ohr hat, höre, was der Geist den Gemeinden sagt. Was 22
sagt der Geist den Gemeinden durch diese letzte, zusammenfassende Botschaft? Er spricht von Jesus! Jesus ist d e r Amen, der treue Zeuge,

der Erste der Schöpfung, der Richter, der Tempelreiniger, Händler, Freund, Gast, Gastgeber, der Sieger und Thronende und der Sohn. So erfüllt sich Jo 16, 14: „Er wird mich verklären", auch wenn er über Sünde, Buße, Gericht und Heil spricht.

Es wäre ungeistlich, aus diesen beiden Kapiteln nichts weiter als ein „Du sollst!" herauszulesen. Sie stellen eine gewaltige Neuverkündigung des Herrn Jesus dar, damit seine Gemeinde nicht Scheingemeinde werde. Gewiß wird sie selbst dabei enthüllt. Aber auch er wird enthüllt, der da spricht: „Ich bin, ich weiß, ich will, ich komme, ich gebe."

GOTT UND DAS LAMM AUF DEM THRON

Offenbarung 4, 1 – 5, 14

Die Vorbereitung der Vision

Offenbarung 4, 1–2a

Zu Vers 1:
2 Mo 19, 24
Dan 2, 29
Zu Vers 2:
Hes 1, 26
Jes 6, 1

1 **Danach sah ich, und siehe, eine geöffnete Tür am Himmel; und die erste Stimme, die ich hatte zu mir reden hören wie eine Trompetenstimme, sprach: Steige hierher herauf, und ich werde dir zeigen,**
2a **was geschehen muß danach. * Sofort geriet ich in Geist**(ergriffenheit).

1 Der erste Vers des vierten Kapitels beginnt[160] und schließt mit „danach". So spürt der Leser geradezu, daß er eine Schwelle überschreitet. Johannes hat die Durchleuchtung der Gegenwart abgeschlossen. Nun knüpft er an den zweiten Teil seines Auftrages in 1, 19 an: Vision der Zukunft. Zentralbild dieser Visionen ist bis 22, 3 der „Thron Gottes". Schon 1, 4 und 3, 21 erwähnten ihn, jetzt aber wird er zum Mittelpunkt zweier grundlegender Kapitel.

Danach sah ich, und siehe[161]**, eine geöffnete Tür am Himmel.** Die Rede vom geöffneten Himmel[162] begegnet zuerst Hes 1, 1 und setzt

[160] Gewöhnlich leitet Johannes von einem Abschnitt zum anderen durch ein einfaches „und ich sah" über. „Und danach sah ich" bezeichnet dagegen immer einen Szenenwechsel (4, 1; 7, 9; 15, 5; 18, 1; 19, 1; vgl. 7, 1). An dieser Stelle leitet es außerdem einen neuen Hauptteil ein.

[161] Diese an hebr Sprachgebrauch (besonders häufig bei Hesekiel) angelehnte Verdoppelung des Sehens steigert die Spannung (auch 6, 2. 5. 8; 7, 9; 14, 14; 19, 11).

[162] Die jüdische Apokalyptik handelt mit lebhafter Phantasie von drei, sieben, zehn oder gar 962 Himmeln. Die reichsten Ausführungen über die Himmel bietet der sogenannte

sein Verschlossensein voraus. Gottes Macht ist also abwesend, der Teufel hat die Vorherrschaft. „Wir sind geworden wie solche, über die du niemals herrschtest, über die dein Name nie genannt wurde", seufzt Gottes Volk unter diesem verschlossenen Himmel. „Ach, daß du den Himmel zerrissest und führest herab, . . . daß dein Name kund würde unter deinen Feinden" (Jes 63, 19 f.). In der geistlichen Dürre wächst die Erwartung einer endzeitlichen Öffnung des Himmels durch den Messias (3, 7; Jo 1, 51). Aus dieser Öffnung wird wieder Gotteswirklichkeit hereinströmen. Aus ihr heraus kommen auch in der Offenbarung Befehle, Gerichte, Engel und der weiße Reiter (19, 11) – dies alles zur Wiederherstellung der Gottesherrschaft in der Geschichte.

Aber der offene Himmel gibt nicht nur Geschehnisse, sondern auch Erkenntnisse frei. So werden Hesekiel und Johannes zu Propheten. Sie erblicken die Urwirklichkeit. Johannes soll sich erst einmal im Blick auf den Thron Gottes sattsehen, bevor er das Drama von zum Teil dunkelster Schwärze schaut. Und in den Lesern soll im Blick auf das, was kommt, ein unerschütterlicher Grund gelegt werden[163].

Über zwei Kapitel hinweg knüpft Johannes wieder an 1, 10 an und unterstreicht damit den neuen Einsatz: **Und die erste Stimme, die ich hatte zu mir reden hören wie eine Trompetenstimme, sprach.** Wieder wird an die betäubende Gewalt der Engelstimme erinnert, hier ausdrücklich mit der unmittelbaren Folge, daß Johannes in einen Zustand prophetischer Erleuchtung fiel (V. 2). Aus dem offenen Himmel (vgl. 10, 8) tönt es: **Steige hierher herauf.** Um zu schauen, mußte der Prophet in 1, 11 lediglich einen Richtungswechsel vornehmen, hier einen Ortswechsel, denn jetzt geht es nicht mehr um Schau der Gegenwart, sondern der Zukunft, eben jener Zukunft, die vom Thron Gottes her auf uns zukommt. Darum hat Johannes seinen Platz an der Schwelle

Slavische Henoch. Die Schrift beschreibt, wie „Henoch" eine Himmelsreise durch sieben Himmel macht. Im ersten Himmel sieht er die Sternenbahnen und die Kammern für Wolken, Schnee, Eis und Tau. Im Zweiten begegnet er den weinenden Abgefallenen, die zum Gericht aufbewahrt sind. Im dritten Himmel bestaunt er das Paradies mit seinen blühenden Bäumen, sanften Strömen und einer Überfülle an Speisen und Wohlgerüchen für die Gerechten. Aber im Norden dieses dritten Himmels befindet sich der Peinigungsort für die Gottlosen. Im vierten Himmel studiert „Henoch" vor allem den Sonnenwagen, im fünften erblickt er Riesen, im sechsten inmitten herrlicher Engelchöre die sieben Thronengel am Schemel Gottes und im siebten darf er endlich von ferne den Thron Gottes sehen. – Johannes, der in der Offenbarung sehr oft vom Himmel spricht, schneidet diese Art streng ab, indem er ihn nur in Einzahl nennt (zur Ausnahme s. zu 12, 12). Sein Drängen auf das Einfache und Wesentliche ist beeindruckend.

[163] In diesem Zusammenhang sind auch die Stellen vom geöffneten Tempel zu vergleichen (11, 19; 15, 5). Als Ort Gottes ist der Himmel zugleich Tempel (13, 6; 16, 17). Am Thron Gottes geht es gottesdienstlich zu.

des geöffneten Himmels einzunehmen[164]. Mit dem neuen Standort und dem neuen Thema des Propheten hängt sicher die veränderte Darstellungsweise im folgenden Hauptteil zusammen, die die Auslegung so erschwert: Alles wird verschlüsselter und hintergründiger.

Der prophetische Aufstieg ist vom messianischen Aufstieg (Apg 2, 34; Jo 6, 62; 20, 17; Eph 4, 8–10; vgl. auch Offb 11, 12) zu unterscheiden. Johannes bleibt dem Leibe nach auf der Erde, aber einzelne Funktionen werden überhöht. Das Sehverbot — kein sündiger Mensch darf Gott sehen! — und das Hörverbot (vgl. 2 Ko 12, 4) werden eingeschränkt. So bedeutet der prophetische Aufstieg große Gnade.

Johannes wird also Prophet, aber er bleibt auf der Erde. Der Himmel ist ihm nicht geöffnet zum Hineingehen, sondern nur zum Hin-
2a einhören und -sehen. **Ich werde dir zeigen**[165]**, was geschehen muß danach. Sofort geriet ich in Geist**(ergriffenheit). Dieses „sofort" scheint die Gleichzeitigkeit mit dem Ertönen der gewaltigen Stimme herzustellen. Was nacheinander berichtet werden muß — das Sehen und Hören des Johannes, das Rufen des Engels — rafft Johannes nachträglich zusammen[166].

Der Thron und der Thronende

Offenbarung 4, 2b–3

Zu Vers 3:
Hes 1, 26–28

2b Und siehe, ein Thron stand („lag") **im Himmel, und auf dem**
3 Thron ein Thronender („Sitzender"), *** und der Thronende dem Aussehen nach gleich einem Jaspis- und Sardionstein** (Karneol), **und ein Regenbogen**(glanz) **ringsum um den Thron, dem Aussehen nach gleich einem Smaragd.**

2b Von 60 Thron-Stellen des NT finden sich 47 in der Offenbarung, von ihnen allein zwölf in diesem Kapitel. Alle Einzelheiten sind auf den Thron hin orientiert: auf dem Thron, um den Thron, von dem Thron her, vor dem Thron oder mitten am Thron. Breitflächig und geräumig „liegt" er da (s. zu 3, 21). Ein Inbegriff unerschütterlicher Gottesherrschaft: **Und siehe, ein Thron stand am Himmel, und auf dem Thron ein Thronender** („Sitzender"). Sitzen ist im Orient Zei-

[164] Diesen Standort hat er mindestens bis 10, 1 inne. In 11, 19; 15, 5 ist vom geöffneten Himmel oder Tempel die Rede, ohne dort die Stellung des Propheten zu erwähnen. Vielleicht ist sie auch da jedesmal vorauszusetzen, aber nur hier ausdrücklich und feierlich berichtet, weil hier der neue Hauptteil beginnt.

[165] Das Zeigen wird in 1, 1; 17, 1; 21, 9. 10; 22, 16 ausdrücklich mit einem Engel in Verbindung gebracht, aber 4, 2; 17, 3; 21, 10 auch mit einem Geisteswirken, vgl. 1, 10.

[166] Zum Ausdruck „ich geriet in Geist" s. zu 1, 10.

chen höchster Würde, ein Grund, die Vokabel einmal nicht wörtlich zu übersetzen, sondern sogleich vom Thronenden zu sprechen. Schon in Jes 6 und Hes 1 erscheint dieser „Thronende", jedesmal aber ergänzt durch eine Näherbestimmung. Hier und auch Verse 3, 9 und 10 scheut sich die Ehrfurcht, auch nur das kleinste Wörtchen hinzuzusetzen; nur die Lobgesänge nennen Vers 8 und 11 „Gott".

Die folgenden Verse heben diese Zurückhaltung nicht auf. Nur die Lichthülle des Thronenden wird Gegenstand der Schilderung. In 5, 1 streckt sich eine Hand aus dem blendenden Glanz heraus. Aber Gott selbst ist vor lauter Licht nicht zu sehen. So wird Jo 1, 18 auch hier nicht durchbrochen: „Niemand hat Gott je gesehen." Aber einen Eindruck hat der Seher unauslöschlich wahrgenommen: Gott ist um und um und durch und durch Licht (vgl. 1 Jo 1, 5), er ist ein ewiges Nein zur chaotischen Finsternis und ewiges Ja zum Leben und zur Gerechtigkeit. Drei Farbtöne aus der Lichtfülle haften in der Erinnerung des
Johannes: **Und der Thronende** (war) **dem Aussehen nach gleich einem** 3
Jaspis- und Sardionstein, und ein Regenbogen(glanz) **ringsherum um den Thron, dem Aussehen nach gleich einem Smaragd.** Es ist ein feiner, aber bezeichnender Unterschied, ob der Thronende mit Edelsteinen verglichen wird oder nur mit dem Aussehen[167] von Edelsteinen, also mit ihrer jeweiligen Erscheinung hinsichtlich ihrer Farbwirkung. Im zweiten Fall ist der Vergleich sorgfältig eingeschränkt und von Wesensbestimmungen ferngehalten (vgl. auch Anm. 70).

Jaspis ist heute ein Name für einen wenig wertvollen Halbedelstein, undurchsichtig, bräunlich-grün. Für die Offenbarung geben 21, 11. 18. 19 völlig andere Anhaltspunkte, wonach es sich um ein sprühend weißes Licht handelte. Der Jaspis ist dort alleredelster Stein (11. 19), Bild für die überirdische Lichtherrlichkeit des neuen Jerusalem in auffallender Fülle, durchsichtig und kristallhell (11. 18). Der **Sardion** (Karneol), genannt nach dem Fundort Sardes, wird entsprechend seiner hebr Bezeichnung als rötlich glänzend angenommen. Gotteserscheinung und Feuerschein gehören zusammen (z. B. Hes 1, 27, hier V. 5). Diese beiden Vergleiche malen also eine weißlich-rötliche Lichtpracht. Was trägt die dritte Bestimmung bei?

Soll mit den meisten Auslegern an die Regenbogen f o r m gedacht werden? Dann ließe sich die Verbindung mit 1 Mo 9, 13 herstellen: Der Thronende erscheint überwölbt durch das Zeichen des Erbarmens. Auch in den kommenden Gerichten will er seiner Menschheit die Treue wahren. Seine heilige Strenge meint es doch gut.

[167] Das Wort ist auch in entsprechenden Schilderungen des Hesekiel zu Hause: 1, 4. 27; 8, 2. Auch das Edelsteinmotiv findet sich in Hes 1, 26; 10, 1, vgl. 2 Mo 24, 10. Es liegt darin etwas Paradiesisches (1 Mo 2, 10—14; Hes 28, 13).

Aber die Vokabel, mit der die grie Übersetzung der Bibel in 1 Mo 9, 13. 14. 16 auf die Form des Regenbogens anspielt, ist hier gerade gemieden und durch eine außerbiblische, in der Antike übliche Bezeichnung für den Regenbogen ersetzt („Iris"). Darum empfiehlt sich die andere Möglichkeit, der Vergleich mit dem Regenbogen g l a n z. Das Weiß und Flammenrot ist von leuchtendem Grün umrändert[168]. Auch 10, 1; Hes 1, 28; Sir 43, 11; 50, 7 zeigt der Regenbogen Hoheit und Schönheit an.

Johannes schaute also den Thronenden in einer nachträglich dreifach beschriebenen Lichthülle. Der Ausleger darf die Geschlossenheit des Eindrucks nicht zerstören und sich nicht in einzelnen Vergleichen verzetteln. Er sollte auch nicht vorschnell in den Regenbogen eine ganze Gnadentheologie einlegen, statt auf Kapitel 5 zu warten (vgl. den Rückblick auf das 4. Kapitel).

Die Thronumgebung

Offenbarung 4, 4—8a

Zu Vers 5: 2 Mo 19, 1; Hes 1, 13
Zu Vers 6: Hes 1, 22. 5. 18
Zu Vers 7: Hes 1, 10
Zu Vers 8: Jes 6, 2 f; Hes 1, 18; 2 Mo 3, 14

4 **Und ringsherum um den Thron** (waren) **vierundzwanzig Throne,**
und auf den Thronen (sah ich) **vierundzwanzig Älteste sitzen, be-**
kleidet mit weißen Gewändern, und auf ihren Häuptern goldene
5 **Kränze. * Und vom Thron gehen Blitze und Stimmen und Donner**
aus. Und sieben Feuerfackeln brennen vor dem Thron; das sind die
6 **sieben Geister Gottes. * Und vor dem Thron** (war es) **wie ein glä-**
sernes Meer, gleich Kristall. Und in der Mitte des Thrones und
rings um den Thron (waren) **vier Wesen, voller Augen vorn und**
7 **hinten. * Und das erste Wesen gleich einem Löwen und das zweite**
Wesen gleich einem Stier, und das dritte Wesen hatte das Angesicht
wie von einem Mensch, und das vierte Wesen (war) **gleich einem**
8a **fliegenden Adler. * Und die vier Wesen hatten eins wie das andere**
je sechs Flügel, ringsherum, und innen voll von Augen.

4 Wie Vers 2 zuerst den Thron, dann den Throninhaber nannte, werden jetzt auch von seiner himmlischen Umgebung zuerst die Throne erwähnt: **Und ringsherum um den Thron** (waren) **Throne.** Es sind deutlich untergeordnete Herrschersitze. Ihnen fehlt sowohl Singularität als auch Zentralstellung. Kniefall und Kranzabwurf ihrer Inhaber

[168] Die Farbe des Smaragdgesteins wird mit dem leuchtenden Grün einer Kupferflamme verglichen und kann den Farbeindruck eines Regenbogens gewiß allgemein wiedergeben. Das „ringsherum" meint den Kreis, nicht den offenen Halbbogen eines Regenbogens. Sollte an den Mondregenbogen zu denken sein? Auch dann fiele aber die Beziehung zu 1 Mo 9, 13 fort.

in Vers 10 zeigen ihre Abhängigkeit. Aber wer sind sie? **Und auf den Thronen sah ich vierundzwanzig Älteste sitzen, bekleidet mit weißen Gewändern und auf ihren Häuptern goldene Kränze.**

Die Zahl vierundzwanzig könnte vermuten lassen, daß diese Ältesten die Gemeinde des alten und des neuen Bundes, also die vollkommene und vollendete Gemeinde darstellen. Auch in 21, 12. 14 erscheint die doppelte Zwölf in entsprechendem Zusammenhang. Ihre weißen Kleider könnten auf den Stand ihrer Rechtfertigung hinweisen wie 3, 4. 5. 18, ihre Kränze auf die Siegerkränze für die Gemeinde wie 2, 10; 3, 11 und ihre Harfen (nach 5, 8) auf die Überwinderschar 14, 2; 15, 2. Für den Leser des alten Luthertextes liegt diese Auslegung nahe, preisen doch die Ältesten in 5, 10 nach einer schlecht bezeugten Lesart, die Luther zur Verfügung stand: „Du hast uns unserm Gott zu Königen und Priestern gemacht." So sprechen erlöste Christen.

Aber kaum eine neuere Bibelübersetzung vermag noch dieser Lesart zu folgen (statt „uns" bevorzugen sie „sie"). Die Ältesten geben weder in 5, 10 noch in 4, 11; 7, 11; 11, 16—17; 14, 3 oder 19, 4 zu erkennen, daß sie für ihre eigene Erlösung zu danken hätten. Ihre Zahl vierundzwanzig ist zu häufig einfach Zahl der Vollständigkeit in allen möglichen Zusammenhängen, als daß sie sogleich auf das Zwölfstämmevolk in seiner Verdoppelung zu deuten wäre. Weiße Kleider können ohne den Gedanken an Reinigung durch das Blut Christi Engelkleider sein. Harfen gibt es am AT überall, wo Gottes Lob erschallt, und Bekränzung ist ein überaus verbreitetes Würdesymbol. Nein, die Deutung auf die verklärte Gemeinde legt sich nicht so schnell nahe, wie es den Anschein hat. Der Rückblick auf das 4. Kapitel soll zeigen, daß das Thema der Erlösung und der Gemeinde hier noch nicht angeschlagen wird.

Oder verkörpern die Ältesten die ganze Menschheit? Aber diese Deutung scheint mehr eine Annahme als eine begründete Auslegung zu sein. Die schlichteste Lösung ist die, sie als eine der Engelgruppen[169] innerhalb der himmlischen Umgebung Gottes zu verstehen[170]. Das wird Punkt für Punkt bestätigt. Sie vermitteln wie der Engel 8, 3—5 die Gebete der Heiligen (5, 8), sie erläutern wie Engel (Anm. 165) Visionen (5, 5; 7, 13—17), sie loben wie andere

[169] Auch Jes 24, 23 heißen Engel aus Gottes Umgebung „Älteste". Ihr Sitzen zeigt eine besondere Würde an. Meist stehen die Engel.

[170] Manche Auslegungen sprechen nach 1 Kö 22, 19; Ps 89, 8; Hio 1, 6; 2, 1; Dan 7, 9 von Gliedern der „himmlischen Ratsversammlung". Doch haben die von Johannes geschauten Ältesten-Engel nirgendwo eine beratende Funktion. In Kapitel 4 ist alles gottesdienstlich geprägt. Auch die Gleichsetzung mit den Richterthronen 20, 4 bietet sich nicht an.

Engelchöre Gott (4, 10—11; 5, 9—10. 14; 7, 11—12; 11, 16—17; 14, 3; 19, 4). In 7, 14 wird einer von ihnen von Johannes mit „mein Herr" angeredet (s. d.). Es verlautet auch nichts, daß sie wie die erlösten Sänger von 7, 14 zu einem bestimmten Zeitpunkt in den himmlischen Gottesdienst eingetreten sind. Nein, sie dienen Gott „von Ewigkeit zu Ewigkeit". Ihre Zahl ist einfach eine heilige Zahl, vielleicht angelehnt an die Zahl der gottesdienstlichen Musiker- und Sängergruppen in 1 Chro 24, deren Vorsteher auch Älteste hießen[171].

5 **Und von dem Thron gingen Blitze und Stimmen und Donner aus.** Häufig dienen die Elemente des Gewittersturms im AT zur Beschreibung einer Gotteserscheinung in ihrer Herrlichkeit und auch in ihrer richterlichen Gewalt[172]. Was bedeuten in diesem Rahmen die „Stimmen"? Das Wort ist im Grie weitaus verwendungsfähiger als im Deutschen. Allein in der Offenbarung können folgende Geräusche „Stimme" genannt werden: Harfenspiel (18, 22), Trompetenstoß (8, 13; 10, 7; 14, 2), Flügelrauschen (9, 9), Wagenrasseln (9, 9), Mühlenklappern (18, 22) und Volksgemurmel (19, 1. 6). Der Rahmen des Gewittersturms und der Vergleich mit 1, 15; 14, 2 und 19, 6 legt an dieser Stelle die Deutung auf das Wasserrauschen nahe.

Die drei erwähnten Elemente wollen nicht auseinandergenommen und jedes für sich gedeutet werden. Wichtig ist vielmehr ihre Dreizahl, die als göttliche Zahl diesem Kapitel eigentümlich ist (Anm. 180). Auch spätere Stellen nennen wieder Elemente des Gewittersturms, dann aber gern ergänzt durch Erdbeben oder Hagel zur Totalitätszahl, bezogen auf die ganze Erde, nämlich zur Vier (8, 5; 16, 18). In diesem Abschnitt treten die irdischen Ereignisse der Endzeit aber noch nicht ins Blickfeld. Die himmlische Liturgie von Ewigkeit zu Ewigkeit bestimmt das Bild.

Und sieben Feuerfackeln brannten vor dem Thron. Schon immer gehörte Feuer zur Umwallung des heiligen Gottes (z. B. wieder Hes 1, 28; 2 Mo 24, 17; vgl. auch hier in Vers 3 den rötlichen Sardion). Zu den verschiedenen Formen, in denen das Feuer erscheint, gehört auch die der Fackel (1 Mo 15, 17; 2 Mo 20, 18; Hes 1, 13; Da 10, 6; Hio 41, 11; Nah 2, 5). Es scheint sich um eine langgezogene, gewundene, schwelende Flamme gehandelt zu haben. Im AT waren diese Fackeln aber nicht zahlenmäßig erfaßbar wie hier. Ferner fehlt hier das unruhige Hin- und Herfahren. Still, in erkennbarer Siebenzahl, brennen sie auf der Stelle, nämlich vor dem Throne Gottes. Sie erinnern fast an die sieben Flammen des goldenen Leuchters, der „vor dem Herrn brennt" (2 Mo 27, 21), ein Bild des die Gemeinde erfül-

171 Im späteren Judentum. Der atst Text nennt sie „Fürsten".
172 Dieser Umstand klang schon zu 1, 15 an; vgl. z. B. Hes 1, 13; 2 Mo 19, 16.

lenden Heiligen Geistes. Und diese Deutung folgt hier ausdrücklich: **Das sind die sieben Geister Gottes.** Der Heilige Geist aber ist in der Offenbarung Heilsmacht. Von ihm kommen Gnade und Friede (1, 4; s. auch Exkurs 1e).

Und vor dem Thron (war es) **wie ein gläsernes Meer, gleich Kristall.** 6
Die beiden Ausdrücke „wie" und „gleich", in diesem Kapitel besonders häufig, ziehen auch diese Einzelheit sofort wieder ins Unbestimmte und Symbolische. Darum läßt sich nicht einfach deuten: Johannes sah das „eherne Meer" (1 Kö 7, 23), jenes Tempelgerät, das neben dem Brandopferaltar stand.

Aber warum konnte das metallene Wasserbecken im israelitischen Tempel überhaupt „Meer" genannt werden? Das war erst verständlich, wenn die Redeweise vom Himmelsmeer bedacht wird. 1 Mo 1, 6–7 spricht von zwei voneinander geschiedenen Meeren. Da ist einerseits das irdische Meer, wild, tückisch, schlammig, später ein Bild des dunklen Aufruhrs in der Schöpfung. Sein Gegenbild ist das Himmelsmeer, also all das Wasser, das der Mensch als von oben herabkommend erlebte. Diesen Wasserhimmel sah sein Auge hell und licht, außerdem durch die Gestirne bei Tag und Nacht feurig durchstrahlt. Hier ist auch ein natürlicher Anhaltspunkt für das gläserne Meer „mit Feuer gemengt" in 15, 2. Weil nun jenes Tempelgerät einerseits einen bewunderten Glanz aufwies und andererseits reines Wasser für den gottesdienstlichen Bedarf enthielt, konnte es an das Himmelsmeer erinnern.

Dieser kristallklare, leuchtende Wasserhimmel ist Bild himmlischer Reinheit und gehört in die reine Umgebung Gottes. Er ist sein „Teppich" (Ps 104, 2) oder eine Art Fußboden (2 Mo 24, 10; Hes 1, 22–26). So gewahrte Johannes, wie sich vor dem Throne Gottes eine strahlend reine Fläche dehnte, gleichzeitig ein unbedingte Scheidewand gegen das Finstere von unten. Vielleicht ist auch noch daran zu denken, daß das, was zu Füßen liegt, Herrschaftsbereich ist, und daß das gläserne Mer zum Bild für eine heilige, Gott dienende Völkerwelt wurde (15, 2) und damit Gegenbild zum irdischen Meer, das häufig genug die aufrührerische Völkerwelt verkörperte. Aber diese Dinge werden an späteren Stellen weit deutlicher gesagt.

Und in der Mitte des Thrones und rings um den Thron (waren) **vier Wesen**[173]. Sehr genau nimmt Johannes den Ort dieser Wesen wahr und beschreibt ihn sorgfältig. Äußere Stellung spiegelt Gewicht und Bedeutung wider. Das Stehen in der Mitte des Thrones (s. z. 2, 1)

[173] Die Übersetzung Luthers durch „Tiere" verleitet zur Meinung, es handele sich um dasselbe Wort wie in Kapitel 13, wo Johannes von den beiden gottfeindlichen „Tieren" schreibt. Aber hier steht eine Vokabel, die lediglich Tiere bezeichnen k ö n n t e, sofern auch sie Lebewesen sind.

mag einen Stufenthron wie 1 Kö 10, 18–20 voraussetzen. Auf der mittleren Stufe, rings um den Thron herum, also etwas erhöht gegenüber den anderen Gruppen und auch etwas näher am Thronenden, erkennt Johannes den engsten Kreis der Throndiener. Sie tragen sowohl die Züge der Seraphe in Jes 6 (V. 8) als auch die der Cheruben in Hes 1[174]. Wieder aber geht es nicht ohne einen genaueren Vergleich.

Die Vierzahl der Wesen weist gewiß hin auf die große Gerichtsvision in Hes 1. Aber die vier Cheruben dort haben es mit den vier Himmelsrichtungen zu tun, eine Beziehung, die in der Offb abgestreift wird. An die Stelle der Seitenangaben in Hes 1 (vorn = Süd, rechts = Ost, links = West, hinten = Nord) tritt Offb 4, 7–8 die einfache Zählung. Ferner ist in Hes 1 jeder der vier menschengestaltigen Cheruben viergesichtig; sie tragen, um bestimmte Eigenschaften zu vergegenwärtigen, die Gesichter der vier edelsten Vertreter der Schöpfung. Dagegen tragen die vier Wesen in Offb 4 jeweils nur e i n Gesicht[175]. Schließlich fehlt in Offb 4 gegenüber Hes 1 die ausführliche Schilderung der Körper, Hände, Beine, Flügel, Füße, der Fortbewegung, der Schnelligkeit und des Geräusches. An die Stelle eines verwirrend unruhigen Eindruckes ist eine erhabene Vereinfachung getreten.

Vor allem aber nähern sich die vier Wesen durch ihre Funktion unverkennbar den Seraphen von Jes 6. Weder tragen noch bewegen sie wie die Cheruben einen Thronwagen. Sie befinden sich ja auch nicht u n t e r, sondern v o r dem Thron. Und sie sind nicht stumm, sondern halten wie die Seraphe, denen sie auch in der Sechszahl der Flügel gleichen, (anders Hes 1, 6), das Gotteslob aufrecht (V. 8 und 19, 4).

Die Schilderung ihres Aussehens wird durch den Hinweis auf ihre Augenfülle eingerahmt, die ihnen bei ihrer sonstigen Verschieden-
7 heit gemeinsam war: **Voller Augen vorn und hinten. Und das erste**

[174] Die „Wesen" von Hes 1 sind nach Hes 10, 1 u. ö. Cheruben. Das Spätjudentum verstand Seraphe und Cheruben als besonders hochstehende Engelgruppen. Die alten Propheten haben kaum an Engel gedacht. Von den Engeln unterscheiden sie nämlich die Flügel — Engel haben nach der Bibel keine Flügel! — und die Funktion. Sie taten nicht Botendienst, sondern unmittelbaren Throndienst. Sie verherrlichten den Thronenden und vergegenwärtigten seine Macht und Hoheit.

[175] Der Tiervergleich scheint sich jeweils nur auf das Gesicht der Wesen zu beschränken, wenn man aus der Angabe zum dritten Wesen (V. 7) und aus der Gestalt der Wesen in Hes 1, 5 schließen darf. Für den fliegenden Adler will diese Vorstellung wiederum nicht recht passen. So bleibt etwas Schwebendes. Johannes zieht in seinen Beschreibungen so manche Linien nicht aus (vgl. z. B. 5, 8). Nur eine kurze Beziehung blitzt auf, kein sattes Gemälde entsteht vor unseren Augen — und hier keine Tiere mit Pranke, Fell und Schweif. Zur Deutung der einzelnen Gesichter s. u.

**Wesen gleich einem Löwen und das zweite Wesen gleich einem Stier,
und das dritte Wesen hatte das Angesicht wie von einem Mensch,
und das vierte Wesen** (war) **gleich einem fliegenden Adler. Und die** 8a
**vier Wesen hatten eins wie das andere je sechs Flügel, ringsherum,
und innen voll von Augen.** Über diese vielen Augen rätselt nur der moderne Leser. Damals konnten sie unerläutert bleiben. Wenn der antike Mensch unter dem sternenübersäten Nachthimmel stand, von allen Seiten angeblitzt, war der Gedanke an einen allsichtigen und allwissenden Gott nicht fern. Und umgekehrt, wenn die Gottheit vorgestellt wurde, lag die Rede von den vielen Augen nahe. Darum gehören auch diese augenübersäten Wesen eng zum Wesen Gottes. Während Gott selbst in dieser Vision nicht anschaulich wird (s. z. V. 2—3), stellen diese Gestalten seine Majestät vor Augen. Dazu gehören sein erhabenes Wissen und Gegenwärtigsein über allem Geschehen dieser Welt (Augenfülle), aber auch seine überlegenen Kräfte und Wirkungen (Löwen-, Stier-, Menschen- und Adlergesicht).

Merkwürdigerweise werden diese höchsten Thronrepräsentanten nicht nur gern als Repräsentanten der Schöpfung, sondern auch noch ausgerechnet der niederen Schöpfung[176] gedeutet. Einzige Stütze dafür mögen die Tiervergleiche abgeben, in deren Reihe aber doch für das dritte Wesen auch der Mensch auftaucht. Vor allem ist es nicht statthaft, durch diesen *einen* Umstand alle Hinweise des Textes, die auf eine außerordentliche Vorangstellung dieser Wesen hinauslaufen, umzustoßen. Die Tiere sind hier gewiß Sinnbilder *aus* der Schöpfung, aber deswegen doch nicht *für* die Schöpfung, sondern für große göttliche Macht.

Der Vorrang dieser vier Wesen ergibt sich aus ihrer Stellung (V. 6), aus ihrer Augenfülle, aus ihrer Vorbeter-Funktion (V. 9 und 5, 8. 14) und aus ihrer Einschaltung in die wichtigsten Vorgänge der Herrschaftsausübung des Lammes (6, 1—8; 15, 7). Sie sind Engelwesen des innersten Thronbereiches und (abgesehen vom Lamm) das Gottnächste, was Johannes schaut.

[176] Langenberg z. B. zieht hier die Verbindung zur seufzenden Kreatur von Rö 8, 22. Die Flügel seien Ausdruck sehnsüchtigen Strebens der Gebundenen nach höherer Freiheit, das Rufen Tag und Nacht in V. 8 sei gequälte Ruhelosigkeit. Aber die Flügel bilden hier als Träger der Augenfülle Hoheit und Herrschaft ab. Zu V. 8 s. u.

Die Huldigung Gottes

Offenbarung 4, 8b—11

Zu Vers 9 f: Dan 6, 27 4, 31 12, 7

8b **Und sie sprachen unaufhörlich Tag und Nacht: Heilig, heilig,**
heilig ist Gott der Herr, der Allgewaltige, der da war und der da
9 **ist und der da kommt. * Und jedesmal, wenn die Wesen Herr-**
lichkeit und Ehre und Danksagung geben dem, der auf dem Thron
10 **sitzt, dem Lebendigen in die Zeiten der Zeiten, * fallen die vier-**
undzwanzig Ältesten nieder vor dem, der auf dem Thron sitzt,
und huldigen dem Lebendigen in die Zeiten der Zeiten, und wer-
fen ihre Kränze nieder vor dem Thron, indem sie sprechen:
11 *** Würdig bist du, unser Herr und Gott, zu empfangen die Herr-**
lichkeit und die Ehre und die Kraft, denn du hast geschaffen das
All, und durch deinen Willen war es und wurde es erschaffen.

Jetzt folgt die maßgebliche Deutung der göttlichen Lichtfülle, die Johannes geschaut hat. An die in Vers 3 genannten Farben und Materialien sind nicht allerlei Themen menschlicher Dogmatik anzuhängen, vielmehr geht es um ein einziges Thema, und um dieses Thema dreimal und immer wieder: es geht um die Heiligkeit Gottes (s. z. 3, 7).

8b **Und sie sprachen unaufhörlich Tag und Nacht: Heilig, heilig, heilig ist Gott der Herr, der Allgewaltige.** Die hohen Thronengel haben teil an dem göttlichen Wachsein nach Ps 121, 4, das mit menschlicher Schlaflosigkeit nichts gemein hat, sondern Unabhängigkeit vom irdischen Zeitenrhythmus bedeutet. In überirdischer Unermüdlichkeit und ewiger Wachheit verrichten sie ihren Throndienst wie die Seraphe in Jes 6. Der dort gebrauchten Gottesbezeichnung „Herr Zebaoth" entspricht hier „Gott der Herr, der Allgewaltige" (Anm. 54). Aber dann folgt im Unterschied zu Jes 6 nicht eine raumbezogene, sondern eine geschichtsbezogene Bestimmung des Dreimalheiligen: **Der da war und der da ist und der da kommt.** Die drei Elemente dieser Wendung sind gegenüber 1, 4 chronologisch geordnet (s. d.): Gott war heilig, ist heilig und wird heilig sein. Was sich auch in den Zeiten ändert, aber daran ändert sich nichts. Daran zerbricht aber alles, was unheilig ist. In diesem Vorgang um den Thron Gottes enthüllt sich dem Johannes der Grundvorgang der Geschichte: Heiligung des Namens Gottes.

9 Im folgenden Vers wird das dreimal Heilig in eine andere Dreiheit umgesetzt[177]: **Und jedesmal, wenn die Wesen Herrlichkeit und Ehre**

[177] Der folgende Satz lautet im Grundtext futurisch: „Und wenn sie geben w e r d e n, . . ." Wird diese Huldigung erst für später angekündigt? Dagegen sagt Vers 8 klar, daß Johannes die Engelwesen jetzt schon preisen hört. Die Lobpreise in Vers 8 und 9 decken

und Danksagung geben dem, der auf dem Thron sitzt, dem Lebendigen in die Zeiten der Zeiten, fallen die vierundzwanzig Ältesten nieder vor dem, der auf dem Thron sitzt, und huldigen dem Lebendigen in die Zeiten der Zeiten und werfen ihre Kränze nieder vor dem Thron. „Herrlichkeit" (doxa) ist der tragende Begriff aller Doxologien (s. z. 1, 6). Gern verbindet sich mit ihm der Begriff der „Ehre" (timae) (2 Pt 1, 17; Hbr 2, 7. 9; 3, 3) und ruft er den Eindruck der Fülle hervor, ohne einen zusätzlichen Inhalt beizufügen. Auch „Danksagung" (eucharistia) ist in diesem Zusammenhang sicher ein allgemeiner Zwillingsbegriff zu „Huldigung" (V. 10)[178]. An Dank für eine bestimmte Gabe ist kaum zu denken, denn welche vorangegangene Wohltat Gottes wäre genannt? Diese Danksagung ist Bestandteil eines alle Zeiten überdauernden Gotteslobes.

Das unaufhörliche Loben Tag und Nacht entspricht dem zeitenüberdauernden Lebendigsein Gottes. Im AT heißt er im Gegensatz zu den Heidengöttern, die den Propheten wie Mumien vorkamen, der Lebendige (bes. Jes 40—43). Ein Lebendiger, der lebendiger ist als alles andere zwischen Himmel und Erde, sitzt auf dem Weltenthron. Da wird wirklich regiert. Gott läßt die Zügel nicht schleifen, und keine Zeit, gestern, heute oder morgen, findet ihn lahm, lau oder verlegen. Er bleibt die treibende Mitte aller Dinge.

Zum Lebendigen paßt keine leblose Huldigung. So gleichbleibend 10
sich die Szene in diesem Kapitel auch darbietet, ihr mangelt es doch nicht an Bewegtheit und Entwicklung. Jedesmal beginnt die Huldigung in der Thronmitte, breitet sich aus über die Thronumgebung und löst Niederfallen und Kranzabwurf aus.

Huldigung[179] ist nach der Offenbarung das große Thema dieser Erde und ihrer Geschichte (Einltg. Nr. 1), das in der Endzeit die Menschenwelt geradezu durchdröhnen wird. Alle Menschen knien — vor dem Lamm oder vor dem Tier. Aber bevor Johannes in diese furchtbaren Zerreißproben eingeführt wird, öffnet sich ihm der Himmel. Dort

sich. Die Heiligkeit Gottes ist nicht von seiner Herrlichkeit und Ehre zu trennen. Darum legt sich in Übereinstimmung mit der grie Grammatik die frequentative Übersetzungsmöglichkeit des Futurs nahe: „Jedesmal, wenn sie geben . . ."

178 Auch die beiden anderen Danksagungsstellen 7, 11—12; 11, 16—17 stehen mit Huldigung zusammen.

179 Die Herkunft des Wortes, das mit „huldigen" oder „anbeten" übersetzt wird, ist noch nicht ganz geklärt. Es drang seit der Perserzeit ins Grie ein und wird von den meisten Forschern mit Küssen in Verbindung gebracht. An dieser wie an vielen Stellen sind dann deutlich drei Akte zu unterscheiden: Kniefall, Fußkuß und anerkennendes Wort. Die Unterwerfung des ganzen Menschen vor einem Herrscher wird anschaulich. So lagen besiegte Feinde oder dienstbereite Untertanen in Ägypten, Kleinasien, Persien und Babylonien vor dem Thron. Nicht immer werden die drei Akte gesondert aufgezählt. Die Nennung des mittleren Aktes kann die beiden anderen einschließen. Dann ist die allgemeine Übersetzung mit „anbeten" berechtigt.

sieht er nicht zwei Throne, vor denen sich die Huldigung teilt, sondern eine ganz eindeutige Lage: ein Thron und eine Anbetung. Dieser Himmel öffnet sich also in die Menschengeschichte hinein. Da weiß Johannes: Es wird wieder Klarheit in das Beten auf Erden kommen.

11 Die vier Thronengel haben die Huldigung im Himmel eröffnet. Nun sprechen die Ältesten-Engel: **Würdig bist du, unser Herr und Gott, zu empfangen die Herrlichkeit und die Ehre und die Kraft.** Eine Kleinigkeit an dieser Doxologie, die im übrigen biblische und zeitgeschichtliche Parallelen hat (Einltg. Nr. 8a), erweckte besondere Aufmerksamkeit. Die Wendung „unser Herr und Gott" ist zwar nicht im AT, wohl aber in der Kaisertitulatur des Domitian genau wörtlich belegt (Dominus ac deus noster). Desgleichen kannte der Kaiserkult den Kranzabwurf vor einem (leeren!) Thronsessel, ferner auch Fackeln (V. 5) und reichlichen Edelsteinschmuck (V. 3). Vielleicht kann die heutige Auslegung gar nicht mehr ganz aufdecken, wie beziehungsvoll dieses scheinbar so weltferne Kapitel in den Ohren der kleinasiatischen Leser klang.

Es bleibt noch zu fragen, ob sich die Doxologie der Ältesten nicht ganz fein von der so zeitlosen Doxologie der vier Wesen abhebt. Sie sprechen, in einer Sprache, die stark an das nächste Kapitel erinnert, von der Würdigkeit Gottes, Herrlichkeit und Macht zu empfangen. Sollte hier nur an eine ewige innerhimmlische Rühmung gedacht sein oder nicht vielmehr an eine jetzt bevorstehende Rückkehr Gottes in die Geschichte, an die Wiederherstellung seiner Ordnungen und an seine künftige Endverherrlichung durch alle Geschöpfe?

Ein solcher Anspruch Gottes wird offenbar durch den folgenden dreifachen[180] Hinweis auf die Schöpfung begründet. **Denn du hast geschaffen das All, und durch deinen Willen war es und wurde es erschaffen.** Ihm gehört darum das Ende, weil er den Anfang gesetzt hat. Er hat darum das letzte Wort, weil er das erste Wort gesprochen hat. So besitzt er gegenüber einem Domitian, der gerade dabei war, Herrlichkeit und Ehre an sich zu bringen, ein unendliches Vorrecht und einen unendlichen Vorsprung. Aber wie verwirklicht er seinen Anspruch?

Das vierte Kapitel enthält keine Aussagen über Christus, über die Erlösung oder über die Gemeinde. Es reicht nicht in den zweiten Glaubensartikel hinein. Nur im letzten Vers mag sich ein schmaler Spalt nach vorn öffnen. Dem christlichen Leser, der gerade die Gemeindebotschaften durchschritten hat, dünkt das ein wenig ärmlich,

[180] Die Dreizahl als Zahl Gottes durchzieht das ganze Kapitel: drei Edelsteine V. 3, drei Elemente aus dem Gewittersturm V. 5, dreimal heilig und drei Zeiten V. 8, dreifache Ehrung V. 9 und 11, dreifache Bestimmung der Schöpfung V. 11.

und er ist versucht, was er an evangelischen Inhalten vermißt, hineinzulegen. Man möchte noch innerhalb dieses Kapitels die Fragen beantwortet sehen, die die von Finsternis bedeckte Erde aufgibt. Das ist begreiflich, aber sorgfältige Auslegung kann über den Text nicht hinausgehen. Der Text zeigt durch nichts, *wie* die Störungen durch Sünde, Tod und Teufel behoben werden, *wie* wieder eine helle Welt Gottes werden soll. Noch zu Beginn des folgenden Kapitels weint Johannes untröstlich (5, 4).

Es ist wichtig, den Einleitungscharakter dieses vierten Kapitels zu erkennen, ohne sich um die aus dem Mittelalter stammende Kapitelabtrennung zu kümmern. Die elf Verse bilden den Vorspann für die folgenden vierzehn Verse und bereiten die Szene für deren Handlung. Sie enthalten kaum echte Tätigkeitswörter. So lebhaft das Bild ist, es ist ein stehendes Bild. Auch die Verse 9–10 bedeuten keinen wirklichen Handlungsfortschritt: Eine sich immer wiederholende Liturgie durchzieht die Ewigkeiten.

So wartet Kapitel 4 auf Ergänzung. Erst zusammen mit Kapitel 5 entsteht die Einheit mit der ntst Botschaft. Das NT verkündet nämlich nicht Gott an sich, sondern Gott in Christus, oder in der Sprache dieses Buches: Gott und das Lamm.

Die versiegelte Buchrolle

Offenbarung 5, 1–5

1 **Und ich sah auf der Rechten dessen, der auf dem Throne saß, eine**
Buchrolle, beschrieben innen und hinten, versiegelt mit sieben
2 **Siegeln. * Und ich sah einen starken Engel, der mit großer Stimme**
(öffentlich) ausrief: Wer ist würdig, zu öffnen die Buchrolle und
3 **zu lösen ihre Siegel? * Und niemand im Himmel noch auf der Erde**
noch unter der Erde vermochte die Buchrolle zu öffnen und hinein-
4 **zusehen. * Und ich weinte sehr, daß niemand würdig befunden**
5 **wurde, die Buchrolle zu öffnen noch hineinzusehen. * Und einer**
von den Ältesten spricht zu mir: Weine nicht! Siehe, gesiegt hat der
Löwe aus dem Stamme Juda, der Sprößling Davids, aufzutun die
Buchrolle und seine sieben Siegel.

Zu Vers 1:
Jes 6, 1
Hes 2, 9 f
Jes 29, 11
Zu Vers 5:
1 Mo 49, 9 f
Jes 11, 1. 10

Das Stichwort „Thron" im vorigen Kapitel wird jetzt durch ein neues abgelöst. 1
Dieser neue Abschnitt spricht Vers für Vers von der Buchrolle[181]. Im engen Anschluß an 4, 11 fährt Johannes fort: **Und ich sah auf der Rechten dessen, der auf dem Thron saß, eine Buchrolle.**

[181] Man wird an den Aufbau von Hes 1 (Thron) und 2 (Buch) erinnert.

Immer noch nicht wird die Gestalt des Thronenden selbst geschaut, aber seine vorgestreckte rechte Hand gerät wie durch eine Großaufnahme in den Mittelpunkt des Interesses.

Nach einer jüdischen Anschauung hält Gott seit der Zerstörung Jerusalems die rechte Hand untätig hinter dem Rücken. An dieses Bild erinnert auch Ps 74, 11: „Warum ziehst du deine Hand zurück! Nimm deine Rechte aus dem Gewand und mach ein Ende." Hier streckt er sie hervor. Gott will tätig werden. Großes steht bevor, Hoffnungen werden wach, Vollendungszeit beginnt. Die Rechte ist die Tathand (1, 16; 2, 1). „Die Rechte des Herrn schafft Sieg" (Ps 118, 15), sie erhöhte Christus (Apg 2, 33).

Auf der geöffneten Hand liegt, gewollt sichtbar, eine Buchrolle. Die Gebärde des Weitergebens ist so deutlich wie in Hes 2, 8–9: „Iß, was ich dir geben werde! Und ich sah, siehe, da war eine Hand gegen mich ausgereckt, die hatte einen zusammengelegten Brief." Es soll etwas von Gott her geschehen. Dazu möchte Gott jemand bevollmächtigen, der es vollstreckt. Aber sucht er auch hier nur einen Propheten?

Die Buchrolle war **beschrieben innen und hinten, versiegelt mit sieben Siegeln.** Sie besitzt in der Offenbarung keine Parallele[182]. Was das AT anbetrifft, ergeben sich formale Übereinstimmungen mit Hes 2, 8–10: die Rollenform, die beidseitige Beschriftung, die die Inhaltsfülle anzeigt, und auch die Gerichtsbeziehung („Darin stand geschrieben Klage, Ach und Weh", vgl. Offb 6). Dagegen fehlen bei Hesekiel die Siegel, die zu öffnen jemand die Kraft haben muß. Es geht bei ihm ja nicht um Können, sondern um Wissen, um Kenntnisempfang durch Verschlingen des Büchleins, also um Prophetenberufung.

Die siebenfache Versiegelung ist bei römischen Rechtsurkunden üblich gewesen. Ein Testator setzte etwa ein Testament auf und untersiegelt es gemeinsam mit sechs Zeugen. Alle sieben v e r siegelten dann die zusammengerollte Urkunde von außen. Jetzt bedurfte sie einer gerichtlichen Öffnung. Die beidseitige Beschriftung erklärt sich am besten durch die antike Gepflogenheit der Doppelurkunde. Der Innentext enthielt den rechtsgültigen Text. Dieser wurde versiegelt, gegebenenfalls siebenfach. Auf die Außenseite kam, notgedrungen in verkürzter Form, der gleiche Inhalt, der also ohne Entsiegelung für jedermann lesbar war. Durch die gerichtliche Entsiegelung und Öffnung erfuhr man nicht etwas Neues, aber das Verfügte trat in Kraft. Auf dieser Linie liegt auch die Öffnung der Buchrolle in Kapitel 5.

182 Sie deckt sich weder mit dem Offenbarungsbuch (22, 18) noch mit dem Buch des Lebens (3, 5; 13, 8; 17, 8; 20, 12. 15; 21, 27) noch mit den Gerichtsbüchern (20, 12), die erst am Ende geöffnet werden, noch mit dem Prophetenbuch von 10, 2. 8–11.

Nichts verlautet von einem gespannten Lesen in der Rolle, nichts deutet auf Kenntnisnahme, aber alles auf rechtliche In-Kraft-Setzung.

So führen die äußern Angaben zur Annahme einer Rechtsurkunde, die vom Thron Gottes her verliehen werden soll. Doch welchen Inhalts mag sie sein?

Das AT gewährt 2 Kö 11, 12 einen wertvollen Einblick in antike Krönungsfeierlichkeiten. Der Priester überreichte dem König im Namen Gottes ein Schriftstück. Mit dieser Geste unterstrich er die Stellung des Königs als Statthalter Gottes. Der Brauch war in verschiedenen Abwandlungen verbreitet. Überreichung von königlichen Bestallungsurkunden war Höhepunkt auch bei römischen Thronbesteigungen. Sie enthielten etwa den neuen Thronnamen, göttliche Beauftragung und Zusage langer Regierungsdauer. Im Brechen ihrer Siegel geschah der eigentliche Machtantritt. Ein Herold rief den Inhalt aus, die Beamten stürzten huldigend auf die Knie, die Hochrufe der Massen draußen vor dem Tempel oder Palast brandeten auf. Kein Wunder, daß Kaiser sich gern in dieser Pose darstellen ließen — die Buchrolle in der Hand.

In Offb 5, 1 steht ebenfalls die Überreichung einer Bestallungsurkunde bevor. Aber derjenige, der die Rolle empfängt, wird Herr des Endes sein. Er baut die letzte Stadt und ist der letzte König. Wenn er die sieben Siegel bricht, rollen die Endereignisse an. Wer ist dieser König?

Schon tritt der Herold auf, der im Altertum buchstäblich ein „Lautsprecher" sein mußte (zum „starken" Engel s. zu 10, 1). **Und ich sah** 2
einen starken Engel, der mit großer Stimme (öffentlich) **ausrief: Wer ist würdig, zu öffnen die Buchrolle und zu lösen ihre Siegel?** Gott läßt so manches Mal einen Aufruf ergehen, bevor er jemand beauftragt (Jes 6, 8; 1 Kö 22, 19–22). Hier schallt der Ruf durch alle Räume, im Himmel und auf Erden und in der Unterwelt. Alle Welt mag teilnehmen an der Suche, wer denn würdig sei. Bitte, Bewerber mögen vortreten und sich prüfen lassen! Damals hatte sich gerade Domitian so dreist angemaßt, die Menschheit zu beglücken. Aber wer ist Domitian? Ist er heilig, gerecht, weise und rein genug? Oder wer sonst? Die Menschheit soll einmal der Personenfrage standhalten. Zur Sachfrage vernimmt man von so mancher Seite Brauchbares. Was das Gute wäre, sagte jeder. Aber wo ist d e r Gute? Immer wieder scheitern Weltverbesserungspläne an der Personenfrage.

Die Wer-Frage ist also ergangen. In fast quälender Ausführlichkeit heißt es, daß von überall her die Fehlanzeigen eintreffen. **Und nie-** 3
mand im Himmel noch auf der Erde noch unter der Erde vermochte die Buchrolle zu öffnen und hineinzusehen. Dreimal: niemand! Niemand im Himmel: Selbst Engel sind der Aufgabe nicht gewachsen.

Niemand in der Unterwelt: Kein Dämon und kein großer Verstorbener könnte helfen. Niemand auf der Erde: Die Gemeinde weiß, daß die Machthaber dieser Welt im Entscheidenden machtlos sind. Darum betet sie für sie, betet sie aber nicht an.

So mancher will wohl, aber niemand kann die Siegel lösen. Die römischen Kaiser gaben ihre Versprechungen. Aber Johannes und die christliche Gemeinde ließen sich nicht blenden. Mit unbestechlichem, am Wort Gottes geschulten und durch den Heiligen Geist gelehrten Blick schauten sie auf die von Beifallsstürmen umbrandeten Gestalten und wagten zu sagen: Nicht würdig[182a]!

Die Rundfrage: Wer ist würdig? könnte an dieser Stelle fast rhetorisch erscheinen. Obwohl es niemand gibt, wird noch gefragt. Soll auf dem trostlosen Hintergrund der Weltverlegenheit die eigene Lösung um so strahlender hervortreten? Jedenfalls ist es hier nicht eitler Sinn, der so handelt. Aber des Menschen Eitelkeit soll abgebaut werden. Darum diese unerbittliche Herausforderung. Der Mensch soll zu sich kommen und soll zu Gott kommen.

4 „Niemand ist würdig!" könnte eine unchristliche Feststellung sein. Schadenfroh und mit Genugtuung ließe sich auf die Verlegenheiten hinweisen. Aber hier spricht ein ganz und gar anderer Geist. **Und ich weinte sehr, daß niemand würdig befunden wurde, die Buchrolle zu öffnen noch hineinzusehen.** In die furchtbare Antwortlosigkeit hinein ertönt das laute Schluchzen des Menschen Johannes, der für alle Menschen weint. Ihm wird bewußt, daß ein Bann auf der Geschichte liegt. Wie wenig Veränderung bei so viel Anstrengung, Dampf und Hitze, bei so viel Blut und Schmerz und Tränen. Welch sinnloser Kreislauf von Kampf und Ergebung, Sieg und Niederlage, Sammeln und Verlieren, Umarmen und Schlagen, Leben und Sterben. Bei so viel Geschehen geschieht doch nichts, sondern fängt immer nur das Alte von neuem an, weil von Gott her nichts erwartet wird. Soll das immer so weitergehen? Sollte die Geschichte in einem ewigen Wirrwarr von Phrasen und Enttäuschungen oder von Beten und Fluchen bestehen? In diesem Schweigen angesichts der Sinnfrage weint Johannes sehr. Die Welt droht vor seinen Augen gottlos, kopflos und sinnlos zu werden.

Christen leiden unsagbar unter der Weltnot und unter den Weltnöten. Ihr Gott beschränkt sich nicht auf Innerlichkeit, auf Herz und

[182a] Eine jüdische Stimme aus der Zeit Kaiser Hadrians (117—138) enthält die gleiche Sicht: „Wenn ein König von Fleisch und Blut seinen Einzug hält in eine Stadt, so rühmen alle vor ihm her: Stark ist er. Aber er ist schwach. Reich ist er. Aber er ist arm. Weise ist er. Aber er ist ein Narr. Barmherzig ist er. Aber er ist grausam. Gerecht und treu ist er. Aber nichts ist an ihm von allen diesen Heldentugenden, sondern alle schmeicheln ihm" (nach E. Stauffer, Jerusalem und Rom, Bern 1957, S. 39).

Gewissen. Er verzichtet nicht auf die Schöpfung, auf die Völker und auf gerechte Verhältnisse. Er blickt nicht sternenkalt auf Hunger, Leid und Sterben herab und läßt die Schicksale der Menschen nicht gleichmütig durch die Finger rieseln. Aber Christen geben sich auch nicht trügerischen Hoffnungen hin. Das Heil kommt nur vom Heiland Gottes.

Einer der Ältesten (s. zu 4, 4) hat die Aufgabe, die Tränen des 5
Johannes durch Vermittlung einer Audition (5) und einer Vision (6) zu stillen. **Und einer von den Ältesten sprach zu mir: Weine nicht! Siehe, er hat gesiegt.** Gott selbst antwortet für eine schweigende Welt und wird der Menschheit den Würdigen stellen und zeigen. Der Angekündigte kommt von einem großen Siege her. Wie könnte Gott auch für seine große Sache einen gebrauchen, der schon als Geschlagener antritt. Domitian trat z. B. wie jeder sündige Mensch schon als Geschlagener an. Denn wer Sünde tut, ist der Sünde Knecht. Ein in Banden Geschlagener kann Gottes Siege nicht führen und auch Johannes nicht trösten. Johannes erfährt den Doppelnamen des Siegers. Zunächst: **Der Löwe aus dem Stamm Juda.** Dieser auf Grund von 1 Mo 49, 8–10 gebildete Ausdruck wurde vom Judentum auf den Messias bezogen und ist dann zum bloßen Titel erstarrt. Damit sind symbolische Auswertungen etwa der Löwenpranke oder -stimme nicht am Platze. In der folgenden Vision des Löwen wird nichts davon anschaulich. Ganz eng und unverbunden tritt neben diesen Namen aus dem Gesetz ein zweiter messianischer Name aus den Propheten (Jes 4, 2; 11, 10; Jerem 33, 5; 23, 5; Sach 3, 8; 6, 12), **der Sprößling Davids.** So ist der Sieger der Erfüller der gesamten atst Offenbarungsgeschichte. Auch für Johannes, der den Abfall der Juden so schonungslos ausspricht (2, 9; 3, 9), bleibt es bei dem Satz: „Das Heil kommt von den Juden" (Jo 4, 22). Er klagt die Juden gerade deswegen so heftig an, *weil* er ihre Berufung so ernst nimmt.

Also das Heil kommt von den Juden. Nicht die Juden waren oder sind das Heil, aber Jesus war Jude. Darum sind die Geschichten um Jesus und damit auch die Geschichte dieses Volkes die Zukunftsgeschichte der Menschheit. Diese Volksgeschichte ist innerhalb der Völkergeschichte das verheißungsvolle Kerngeschehen, in das es für alle, die Rettung erfahren wollen, gilt einzusteigen. Dieses Geschehen verengte sich immer mehr zur Jesusgeschichte und gipfelte schließlich in der Passionswoche, in seinem Heilstod. An dieser Stelle aber schlägt der Vorgang der Verengung in einen Vorgang der Ausweitung um und wird weltumfassend. Jesus starb bis hin zu allen Menschen und Völkern (V. 9). Er starb für die „vielen". Auf Grund seines Todes wurde der Judalöwe und Davidssproß der Herr der Welt. Die folgende Vision füllt die atst Messiasnamen vom Evangelium her.

Die Ermächtigung des Lammes

Offenbarung 5, 6–7

Zu Vers 6:
Jes 53, 7
Sach 4, 10
Zu Vers 7:
Jes 6, 1

6 **Und ich sah in der Mitte des Thrones und der vier Wesen und in**
der Mitte der Ältesten ein Lamm stehen, wie geschlachtet, das hatte
sieben Hörner und sieben Augen; das sind die sieben Geister Got-
7 **tes, die ausgesandt sind über die ganze Erde. * Und es kam und hat**
empfangen aus der Rechten des, der auf dem Thron sitzt (das
Buch).

6 Bevor Johannes den Geschauten erwähnt, beschreibt er wieder sorgfältig dessen Standort. Das war auch in früheren Abschnitten seine Art (1, 13; 4, 2. 4). Diesmal streicht er die Mittelpunktstellung so stark wie nur möglich heraus (s. zu 1, 13; 2, 1): **Und ich sah in der Mitte des Thrones und der vier Wesen und in der Mitte der Ältesten ein Lamm stehen.** Hiermit ist der charakteristische Christustitel der Offenbarung „Lamm" zum ersten Mal von 28 Malen aufgeklungen[183]. Er hängt mit dem Wesentlichsten dieser Schrift eng zusammen: Durch das Lamm soll alles neu und einmal alles gut werden.

Es war sprachlich zwar berechtigt, aber sachlich nicht gut, daß einige Ausleger die Koseform, in der der Begriff im Grie begegnet, nachahmten und „Lämmlein" übersetzten. Bengel findet darin das „liebliche Bild eines kleinen, zarten Lammes". Aber die Häufigkeit des Ausdrucks in den verschiedensten Zusammenhängen, und auch gerade der Zusammenhang hier, machen es unwahrscheinlich, daß solche Empfindungen geweckt werden sollen. Verkleinerungsformen können dem Bewußtsein des Sprechenden und Hörenden[184] völlig entschwinden. Andere gehen den umgekehrten Weg und übersetzen das Wort verstärkend mit „Widder". Damit tritt ein junges, kampfesfreudiges Tier vor die Augen des Lesers. Die Erwähnung der Hörner und des Sieges oder des Zornes in 6, 16 scheinen für diese Möglichkeit zu sprechen. Doch das verbietet sich für das gesamte judengriechische Schrifttum; nirgendwo paßt dort „Widder". Wohl kaum liegt hier eine Ausnahme vor.

[183] Es fällt freilich auf, daß Johannes für „Lamm" eine Vokabel wählt, die sonst dem NT fremd ist: *arnion* statt sonst *amnos*. In Jo 1, 29. 36; Apg 8, 32; 1 Pt 1, 19; 1 Ko 5, 7 finden sich andere Wörter (übrigens auch in der grie Version von Jes 53, 7). Nur noch Jo 21, 15 führt nach einer bestimmten Lesart die gleiche Vokabel wie die Offenbarung. Ferner hält die Offenbarung jede Näherbestimmung (wie z. B. Jo 1, 29) fern. Trotzdem wußte Johannes sich von jedem Hörer in den kleinasiatischen Gemeinden verstanden.

[184] Z. B. verwendet der Verfasser für „Buch" (V. 1–5) und „Tier" (Kap. 13) ebenfalls Verkleinerungsformen, ohne daß jemand auf den Gedanken käme, „Büchlein" oder „Tierlein" zu übersetzen.

Weder ist hier ein Bild üppiger, angriffiger Kraft noch zarter Lieblichkeit zu beschwören. Es ist vielmehr auf den Fingerzeig zu achten, den der Text gibt: **wie geschlachtet.** Von der Tatsache seiner Opferung, von seinen Schlachtspuren her will dieses Lamm gedeutet sein. Die mächtige, leuchtende Narbe, die der Schächtschnitt zurückließ und die mit der Vergießung seines Blutes zusammenhängt, soll uns an diesem Lamm beschäftigen.

Somit kehrt Johannes zu 1, 5—6 zurück, wo er grundlegend begann: Jesus Christus unser Passahlamm[185].

Die nächsten Verse bestärken in dieser Auffassung. Nach Vers 9 ist die Entstehung der Heilsgemeinde, ganz wie im zweiten Mosebuch, eine Frucht des Lammesopfers. Im Loskauf klingt die Erlösung an. Das „neue" Lied erinnert an 2 Mo 15, und Vers 10 knüpft schließlich, wie 1, 5—6, deutlich an 2 Mo 19, 6 an[186].

Das Lamm hatte **sieben Hörner.** Hörner sind Zeichen der Macht (4 Mo 23, 22; 5 Mo 33, 17; Ps 75, 5), und sieben Hörner[187] zeigen Allmacht an. Diese Merkmale verdeutlichen, daß Jesus hier als der Auferstandene erscheint. Das Lamm liegt nicht getötet da, sondern „steht", und es steht „in der Mitte". Das ist nicht mehr der ausgestoßene Christus, „draußen vor dem Lager". Im nächsten Vers schreitet es auf den Thron zu, aber nicht mehr zum Altar; es nimmt die Buchrolle, läßt aber nicht mehr sein Leben. Der Lammestitel meint also durchgehend und betont den Gekreuzigten als den Auferstandenen, der da spricht: „Mir ist gegeben alle Macht im Himmel und auf Erden."

Neben der Macht besitzt das Lamm auch die Herrschereigenschaft der Weisheit; denn es hat **sieben Augen.** Bezeichnenderweise überträgt Johannes hier wieder ein Merkmal Gottes (vgl. schon 4, 8; Sach 4, 10; 2 Chr 16, 9; Spr 15, 3) auf Christus. Diese göttliche Wachsamkeit und Fürsorge (1 Kö 8, 29; 5 Mo 11, 12; Ps 33, 18; 34, 16) sind mehr nach innen, während die Hörner gegen die Feinde nach außen gerichtet sind. Die Beziehung der Augen auf die Gemeinden wird ganz deutlich, wenn die sieben Augen mit den sieben Geistern von 1, 4; 3, 1 gleichgestellt werden: **das sind die sieben Geister Gottes, die ausgesandt sind über die ganze Erde.** Sie meinen den Heiligen

[185] Diese Gedanken sind urchristliches Glaubensgut (1 Ko 5, 7; 1 Pt 1, 18—19), aber Johannes hat sie tief und weit ausgezogen.

[186] Im Unterschied zu Jo 1, 29. 36 („Lamm Gottes") empfiehlt es sich für diese Stelle nicht, eine Verbindung mit Jes 53, 7 zu suchen, vgl. Anm. 183. In Jes 53 ist das Lamm tatsächlich ein Bild stillen Duldens. Es geht dort um die Lammeseigenschaften, nicht um das Lammesblut.

[187] Im Zweistromland war die Hörner*krone* bekannt. So mag hier der Eindruck des Königlichen entstehen.

Geist in seiner Weisheitsfülle, der die Zeugen bis an das Ende der Erde begleitet (Apg 1, 8). Damit erinnern sie an das Wort aus dem Schluß des Matthäusevangeliums, das der Auferstandene seiner in die Welt gesandten Jüngergemeinde gesagt hat: „Siehe, ich bin bei euch alle Tage."

Exkurs 2: DER SIEG DES LAMMES

a) An dieser Stelle ist ein besonderer Rückblick auf das Christuszeugnis in den Versen 5 und 6 am Platze. Der Doppelname Judalöwe und Davidssproß und die Doppelausrüstung mit Machtfülle (Hörner) und Weisheitsfülle (Augen) stechen daran nicht sonderlich hervor, sondern bestätigen nur das überlieferte Messiasbild. Anders steht es mit dem Hinweis auf das Opfer dieses sieghaften Messias. Daß er das, was er ist, durch sein Sterben für die Menschen ist, befremdet alle Erwartungen. Im Altertum wurden Gottheiten häufig in Tiergestalten verehrt, aber regelmäßig in Kampf- und Raubtieren, zum Beispiel im Löwen, im Stier oder in der Schlange. Aber eine Botschaft vom göttlichen Sieger in der Gestalt eines Opfertieres war ganz ungewöhnlich und wäre sinnlos erschienen.

b) Und doch hat gerade diese Botschaft ihre Logik. Diesmal kam nämlich ein Heiland, der nicht, wie so viele Helfer vor ihm, letzten Endes doch wieder dem Gesetz seiner Gegner unterlag; der nicht Blut vergoß wie sie, nicht Gewalt übte wie sie und nicht Härten schuf wie sie. Er verwirklichte vielmehr bis zur Vergießung seines eigenen Blutes das Gesetz Gottes. Er liebte auf dieser Erde die Menschen, wie Gott es wollte, und starb, ohne daß diese Liebe starb. Daß sie an keinem Punkt abbrach, d a s war sein Sieg. Damit durchbrach er die Grundstruktur der Welt und sprengte er den Kreislauf der Sünde. Das Lammesgesetz zerbrach das Wolfsgesetz und errichtete die Liebe Gottes als Geschichtsmacht. So gesehen ist Karfreitag das S i n n - v o l l s t e, was jemals geschah. Gottes Name, Gottes Reich und Gottes Wille kamen voll zum Zuge.

Ein Bild mag von ferne ahnen lassen, was der Tod des Lammes für die Geschichte dieser Erde bedeutet: Ein modriger Teich, der keinen Abfluß hat, bekommt an irgendeiner kleinen Stelle einen Durchbruch. Sofort strömt es im ganzen Teich. Kein Liter Wasser, der jetzt ohne Gefälle bliebe, an dem es nicht von dieser einen Öffnung her saugte und zöge. So bringt das Lamm durch sein Sterben in Liebe ein neues Strömen in die Geschichte, dem sich das Nächste und Fernste nicht entziehen kann.

c) Die Deutung des Todes Jesu als „Liebe bis ans Ende" ist durch Jo 13, 1 gedeckt. Auch Offb 1, 5 findet das Wort „Liebe" tauglich, als Rahmen zu dienen, in den alles, was Jesus Christus getan hat und noch tut, eingezeichnet werden kann. Aber was gehört dazu? Auf eine allgemeine Deutung des Todes Jesu als Liebestat einigt man sich schnell in fast allen Lagern, ohne daß damit aber die Stimmen wirklich zusammenklängen und vor allem die Stimme des NT schon verstanden und anerkannt wäre. Darum soll hier noch einmal in allgemeinerer Weise nachgefaßt werden: Jesu Sterben war Ausdruck seiner Liebe, aber nicht einfach im Sinne einer ethischen Leistung und der Vollendung seiner Persönlichkeit. Es genügt nicht, von diesem Sterben zu sagen, hier sei endlich einmal einer herrlich konsequent im Guten gewesen, womit das Gute in allen Menschen, die davon hören, einen mächtigen Auftrieb empfange. Wenn das Wort vom Kreuz uns nichts brächte als den Ansporn zum beständigen, unbeirrbaren Gutsein, bliebe das Böse noch voll in Kraft. Auf diese Weise wäre der Tod Christi entleert, auch der Liebe entleert!

Zur Fülle seines Kreuzes gehört, daß an ihm wie in einem entsetzlichen Geschwür das Wesen der ganzen Welt aufgebrochen ist. Denn welche Welt muß das sein, in der der Christus gekreuzigt wird? Wer dieser Frage standhält, empfängt eine unwidersprechliche Antwort: Unsere Welt ist eine in alle Ewigkeit verdammte Welt. Das Kreuz Christi wurde in der Hand Gottes zum Mittel, sie öffentlich zu überführen, zu richten und zu durchkreuzen. Gebeugt unter dieses Geschehen, schreibt Paulus Gal 6, 14: „Mir ist die Welt gekreuzigt", gekreuzigt ist sie ihm einschließlich all der tapferen Menschen, die sich für Gerechtigkeit, Freiheit, Frieden und Wahrheit aufopfern; einschließlich auch derjenigen, denen er persönlich so viel Gutes und Liebes verdankte. Die Welt hängt wie ein einziger Leib mit allen seinen Gliedern an diesem Kreuz. Darum ist für Paulus auch das Fleisch mit seinen Lüsten und Begierden gekreuzigt (Gal 5, 24). Nie wieder will er sich in sie vernarren und an sie verlieren, nimmermehr ihre Verdammung durch Gott in Jesus Christus durchbrechen.

Aber so gewiß dieses vernichtende Urteil die Welt im Kreuz Christi betrifft, so wenig traf sie die Urteils v o l l s t r e c k u n g, denn um das Kreuz herum geht ja alles weiter, atmen und leben die Menschen weiter, scheint auch die Sonne weiter. Ringsherum eine große Verschonung, während dieser Eine blutverkrustet, striemenbedeckt, verkrümmt und erstarrt als das von Gott bereitgestellte Passahlamm in der Mitte hängt. Dieses Sterben als ein verfluchtes Etwas — wer erkennt es? Gott ist nicht der Feind seiner Feinde! Dies vergleichslose und unwiederholbare Gotteshandeln soll nun ein schwaches Wort aus der menschlichen Begriffswelt fassen: das Wort „Liebe". Da heißt es freilich, sich in einer unendlichen Bewegung des Denkens und Gewissens zu prüfen, ob man die Botschaft nicht bewußt oder unbewußt verharmlost. Wir haben so über den Sieg des Lammes zu sprechen, daß in keiner Weise menschliches Wesen beschönigt und beflügelt wird. Wer sich im ethischen Aufruf erschöpft, spricht nicht in Seinem Namen. Sein Sieg ist unser Gericht. Aber in dem Augenblick, in dem unsere Gottlosigkeit aufgedeckt ist, umfängt uns Passah, Verschonung, und wir haben Anteil am Gottesverhältnis des heiligen Sohnes. Er vergoß sein Blut, damit sein Gott unser Gott werde (Jo 20, 17).

d) Vom Lamm wird gesagt, daß es schon in der Mitte stand, als der Herold noch rief, als die Fehlanzeigen kamen und Johannes noch weinte. Warum hatte es sich nicht sofort gemeldet: Hier, ich bin würdig!? Das hätte seinem Wesen widersprochen. Das Lamm spricht nicht zu Gott: Ich, ich, ich! sondern: Nicht ich und mein Ansehen, sondern dein Name; nicht ich und meine Wünsche, sondern dein Wille; nicht ich und mein Einfluß, sondern dein Reich! Und weil es sich so verhält, ist es würdig vor Gott. Darum stellt der Thronende das Lamm nun seinerseits vor Johannes und vor aller Welt ins Licht: Siehe, das Lamm! Er nimmt die Verherrlichung durch diesen Jesus an: Ja, mein Name, mein Reich und mein Wille, aber – durch dich! Du bist würdig, mein starker Arm zu sein.

e) Es gilt festzuhalten, daß die Offenbarung den Sieg des Lammes eindeutig auf Karfreitag bezieht und nicht etwa auf das Kommen des Herrn am Ende. Er hat durch seinen Tod gesiegt: ohne Waffen und ohne das Blut anderer zu vergießen. Mit seinem eigenen Blut baut er sein Reich. Niemals spricht die Offenbarung von einem weiteren Kampf Christi und von einem anderen zweiten Sieg Christi (Anm. 79). Sein Sieg ist der nämliche, den die Welt bereits im Rücken hat. Er ist so vollkommen, daß er in Ewigkeit bleibt. Nie wird die Welt wieder hinter ihn zurück können. Immer mehr bekommt sie es mit dem Sieg des Lammes auf dem Thron zu tun, bis sie völlig überwunden ist.

f) Wer ist also nach der Überzeugung der Offenbarung der Herr der Endgeschichte? Es ist ein Herr, der die Menschen beispiellos liebt. Es sind seine durchbohrten Hände, die nach der Buchrolle greifen. Er herrscht also ganz anders als sonstige Machthaber (Mt 20, 25–28). Im Bilde gesprochen: Er herrscht vom Kreuz herab, im Dienen. Seine Menschenfreundlichkeit ist die erste und letzte Wirklichkeit all des Geschehens, das sich so erschütternd in den folgenden Kapiteln entrollt. Wer jene Kapitel liest, ohne zuvor bei 1, 5–6 oder 5, 5–6 innezuhalten und in dieses Zeugnis einzudringen, bestraft sich selbst. Er wird das Gelesene nicht im Sinne Christi verkraften, und er wird die kommenden Ereignisse nicht im Sinne Christi verstehen. Nach der

Prophetie wird in der Endzeit zwar viel von Christus gesprochen werden. Dem ist aber nur zu folgen, wenn es um Christus geht, „und zwar um den Gekreuzigten“, wie Paulus hervorhebt, oder nach Johannes: um „das Lamm“. Eine Christusschwärmerei, die das Kreuz vergißt, bedient sich gern der Rede von der Auferstehung. Gewiß, Christus hängt heute nicht mehr am Kreuz, und wir suchen ihn nicht bei den Toten. Aber nach dem urchristlichen Zeugnis hat die Auferstehung nicht etwa die Kreuzigung rückgängig gemacht, sondern gerade veröffentlicht, verewigt und verherrlicht, Jesus ist nicht nur **für uns** gestorben, sondern auch auferstanden! Darum spielt zu Ostern das Zeigen der Nägelmale und in der Offenbarung das Sichtbarsein der Schlachtwunde eine solche Rolle. Sein Auferstehen bedeutet: die gekreuzigte Liebe lebt wieder, und sie ist es, der nun alle Macht im Himmel und auf Erden verliehen ist. –

Mit Vers 7 setzt die entscheidende Handlung ein: **Und es kam und** 7
hat empfangen aus der Rechten des, der auf dem Thron sitzt (das Buch). Ein erregter Stil beschreibt einmaliges Geschehen. Der Gegenstand des Empfangens, das Buch, wird fortgelassen und soll als selbstverständlich ergänzt werden. Auch überspringt Johannes zunächst den Vorgang des Empfangens selbst (erst V. 8 wird er nachgeholt) und ruft sofort den sich daraus ergebenden Sachverhalt aus: Es hat empfangen! Groß war die Spannung: Vermag das Lamm, was niemand vermochte (V. 3)? Mächtig bricht nun der Jubel durch: Das Buch ist sicher in seiner Hand. Er hat's, er hat's! Und mit dem Buch ist das Ende und die ganze Welt in seiner Hand.

Die Huldigung des Lammes

Offenbarung 5, 8–14

8 **Und als es das Buch empfing, fielen die vier Wesen und die vier-**
undzwanzig Ältesten nieder vor dem Lamm. Sie (die Ältesten)
hatten ein jeder eine Harfe und goldene Schalen, gefüllt mit
9 **Räucherwerk, welche sind die Gebete der Heiligen. * Und sie**
singen ein neues Lied und sprechen: Würdig bist du, die Buchrolle
zu empfangen und seine Siegel zu öffnen, denn du bist geschlach-
tet worden und hast erkauft für Gott durch dein Blut (eine Ge-
meinde) **aus allen Stämmen und Sprachen und Völkern und Natio-**
10 **nen, * und hast sie für unsern Gott zu einem Königreich und zu**
11 **Priestern gemacht, und sie werden herrschen auf der Erde. * Und**
ich sah und hörte eine Stimme vieler Engel, rings um den Thron

Zu Vers 8: Ps 141, 2
Zu Vers 9: Ps 33, 3 u. ö.
Zu Vers 10: 2 Mo 19, 6 Jes 61, 6
Zu Vers 11: Dan 7, 10

Zu Vers 12:
Jes 53, 7
Zu Vers 13:
Jes 6, 1

und um die Wesen und um die Ältesten, und ihre Zahl war Zehn-
12 **tausende von Zehntausenden und Tausende von Tausenden. * Sie**
sprachen mit großer Stimme: Würdig ist das geschlachtete Lamm,
zu empfangen die Kraft und Reichtum und Weisheit und Stärke
13 **und Ehre und Herrlichkeit und Lobpreis. * Und alle Geschöpfe,**
die im Himmel und auf der Erde und unter der Erde und auf dem
Meere sind, und alles, was in ihnen ist, hörte ich sprechen: Dem,
der auf dem Thron sitzt und dem Lamm (gebührt) **der Lobpreis**
und die Ehre und die Herrlichkeit und die Gewalt in die Zeiten
14 **der Zeiten. * Und die vier Wesen sprachen: Amen. Und die**
Ältesten fielen nieder und beteten an.

8 Die Ermächtigung des Lammes war betont (zweimal in V. 6) ein Vorgang im Zentrum. Jetzt löst sie eine zentrifugale Bewegung aus, ein sich nach allen Seiten ausbreitendes Niederstürzen, das sich bis an den äußersten Rand fortpflanzt. Zwar wird das Niederfallen nur bei der ersten Gruppe erwähnt, aber die Doxologien der beiden anderen Gruppen setzten eindeutig Unterwerfung voraus. So stößt eine Gruppe die andere zum Lammespreis an, so daß die Huldigung anschwillt und schließlich im gesamten All kein Mißklang mehr ertönt. Das Lamm herrscht unwidersprochen.

Damalige Leser könnten sich dabei an die Vorgänge einer Thronbesteigung erinnert fühlen. Nach der Machtübernahme durch den neuen Herrscher im Heiligtum oder im Palast huldigte zuerst die nächste Umgebung, dann die Beamtenschar und schließlich draußen die Massen bis hin zu den Bewohnern im letzten Winkel des Großreiches, wohin Herolde die Botschaft trugen. So sind hier drei Chöre unterschieden: die unmittelbare Thronumgebung (8–10), die himmlischen Heerscharen (11–12) und die ganze lebende Schöpfung (13).

Allerdings werden die drei Chöre mit verschieden starkem Licht angestrahlt. In Vers 6–10 sieht und hört Johannes, in Vers 11–12 sieht er auch noch, aber der Nachdruck liegt schon stärker auf dem Hören, in Vers 13 hört er nur noch. Die Doxologien werden immer kürzer, allgemeiner und unpersönlicher (V. 8: „Du bist würdig", V. 12: „Er ist würdig"). Von der ersten Gruppe berichtet Johannes ausführlich das Niederfallen und lebendig (in Gegenwartsform!) ihr Singen, was später unterbleibt. So verblaßt das Bild nach seinen Rändern hin. Dieser Umstand warnt uns davor, aus den Rändern zuviel herausholen zu wollen (s. z. V. 13).

Und als es das Buch empfing, fielen die vier Wesen und die vierundzwanzig Ältesten nieder vor dem Lamm. Sie (die Ältesten) **hatten ein jeder eine Harfe.** Die Ausrüstung der Ältesten-Engel mit dem gottesdienstlichen Instrument der Harfe erinnert wieder daran, daß

Johannes den Himmel als Tempel sieht. Dieses Instrument war aber nicht nur bei der israelitischen, sondern auch bei der kaiserlichen Priesterschaft bekannt, die damit das Lob des Kaisers erhöhte. Schon Nebukadnezar ließ nach Da 3, 5 während des Anbetungsaktes Harfen erklingen. Harfenmusik erfüllte auch Babylon (18, 22). Das zeigt, wie beziehungsreich ein solch kleiner Nebenzug sein kann. Es handelt sich nicht um nur schmückendes Beiwerk, sondern um eine gezielte Spitze. Die Musik hier erklingt gegen Kaiserkult und Götzendienst.

Sehr fein beobachtet Lohmeyer, wie Johannes bei der Bemerkung stehenbleibt, daß die Ältesten Harfen und goldene Schalen h a t t e n. Haben sie nicht auch gespielt und geräuchert? Das interessiert nicht mehr. Es genügte, daß für den Leser eine gewisse Beziehung – in diesem Fall vor allem zum Kaiserkult – hergestellt war.

Zum priesterlichen Dienst am Schaubrottisch gehörten **goldene Schalen** (2 Mo 37, 16). Aus ihnen stieg beim Speisopfer Weihrauchduft empor, ein Sinnbild der Gebete (Ps 141, 2): **Das sind die Gebete der Heiligen**[188]**.** In 8, 3–5 wird das Bild voll entwickelt (s. d. auch zum Begriff der „Heiligen"). Durch diese Nebenbemerkung taucht die irdische Gemeinde, wenn auch nicht in Person, mithuldigend in der engsten Thronumgebung auf. Johannes sieht ihre so ohnmächtig erscheinenden Gebete in der Hand hoher Engel und sagt den Betern damit, daß ihr Loben und Flehen an zentraler Stelle zur Wirkung kommt. Sie haben wesentlichen Anteil an der Durchsetzung der Lammesherrschaft. Ihr Beten ist gegenwärtiges Mitherrschen (V. 10).

Es folgt die erste der drei Stellen vom „neuen Lied" (noch 14, 3; 9
15, 3, das „Lied des Mose und des Lammes" gehört sicher hierher). **Und sie singen ein neues Lied.** Wenn für diese Stelle 4, 6 berücksichtigt wird, erklingen diese Lieder jedesmal am Meer, wobei im Hintergrund das Lied des Mose am Schilfmeer stehen mag (2 Mo 15), das Urbild des neuen Liedes. Alle drei Lieder werden von Harfen begleitet und haben den gleichen Sinn: Die rechte Hand Gottes siegt über „Ägypten".

Der Ausdruck „neues Lied" begegnet uns auch Ps 33, 3; 40, 4; 96, 1; 98, 1; 144, 9; 149, 1, meist mit einem Saiteninstrument verbunden, oft an das brausende Meer erinnernd. Warum ist es „neu"? Dieses „neu" bezieht sich nicht auf den Zeitpunkt der Entstehung des Liedes, sondern auf seinen Inhalt. Das neue Lied singt Neues, nämlich Gottes neues Eingreifen in die alte Welt (s. z. 2, 17). Mehrmals verlautet als Anlaß des neuen Liedes: „Denn er tut Wunder." Die

188 Dem Wortlaut nach wird hier also nicht der aus den Schalen aufsteigende Duft auf das Gebet gedeutet, sondern schon die Schalen selbst. Die Bedeutung des Rauches gilt auch für die Schalen; es sind Gebetsschalen.

Grundaussagen der „neuen" Lieder in den Psalmen decken sich mit denen des Schilfmeerliedes. Es sind deren drei: Gott hat über seine Feinde gesiegt; Gott ist König geworden und Israel ist sein Volk; man muß diesem Gott dienen, damit alle Welt es sieht, hört, glaubt und mittut. Das neue Lied handelt also nicht in erster Linie vom Herzenszustand einzelner Menschen, hat nicht subjektive Gefühle, sondern Gottes große Taten in dieser Welt zum Inhalt. In knappen, gemeißelten Sätzen besingt es Gottessieg, Gottesherrschaft und Gottesdienst.

Etwas, was im neuen Lied des AT schon angelegt ist, bricht dann im neuen Lied der Offenbarung auf ganzer Breite durch. Es blickt nicht auf einen Teilsieg Gottes irgendwo im Geschichtsverlauf, sondern auf seinen Endsieg, auf seine Endherrschaft und auf seine Endverherrlichung. Sein Endsieg: Das Lamm hat über Sünde, Tod und Teufel gesiegt (5, 5), Babylon ist gestürzt (14, 8), und Gottes Gerichte sind vollendet (15, 4). Seine Endherrschaft: Er schuf sich überall eine Gemeinde (5, 9; 14, 4). Seine Endverherrlichung: Zu diesem Zweck dient ihm die Gemeinde priesterlich (5, 10), verwirklicht sie die Lammesnachfolge (14, 4) und sendet ihren Ruf dringend und zuversichtlich in die Völkerwelt hinaus (15, 4).

Der Adressat des neuen Liedes ist immer Gott. „Singt dem Herrn ein neues Lied!" Gewiß hören es auch Menschen. Es soll ja auch andere zum Mittun anstoßen. Aber vor allem ist es Unterwerfungsvollzug des Sängers selbst. Der Sänger selbst geht voran und unterwirft sich als erster.

Zum Text des neuen Liedes ist auch immer wieder die Auslegung der Verse 2–6 zu vergleichen, deren Stichworte hier wiederkehren. **Und sie sprachen: Würdig bist du, die Buchrolle zu empfangen und seine Siegel zu öffnen.** Im folgenden begründen drei Verben die Würde des Lammes. **Denn du bist geschlachtet worden.** Ein krasses Paradox wird herausgestrichen: geschlachtet – ermächtigt[189]! Sein Sterben als Zerstörung der Satansherrschaft entspricht dem ersten Motiv des neuen Liedes (s. o.). Die zweite Tat betrifft die Errichtung der Gottesherrschaft in Gestalt einer Gemeinde: **und hast erkauft für Gott durch dein Blut** (eine Gemeinde). In 1, 5 stand an der Stelle des Kaufes die Erlösung. Beide Aussagen decken sich der Sache nach (Erläuterung s. d.), aber 1, 5 verweilt bei der Schwere und Tiefe des Heilswerkes („von unseren Sünden"), dieser Vers bezeugt dagegen seine Weite. An die Stelle einer bestimmten versklavenden Macht,

[189] Im Grie fällt der ähnliche Klang der Vokabeln „Siegel" und „schlachten" auf – hier im Text *sphragidas – esphagäs*. Es wirkt wie ein Wortspiel. Zu den johanneischen Paradoxien s. Anm. 244.

von der die Gemeinde losgekauft werden mußte, treten hier ihre mannigfachen Abwandlungen. „Ägypten" hat viele Gestalten: **aus allen Stämmen und Sprachen und Völkern und Nationen.** Dieser vierfache Ausdruck, der an die vier Himmelsrichtungen erinnert, meint die gesamte Erdbevölkerung[190]. Die Frucht des Todes Jesu ist die *eine* Gemeinde aus allen Völkern[191].

Dieses Bild einer weit verzweigten und in alle Gruppen eingedrungenen Gemeinde setzt ein reges Missionsgeschehen und auch Bekehrungen in allen Schichten und Kreisen voraus. Die göttliche Allmacht will bewirken, daß der Haß je und je umschlägt in Liebe und Nachfolge. Dabei gilt es wieder auf das dunkle Gegenbild zu achten. In Da 3, 4. 7; 5, 19 wird die Schar, die vor Nebukadnezar huldigt, sehr ähnlich beschrieben. Die Welteinheit scheint geschmiedet! Um so verständlicher der Haß gegen das Grüpplein der Juden, das den vollen Genuß des Triumphes vereitelt. „Die ganze Menschheit soll *ein* Volk werden!" lautete auch das Programm des Hellenismus (Einltg. Nr. 11, vgl. 13, 7). Um so größer der Argwohn, wenn die völkerumspannende Wirklichkeit der Christusgemeinde vor die Augen trat, diese Bekehrungen in immer neuen Kreisen, dieser Brückenschlag der Bruderschaft über sonst so tiefe Gräben hinweg. Dort, um das geschlachtete Lamm herum, gelang offensichtlich die Wiedervereinigung der Menschheit in einer ersten Form und erhob sich damit der Anspruch auf Endverwirklichung: Die Völker geeint zu seinen Füßen.

Es folgt noch das dritte Thema des neuen Liedes, die dritte Tat 10
des Lammes: **Und hast sie für unsern Gott zu seinem Königreich und zu Priestern gemacht.** Man vergleiche zu den Einzelheiten wieder 1, 5–6. Wichtig ist hier der Zusatz: **und sie werden herrschen auf der Erde.**

Andere Ausleger entscheiden sich für die Lesart „und sie herrschen", aber der Unterschied ist sachlich gesehen nicht groß: Vom Standort der Erlösung, also von Karfreitag aus, liegt das „Herrschen" der Gemeinde in jedem Fall in der Zukunft und erstreckt sich sowohl auf die gegenwärtige Gemeindezeit, in der die Gläubigen durch ihre priesterlichen Gebete mitherrschen (s. z. V. 8), als auch auf die Vollendungszeit, in der das Priestersein nicht aufhört (20, 4; 22, 3). Siehe auch Anm. 46. –

Der in Vers 9 beginnende Nebensatz („denn du bist ..."), der die Würde des Lammes für die Weltherrschaft begründen soll, dann

[190] Vgl. auch 7, 9; 11, 9; 13, 7; 14, 6; 17, 15; 14, 3 sagt dafür: „von der Erde".

[191] Auch Eph 2, 11–22 gilt die Gemeinde aus allen Völkern als eine Frucht des Todes Christi.

aber ausschließlich von der Gemeinde handelte, erweckt die Frage: Wieso begründet seine Herrschaft über die Gemeinde seine Weltherrschaft?

Zuerst gilt es festzuhalten, daß die Gemeinde ihrer Herkunft nach ein Stück Welt ist (V. 9b). Es betrifft also wesentlich die Welt, wenn Christus aus ihr einige heraussucht, erlöst, beruft, begabt, reinigt und erhält; wenn er sie zeugen, leiden, beten, schreien, getötet werden, aber nicht aus seiner Hand reißen läßt; wenn er sie vollendet, auferweckt und ihnen ihre Tränen trocknet. Indem das Lamm über diese „Erstlinge" (14, 4) Herr ist, ist er schon Herr über alle anderen im Sinne eines Beginns. Das Faustpfand hält er bereits in der Hand. Er wird bald auch den Rest einfordern.

Aber die Gemeinde manifestiert nicht nur durch ihr reines Vorhandensein in dieser Welt die Lammesherrschaft über diese Welt, sondern auch durch ihr Tun, nämlich durch ihr priesterliches Gebet. Diese Wahrheit hat tragende Bedeutung für die Trompetenvisionen ab 8, 2 (s. d.).

Die Tatsache, daß das Lamm sich eine Gemeinde schafft, ist so bedeutungsschwer wie nur irgendetwas. Überall da, wo es geschieht, und sei es nur mit zweien oder dreien, ist eine ganze Welt widerlegt, und das neue Lied kann gesungen werden, das Lied von Satans Sturz, von der Errichtung der Lammesherrschaft und von der neuen Menschheit unter Gott.

11 Mit Vers 11—12 erscheint deutlich ein zweiter, größerer Kreis: **Und ich sah und hörte eine Stimme vieler Engel, rings um den Thron und um die Wesen und um die Ältesten, und ihre Zahl war Zehntausende von Zehntausenden und Tausende von Tausenden.** Quadratzahlen umschreiben oft allergrößte Mengen. Mit dem Kreisumfang vergrößert sich offensichtlich auch der Stimmumfang. Die Lammeshuldigung nimmt überwältigende Größenordnungen an, gegen die sich die Massenveranstaltungen des Kaiserkultes wie kleine Sektenversammlungen ausnehmen. So kehrt Prophetie die Mehrheitsverhältnisse um. Die zwei oder drei, die irgendwo im Namen Jesu beisammen sind, finden sich in einem Riesenverband von Engeln und Geistern. Ihm gegenüber sind die Milliarden heute lebender Menschen, die sich noch nicht an der Lammeshuldigung beteiligen, ein Kleinkreis von Nachzüglern.

12 Die Engelheere **sprachen mit großer Stimme: Würdig ist das geschlachtete Lamm, zu empfangen die Kraft.** Von diesem Vers an verschwindet die Rede von der Buchrolle. Während die vorige Gruppe in Vers 9 noch vom Empfang der Buchrolle sprach, tritt jetzt der Empfang der Kraft oder Macht dafür ein. So bestätigt sich die Auslegung

von Vers 1, daß es sich bei der Buchrolle um nichts anderes als um ein Machtsymbol handelt. Durch sechs weitere Begriffe ergibt sich hier die Siebenzahl[192]. **Reichtum** ist die Gabenfülle des Herrschers. „Er ist reich für alle, die ihn anrufen" (Rö 10, 12) und „verkauft" seinen Reichtum umsonst an die Armen (3, 18). **Weisheit** ist die Herrscherweisheit, die schon in den sieben Augen zum Ausdruck kam (V. 6). **Stärke** ist die sich nach außen behauptende Macht der sieben Hörner. Zu **Ehre und Herrlichkeit** vgl. 4, 11. Für **Lobpreis** ist wohl an eine ähnliche Bedeutung zu denken wie bei **Danksagung** in 4, 9. Diese Siebenheit führt vor Augen, daß des Lammes Königtum mit reichen Möglichkeiten und Befugnissen ausgestattet ist. Der Herr Jesus Christus ist – bildlich gesprochen – kein „König ohne Land".

Allmählich gerät Johannes die Szene aus dem Auge. Der Hörein- 13
druck bleibt am längsten. Zuletzt hört er noch die Huldigung des Lammes durch alle Kreatur. **Und alle Geschöpfe, die im Himmel und auf der Erde und unter der Erde und auf dem Meere sind, und alles, was in ihnen ist, hörte ich sprechen.** Die Vierteiligkeit des Ausdrucks weist auf die irdische Fülle. Schon deswegen liegt es nicht nahe, daß mit „im Himmel" die Engel (und selbst der Satan und seine Geister) eingeschlossen sind, obwohl sie sicher zur geschaffenen Kreatur gehören. Die Nichtbeteiligung der Engelwelt an diesem dritten Chor geht auch aus dem 14. Vers hervor, wo die Ältesten-Engel erneut niederfallen. Sie hatte sich also zwischendurch erhoben. „Himmel" meint im NT durchaus nicht in allen Fällen den Gotteshimmel mit seinen Engeln, sondern häufig das Firmament mit seiner Vogelwelt (z. B. Mt 6, 26). Auch die „auf der Erde" lebenden Landtiere und die Menschen sind in den dritten Chor einbezogen. An die gestorbenen Menschen in der Totenwelt ist ebenfalls gedacht („unter der Erde"). Schließlich gehören die Seefahrer und großen und kleinen Fische „auf dem Meer" dazu. Da die Gemeinde schon im ersten Chor mitwirkte (V. 8), ist bei Vers 13 also an die restliche lebende irdische Schöpfung zu denken.

Befremdet es, daß hier sogar Fische, Vögel und Vieh mit loben? Man muß dazu Stellen wie Ps 96, 11–12; 98, 7 und 148, 7–10 lesen. „Alles, was Odem hat, lobe den Herrn!" (Ps. 150, 6).

Dieser Vers nimmt in gewisser Hinsicht eine eigenartige Zwischenstellung ein. Weder lobt hier die neue Erde von Kapitel 21 (wohl

[192] Auch das neue Lied V. 9–10 zählt sieben Glieder. Hier wird die Siebenheit durch die artikellose Aneinanderreihung der Begriffe stark hervorgehoben. Die Sieben in Kapitel 5 ist wie die Drei in Kapitel 4 Füllezahl. Dort aber geht es stärker um die ruhende Seinsfülle, hier um die Tatenfülle Gottes in Jesus Christus. Vom Lamm werden auch sieben Tätigkeiten ausgesagt: es stand, kam, empfing, öffnete, ließ sich schlachten, erkaufte und machte zu Priestern.

kaum wäre dann das Meer erwähnt, vgl. 21, 1), noch kann Johannes es so aufgefaßt haben, als ob die gegenwärtige Welt sich schon so einig wäre im Lobpreis des Lammes. Noch erfüllen sie ja Irrtum, Widerstand und Murren gegen den Herrn. Für die Deutung des Verses sollte darum beachtet werden, daß Johannes zwar schon Worte hört, die in die Vollendungskapitel passen würden, daß ihm aber die Anschauung jener Kapitel noch fehlt. Die Anschauung nimmt er noch aus der Gegenwart, weswegen auch das Meer und die Totenwelt erwähnt werden können. Er sieht zwar noch Zustände zum Weinen (V. 4), aber er hört darüber bereits die Melodie der Zukunft und der Herrlichkeit. Es bedeutet, daß die Erlösung durch das Lamm umfassender sein wird als die erlöste Gemeinde[193].

Besonders wichtig aber ist in dieser Doxologie ein Ausdruck, der geradezu die theologische Grundformel des ganzen Buches genannt werden könnte und von jetzt ab immer wieder aufklingt (6, 16; 7, 9. 10. 17; 14, 1. 4. 10; 21, 22. 23; 22, 1. 3; vgl. auch 11, 15; 12, 10): **Dem, der auf dem Thron sitzt, und dem Lamm.** Damit sind die Kapitel 4 und 5 zusammengefaßt. Der Anschein, Kapitel 4 verkündige einen „Gott an sich", ist nun gründlich beseitigt. Wie Paulus „Gott in Christus" bezeugt, so Johannes „Gott und das Lamm". Das sind letzte und unabänderliche Aussagen über Gott. So bleibt er „in die Zeiten der Zeiten" (4, 9. 10). Darum dauert auch sein Lob **in die Zeiten der Zeiten** (vgl. 1, 6).

14 **Und die vier Wesen,** die die Huldigung begonnen hatten, schließen sie auch ab und **sprachen: Amen. Und die Ältesten fielen nieder und beteten** (schweigend) **an,** so daß nun auch die Audition aufhört. Mit 6, 1 beginnt ein neues Sehen und Hören.

[193] Bedeutet dies auch die schließliche Beseligung a l l e r geschaffenen Wesen, Menschen und Geister? Der Ausdruck „jedes Geschöpf" meint hier, wie die Auslegung zeigte, jedes Geschöpf außer den unsichtbaren Wesen und der Gemeinde, so daß daraus über das Endgeschick des Satans und seiner Engel nichts entnommen werden kann. Ferner wäre es ein modernes Mißverständnis, aus der Huldigung sofort auf die Seligkeit derer zu schließen, die auf den Knien liegen. In der Antike kannte man auch Huldigungen unterworfener Feinde (Anm. 76) und verurteilter Übeltäter. Die Huldigung sagt also nichts über Seligkeit und Unseligkeit der Huldigenden aus. Offensichtlich wird dieser Vers durch die sog. Allversöhnung überfragt. Er gehört zum verblassenden Rand der Vision (vgl. die Vorbemerkung zum Abschnitt V. 8—14). Das volle Licht liegt auf Vers 9—10.

DIE ÖFFNUNG DER SIEGEL DURCH DAS LAMM

Offenbarung 6, 1 – 8, 1

Exkurs 3: DIE SIEGELVISIONEN IN IHREN ZUSAMMENHÄNGEN

a) Die Siegelvisionen klingen inhaltlich stark an die endzeitlichen Reden in den Evangelien an. Hier folgt ein grober Vergleich mit Mt 24.

	Mt 24:	Offb 6:
1) Falsche Christusse	V. 4–5	V. 1–2
2) Kriege	V. 6–7a	V. 3–4
3) und 4) Hunger, örtliche Erdbeben, Lk 21, 11: Seuchen	V. 7b	V. 5–6. 7–8
5) Verfolgungen	V. 9–28	V. 9–11
6) Welterschütterung, Lk 21, 25: Weltangst	V. 29	V. 12–17
7) Wiederkunft	V. 30–31	(8, 1)

Der Vergleich läßt deutliche Parallelen erkennen, und Matthäus und Johannes sprechen gewiß von dem gleichen Zeitraum, nämlich von der Endzeit in ihrer ganzen Länge zwischen dem ersten und zweiten Kommen des Herrn (Einltg. Nr. 48). Die Siegelvisionen umschließen also auch schon das Ende vom Ende und schildern nicht nur vorbereitende Ereignisse. Das 6. Siegel führt unmittelbar an die Schwelle der Wiederkunft zum Endgericht.

Innerhalb der sieben Plagen sind die ersten vier besonders eng verbunden. Sie erscheinen in der Gestalt der Reiter, der „apokalyptischen Reiter", die in der Kunst eine so große Rolle gespielt haben. Dieser Trupp von Unheilsmächten wird knapp und zügig geschildert, während die folgenden Visionen ausführlicher und jede für sich behandelt werden. Die vier ersten Plagen haben auch dies gemeinsam, daß sie von den vier Wesen in der Mitte des Thrones einen Befehl erhalten und daß sie alle nach drei Seiten hin beschrieben werden: Farbe des Pferdes, Ausrüstung des Reiters und dessen Tätigkeit. Schließlich hängen sie inhaltlich zusammen: Aus Krieg folgt Hunger, aus Hunger Seuchen. Unter den vier Reitern kommt dem ersten eine Sonderrolle zu. Die Deutungen dieser Gestalt gehen verwirrend auseinander.

b) Was gibt der Endzeit das Gepräge? Es sind die „Wehen" (Mt 24, 8; Mk 13, 8)[194] oder „Plagen" und „Gerichte", wie die Offenbarung es nennt. Paulus sieht diese Zeit unter den Zornenthüllungen Gottes (Rö 1, 18). Auch der Begriff der „Drangsale" (s. z. Offb 1, 9; 2, 22) gehört hierher. Aber wie kann aus der Lammesherrschaft, die doch Inbegriff unsagbarer Liebe ist, eine solche Endzeit erwachsen? Die Antwort auf diese schwerste aller Fragen kann nur mit einem Hinweis auf die satanische Heimtücke und auf das „Geheimnis der Bosheit" (2 Th 2, 7) gegeben werden: „Sie liebten die Finsternis mehr als das Licht" (Jo 3, 19); „Sie hassen ohne Grund" (Jo 15, 25). Wie antwortet Gott darauf? Nimmt er die im Lamm sich ausdrückende Liebe wieder zurück? Oder denkt er sich etwas anderes aus, das uns Menschen mehr zusagt? Nein, weil Gott ein Gott der Liebe ist, läßt er nicht von Jesus. Jesu Zukunft kommt unaufhaltsam, aber sie b r i c h t sich jetzt Bahn. So kommt es gerade im Zeichen der Lammesherrschaft zu einer brechenden, kriselnden, brennenden und qualmenden Welt, an allen Enden angezündet vom Zorn Gottes. Diese Erscheinungen sind nicht das Merkmal der Abwesenheit der Liebe, sondern gerade ihrer hartnäckigen Anwesenheit. Nun ist das Lamm zornig vor Liebe. Gottes Liebe vermag Gleichgültigkeit, Verstockung und Lästerung nicht seelenruhig hinzunehmen. Darum antwortet das Lamm auf die antichristliche Entscheidung nicht mit Harmlosigkeiten, sondern mit Gerichten. Diese Gerichte heben sein werbendes Rufen, wie gesagt, nicht auf, sondern geben wiederum Raum zur Buße. Sie sind erst Vorformen des großen Zornes von 6, 17. Sie sind ein Hinweis auf die Lammesherrschaft unter den Bedingungen des Widerstandes und der Verstockung der Welt gegen Gott.

c) Ferner bewegt sich die Siegelreihe in atst Verkündigungsbegriffen. Die Siebenzahl erscheint häufig in Strafzusammenhängen (1 Mo 4, 15; 3 Mo 26,18. 21. 24. 28; vgl. Mt 12,45; Lk 11,26). Auch das Judentum bietet dafür Belege (Sir 40, 9; 4. Esra 7, 80). Die drei Plagen der Verse 3—8 (Schwert, Hunger und Seuche) finden sich, so zusammengestellt, auch in 3 Mo 26, 22; Jes 51, 19; Jer 15, 2; 21, 7. 9; 24, 10; 14, 12; 42, 17; 44, 12; Hes 5, 12; 6, 11—12; 7, 15; 12, 16; 14, 21. Sie entsprechen dem „Anfang der Wehen" von Mk 13, 8. Plagen werden auch im AT unter dem Bild von Pferden angedroht (z. B. Joel 2, 4).

d) Es nimmt nicht wunder, daß die vier Reiter aus Offb 6 gern mit den Reitern in Sacharjas Nachtgesichten verglichen werden (1, 7—10; 6, 1—8). In Sach 6, 1—8 haben die verschiedenen Farben der

[194] Dieser Ausdruck gehört zur Rede vom „Tag des Herrn" (Einl. Nr. 37). Die Völker winden sich vor dem Kommenden (Jer 4, 31; 5, 3. 22; Jes 13, 8; Hes 30, 16; Jo 2, 6).

Pferde mit den vier Windrichtungen zu tun. Dementsprechend legt Albertz den weißen Reiter in Offb 6–12 auf die Parther im Osten, den roten Reiter (V. 3–4) auf den Gegenkaiser aus dem Norden, den schwarzen Reiter (V. 5–6) auf den Wirtschaftsdiktator aus dem Süden und den fahlen Reiter (V. 7–8) auf den Massenmörder aus dem Westen aus. Diese Auslegung setzt also die Beziehung der vier Wesen, die die Reiter an den Start schicken, zu den Himmelsrichtungen voraus. Aber gerade diese Beziehung hat Johannes schon 4, 7–8 abgestreift, indem er die Wesen, abweichend von Hes 1, mit den Ordnungszahlen eins bis vier versah. Auch hier werden sie einfach gezählt und nicht geografisch eingeordnet. Und die Farben der Pferde werden gegenüber Sacharja abgeändert und mit neuem Symbolgehalt gefüllt: Sie sprechen nicht mehr von bestimmten Weltgegenden, sondern ausdrücklich von Sieg, Blutvergießen, Hunger und Seuchentod. Zur weiteren Unterscheidung gegenüber Sacharja sei auch darauf hingewiesen, daß es sich in Sach 1, 7–10 um einen einzigen Reiter handelt, der einem verschiedenfarbigen Pferderudel gegenübersteht, und in Sach 6, 1–8 um vier Pferde*wagen*. Der wichtigste Unterschied aber besteht darin, daß die Pferde bei Sacharja Boten darstellen, die der Herr ausgesandt hat, alle Lande zu durchziehen. Diese Aussendung aber verknüpfte Johannes schon mit den sieben Geistern (5, 6). *Sie* sind die Diener Gottes. Wessen Diener sind dann hier die Reiter? Das hat die Auslegung zu klären.

e) Schließlich will der zeitgeschichtliche Zusammenhang der Siegelvisionen gewürdigt werden. Pferderennen bzw. Wagenrennen waren in den Städten des römischen Reiches überaus populär. In Rom nannte man auf allen Gassen die Namen berühmter Pferde. Eine Art „Pferdewahnsinn" (Nigrinus) hatte die Massen ergriffen. Die Wagenrennen dauerten vom Morgen bis zum Abend, bis zu 24 Kämpfe täglich wurden ausgetragen. Meist fuhren vier Wagen gleichzeitig. Die Parteien waren durch Farben gekennzeinet: Weiß, Rot, Grün, Blau. Johannes weicht davon ab, weil es ihm auf die Symbolik ankommt, was besonders an der fahlen Leichenfarbe deutlich wird. Wichtig ist, daß die Pferdeleidenschaft auch in der Politik eine Rolle spielte. Pferderennen hatten bei Festspielen zu Ehren des Kaisers, besonders bei seinem Amtsantritt, ihren Platz. – Johannes hat gerade den Amtsantritt des Christus geschildert. Nun ziehen Pferde auf die Bahn. Die Beziehungen sind nur lose, aber die Leser damals haben sie sicher nicht übersehen.

Das erste Siegel (1. Reiter)

Offenbarung 6, 1–2

Zu Vers 2:
Sach 1, 8
6, 1–3

1 Und ich sah: Als das Lamm eines von den sieben Siegeln öffnete, da hörte ich eins von den Wesen wie mit Donnerstimme sprechen: Lauf!

2 Und ich sah, und siehe, ein weißes Pferd, und der darauf Sitzende hatte einen Bogen, und ihm wurde gegeben ein Kranz, und er zog aus als ein Siegender und um zu siegen.

1 Wieder sollte die Kapiteleinteilung nicht zur Annahme eines scharfen Einschnitts führen. **Und ich sah** ist ein recht enger Anschluß an das vorige (wie z. B. 5, 1. 6. 11) und hat die Bedeutung: und ich sah weiterhin[195]. Tiefere Einschnitte kennzeichnet Johannes anders (Anm. 160). An der Schwelle zu diesem Kapitel darf der Leser auf keinen Fall alles ablegen, was ihm in Kapitel 5 geschenkt worden ist, vielmehr wollen die dort gewonnenen Erkenntnisse jetzt Vers für Vers mitgenommen werden. Es ging um die Einsicht: Die Welt hat nun endlich einen guten Herrn. Jesus, der nie fremdes Blut vergoß und lieber sein eigenes Blut vergießen ließ, der alles Böse auf sich nahm und bis zuletzt gut war zu schlechten Menschen, diesem Lamm hat Gott alle Macht im Himmel und auf Erden übereignet, die Geschichte zum Ziel zu führen. Seine gekreuzigte und auferstandene Liebe bringt nun das Geschehen in Bewegung und gibt die Initiative bis zur Vollzugsmeldung 21, 6 nicht mehr aus der Hand. An diesem Gesichtspunkt ist festzuhalten, auch wenn sehr befremdliche Dinge über die Weltenbühne gehen. Die Überschrift lautet jetzt: Das Lamm regiert!

Als das Lamm eines der sieben Siegel öffnete – hier sollte der Leser unterbrechen und sich die technische Seite des Vorganges vergegenwärtigen. Bevor nicht a l l e Siegel geöffnet waren, war die Rolle nicht aufrollbar und der ausführliche Innentext nicht zugänglich, dagegen ließ sich die Kurzfassung auf der Außenseite schon vorher (s. z. 5, 1) lesen. An diesen Sachverhalt knüpft ein bedenkenswerter Vorschlag für die Einteilung des folgenden Stoffes an (s. G. Bornkamm, Lit.-Verz.). Danach entspricht 6, 1 – 8, 1 der Kurzfassung, die in nur skizzenhaften Umrissen die Endzeit behandelt. Erst dann, nach der Öffnung des letzten Siegels also, folgt die Füllung der Rah-

[195] Wenn das Inhaltsverzeichnis dieser Auslegung dennoch Kapitel 4 und 5 zu einem eigenen Hauptabschnitt zusammenfaßt, dann deswegen, weil dieser Abschnitt nicht nur für die unmittelbar folgenden Siegelgesichte, sondern zugleich für das ganze Buch grundlegend ist (s. auch zu 3, 20).

menaussagen in Form einer ausführlichen Behandlung der Endzeit von 8, 2 – 22, 5. Tatsächlich geleitet uns die Offenbarung mehrmals durch den gleichen Zeitraum: z. B. die Schlußstücke 7, 15–17 und 22, 3–5 (mit 21, 3–4) wirken geradezu deckungsgleich. An dieser Stelle kann diese Ansicht aber nicht genauer untersucht werden.

Jedenfalls kann das Öffnen der Siegel für das Lamm nicht die Bedeutung gehabt haben, daß es dadurch stückweise Einblick in den Inhalt der Rolle erhielt. Wie schon erwähnt, schließt die technische Seite des Bildes einen solchen Gedanken aus. Überhaupt vermittelte diese Rolle nicht Kenntnisse, die zum Propheten werden ließen (s. z. 5, 1), sondern bedeutete Machtempfang. Mit der Öffnung ihres ersten Siegels beginnt das Lamm, seine Weltherrschaft auszuüben. Was aber kam dabei heraus?

Da hörte ich eines von den vier Wesen mit Donnerstimme sprechen: Lauf! Die Grundaufgabe der vier Thronwesen bestand in der Heiligung Gottes (4, 8) und in der Erhöhung des Lammes (5, 8). Wenn sie nun die apokalyptischen Reiter auf den Weg schicken, fällt das gewiß nicht aus dem Rahmen ihres Dienstes. Die Reiter haben es in einer noch zu erklärenden Weise mit der Heiligkeit Gottes und mit der Verherrlichung des Lammes zu tun.
Die Donnerstimme erinnert an Blitz und Donner um den Thron nach 4, 5, ein Hinweis auf den Richterzorn. Zorn unterströmt das ganze sechste Kapitel bis Vers 17. Die inthronisierte Liebe erlebt auf der Stelle Widerstand. Darum besteht ihre erste Aufgabe in einem Kampfauftrag (Exkurs 3b).

Der Befehl der Wesen wird heute einhellig auf die Reiter bezogen. Nicht Johannes soll viermal (V. 1. 3. 5. 7) näher herbeikommen, um besser sehen zu können[196]. Aber auch die Reiter sollen nicht zum Thron kommen. Es empfiehlt sich, den Ruf gemäß einer Möglichkeit des späteren Grie als „Lauf!" oder „Los!" zu verstehen. Die Reiter sollen in die Geschichte hinein starten. Aber läßt das Lamm etwa Kriege, Hunger und Seuchen in die Welt ausgehen? Die Auslegung von Vers 2 wird immer wichtiger.

Und ich sah, und siehe (Anm. 161), **ein weißes Pferd, und der dar-** 2
auf Sitzende hatte einen Bogen, und ihm wurde gegeben ein Kranz, und er zog aus als ein Siegender und um zu siegen. Bei diesem Reiter hat es etwas Besonderes auf sich. Ihm ist der Plagencharakter nicht so eindeutig anzusehen wie den anderen Reitern, auch fehlt er in der Zusammenfassung Vers 8b. Vor allem wird sein Pferd für den Orient durch sein Weiß als Königspferd erkennbar. Dieser Reiter führt die anderen an.

[196] So nach einer freilich unbedeutenden Lesart: „Komm und sieh!"

Die weiße Farbe könnte aber auch auf den Osten weisen. Seit dem Jahre 62 nach Chr. waren die östlichen Nachbarn des römischen Reiches, die Parther, die am meisten gefürchtete feindliche Macht[197]. Niemals gelang ein Sieg über diese geschickten Bogenschützen, die sogar nach rückwärts abschießen konnten, wenn sie sich galoppierend zurückzogen. Alles, was unter der Römerherrschaft seufzte, hoffte brennend auf einen Parthereinfall. Soll Johannes ihn hier prophezeit haben? Aber der Bogen ist Angriffswaffe aller Reitervölker, und die weiße Farbe wird hier durch nichts auf eine Himmelsrichtung gedeutet (Exkurs 3c), sondern ausdrücklich auf Sieg.

Oder ist ganz allgemein an Weltkriege und Welteroberung zu denken[198]? Dafür ließe sich die Parallele Mt 24, 6 anführen. Aber so schwindet der Unterschied zum zweiten Reiter, der zweifelsfrei den Krieg darstellt. Als Ausflucht dient den Auslegern dann die Unterteilung in Völkerkriege (V. 2) und Bürgerkriege (V. 4). Aber das sieht nach Willkür aus, denn Vers 4 läßt sich nicht auf Bürgerkriege einschränken.

Seit dem Altertum hat man diesen weißen Reiter auch nach der sehr klaren Stelle 19, 11–16 auf Christus gedeutet. Aber jener weiße Reiter ist schon durch sein völlig anderes Gefolge (19, 14) von diesem unterschieden, der seine roten, schwarzen und fahlen Gesellen heraufführt. Christus bringt nimmermehr Krieg, Hunger und Seuche. Auch ist seine Waffe nicht der Bogen, sondern immer das Richterschwert aus dem Munde (1, 16; 2, 12. 16; 19, 15. 21). Und schließlich wäre Christus dann in dieser Vision gleichzeitig als Lamm (V. 1) und als weißer Reiter gegenwärtig und hieße sich selber kommen.
Eindrucksvoll wurde diese Deutung abgewandelt, indem der weiße Reiter die weltweite Evangeliumsverkündigung darstellen soll[199]. Zur Stütze dient Mt 24, 14; Mk 13, 10: das letzte weltweite Heilsangebot als Zeichen der Endzeit. So bleibt auch ein gewisser Zusammenhang mit dem weißen Reiter am Ende der Offenbarung, der ja den Namen trägt: „Das Wort Gottes" (19, 13). Außerdem wird diese Deutung der Tatsache gerecht, daß sich der erste Reiter tatsächlich von den düsteren nachfolgenden Reitern als Lichtgestalt abhebt. Der Bogen ist im AT häufig eine „Waffe" Gottes, mit der er weit in die Völkerwelt hineinschießt.

Aber hier setzen auch schon die Auslegungsnöte ein[200]. Der Bogen ist im AT und im Judentum höchstens ein Gerichtsinstrument (5 Mo

[197] An das Partherreich denken hier z. B. Albertz, Bousset, Lohmeyer.

[198] So z. B. Bengel, Schlatter, Behm, Lohse, Th. Zahn, Lilje und Goppelt.

[199] So z. B. G. Bornkamm in Anlehnung an O. Cullmann.

[200] Das Folgende mit Rissi.

32, 23. 42; Hiob 6, 4; 34, 6; Ps 38, 3; Kla 2, 4; 3, 12; Hab 3, 9—14), nicht aber ein Bild für das heilschaffende Evangelium. Schon auf Grund seiner Ausrüstung mit einem Bogen, dieser gefürchteten Waffe, scheint der weiße Reiter eine negative Gestalt zu sein.

Die Beziehung zum weißen Reiter in Kapitel 19 sollte zwar nicht aus dem Auge gelassen werden, aber es handelt sich um die Beziehung eines Gegensatzes. Die Offenbarung liebt diese Doppelbilder, die jedesmal den schärfsten Kontrast enthalten, z. B. zwei Frauengestalten („Weib" und „Hure") oder zwei Städte (das „neue Jerusalem" und „Babel") oder zwei geschlachtete Gestalten („Lamm" und „Tier" 13, 3. 12) usw. So stände hier dem Christus der Antichristus gegenüber. Vom Antichrist wird 13, 7 die gleiche erstaunliche Sieghaftigkeit ausgesagt wie hier. Er tritt von vornherein als gekrönter Sieger auf, um auch immer wieder unwiderstehlich den Sieg davonzutragen. Eine ungewöhnliche Erfolgsserie trägt ihn von Sieg zu Sieg. Es gibt mehr, die ihm zufallen, als solche, die dem Lamme nachfolgen. „Wer ist dem Tiere gleich, und wer kann wider es streiten?" (13, 4), Die Sache Jesu scheint verloren.

Auch der Bogen in seiner Hand erklärt sich endlich befriedigend. In einem der beiden Antichristenkapitel des AT, nämlich in Hes 39 — Johannes nimmt es 19, 17—21 auf! — erscheint ebenfalls der Bogen in der Hand des Gottesfeindes.

Schließlich spielt auch die weiße Farbe immer wieder eine Rolle, wo der Antichrist auftaucht. Sie ist jedoch nicht nur die Farbe des Sieges, sondern nach 1, 14; 3, 4. 5. 18; 14, 14 zugleich die Farbe der Reinheit und des Lichtes. Hier nun handelt es sich um gespielte, vorgetäuschte Unschuld, um ein Irrlicht: Der Antichrist ist ein Blender[201].

Exkurs 4: DER WEISSE REITER ALS ANTICHRIST

a) Der Antichrist erscheint unmittelbar nach dem Herrschaftsantritt des Lammes. Gerade am wohlverstandenen Christus wacht das „Geheimnis der Bosheit" auf. Diese gekreuzigte und auferstandene Liebe ist nicht beliebt, nicht gefragt und nicht gesucht. Jede Generation

[201] Ausführliches über den Begriff des Antichristen s. zu Kapitel 13. Hier ist auch an das zu erinnern, was zu 2, 7 über die satanische Verführung ausgeführt wurde. — Ein freilich nachträglicher Gesichtspunkt mag die vorgetragene Deutung stützen. Die Offenbarung handelt mehr als jede andere ntst Schrift vom Satanischen. Wenn der weiße Reiter an dieser Stelle *nicht* der Antichrist wäre, hätte Johannes in 6, 1 — 8, 1 einen Abriß der Endzeit und ihrer Grundkräfte ohne einen Hinweis auf diesen maßgeblichen Gegenspieler des Lammes gegeben. Das wäre in seinem Sinn sicherlich keine christliche Charakterisierung der Endzeit. Daß er es nicht deutlicher tut, paßt zum Skizzenhaften der Siegelgesichte.

kreuzigt ihn neu. „Sie lieben die Finsternis mehr als das Licht." Diese Spannung zwischen Christus und Antichristentum ist der Grundvorgang der Endzeit zwischen Himmelfahrt und Wiederkunft. In immer neuen Abwandlungen offenbart sie sich: „Wie ihr gehört habt, daß der Antichrist kommt, so sind nun schon viele Antichristusse gekommen" (1 Jo 2, 18). Darum ist Endzeit grundsätzlich Kampfzeit (Exkurs 1 f.). Der Kampf kennt Zuspitzungen und eine letzte Zuspitzung. Diese Lehre von der Zuspitzung der Auseinandersetzung mit dem Widergöttlichen durch den Machtantritt des Messias ist ganz und gar unjüdisch. Das Judentum dachte sich die Erhöhung des Messias gerade als Ende aller Gegenwirkungen.

b) In diesem Kampf tritt der Antichrist immer wieder als Ersatzchristus auf. Er ist ein großer Blender und scheint Christus mit seinen Erfolgen geradezu in den Schatten zu stellen. Seine tatsächlichen Früchte aber sind Krieg, Hunger und Seuchen (zweiter bis vierter Reiter). Johannes und seine Gemeinden befanden sich in einer hellenistischen Hochflut (Einltg. Nr. 9—13). Er durchschaut diese strahlenden Programme und heißt abzuwarten, was danach kommt.

c) Das Lamm selbst lockt den weißen Reiter heraus: Lauf! (V. 1. 3. 5. 7). Es zwingt den Antichristen, sich zu produzieren, was allerdings viel Leid mit sich bringt. Aber so wird sonnenklar, daß hier nicht Christus als unmittelbarer Urheber von Krieg, Hunger und Seuche erscheint. Dies alles ist vielmehr antichristlich. Der rote, schwarze und fahle Reiter gehören zum Gefolge des weißen Blenders. Die Lammesherrschaft treibt ihn aus der Reserve, treibt sein Inneres nach außen. Die Offenbarung der Liebe zwingt zur Gegenoffenbarung, damit die scheinchristliche und menschenfreundliche Maske fällt. Christus zwingt hervor, d. h. das Satanische bliebe viel lieber verborgen und unerkannt. So brächte es der Feind weiter. Offenbarwerden ist zwar für die Liebe Sieg, für die Lüge aber Niederlage und erster Schritt zum Untergang. Darum gehört das Herauslocken des Satanischen zum Auftrag des Christus. Es ist gut, wenn dem reißenden Wolf die Schafskleider abfallen. Nicht, daß dann schon a l l e s gut wäre. Aber so ist es schon besser, als wenn der Wolf noch unerkannt unter den Menschen ginge und von jedermann treuherzig gestreichelt würde.

d) Christus hält den Antichristen auch in der dunkelsten Stunde an der Leine. Auf einem Gedenkstein aus dem 7. Jahrhundert v. Chr. hält der assyrische König Assarhaddon zwei besiegte Könige an der Leine. Das Bild war also im Altertum bekannt[202]. So zügelt auch das

[202] Die Apokalypse des Abraham spricht 10, 11 von der „Zügelung des Leviathans", d. h. des Satans, durch die Engel.

Lamm die Widerstrebenden. Von seinem Thron her empfangen sie das „Lauf"! Nun mögen sie innerhalb eines gewissen Spielraumes zu ihren traurigen Erfolgen kommen. Ihre Macht ist nicht Allmacht wie die des Christus (Mt 28, 18), und sie ist ihnen nur leihweise, vorübergehend „gegeben" (V. 2. 4. 8 u. ö). Immer bleiben sie unter Kontrolle, und nirgends gibt das Lamm die Initiative aus der Hand. Der Gedanke der Zügelung (vgl. das „muß" 1, 1) drückt sich auch in der Verwendung der Zahlen aus, hier z. B. vier Reiter, sieben Plagen, ein Viertel der Erde. Die Abgezähltheit spiegelt den planenden Willen des Herrn wider. Die Zahlen bilden sozusagen das Netz, in dem die satanischen Mächte gefangen liegen. Dieses Wissen bewahrt die Gemeinde auch in schwerster Zeit vor dem Abfall.

Das zweite Siegel (2. Reiter)

Offenbarung 6, 3—4

3 **Und als es das zweite Siegel öffnete, hörte ich das zweite Wesen**
4 **sprechen: Lauf! * Und es zog aus ein anderes Pferd, feuerrot, und dem darauf Sitzenden wurde gegeben, den Frieden von der Erde zu nehmen und daß sie sich gegenseitig abschlachten, und es wurde ihm ein großes Schwert gegeben.**

Zu Vers 4:
Sach 1, 8
6, 1—3

Der erste Trabant des Antichristen reitet ein **feuerrotes Pferd.** Die Hinweise auf das Schwert und auf das Schlachten bestimmen die Farbe eindeutig als Farbe des Blutvergießens[203]. Die blutige Farbe schafft eine Gedankenverbindung zum „roten Drachen", dem Mörder von Anfang an (12, 3; s. z. 2, 2), in dessen Geist und Dienst er wirkt. Sein Tun besteht darin, **den Frieden von der Erde zu nehmen.** „Die Gottlosen haben keinen Frieden" (Jes 48, 22). Darum können sie ihn nicht bringen und vertreiben ihn dort, wo er ist. Der Antichrist aber ist d e r Gottlose. Er macht, **daß sie sich gegenseitig abschlachten.** Dieses gegenseitige Morden (vgl. Hes 38, 21; 2 Chr. 15, 6; Sach 11, 9; 14, 3), bei dem keine Macht stark genug ist, die andere wirklich zu besiegen, mag sich auf Völker und Länder beziehen, weniger auf Einzelpersonen. „Schlachten" ist hier ein sehr bildhaftes und derbes Wort. Sie schlachten sich geradezu als Opfer ab, rauschhaft und besessen, ohne Vernunft, denn keiner gewinnt einen wirklichen Vorteil. 3/4

[203] Deutungen auf eine Himmelsrichtung (Exkurs 3c), auf das Temperament oder die Rasse des Tieres (Fuchs) gehen fehl.

Im Grunde sind alle Opfer auf dem Altar Satans. In einem einzigen Wahnwitz wird alles in die Rüstung gesteckt, und „den Weg des Friedens kennen sie nicht" (Jes 59, 8). Die Menschheit, die nicht unter dem Kreuz leben will, lebt unter dem **großen Schwert** wie unter einem großen Opfermesser (Anm. 78).

Was die kleinasiatischen Gemeinden hier bei Johannes lesen, deckte sich nicht ohne weiteres mit dem Eindruck, den ihre Umwelt erweckte. Der Hellenismus wollte Bildung und Wohlstand für alle, und die römischen Kaiser nutzten rührig die Friedenssehnsucht der Völker. Aber der Prophet hatte die Gemeinden schon 2, 10. 13 auf Kostproben des mörderischen Untergrundes aufmerksam gemacht. „Friede, Friede! und ist doch kein Friede!" könnte er mit atst Warnern rufen (Jer 6, 14; 8, 11; Hes 13, 10. 16). Hinter dem weißen Reiter zieht der rote Reiter herauf (zur Kriegsfrage s. noch den zusammenfassenden Vers 8b).

Das dritte Siegel (3. Reiter)

Offenbarung 6, 5—6

Zu Vers 5:
Sach 1, 8
6, 1—3

5 **Und als es das dritte Siegel öffnete, hörte ich das dritte Wesen sprechen: Lauf! Und ich sah, und siehe, ein schwarzes Pferd, und**
6 **der darauf Sitzende hatte eine Waage in seiner Hand. * Und ich hörte** (etwas) **wie eine Stimme in der Mitte der vier Wesen sprechen: Ein** (Tages)**maß Weizen für einen Denar und drei** (Tages) **maße Gerste für einen Denar, und dem Öl und dem Wein tue keinen Schaden.**

5/6 Die Deutung des **schwarzen Pferdes** auf den Hunger wird nicht fehlgehen (vgl. V. 8b und auch Kla 4, 8). Nach Hes 4, 10. 11. 16 weist die Waage auf Rationierung als Kriegsfolge hin. Das Brot abgewogen essen müssen, heißt Mangel leiden. Das Deutewort, das Johannes vernimmt[204], verfestigt dieses Ergebnis. **Ein** (Tages)**maß Weizen für einen Denar** war eine acht- bis zwölffache Verteuerung. Ein ganzer Tageslohn (Mt 20, 2) ging nun für den Tagesbedarf eines Arbeiters drauf. Dieser Preis bedeutete, wenn eine Familie mit Nahrung, Kleidung und Unterkunft zu versorgen war, Hunger. **Und drei** (Tages)-**maße Gerste für einen Denar.** Gerste wurde außer in armen Gegenden für Pferd und Esel verfüttert. Jetzt kam geringwertiges Gerstenbrot auf den Familientisch. Erklärte sich diese Hungersnot durch Mißwuchs? Das könnte das dritte Sätzchen klären.

[204] Vermutlich sind die vier Wesen hier korporativ genommen, deren Stimmen miteinander erschallen.

Dem Öl und Wein tue keinen Schaden. Unter den verschiedenen Auslegungen[205] dieses Rufes empfiehlt sich diejenige, die die Verwendung von Öl und Wein im Sprachgebrauch der Offenbarung selbst berücksichtigt[206]. An den acht vorkommenden Stellen ist der Wein immer ein negativer Begriff. 14, 8; 17, 2; 18, 3 ist er Bild für üppiges, unsittliches Leben. In diesen Zusammenhang gehören auch 14, 10; 16, 19; 19, 15, und 18, 13 zählt Wein und Öl unter den Luxusartikeln der Reichen auf. Damit scheint hier darauf angespielt zu werden, daß die Reichen sich nach wie vor ihren Luxus zu verschaffen wissen, während die Bevölkerung darbt. Sie haben ihre Bezugsquellen und brauchen auf nichts zu verzichten. Vielleicht wäre sogar für alle genug Nahrung zu beschaffen; niemand brauchte zu hungern, aber Gleichgültigkeit, Egoismus und Bestechlichkeit haben die soziale Verantwortung zerfressen und zerstört. Zum Hunger kommt der Haß. Das ist die schwarze Kehrseite des weißen Reiters.

Das vierte Siegel (4. Reiter)

Offenbarung 6, 7–8

7 **Und als es das vierte Siegel öffnete, hörte ich die Stimme des**
8a **vierten Wesens sprechen: Lauf! * Und ich sah, und siehe, ein**
fahles Pferd, und der auf ihm Sitzende, des Name ist „Tod", und
8b **der Hades folgt ihm. * Und es wurde ihnen Vollmacht gegeben**
über den vierten Teil der Erde, zu töten durch das Schwert und
durch den Hunger und durch den (Pest)**tod und durch die Tiere**
der Erde.

Zu Vers 8:
Sach 1, 8
6, 1–3
Hos 13, 14
Hes 14, 21
5, 12. 17
3 Mo 26, 22 ff
Jer 14, 12
15, 2 f

Die Farbe[207] des **fahlen Pferdes** ist die Leichenfarbe und erinnert überhaupt im Gegensatz zur Lebensfrische an kränkliches Aussehen. Aus der folgenden Bemerkung darf nicht das Bild von zwei Reitern entstehen, so daß man auf fünf apokalyptische Reiter käme. **Und der auf ihm Sitzende, des Name ist „Tod", und der Hades folgt ihm.** „Tod und Hades" ist auch 1, 18; 20, 13 ein Füllebegriff für eine einzige Wirklichkeit. Johannes sieht gewissermaßen den Tod und sei- 7/8

[205] Der Satz könnte mildernd aufgefaßt werden. Der Mangel bezöge sich nur auf das Brotgetreide, und man könnte sich an anderen Nahrungsmitteln schadlos halten. Oder Öl und Wein werden auf geistliche Speise bezogen, die in Notzeiten stärkt. Gottes Gerichte ergehen nicht ohne Beweise seiner Liebe, die zur Umkehr bewegen will.

[206] So richtig Langenberg.

[207] Das grie Wort *chloros* für diesen grünlichen Farbton begegnet uns in „Chlor" (vgl. 8, 7; 9, 4).

nen Schatten oder den Tod und seine rechte Hand. Freilich sind hier beide persönlich gedacht wie auch Hos 13, 14 (vgl. 1 Ko 15, 55). Sie handhaben Dorn und Stachel wie Viehtreiber. Wie es Vers 8b deutlich ausspricht, verkörpert der vierte Reiter die Geißel des Altertums, die Pest (Anm. 134). Sie verbreitete Furcht und Entsetzen und war stärker als Großkönige und Feldheere. Gerade in Kriegszeiten schleppten Soldaten und Troß Keime für allerlei Seuchen ein, und die Menschen waren durch ihren schlechten Ernährungszustand besonders anfällig. So hielt der Tod reiche Ernte.

Und es wurde ihnen Vollmacht gegeben (Exkurs 4d) **über den vierten Teil der Erde.** Zu Kapitel 8, wo das Drittel als Strafmaß den ganzen Text durchzieht, werden diese Zahlenangaben erörtert. Dort wie hier handelt es sich jedenfalls um schwere Schläge, die aber noch Raum zur Buße lassen.

Bei genauerem Hinsehen ergibt sich ein für biblisches Denken bezeichnender Zusammenhang zwischen Sünde und Strafe. Gott holt die Strafe nicht von irgendwoher, so daß sie als etwas Zweites auf die Sünde gelegt wird, sondern die Sünde selbst kehrt sich gegen den Sünder, sie „findet" ihn (4 Mo 32, 23) und wird ihm so zur Strafe. Gott läßt das Tun des Täters auf dessen eignes Haupt zurückfallen (1 Kö 8, 32), so daß Sünde und Strafe sich decken[208]. In diesem Sinne spricht das prophetische Wort unüberhörbar von Kriegen und Kriegsfolgen als Plagen Gottes für eine antichristliche Welt, wobei nicht eine Sekunde daran zu denken ist, daß Gott diese Dinge erst in die Welt hereinträgt. Kriege stammen nicht aus seiner, sondern aus unserer Welt. Kriege verletzen alle zehn Gebote Gottes und sind böse. Aber wenn Böses nicht „gut geht", dann deswegen, weil Gott als Richter zur Stelle ist: „Gott hat sie dahingegeben in verkehrten Sinn, zu tun, was nicht taugt, ... voll Mordes" (Rö 1, 28—31). Zur Frage der unschuldig Leidenden siehe das fünfte Siegel.

Aber gab es all diese Erscheinungen nicht schon vor Christus? Wieso gehören sie gerade zum Gepräge der Endzeit? Tatsächlich ist der Satan Verführer und Mörder „von Anfang" (Jo 8, 44), d. h. von 1 Mo 3 an. Aber seit in aller Welt die Botschaft erschallt: „Friede auf Erden!", sind Ungerechtigkeit, Unterdrückung und Kriege viel ärgerlicher und schuldvoller. Mag früher dasselbe geschehen sein, aber jetzt besteht eine andere Situation. Jetzt ist die Liebe Christi in die Welt gekommen, jetzt wird die Welt, die sich nicht rufen läßt, auch

[208] So kann die hebr Sprache Sünde und Strafe mit demselben Wort ausdrücken; 1 Mo 4, 13 kann z. B. übersetzt werden: „Meine Strafe ist zu schwer", oder auch: „Meine Sünde ist zu groß." Zur Einheit von Sünde und Strafe vgl. auch 2, 22; 16, 3—6; 18, 6—7; 2 Th 1, 6; 2, 10; Hos 4, 6; Spr 26, 27; 28, 10; 29, 6. 23.

besonders verwerflich. Wäre die Liebe Christi nicht gekommen, könnte es auch nicht zur Verwerfung einer solchen Liebe und zu solch einer Verwerflichkeit der Welt kommen. Diese neue Entwicklung erkennt die Gemeinde seit Christus und nennt sie „Endzeit".

Der zusammenfassende Vers 8b[209] erwähnt noch das Sterben **durch die Tiere der Erde.** Das entvölkerte Land und die zertrümmerten Städte versteppen wieder, und mit der Wildnis kehren die Raubtiere in ehemaliges Kulturland zurück. Das ist die letzte und wahre Frucht des weißen Reiters: Rückschritt und Tod von vier, also von allen Seiten. Die Erde, die sich vom Lamm abwandte, leidet nun unter den wilden Tieren[210]. Der Antichrist ist der Totengräber der Weltkultur.

Das fünfte Siegel

Offenbarung 6, 9—11

9 **Und als es das fünfte Siegel öffnete, sah ich unten am Altar die**
Seelen derer, die geschlachtet worden waren um des Wortes Got-
10 **tes und des Zeugnisses willen, das sie hatten. * Und sie schrieen**
mit großer Stimme: Bis wann, (Eigentums-)**Herr,** (du) **Heiliger**
und Wahrhaftiger, fällst du kein Urteil („richtest du nicht") **und**
11 **ahndest nicht unser Blut an den Bewohnern der Erde? * Und es**
wurde ihnen, einem jeden, ein weißes Gewand gegeben, und es
wurde ihnen gesagt, daß sie ruhend verharren sollten noch eine
kleine Zeit, bis ihre Mitknechte und ihre Brüder, die zukünftig
getötet werden wie auch sie, vollzählig geworden sind.

Zu Vers 10:
Sach 1, 12
Ps 79, 5
5 Mo 32, 43
2 Kö 9, 7

Die Siegelöffnungen folgen dem Ablauf in den endgeschichtlichen 9
Reden der Evangelien (Exkurs 3a). Nach Krieg, Hunger und Seuchen, die den „Anfang der Wehen" bilden, folgen Jüngerverfolgungen. Aber während die Evangelien einen Abriß der äußeren Ereignisse liefern (Verhöre, Verrat, Haß, Mord), schweigt Johannes darüber und erwähnt nur gerade den Tatbestand der Tötung. Er blickt ja nach 4, 1 nicht auf die Erde. Er sieht diese Vorgänge, wie sie vor Gott erschei-

[209] „Ihnen wurde gegeben" bezieht sich nicht nur auf Tod und Hades, die ja als e i n Reiter gelten, sondern auf das ganze Gefolge des weißen Reiters, das sein Werk ausrichtet. Zwar findet sich hier nicht das gleiche grie Wort für Schwert (romphaia) wie in V. 4 (machaira), aber dieser Wechsel erklärt sich durch die Anlehnung an Hes 29, 5. Hesekiel benutzt regelmäßig diese andere Vokabel (vgl. im übrigen Anm. 78).

[210] Die Androhung von Plagen durch wilde Tiere findet sich häufig in der atst Gerichtsrede: 2 Mo 8, 13; 9, 3; 10, 4; 3 Mo 26, 22; 4 Mo 21, 6.

nen und wie sie auch das Innerste der Christen aufwühlen müssen, nämlich als Problem des Unrechtes, das in der Abschlachtung großer Scharen von Christen „überhandnimmt" (Mt 24, 12; das Verb erscheint hier in V. 11)[211]. Kann der Herr, der doch seine Gemeinde bauen wollte, immer wieder zulassen, daß gerade die tapfersten Bekenner beseitigt werden?

Nach der Siegelöffnung sah Johannes **unten am Altar die Seelen derer, die geschlachtet worden waren um des Wortes Gottes und des Zeugnisses willen, das sie hatten.** Der Himmel bietet sich ihm als himmlischer Tempel dar. Schon in Kap. 4 erschienen ihm Cheruben, priesterliche Gestalten, Chöre, Schalen und das gläserne Meer (vgl. Anm. 163). Jetzt kommt der Altar dazu[212]. Dieser himmlische Tempel und auch der Altar haben in der Offenbarung im Unterschied zum Hebräerbrief nichts mit Sühne zu tun, sondern sind Gebets- und „Befehlszentrale". Der Aufenthalt an diesem Altar ist Zeichen des Umganges mit Gott.

Was bedeutet es, daß Johannes am Untersatz des Altars Seelen Verstorbener „sah"? Was lag visuell vor? Dort wußte der Israelit eine Rinne, in die das Opferblut gegossen wurde (3 Mo 4, 7). Mit dieser Gießung wurden das Leben oder die Seele der Opfertiere Gott zurückgegeben. Einleuchtend ist darum die Auffassung, daß Johannes hier ausgegossenes Märtyrerblut erblickte. Diese Schau deutet er sofort: Ich sah Seelen[213]. Ihm wurden beim Anblick des Blutes die Menschen bewußt, deren Tod Sterben am Altar, d. h. unschuldiges Opfer für Gott[214] gewesen war und die in eine besondere Nähe Gottes gelangt waren[215]. Der Tod hatte sie nicht von Gott getrennt (Rö 8, 38).

Wie die Erwähnung des Altars darf auch die Rede vom Schlachten nicht mit Opfer im Sinne von Sühne zusammengebracht werden.

211 Vergießung von Märtyrerblut ist der Gipfel des Unrechtes. Indem die Offenbarung dieses Unrecht behandelt, spricht sie mittelbar auch über alles Unrecht unterhalb des Gipfels. Es hängt mit der Zweckbestimmung des Buches zusammen, daß es die vielen anderen Fälle des unschuldigen Leidens auf dieser Erde nicht ausdrücklich behandelt.

212 Es scheint in der Offenbarung zwischen dem „goldenen Altar", d. h. dem Rauchopferaltar (2 Mo 30, 3; hier 8, 3—5; 9, 13), und dem „Altar" (6, 9; 11, 1; 14, 18; 16, 7) unterschieden zu werden. Der letztere entspricht dem Brandopferaltar.

213 So nach Zahn. Es liegt also kein Anlaß vor, zu fragen, wie die „Seelen" wohl ausgesehen haben, oder sich die Seelen als Gestalten vorzustellen.

214 Zur Wendung „um des Wortes Gottes und um des Zeugnisses willen" s. zu 1, 2. Daraus, daß an dieser Stelle der Name Jesu fehlt, sollte nicht gefolgert werden, daß hier auch atst Märtyrer geschaut würden. Der Rahmen ist hier die Endzeit. Das Fehlen des Namens kann rhythmische Gründe haben.

215 Johannes sieht die Toten, die im Herrn sterben, nie im Hades, aber auch noch nicht in voller Erlöstheit (V. 10—11).

Schlachten ist in der Offenbarung ein allgemeiner Ausdruck für gewaltsames Töten.

Und sie schrieen mit großer Stimme. Blut schreit zu Gott (1 Mo 10
4, 10; Hbr 12, 24), und das Schreien der Gerechten greift in die End-
ereignisse ein (8, 3—5; vgl. Lk 18, 7)[216].

Inhaltlich ist das große Geschrei der Märtyrer eine Art Lama Sabachthani: „Mein Gott, mein Gott, warum hast du mich verlassen?" (Mk 15, 34). Dabei verlagert sich hier der Ton vom Warum auf das Wie-lange der Gottverlassenheit. **Bis wann** will Gott mit seinem Eingreifen warten? Daß diese Gottesmenschen vom Glück, vom Ansehen, von der Gesundheit und von ihrer Habe verlassen werden, vermögen sie schon zu ertragen. „Wenn ich nur dich habe, so frage ich nichts nach Himmel und Erde. Wenn mir gleich Leib und Seele verschmachtet, so bist du doch, Gott, allezeit meines Herzens Trost und mein Teil" (Ps 73, 25—26). Aber wenn eben dieser Trost ausbleibt, Gott sie also „verläßt" — das ist ihnen unerträglich. Dies Unerträgliche wird hier gedehnt.

Wie lange? durchtönt es viele Psalmen: 6, 4; 13, 2—4; 35, 17; 74, 10; 79, 5. 10; 89, 47; 94, 3 usw. Jedesmal zeichnet sich eine ähnliche Grundsituation ab: der Sturz in die Gottverlassenheit. Es war zu einer Herausforderung durch die Feinde Gottes gekommen, und die Knechte Gottes hatten sie im Namen Gottes angenommen. Die Kraftprobe begann — aber Gott? Schlief er, sah er gerade weg, oder war er überhaupt nicht da? Jedenfalls griff er nicht ein, wie Baal auf dem Karmel nicht eingriff und seine Priester der Lächerlichkeit preisgab. Gottes Volk wurde von den Gottlosen gedemütigt und auf die Schlachtbank gestreckt, den gellenden Hohn in den Ohren: Ha, ha, wo ist nun euer Gott! (vgl. Ps 42, 2; 79, 10; 115, 2; Joel 2, 17).

Der Tenor all dieser Psalmstellen und auch dieser Märtyrerstelle ist aber nicht das Wehgeschrei um sich selbst, sondern die Klage um Gottes Ehre. Im Vordergrund steht nicht: „Tu doch etwas für uns!", sondern: „Tu doch etwas für dich! Warum tust du nicht mehr für deine Sache, wenn es dir um deine Sache geht?"

Das bringt hier die seltene Gottesanrede zum Ausdruck: (Eigentums-)**Herr**[217]! Es ist eigentlich der antike Hausherr (despotes), dem

[216] Im übrigen geht es in der Offenbarung durchweg laut zu. Von großen Stimmen ist 1, 10; 5, 2. 12; 6, 10; 7, 2. 10; 8, 13; 10, 3; 14, 7. 9; 15, 18; 18, 2; 19, 17 zu lesen, ferner von Stimmen wie die eines Löwen, einer Trompete, eines Wasserfalls, vieler Engel oder Massen. Während für uns die sichtbare Umwelt oft betäubend real ist und Gott und sein Reich uns nur mit mageren und dünnen Stimmen erreichen, ist es für Johannes umgekehrt: Die geistlichen Wirklichkeiten überwältigen ihn.

[217] Die umständliche Wiedergabe von *despotäs* als „Eigentumsherr" soll erkennbar machen, daß hier nicht der sonst übliche Herrenname *kyrios* steht.

totes und lebendes Inventar gehören und dem die Knechte (V. 11) leibeigen sind. Wenn sie angetastet werden, wird er angetastet. Weil sie ganz und gar und von Herzen sein Besitz waren, sind ihre Leiden seine Leiden und ihr Tod für ihn Verlust. Außerdem ist er der **Heilige und Wahrhaftige,** der wahrhaft Heilige (Anm. 146), der nicht enttäuschen kann wie die scheinheiligen Götzen und Menschen. Diese Titel werden Gott hier vorgehalten, weil sie auf dem Spiel stehen. Wie kann er jetzt schweigen?! In dieses unerträgliche Schweigen strömen entsetzliche Zweifel ein: Haben wir für ein Hirngespinst gelitten?

Nach den Psalmstellen gab es diese Not in allen Jahrhunderten. Da für die Siegelgesichte aber die Nachtgesichte des Sacharja eine gewisse Rolle spielen (Exkurs 3d), verdient in diesem Zusammenhang das endgeschichtliche Wie-lange in Sach 1, 12 Beachtung. Es gibt eben nicht nur ein endgeschichtliches B a l d (1, 1). Die Naherwartung ringt mit der Anfechtung, daß Gott so fern ist und fern bleiben könnte. Man glaubt: Der Herr kommt bald! und erlebt das Kommen des Antichristus, der seine Siege feiert. Man bekennt: Jesus Christus herrscht als König!, aber Haß, Lüge und Gewalt stehen in Blüte, und das scheinbar unbehelligt, ja noch bestätigt durch merkwürdige Erfolge. Ist die Geschichte Gott nicht längst aus der Hand geglitten?

Es sei noch einmal betont, daß hier nicht persönliche Rachsucht die Stimme führt, nicht wildes Begehren nach Genugtuung gegenüber persönlichen Feinden. Selbstverständlich ist die Bewältigung des persönlichen Geschicks schwer und lastend. Unrecht bleibt Unrecht, auch wenn es einem selbst zugefügt wird und wenn man ein Mensch voller Feindesliebe ist. Denn Liebe kann sich in keinem Fall der Ungerechtigkeit freuen (1 Ko 13, 6). Sie schwelgt nicht im Leiden zu Unrecht. Es ist darum nicht unchristlich, unter der Not persönlich erlittenen Unrechts zu Gott zu schreien als dem gerechten Richter. Diesem Märtyrergeschrei sollten die persönlichen Töne also nicht völlig abgesprochen werden. Aber bei Märtyrern läßt sich Persönliches nicht mehr von der Sache Gottes trennen, denn sie haben sich und alles auf die Sache Gottes gestellt. In ihnen lebt eine geistliche Unruhe, bis Gott endlich „alles in allem" ist (vgl. 1 Ko 15, 28), weit über ihr eigenes Leben hinaus. Sie schreien nach einer vollen Durchsetzung von Wahrheit und Wahrhaftigkeit, von Recht und Gerechtigkeit von einem Ende der Erde bis zum anderen.

Bis wann fällst du kein Urteil und ahndest nicht unser Blut an den Bewohnern der Erde? Diese beiden Elemente aus dem Prozeßwesen[218],

[218] Die übliche Wiedergabe der beiden Ausdrücke mit „richten" und „rächen" ist hier absichtlich vermieden. Besonders „rächen" erscheint als stark gefühlsgeladener Begriff an

nämlich Schuldspruch und strafrechtliche Verfolgung, rufen die Erinnerung an haarsträubende Märtyrerprozesse wach. Die treusten Bürger wurden zu übelsten Verbrechern erklärt. Falsche Zeugen, feige Richter und stumpfsinnige Zuschauer standen im Kreis[219]. Von diesen Gerichten hatten die Angeklagten nichts zu erhoffen. „Sie vergossen Blut wie Wasser" (Ps 79, 3). Darum erheben die Märtyrer Einspruch und beantragen dringend die Wiederaufnahme ihres Verfahrens vor einer höheren Instanz, vor dem wahrhaft Heiligen.

Gott erhört das Gebet seiner Knechte, indem er ihnen ein Zeichen 11
und ein Wort schenkt. **Und es wurde ihnen, einem jeden, ein weißes Gewand gegeben.** Die wenigsten Blutzeugen werden von der Geschichte gewürdigt. Wie viele sind unbekannt geblieben und in Namenlosigkeit versunken – Lebensopfer ohne Echo. Aber Gott hört und weiß. Er übersieht keinen und ließ noch keinen vergeblich zu ihm schreien. Die Überreichung der weißen Gewänder bleibt im Rahmen des Prozeßwesens. Nach einer Sitte hatten Angeklagte in Schwarz zu erscheinen. Die Märtyrer waren solche Schwarzgekleideten gewesen. Aber Gott revidiert das Urteil und verfügt Umkleidung in Weiß[220]. Nun stehen die Gebrandmarkten im Glanze der Unschuld da. Sie haben sich auf Erden zu ihm bekannt, nun bekennt er sich im Himmel zu ihnen (vgl. Mt. 10, 32–33).

Und es wurde ihnen gesagt, daß sie ruhend verharren sollten noch eine kleine Zeit. Vor die große, vollkommene „Ruhe des Volkes Gottes" nach Hbr 4 ist noch die „kleine Zeit" vorgeschaltet, ein Ausdruck für die Durststrecke der Endzeit (Jo 14, 19; 16, 16. 17; aber auch 1 Pt 5, 10; Hbr 10, 37; vgl. Jes 54, 7 f.; Offb 12, 12; 20, 3)[221]. Sie wurde von den Betern als unerträglich lang empfunden, aber ein Zuspruch vom Throne her dämmt dieses Ferngefühl ein und stellt die Naherwartung wieder her. Gott redet. Sofort sind alle Gottes-

dieser Stelle irreführend. Aber die Wortwahl ist nicht das Entscheidende. „Nur wenn der Zorn und die Rache Gottes über seine Feinde als gültige Wirklichkeit stehen bleiben, kann von Vergebung und von Feindesliebe etwas unser Herz berühren. Wer zu schnell und zu direkt neutestamentlich sein und empfinden will, ist meines Erachtens kein Christ" (Bonhoeffer, Widerstand und Ergebung, S. 113).

219 Zum Ausdruck „Bewohner der Erde" s. zu 3, 10.

220 Hier ist im Unterschied etwa zu 3, 4. 5; 4, 4 vom O b e rgewand die Rede, vielleicht abhängig von der angedeuteten Kleidersitte vor Gericht. Jedenfalls gibt es keinen Grund, das weiße „Ober"gewand für geringwertiger zu halten als das weiße Gewand (Langenberg). Der Gebrauch der beiden Ausdrücke in der Offenbarung scheint regellos zu schwanken.

221 Die Wendung erscheint häufig im Johannes-Evangelium: 7, 33; 14, 19; 16, 16–19, ist hier aber nicht auf die Endzeit bezogen, sondern auf die Ostererscheinungen Jesu bzw. auf Pfingsten als Vorabschattung der endzeitlichen Wiederkunft des Herrn (vgl. Einleitung Nr. 49–50).

worte kräftig und lebendig, und der Glaube kann wieder atmen. In der Endzeit wird das Notgeschrei je und je aufbrechen, aber es gibt auch Trost und Stillewerden. Das Lobgetön von 4, 8 leidet dagegen keine Unterbrechung.

Erst jetzt folgt die ausdrückliche Antwort auf die Frage nach dem Wielange von Vers 10. **Bis ihre Mitknechte und ihre Brüder, die zukünftig getötet werden wie auch sie, vollzählig geworden sind.** Es gibt für die steigende Flut des Unrechts ein „bis hierher und nicht weiter". Gott kündigt diese unübersteigbare Grenze an. Sie besteht in der Vollzahl[222] der Blutzeugen[223]. Die genaue Zahl wird nicht genannt, aber es gibt sie. Gerade dann, wenn die Gewalt ihre größten Triumphe feiert und ihre höchsten Erfolgszahlen meldet, kommt ihr Zusammenbruch in Sicht. Christenverfolgungen machen Babylon gerichtsreif[224] und beschleunigen sein Ende[225].

Der Hinweis auf die Zahlengrenze für das Märtyrerleiden bedarf noch einer Abschirmung. Modernes Zahlenempfinden führt hier sicher in die Irre. Hinter dem Warten Gottes steht nicht sein Starren auf eine Statistik, auf eine willkürlich festgesetzte Zahl, für die nun geblutet werden müßte; Gott wartet vielmehr auf Menschen, die sich noch rufen lassen. Die Mission in aller Welt gehört zu den Dingen, die in der Offenbarung nicht unmittelbar behandelt werden wie etwa in der Apostelgeschichte, die aber an einigen Stellen deutlich vorausgesetzt ist (s. z. 3, 9; 5, 9). So auch hier. Allen Gefahren zum Trotz sollen noch mehr Zeugen zum Einsatz kommen, sollen noch mehr Völker und Menschen erreicht werden. Hier gilt Mk 13, 10: „Das Evangelium muß zuvor verkündigt werden allen Völkern." Nicht ein Zahlengesetz, sondern das Geduldmotiv (2 Pt 3, 9) spricht sich in der Antwort an die Märtyrer aus (zum positiven Sinn der Zahlen vgl. auch Exkurs 4d).

[222] Es geht hier nicht um sittliche Vollendung oder Vollendung des Laufes wie Jo 19, 30; Apg 20, 24; 2 Tim 4, 7. Diese Stellen haben einen anderen grie Ausdruck.

[223] Gott gegenüber heißen sie Knechte, der Gemeinde gegenüber Brüder. Johannes liebt Doppelausdrücke.

[224] Insofern handelt es sich auch in dieser Siegelvision um endzeitliche Zornesoffenbarung (Exkurs 3a). Dieser Zorn richtet sich aber nicht, wie es scheint und den Betroffenen selbst vorkommen will, gegen die Märtyrer selbst, sondern gegen ihre Verfolger. Den Märtyrern werden ausdrücklich weiße Kleider gereicht (V. 11). Wer Märtyrer macht, den hat Gott preisgegeben.

[225] Sehr ähnliche Gedanken begegnen auch in der spätjüdischen Apokalyptik (4 Esr 2 (4), 33–37; Hen 47, 1–4; 22, 5–8; 9, 1–3). Aber bei allem formalen Gleichklang schafft hier eine geringfügige Änderung einen starken inhaltlichen Unterschied. Die Apokalyptik spricht nämlich von den leidenden Gerechten aller Zeiten, Johannes aber von denjenigen, die um des „Wortes Gottes und um des Zeugnisses Jesu willen" litten und starben. Die Boten des Lammes und damit das Lamm als Botschaft sind die treibenden Geschichtsmächte. Davon wußten die jüdischen Apokalyptiker noch nichts.

Um den Trost der fünften Siegelvision zu empfangen, muß man nicht erst gestorben sein. Er gilt allen lebenden Bekennern in der Endzeit, die in Gefahr und Leiden stehen. Sie gilt denen, die erschreckt zurückzucken, die sich in Haft und Verhör befinden oder die schon die Todespforte durchschritten haben. „Selig, der da hört diese Worte und behält sie" (1, 3).

Das sechste Siegel

Offenbarung 6, 12—17

12 **Und ich sah, als es das sechste Siegel öffnete, da geschah ein**
großes Beben, und die Sonne wurde schwarz wie ein härener Sack,
13 **und der ganze Mond wurde wie Blut. * Und die Sterne des Him-**
mels fielen auf die Erde, wie ein Feigenbaum seine Feigen abwirft,
14 **durch einen großen Wind geschüttelt. * Und der Himmel entwich**
wie ein zusammengerolltes Buch, und jeder Berg und (jede) Insel
15 **wurden von ihrer Stelle fortbewegt. * Und die Könige der Erde**
und die Edlen und die Heerführer und die Reichen und die Star-
ken und jeder Sklave und Freie verbargen sich in den Höhlen und
16 **in den Felsen der Berge. * Und sie sprachen zu den Bergen und**
zu den Felsen: Fallt auf uns und verbergt uns vor dem Angesicht
des auf dem Thron Sitzenden und vor dem Zorn des Lammes.
17 *** Denn gekommen ist der große Tag ihres Zorns, und wer kann**
bestehen?

Zu Vers 12:
Jes 13, 10
50, 3
Hes 32, 7 f
Joe 3, 3 f
Zu Vers 13 f:
Jes 34, 4
Zu Vers 15:
Ps 2, 2
Jes 24, 21
Jer 4, 29
Jes 2, 10.
19. 21
Zu Vers 16:
Hos 10, 8
Jes 6, 1
Zu Vers 17:
Joe 2, 11
3, 4
Zeph 1, 14 f
Nah 1, 6
Mal 3, 2

Einige Vorbemerkungen mögen die Auslegung dieses Abschnittes erleichtern. Die hier erwähnte Sonnen- und Mondfinsternis (V. 12b), der Sternensturz (V. 13), das kosmische Beben (V. 12a) und die panische Angst entsprechen Mt 24, 29 und Parallelen (vgl. Exkurs 3a). Das läßt erwarten, daß die gleiche Sache beschrieben wird, nämlich das Ende der Endzeit unmittelbar vor dem Kommen des Herrn. Diese Folgerung, der sich manche Ausleger entwinden möchten, scheint unentrinnbar. Johannes spricht hier fast ausschließlich in Wendungen, mit denen das AT den „Tag des Herrn" mit seinen Begleitumständen beschreibt (Einltg. Nr. 37). Leser, die im AT und in der Apokalyptik zu Hause waren, konnten kaum auf den Gedanken kommen, daß Johannes von etwas anderem spräche als von den letzten Signalen, die den Abbruch der Welt ankündigen. Die Menschen, die früher in den Fachwerkhäusern wohnten und bei Sturm das Gebälk knistern hörten, waren alarmiert. Ihr Haus war in seinem Gefüge angebrochen. Es mochte noch eine Weile stehen, konnte aber auch urplötzlich zusammenstürzen. Es stand auf Abbruch. Von diesem unmißverständlichen Knistern im Gebälk des Weltgebäudes handelt das sechste Siegel. Im Unterschied zu den vorangehenden Siegeln kündet es schon das Ächzen, Dröhnen und Brechen der Katastrophe an.

Die Fülle der atst Anklänge fällt in diesem Abschnitt auf. Daß Johannes sich bei der Beschreibung des Geschauten fast auf Wiederholung alter Verkündigungsbegriffe beschränkt, beweist seine Zurückhaltung. Bewußt bringt er zum Thema nichts Eigenes vor und gestattet sich keine Ausmalung. Selbst im AT vorhandene Ausmalungen verkürzt und verdichtet er zu Symbolbegriffen. Die eigentliche Bedeutung dieser Verse liegt also nicht darin, daß neuer Stoff zum Thema geliefert wird, sondern daß alter Stoff „christianisiert", also der Verkündigung des Lammes unterworfen wird. Durch kurze, aber wesentliche Zusätze am Anfang (V. 12) und am Schluß (V. 16) verkoppelt Johannes alles mit dem Evangelium. Wie ein Draht, dessen Enden mit einem Plus- und Minuspol verbunden werden, in seiner ganzen Länge in den Stromkreis gerät, so wird hier aneinandergereihtes atst Material am Anfang und am Schluß mit Christus zusammengebracht und dadurch vollständig christlich durchglüht (vgl. auch z. 7, 15)[226].

12 **Und ich sah, als es das sechste Siegel öffnete, da geschah ein großes Beben.** Es handelt sich um das letzte große Beben von 11, 13; 16, 18, das nicht mit den Erdbeben „hin und her" nach Mt 24, 7 gleichzusetzen ist[227]. Hier beben, wie die folgenden Verse entfalten, Erde, Himmel und Menschen. Alles Stämmige schwankt, alles Gesicherte wird entsichert. Die ganze alte Schöpfung gerät aus den Fugen. Das Weltbeben ist im AT ein Zeichen dafür, daß Gott zum Gericht naht

[226] Wie schon Einleitung Nr. 33 angedeutet, setzt diese Auslegung die Erlebnisechtheit der Offenbarung voraus (vgl. das Werk von C. Schneider). Johannes komponierte nicht aus atst Stellen seine eigene Zukunftsschau, von der er dann vorgibt, er habe sie in einer Offenbarung empfangen. Aber wie steht es mit der Beschreibung des Geschauten? An Stellen wie 14, 3; 19, 9; 21, 5; vgl. 10, 4 erging ein förmliches Diktat. Aber diese Stellen werden als Sonderfälle vermerkt, so daß sie eben nicht die Regel darstellen. In der Regel beschrieb Johannes die Gesichte mit Hilfe seiner ihm eigentümlichen Begriffswelt und mit seinem Wortschatz. Er wußte sich wie alle heiligen Männer Gottes, die uns das biblische Zeugnis gaben, vom Heiligen Geist umfaßt. Die Pausen zwischen ihren gelegentlichen ekstatischen Zuständen waren für sie nicht Dienstpausen. Ihr ganzes Menschentum war gottgeweiht. So wollen sie auch genommen sein. Darum können wir unbefangen das Tätigsein des Menschen Johannes bei der Entstehung der Abschnitte wahrnehmen und erörtern.

[227] Die Anschauung ist freilich von den örtlichen Erdbeben genommen, die im Mittelmeerraum und besonders um den Jordangraben fast täglich stattfanden, wenn auch nicht immer in gefährlichem Ausmaß. Bei jedem Erdbeben erfährt der Mensch nachhaltig seine Schutzlosigkeit. Gegen Überschwemmungen kann man sich schützen. Erdbeben kommen wie ein Dieb in der Nacht.

(Jes 13, 13; Hes 38, 19 f.; Joe 2, 10; Hag 2, 6; Nah 1, 5–6; vgl. Hbr 12, 26–27).

Ohne die stark vergeistigende Rede des Johannes zu verkennen – als deutliches Beispiel s. Vers 13 –, sollte man an dieser Stelle auch ihren sehr materiellen Sinn beherzigen. Diese sichtbare Welt ist nicht selbstverständlich. Weder entstand sie von selbst, noch dauert sie aus natürlicher Notwendigkeit an. Und wenn sie einst vergeht, dann nicht aus natürlichen Notwendigkeiten, sondern nach dem Willen Gottes. Weil Gottes Reich kommt, vergeht diese Welt. Die Bibel trennt sich von jeder Vergötterung und Verewigung der Naturkräfte, die in ihrer damaligen Umwelt, wie in unserer heutigen, so in Blüte standen.

Ferner sind nach der Bibel Mensch und Welt so miteinander verquickt, daß kein nachdrückliches Gericht über den Menschen denkbar ist, das an seiner Umwelt vorbeigeht. Das Gericht trifft ihn im Gericht über die von ihm vergötterten, zum Gegengott erhobenen Elemente. Weil die Sonne von altersher immer wieder scheint und Sommer und Winter, Frost und Hitze, Saat und Ernte verbürgt, weil die schier unverwüstliche Erde immer wieder ihre Frucht bringt, weil die herrlichen Berge unerschütterlich emporragen, die Inseln den Orkanen trotzen und die Gestirne in den Jahrtausenden gleichmäßig ihre Bahn ziehen, wurden sie dem Menschen zum Rückhalt. Sie schienen ihm zu erlauben, bei seinen geringschätzigen Gedanken über Gott zu bleiben. Sie und ihre unerschöpflichen Hilfsquellen waren sein neuer Verlaß, bei ihnen fühlte er sich sicher und aus ihnen schöpfte er immer wieder seinen traurigen Mut. Sonne, Mond, Sterne und Berge standen darum seit jeher im Mittelpunkt der religiösen Verehrung. Wenn nun dies alles wankt, ist auch der Mensch erschüttert. Jer 4, 23–26 bringt dieses Weltbeben ausdrücklich mit dem Anfang der Schöpfungsgeschichte zusammen. Es wird wieder alles wüst und leer und kehrt um zum Staub. Das Chaos kommt wieder. Johannes verkündet also in den Siegelgesichten das Lamm als den Liquidator der alten Welt.

Nach dieser Übersicht kann sich die Auslegung verhältnismäßig kurz fassen.

Und die Sonne wurde schwarz wie ein härener Sack. Hier ist die bildliche Sprache unverkennbar. Die Sonne legt Trauer an[228]. Vielleicht kann hier Hes 32, 8 verdeutlichen: „Alle Lichter am Himmel

[228] Der härene Sack, aus dem groben Haar dunkelbrauner oder schwarzer Ziegen gewebt, eignete sich besonders als Gewand der Trauer oder auch der Scham des Verurteilten (s. zu 6, 11), im AT nicht auf die Sonne, sondern allgemein auf den Himmel bezogen (Jes 50, 3; vgl. auch Jes 13, 10; 24, 23; Jer 4, 28, Joe 2, 2. 10; 3, 4; Am 8, 8–10 und Stellen im NT).

lasse ich über dir dunkel werden." Der Mensch ohne Christus ist ohne Lichtblick. Das gilt schon zu allen Zeiten; aber es kommt der Tag, an dem er das auch wissen wird, weil ihm die „Ersatzbeleuchtung" abgeschaltet und die Illusionen genommen werden. In den gleichen Zusammenhang gehört die schaurige Verfärbung des Vollmondes in dunkelrot: **Und der ganze Mond wurde wie Blut.** Auch an ein Unheilszeichen wäre zu denken.

13 **Und die Sterne des Himmels fielen auf die Erde.** Diese Aussage hat Not bereitet. Wie können die Sterne auf der Erde Platz finden? Waren es vielleicht nur Sternschnuppen, die für das Auge als Sterne erschienen? Fielen sie vielleicht nur in Richtung auf die Erde hin, dann aber an ihr vorbei in den Weltenraum? Oder hatte Johannes ein so naives Weltbild? Unter Umständen trauen wir ihm zu wenig zu! Er lebte in einem Landstrich, in dem die Wiege der abendländischen Philosophie und Wissenschaft gestanden hatte. Die dortige Astronomie hatte schon Jahrhunderte zuvor sehr realistische Vorstellungen von den Himmelskörpern. Vor allem aber führt die zweite Vershälfte eindeutig bildlichen Stil vor Augen. **Wie ein Feigenbaum seine Feigen abwirft, durch einen großen Wind geschüttelt.** Das ist deutlich dichterische Gestaltung, und zwar in Abwandlung ähnlicher Bilder in Jes 34, 4. Auch das gerichtsreife Ninive konnte mit einem Feigenbaum verglichen werden, dessen Früchte bald abgeschüttelt werden (Nah 3, 12).

14 Wie in Jes 34, 4 folgt hier dem Sternensturz die Einrollung des Himmels. **Und der Himmel entwich wie ein zusammengerolltes Buch.** Nachdem die Sterne abgeerntet sind (V. 13), lassen die haltenden Hände das Himmelsgewölbe fahren, so daß es wegschnellt wie eine Pergamentrolle. Statt auf das vertraute Himmelszelt starrt die entsetzte Menschheit in ein schwarzes Loch, durch das sogleich das zornige Antlitz des Lammes hereinblicken wird (V. 16). Die morgenländische Bildhaftigkeit ist eindrucksvoll.

Im Zusammenhang des Weltbebens spricht das AT häufig auch von der Einebnung oder vom Zerschmelzen der Berge und Hügel. Johannes nennt das Begriffspaar Berge und Inseln (6, 14; 16, 20) und spricht von ihrer Fortbewegung, die schon 2, 5 als Gerichtshandeln gedeutet werden mußte (vgl. auch Anm. 108). **Und jeder Berg und** (jede) **Insel wurden von ihrer Stelle fortbewegt.** Was die Berge für das Land sind, sind die Inseln für das Meer, nämlich Höhen. Wird hier hintergründig auf politische und wirtschaftliche Machtzentren angespielt, die entmachtet werden? Der nächste Vers stützt diese sinnbildliche Deutung.

15–17 schildern den Eindruck auf die Menschen. Sie fühlten sich

in dieser Welt, die sie erforscht und allmählich beherrscht haben,
häuslich. Da erzittert ihr Weltenhaus unter unheimlichen Eingriffen
von außen. Jemand deckt das Dach ab, reißt die Wände ein, erschüt-
tert von unten den Boden. Panischer Schrecken befällt die „Bewohner
der Erde" (V. 10)[229]. Die Angst schweißt sie alle zusammen. Umfas-
send, im Zeichen der Siebenzahl, werden sie aufgezählt (vgl. Hes 39,
18–20): **Und die Könige der Erde und die Edlen und die Heerführer** 15
**und die Reichen und die Starken und jeder Sklave und Freie verbargen
sich in den Höhlen und in den Felsen der Berge.** In auswegloser Angst
(Lk 21, 25) rennen sie hin und her und stecken schließlich ihre Köpfe
in die Felsspalten, um sich irgendwie vor dem Richter zu verbergen,
wie Adam sich vor Gott verbarg (1 Mo 3, 8; Flucht in die Höhlen
auch Jes 2, 10. 19. 21; Jer 4, 29). **Und sie sprachen zu den Bergen und** 16
**zu den Felsen: Fallt auf uns und verbergt uns vor dem Angesicht des
auf dem Thron Sitzenden.** Das Rennen ums Leben wird zum Betteln
um den Tod. Eine schauerliche Gebetsgemeinschaft derer, die das
Lamm nicht anbeten wollten! Aber lieber tot, als vor Gott treten
müssen (zum atst Hintergrund vgl. Hos. 10, 8).

Nachdem Johannes in diesen Versen Stück um Stück ehrfürchtig altes Prophetenwort nachgesprochen hat, schafft er wieder die klare Verbindung mit seiner Lammesbotschaft (s. Vorbemerkung z. Abschnitt). Die Bewohner der Erde fürchten sich auch **vor dem Zorn des Lammes.** Oft spricht die Offenbarung wie das AT vom Zorn *Gottes* (11, 18; 14, 10. 19; 15, 7; 16, 1. 19; 19, 15). Diese einmalige Stelle vom Zorn des *Lammes* ist wohl bewußt herausfordernd. Das Lamm zürnt!

Der Lammeszorn ist für die Menschheit die eigentliche Katastrophe. Der *so* geliebt hat, zürnt. Und nichts im Text ermutigt, an einen Zorn mit Augenzwinkern zu denken („Ich meine es ja gar nicht so, ich tue im Augenblick nur so."). Es wird einmal offenbar werden, daß bei Christus Liebe und Zorn keine Widersprüche sind, wohl aber Liebe und Sünde. Darum fort mit einer Theologie der Harmlosigkeit, die weder Gott noch seine Gebote noch seinen Christus und seine Gemeinde noch die Sünde ernst nimmt — todernst aber die eigenen Redensarten und Gefühle. Zu all diesem spricht das letzte Buch der Bibel ein Nein. Gott ist ganz Gott in seiner Liebe und in seinem Zorn.

Das Lamm zürnt! Wo dann bleiben, wenn er kommt, und wie dann 17
antworten, wenn er fragt? **Denn gekommen ist der große Tag ihres
Zorns und wer kann bestehen?** Wieder nimmt Johannes atst Wendun-
gen auf. (Zum Bestehenkönnen vgl. Joe 2, 11; Mal 3, 2; Nah 1, 6; und

[229] Das Beben im sechsten Siegel kündet offensichtlich die Erhörung des Gebetes in V. 10 an. Auch Apg 4, 31; 16, 26; Jo 12, 28–30 antwortet Gott mit einem Beben.

zum Tag des Zorns Ze 1, 15. 18; Joe 1, 15; 2, 2; 3, 4; Nah 1, 6; Mal 3, 2; Jes 63, 4.) Diese Frage ist keine echte Frage mehr, sondern mehr ein entsetztes Aufheulen (1, 7). Niemand geht noch mit der Spannung in dieses Gericht, wie es wohl auslaufen werde. Jeder weiß, daß das Lamm allein Recht hat und allein Recht bekommt. Im Altertum verharrten Angeklagte kniend oder liegend. Im Fall der Gerechtsprechung durften sie sich erheben. Aber diese Angeklagten können nicht eine Sekunde stehen und sich nicht einen Millimeter erheben.

Zwischenstück: Das Volk Gottes im Beginn und nach der Drangsal

Offenbarung 7, 1—17

Die Versiegelung vor der großen Drangsal

Offenbarung 7, 1—8

Zu Vers 1:
Hes 7, 2
37, 9
Dan 7, 2
Sach 6, 5
Jer 49, 36
Zu Vers 3:
Hes 9, 4. 6

1 Danach sah ich vier Engel an den vier Ecken der Erde stehen, die
die vier Winde der Erde festhielten, damit kein Wind über die
Erde bläst noch über das Meer noch über einen einzigen Baum.
2 * Und ich sah einen anderen Engel aufsteigen vom Aufgang der
Sonne, der hatte ein Siegel des lebendigen Gottes und schrie mit
großer Stimme vier Engeln zu, denen gegeben war, der Erde und
3 dem Meer Schaden zu tun, und sprach: * Tut nicht Schaden der
Erde noch dem Meer noch den Bäumen, bis wir versiegeln die
4 Knechte unseres Gottes auf ihren Stirnen! * Und ich hörte die
Zahl der Versiegelten: hundertvierundvierzigtausend Versiegelte
5 aus allen Stämmen der Söhne (Nachkommen) Israels; * aus dem
Stamm Juda zwölftausend, aus dem Stamm Ruben zwölftausend,
6 aus dem Stamm Gad zwölftausend, * aus dem Stamm Asser
zwölftausend, aus dem Stamm Naphthali zwölftausend, aus dem
7 Stamm Manasse zwölftausend, * aus dem Stamm Simeon zwölf-
tausend, aus dem Stamm Levi zwölftausend, aus dem Stamm Isa-
8 schar zwölftausend, aus dem Stamm Sebulon zwölftausend, aus
dem Stamm Joseph zwölftausend, aus dem Stamm Benjamin
zwölftausend Versiegelte.

Nachdem 4, 1 bis 6, 17 in einem einzigen Zusammenhang gelesen werden wollte, soll hier ein Absatz entstehen. Die Kapiteleinteilung ist in diesem Fall also zutreffend. Die ersten Worte **danach sah ich** kündigen einen Szenenwechsel an (Anm. 160). Der Blick geht nicht mehr wie ab 4, 1 in den Himmel, sondern auf die Erde.

Es ist wichtig, diese Unterbrechung der Siegelvisionen wahrzunehmen. Die hohe Spannung, mit der die sechste Siegelvision endete, wird nicht sofort gelöst, sondern in der Schwebe gelassen. Es folgt nicht die Öffnung des siebten Siegels, sondern ein Einschub. Der Zusammenhang mit dem Voraufgehenden ist höchstens negativer Art. Im Abriß der Endzeit nach der Siegelreihe fehlte noch die Gemeinde. Zwar steht sie in Beziehung zu der Märtyrervision des fünften Siegels, aber sie ist nicht ihr Thema. Erstens besteht sie nicht nur aus Märtyrern, und zweitens erfährt sie in der Endzeit nicht nur Unrecht, sondern auch die unsagbare Liebe Christi (1, 5). Sie ist nicht nur wie Schafe unter Wölfe gesandt, sondern wird auch wie eine Herde von einem guten Hirten geleitet. Diese wesentliche Seite der Gemeindewirklichkeit konnte unmöglich im Rahmen eines Plagenschemas und unter dem Vorzeichen des Lammeszornes (Exkurs 3a und b) zur Darstellung gelangen. Die Gemeinde hat bei aller Einjochung in die Geschichte dieser Welt noch ihre eigene, besondere Geschichte. Dem wird hier ein Zwischenstück gerecht[230].

Danach sah ich vier Engel an den vier Ecken der Erde stehen, die die 1
vier Winde der Erde festhalten. Diese vier Ecken, aus denen die Gerichtsstürme über die Erde brausen, waren ein fester Begriff (Jer 49, 36; Dan 7, 2; Sach 6, 5). Auf Grund der letzten Stelle entsteht eine enge Verbindung zu den vier Unheilspferden der ersten vier Siegelöffnungen. Es handelt sich also bei den vier Winden wie bei den vier Pferden um Verderbensmächte der Endzeit. Nicht umsonst taucht für ihre Tätigkeit hier in Vers 3 dasselbe Wort wie 6, 6 auf. Sie machen die Erde zum Katastrophenfeld. Ihre Vierzahl ist wieder Totalitätsbegriff: sie gehen wie die Prüfung in 3, 10 über die ganze Erde[231].

[230] Oder beantwortet Kapitel 7 unmittelbar die ausklingende Frage von 6, 17: „Wer kann bestehen (vor dem Zorn des Lammes)?" Tatsächlich heißt es von der großen Schar in 7, 9, daß sie vor dem Thron Gottes und des Lammes „steht". Aber der Zusammenhang ist dort nicht das Endgericht. Dazu würde Johannes sagen: „Wer glaubt, kommt nicht mehr ins Gericht" (Jo 5, 24). Das Stehenkönnen vor Gott wird in V. 14 ausdrücklich mit dem zusammengebracht, was diese Menschen hinter sich hatten, mit der großen Drangsal. Darin haben sie gegen den Antichristen bestanden. Mit dem Zorn des Lammes waren und sind sie nicht konfrontiert.

[231] Lehrreich ist hier wieder ein Vergleich mit der jüdischen Apokalyptik, die z. B. in Henoch 34, 30 und 76 über diese „Winde des Unheils" ermüdend weitschweifige Auskünfte gibt. Danach gibt es zwölf Tore, verteilt auf die vier Seiten der Erde. Aus den vier Ecktoren, im Treffpunkt zweier Seiten, blasen Winde des Segens, auf die acht übrigen Tore sind die Elendswirkungen genau verteilt: Verheerung, Trockenheit, Hitze, Kälte, Heuschrecken, Nebel, Schnee, Frost, Brand usw. Johannes beschreibt keine Tore, stellt den schädlichen Winden keine guten Winde gegenüber, legt nicht fest, welches Verderben aus den einzelnen Himmelsrichtungen kommt. Er setzt die Vorstellung als bekannt voraus, deutet sie aber nicht im einzelnen aus. In V. 14, wo er noch einmal auf das Thema der Drangsal zu sprechen kommt, hat er das Bild von den Unheilswinden schon wieder verlassen.

Dieser Vers setzt voraus, daß die Stürme noch bevorstehen. So bestätigt sich die Auffassung, daß Kapitel 7 nicht die Handlung von Kapitel 6 verlängert, denn dort waren die Nöte der Endzeit schon weit vorgeschritten. Hier greift der Seher noch einmal hinter sie zurück, um die gleiche Zeitspanne noch einmal, aber unter einem anderen Blickwinkel zu zeigen.

Daß die Verderbensmächte sich nicht einfach austoben können, sondern von Engeln gehalten werden, erinnert wieder an die Kontrolle Gottes über alles Geschehen (Exkurs 4d), **damit kein Wind über die Erde bläst noch über das Meer noch über einen einzigen Baum.** An den Bäumen sieht man besonders deutlich Sturm oder Windstille. Hier zeigt sich, daß kein Bäumchen geknickt wird, wenn Gott es nicht will. Er übt äußerste Sorgfalt im Gericht. Bei ihm gibt es keinen blindwütigen Selbstlauf des Zorns wie beim Menschenzorn (Jak. 1, 20).

2 **Und ich sah einen anderen Engel,** der sich deutlich abhebt gegen jene vier Engel, die den Zorn verwalten, **aufsteigen vom Aufgang der Sonne.** Während sonst die Engel vom Himmel herabsteigen (10, 1; 18, 1; 20, 1), steigt dieser herauf, wie die Sonne aufsteigt. Es ist unverkennbar ein Licht- und Heilsengel. Also durchziehen vom Thron Gottes und des Lammes her nicht nur Zornwirkungen die Endzeit, sondern auch Heilsmächte sind am Werke[232].

Der Heilsengel **schrie mit großer Stimme vier Engeln zu, denen gegeben war, der Erde und dem Meer Schaden zu tun.** Merkwürdigerweise wird der Beginn dieses Kapitels gern mit dem Beginn des achten Kapitels verglichen. Hier herrsche eine große Stille auf Erden wie dort im Himmel. Aber von Stille kann hier keine Rede sein. Auch sollte man keinen langen Zeitraum in diese Verse hineindenken, etwa eine ganze Geschichtsepoche der Gnade und des friedlichen Gemeindeaufbaus. Was sagt der Text? Die Zornesenge' hatten bereits Befehl erhalten („ihnen war gegeben, Schaden zu tun"), die Stürme in die Endzeit zu entsenden. Da aber hat noch schnell ein anderer Befehl „Vorfahrt", der den ersten Befehl überholt und eher bei der Gemeinde ankommt als die große Drangsal. Wenn der Herr seiner Gemeinde also mit der Linken Lasten auflegt (5. Siegel), trägt er sie schon mit seiner starken Rechten samt ihren Lasten. Groß ist die Erfahrung der Drangsal, noch größer die Erfahrung Seiner Gemeinschaft in der Drangsal (Joh 16, 33).

Johannes sieht den Engel mit **einem Siegel des lebendigen Gottes** ausgerüstet. Im Altertum konnten Sklaven durch ihren Besitzer, Sol-

232 Ist der Engel sinnbildliche Figur für Jesus und meint V. 2 das weihnachtliche Geschehen? In der Offenbarung sind Engel zu eindeutig dienstbare Geister, und gerade in den vorigen Kapiteln ist der Herr Jesus Christus zu nachdrücklich erhöhtes Lamm auf dem Thron, so daß es abwegig erscheint, in diesem Engel den Herrn selbst zu suchen.

daten durch ihren Feldherrn oder Gläubige durch den Priester versiegelt werden. Ein untilgbares Zeichen als unwiderrufliche Eigentumserklärung wurde ihnen eingeritzt, -geätzt oder -tätowiert. Darin sprach der Versiegler aber zugleich eine Schutzerklärung aus: Wer diesen antastet, tastet mich an! Hier stellt sich Gott selbst vor seine Knechte.

Paulus hat das Bild der Versiegelung für das göttliche Geschehen fruchtbar gemacht, durch das ein Mensch Christ wird, also für den Empfang des Heiligen Geistes (2 Ko 1, 22; Eph 1, 13; 4, 30). Dieser Sinn darf hier aber nicht unbesehen eingetragen werden. Hier geht es nicht ums Christwerden, auch nicht um Täuflinge, wie andere meinen. Die Versiegelung macht hier nicht zu Knechten Gottes, sondern betrifft solche, die es bereits sind. Eine wegweisende Parallele findet sich vielmehr Hes 9, 1–11: Gott will das götzendienerische Jerusalem richten. Hesekiel sieht sechs Männer mit Zerstörungswerkzeugen auftreten. Nur einer von ihnen trägt ein Schreibgerät. Der erhält den Auftrag, solche Bewohner, die ehrlich unter dem Abfall leiden, mit einem Erkennungs- und Schutzzeichen zu versehen, während den Gerichtsboten gesagt wird: Geht hinter ihm her und schlagt zu. Schont keinen. „Aber die das Zeichen an sich haben, von denen sollt ihr keinen anrühren." Nichts liegt für die hier besprochene Stelle der Offenbarung näher, als die Linien von Hesekiel herüberzuziehen. Auch hier erscheinen Gerichtsboten, denen ein mit dem Siegelgerät versehener Bote der Bewahrung gegenübersteht. Auch hier geht es um Strafe für falsche, götzendienerische Anbetung (Kap. 13) und um Schonung für die Treuen mitten in endzeitlichen Gerichten. Die außerordentliche Not ruft außerordentliche Treueeingriffe Gottes auf den Plan.

Von diesen außerordentlichen Eingriffen der Treue Gottes in der Endzeit sprechen auch Mt 24, 21–22; Lk 21, 36 und 1 Ko 10, 13. Vielleicht läßt Gott mehr zu, als seine Knechte verstehen, nimmermehr aber mehr, als sie ertragen können. Er bewahrt sie nicht vor allem Schweren (6, 9–11), wohl aber vor allem Bösen, d. h. vor dem Abfall. Allgemeiner Abfall ist für die Gemeinde des Endes die furchtbarste Erfahrung (Mt 24, 10; 2 Th 2, 3; 1 Tim 4, 1; 1 Jo 2, 18–19). Doch soll in der allgemeinen Erschütterung und Auflösung eine wunderbare Unerschütterlichkeit des wahren Zion offenbar werden (Ps 46, 2–8). Bei den Versiegelten gewinnen Lüge und Verführung keinen Raum. Sie bleiben Knechte Gottes und Priester und Zeugen bis zum Schluß[233].

Zur Versiegelung so vieler Personen paßt es, daß der Heilsengel 3
Gehilfen hat. **Er sprach: Tut nicht Schaden der Erde noch dem Meer**

[233] s. Lohse, S. 48

noch den Bäumen, bis wir versiegeln die Knechte unseres Gottes auf ihren Stirnen. Diese versiegelten Knechte Gottes[234] haben ihr Gegenbild in den Versiegelten von 9, 4; 13, 16; 14, 9. 11; 16, 2; 19, 20; 20, 4. Wer sie selbst sind, wird Vers 4–8 deutlich machen.

4 **Und ich hörte die Zahl der Versiegelten.** So manches Mal setzt innerhalb einer Vision eine erläuternde Audition ein (1, 17; 6, 6). Das Geschaute soll auch richtig verstanden werden. Hier lenkt eine Stimme, deren genaue Herkunft unerwähnt bleibt, die Aufmerksamkeit des Johannes von Fragen des Vollzuges der Versiegelung – er bleibt völlig unanschaulich – auf den Personenkreis der Versiegelten.

Ihre Zahl wird auf dem Wege einer ausdrücklichen Offenbarung bekannt. Sie läßt sich nicht einfach durch Zählen ermitteln. So entsteht kein Gegensatz zur unzählbaren Schar von Vers 9. Beide Gruppen sind für Gott zählbar und für Menschen unzählbar. Für eine solche Zahl, die Gegenstand einer Offenbarung ist, bietet Kap. 13 ein weiteres Beispiel. Dort begegnet uns in Vers 18 eine Zahl, die nicht auf rechnerischer Ebene zu suchen ist: An Stelle ihres Zählwertes ist ihr Gleichniswert zu suchen.

Nach 13, 17; 15, 2 decken sich Zahl und Name. In dieser Siegelvision kündigt die Stimme im gleichen Sinn eine Zahl an und nennt daneben ebenfalls einen Namen.

Schon durch diese Zusammenhänge zeichnet sich für die Auslegung der Hundertvierundvierzigtausend der Weg ab. Offenbarung setzt immer ein Wesensgeheimnis voraus. Die Ankündigung ließe sich also umschreiben: „Ich hörte das Geheimnis der Versiegelten." Niemand sollte erwarten, daß darauf eine Angabe der Kopfzahl der Versiegelten folgt statt vielmehr eine Bestimmung ihres Wesens: **Hundertvierundvierzigtausend Versiegelte aus allen Stämmen der Söhne Israels.**

Obwohl die Zahl **hundertvierundvierzigtausend** im AT fehlt, trägt sie an dieser Stelle durch ihre ausdrückliche Zusammensetzung in Vers 5–8, also durch ihre Verkopplung mit den zwölf Stämmen Israel, atst Gepräge. Zwölf ist darin die Grundzahl, und Grundstock der Gemeinde der Versiegelten ist damit das atst Zwölfstämmevolk. Hundertvierundvierzig ist das Quadrat von zwölf, worin sich die ideale Vollständigkeit des Gottesvolkes (durch Auffüllung durch die Hei-

[234] Der Ausdruck bezeichnet ab 1, 1 (s. d.) die wahren Glieder der Gemeinde aus Juden und Heiden. Ausleger aus allen Lagern, von der liberalen Schule (z. B. H. J. Holtzmann) bis zu pietistischen Kreisen, beschränken die Versiegelung auf Judenchristen, andere auf eine Auslese besonders bewährter Geistchristen (T. Beck), auf Märtyrer oder Asketen (wegen V. 14; 14, 4; Bousset, Lohmeyer, Behm) oder auf die Anhänger der eigenen Religionsgemeinschaft (z. B. Jehovas Zeugen). Die folgenden deutenden Verse spielen dabei eine Rolle.

denchristen?) kundtut. Das Quadrat wiederum wird vertausendfacht, wobei tausend als der Inbegriff großer Menge gilt (Hio 9, 3; Ps 84, 11; Jes 60, 22; Offb 5, 11 usw.). So entsteht eine höchstmögliche Vervielfältigung. Von hier aus geht es nicht an, an eine Versiegelung einer christlichen Auslese zu denken (Anm. 234). Die ganze Gemeinde, so weit sie nur wirklich Gemeinde ist, wird versiegelt. „Sie werden nimmermehr umkommen, und niemand wird sie aus meiner Hand reißen. Der Vater, der sie mir gegeben hat, ist größer als alles, und niemand kann sie aus meines Vaters Hand reißen" (Jo 10, 28–29). „Es ist keiner von ihnen verloren gegangen, ich habe sie bewahrt" (Jo 17, 12).

Der Gedanke der Größe des Gottesvolkes wird in Vers 9 fortgeführt, der Gedanke der Ganzheit hier in Vers 5–8.

Israel war im Urchristentum Ehrenname der Gemeinde aus Juden und Heiden. Ihre Glieder sind Abrahams Kinder (Gal 3, 29), die rechte Beschneidung (Phil 3, 3), die wirklichen Juden (Rö 2, 29; Offb 2, 9; 3, 9), das Israel Gottes (Gal 6, 16; Rö 9, 6–8; 11, 26; 1 Ko 10, 18), das neue Jerusalem (21, 12. 14) und „mein Volk" (18, 4; 21, 3)[235].

Ein Teil der genannten Stellen läßt aber erkennen, wie umkämpft und angefochten dieses Selbstverständnis der urchristlichen Gemeinden war. Schon bei der Deutung des goldenen Leuchters 1, 20 zeigte es sich. Dort, hier und auch schon bei Paulus gilt ein solches Volkgottes-Verständnis als ein Geheimnis, das sich ohne Offenbarung nicht erschließt oder wieder verschließt. Das vorliegende Buch bringt von 1, 5–6 an immer wieder geistliche Durchbrüche dieser Gewißheit. In 14, 1–5 sieht Johannes die Hundertvierundvierzigtausend noch einmal und wird wieder gewiß: „Diese sind erkauft von der Erde ..., aus den Menschen (nicht allein aus den Juden!) zu Erstlingen Gott und dem Lamme."

Die Verse 5–8 enthalten die Bestandsaufnahme des wahren Israel, 5–8
des wahren Zwölf-Stämme-Volkes (vgl. Jak 1, 1) in ausführlichster

[235] Um Mißverständnisse zu vermeiden, empfiehlt es sich, bei der Gemeinde nicht vom neuen, sondern vom erneuerten Israel zu sprechen. So scheidet die Vorstellung eines zweiten Gottesvolkes aus. Das eine und einzige Gottesvolk hatte einen Niedergang erfahren, der es bis auf einen Grundstock zurückschnitt, „wie beim Fällen noch ein Stumpf bleibt" (Jes 6, 13). Dieser „Stumpf" ist letzten Endes Christus (s. zu 1, 4. 6). „Ein heiliger Same wird solch ein Stumpf sein." Das Bild vom Stumpf wechselt über in das vom Samen, wie Jesus selbst es dann aufgreift (Jo 12, 24). Der Gekreuzigte bringt viel Frucht, der Erhöhte zieht Juden und Heiden zu sich (Jo 10, 16; 12, 32). Paulus spricht Rö 11 von der Einpfropfung der Heiden in den Grundstamm Israel. Weil sie in Christus Jesus sind, leben sie in Israel als Miterben, Mitleib, Mitbürger und Hausgenossen (Eph 2, 19; 3, 6). Gerade der Epheserbrief ist eine einzige Beschwörung, das durch den Tod Jesu zusammengefügte Israel nicht wieder in Juden und Heiden aufzuspalten. Immer wieder will sich der alte Riß zeigen, und Kapitel für Kapitel bringt Paulus die Christusklammer an: e i n e Gemeinde!

Feierlichkeit[236]: **aus dem Stamm Juda zwölftausend, aus dem Stamm Ruben zwölftausend, aus dem Stamm Gad zwölftausend, aus dem Stamm Asser zwölftausend, aus dem Stamm Naphthali zwölftausend, aus dem Stamm Manasse zwölftausend, aus dem Stamm Simeon zwölftausend, aus dem Stamm Levi zwölftausend, aus dem Stamm Isaschar zwölftausend, aus dem Stamm Sebulon zwölftausend, aus dem Stamm Joseph zwölftausend, aus dem Stamm Benjamin zwölftausend Versiegelte.** Grundgedanke ist dabei die unverstümmelte Ganzheit, wie Gott sie schaut, während die Christen selbst ihre Zerstreuung erleben, und das besonders in den angekündigten Verfolgungszeiten. Aber Gott verliert keinen, der ihm vertraut. Er führt genau Liste und gleicht dem Hirten, der sich nicht mit den neunundneunzig verbliebenen Schafen tröstet, wenn er eines vermißt. Das Gezähltsein bedeutet also wie Mt 10, 30: Fürchtet euch nicht!

Das Stehen vor dem Thron nach der großen Drangsal

Offenbarung 7, 9–17

Wie der erste Abschnitt des Kapitels teilt sich auch dieser in die Vision (V. 9–12) und ihre Deutung (V. 13–17):

Zu Vers 10:
Jes 6, 1

9 **Danach sah ich, und siehe, eine große Schar, die niemand zählen
konnte, aus allen Nationen, Stämmen und Völkern und Sprachen,
stehend vor dem Thron und dem Lamm, bekleidet mit weißen
Gewändern und Palmen**(zweige) **in ihren Händen** (tragend).
10 *** Und sie schrieen mit großer Stimme und sprachen: Das Heil
11 unserm Gott, der auf dem Thron sitzt, und dem Lamm! * Und
alle Engel hatten sich rings um den Thron und um die Ältesten
und die vier Wesen gestellt und fielen** (jetzt) **vor dem Thron auf
12 ihr**(e) **Angesicht**(er) **und huldigten Gott * und sprachen: Amen.
Der Lobpreis und die Herrlichkeit und die Weisheit und die Danksagung und die Ehre und die Kraft und die Stärke unserm Gott in die Zeiten der Zeiten. Amen.**

9 Mit dem Auftakt **danach sah ich** kündigt sich abermals ein Szenen-

[236] An der Liste fällt die Voranstellung Judas (wegen 4, 5?) und vor allem das Fehlen Dans auf, obwohl es doch auf „alle Stämme Israels" ankam (V. 4). Der Stamm Dan galt als besonders bundesbrüchig, und man erwartete aus ihm den Antichristen. Aber es scheint aussichtslos, die besonderen Absichten dieser Aufzählung zu ergründen. Im AT gibt es nämlich etwa zehn Stämmelisten, die alle mehr oder weniger voneinander abweichen; auch die hier genannten Besonderheiten finden sich schon. Hier wird nicht eine historische, sondern eine geistige Größe umrissen.

wechsel an (Anm. 160). Es ist ein Ortswechsel, denn Johannes schaut nun nicht mehr wie 7, 1 auf die Erde, sondern in den himmlischen Tempel (V. 15). Hinzu kommt ein völliger Situationswechsel. Während die Versiegelung ausdrücklich den Endzeitstürmen vorausging, liegt die große Drangsal hier bereits zurück (V. 14). Damit hängt ein Stimmungswechsel zusammen. An die Stelle einer unheilsschwangeren Spannung im Blick auf bevorstehende Gefahr tritt Siegesgesang. Schließlich ist es für die Auslegung nicht unwichtig, den Wechsel der Darstellungsform wahrzunehmen. Die Versiegelten waren lediglich Gegenstand einer Audition (Hörerlebnis, Vernehmen einer Stimme; V. 4), von der unzählbaren Schar aber empfängt Johannes ein visionäres Bild. — Nicht wenige Ausleger lesen schließlich auch noch einen Wechsel der Personengruppe heraus[237]. Danach deckt sich die große Schar nicht mit den Versiegelten. Was sagt der Text?

Und siehe, eine große Schar, die niemand zählen konnte. Wie Vers 4 drängt sich wieder der Eindruck der Größe auf. Die Abrahamsverheißung von 1 Mo 15, 5 ist erfüllt: „Zähle die Sterne. Kannst du sie zählen? So zahlreich soll deine Nachkommenschaft sein." Abraham kann sie n i c h t zählen. Sie ist für ihn nach Hbr 11, 12 unzählbar, was selbstverständlich für Gott nicht gelten kann. So ist auch diese Schar unzählbar für Johannes, aber zählbar für Gott, und es liegt kein Widerspruch zu Vers 4 vor. Dort hat Gott gezählt und kann die Zahl offenbaren, hier versucht Johannes es und stößt auf die Unzählbarkeit.

Die Erinnerung an Abraham verstärkt sich bei der folgenden Herkunftsbezeichnung. **Aus allen Nationen, Stämmen und Völkern und Sprachen**[238]. Durch Abraham sollten „gesegnet werden alle Völker, alle Geschlechter auf Erden" (1 Mo 22, 18; 13, 3). Die Vierzahl der Bestimmung betont wieder das Umfassende. Johannes sieht in der Gemeinde die in Abraham gesegnete Menschheit.

Aber die Rede von der Zahl, die niemand zählen kann, will auch in den Zusammenhang des Buches gestellt werden. 2, 17 gibt es einen Namen, den niemand wissen, und 14, 3 ein Lied, das niemand lernen kann. Zahl, Name und Lied beziehen sich auf die sieghafte Gemeinde. Diese Zusammenstellung lenkt noch einmal von der Zahl im Sinne einer Kopfzahl ab (s. z. V. 4). Etwas zählen heißt nun ähnlich wie das Wissen um seinen Namen: seiner mächtig sein. Kann niemand die Zahl der Schar zählen als Gott, ist sie also völlig in seiner Macht geborgen (vgl. 2, 17). Diesem Wesensbild der Gemeinde widerspricht

[237] Holtzmann (Anm. 191), Stokmann, Langenberg und viele andere.

[238] Die Aufzählung wiederholt wörtlich 5, 9 (s. d.). Dort steht die Gemeindegeschichte am Anfang, hier an ihrem Ende. Der Kreis hat sich geschlossen.

freilich noch ihr Erscheinungsbild. Gerade in der großen Drangsal wird sie spürbar von fremden Fäusten gepackt. „Wir werden getötet den ganzen Tag; wir sind geachtet wie Schlachtschafe" (Rö 8, 36). Einst aber gelangt die Gemeinde zur Einheit von Wesens- und Erscheinungsbild. Dieses Einst schaut Johannes und verkündet es den Gemeinden: Niemand kann uns aus Seiner Hand reißen! Die in Gott verborgene Zahl der großen Schar erinnert also an die gleiche Gemeindewirklichkeit, die 7, 1–8 unter dem Bild der Versiegelung bezeugt wurde.

Johannes schaut diese Gemeinde aus allen Nationen, Stämmen, Völkern und Sprachen, die das völkerverwirrende Babel (s. z. V. 10 und vgl. 1 Mo 11, 9) überwunden hat und die die Erstlinge (14, 4) einer wiedervereinigten Menschheit darstellt, versammelt um das Heilungszentrum, **stehend vor dem Thron und dem Lamm** (s. z. 5, 13). Sie sind **bekleidet mit weißen Gewändern** wie die Märtyrer im fünften Siegelgesicht. Deren Zahl ist jetzt also voll (6, 11), alle sind beisammen als die eine große Schar, und die Drangsal ist an ihr Ende gelangt. Die Vollzahl erinnert wieder an 7, 4. Außer dem Siegergewand tragen sie noch **Palmen**(zweige) **in ihren Händen.** Das Bild ist für griechische Augen, die so manchen Sportkämpfer mit dem Palmenzweig auf dem Siegerpodest gesehen haben, eindeutig. Aber auch in einer jüd Schrift findet sich der Satz: „Wer den Palmenzweig in seiner Hand trägt, von dem wissen wir, daß er der Sieger ist"[239].

10 Alles ist hier auf Sieg gestimmt. Es folgt das Siegesgeschrei. **Und sie schrieen mit großer Stimme und sprachen: Das Heil unserm Gott, der auf dem Thron sitzt, und dem Lamm.** In freudig erhobenen, donnernden Sprechchören[240] feiern sie den Sturz Babels[241]. Nach überwältigender Erfahrung wird preisend wahrgenommen, daß bei Gott Heil ist. Er ist würdig, den Retternamen zu tragen.

11 Wie in 5, 11, zu Beginn der Endzeit, fallen auch in diesem Gottesdienst zum Schluß der Endzeit die Engel ein. **Und alle Engel hatten**

[239] Str. Bill. II 789.

[240] Langenberg, der in diesen Rufenden nicht die vollendete Gemeinde sieht, geht hier auf die ursprüngliche Bedeutung des grie Wortes *krazo* für schreien, nämlich krächzen, zurück. Es fehle diesem Geschrei also der Wohlklang und die voller Erlösungsfreude. Gewiß gibt es mancherlei Geschrei (2 Mo 32, 18), und 6, 10; 12, 2; 18, 18. 19 berechtigt der Zusammenhang, an eine heisere, gequälte Stimme zu denken. An vielen Stellen aber, wie auch hier, soll an die Lautstärke gedacht werden (7, 2; 14, 15; 18, 2; 19, 17; Jo 1, 15; 7, 28. 37–38; 12, 44). Unerlöstheit liegt hier fern. Der Zusammenhang kündet Sieg und noch einmal Sieg.

[241] Diese Deutung legen die beiden anderen Heilruf-Stellen des Buches nahe: 12, 10; 19, 1. Daß die Triumphlieder dieser drei Kapitel zusammengehören, drückt sich auch darin aus, daß Johannes nur in ihnen seine Zurückhaltung durchbricht und von „unserem Gott" spricht. So singt die vollendete Gemeinde!

sich rings um den Thron und um die Ältesten und die vier Wesen gestellt und fielen (jetzt) **vor dem Thron auf ihr**(e) **Angesicht**(er) **und huldigten Gott.** Mit einem einleitenden Amen bestätigen sie den
Siegesspruch der Gemeinde: **Amen. Der Lobpreis und die Herrlich-** 12
keit und die Weisheit und die Danksagung und die Ehre und die Kraft und die Stärke unserm Gott in die Zeiten der Zeiten. Amen. Die sieben Glieder ihres Lobspruches erinnern an 5, 12. Wie dort das Lamm, so empfängt hier Gott ein Lob. Diese Kette von Preisungen wirkt aber durch den vor jedes Glied neu gesetzten Artikel besonders feierlich und wuchtig, und daß hier (statt „Reichtum" 5, 12) „Danksagung" eingefügt und der ganze Spruch durch **Amen** eingerahmt wird, erhöht den Eindruck eines zurückschauenden und abschließenden Gottesdienstes.

Aus praktischen Gründen hat diese Auslegung bereits mehrfach auf die folgenden deutenden Verse vorgegriffen. Sie entscheiden über das Verständnis der Vision.

13 **Und es hob einer von den Ältesten an** („antwortete") **und sprach**
zu mir: Diese, die mit weißen Gewändern Bekleideten, wer sind
14 **sie und woher sind sie gekommen? * Und ich habe zu ihm gesagt:**
Mein Herr, du weißt es! Und er sprach zu mir: Diese sind die
aus der großen Drangsal Kommenden, und sie haben ihre Ge-
wänder gewaschen und sie weiß gemacht in dem Blut des Lam-
15 **mes. * Darum sind sie vor dem Thron Gottes und dienen ihm**
(priesterlich) **Tag und Nacht in seinem Tempel, und der auf dem**
16 **Thron Sitzende wird sein Zelt ausdehnen über sie, * und sie**
werden nicht mehr hungern noch mehr dürsten, noch wird auf sie
17 **fallen die Sonne noch irgendeine Hitze, * denn das Lamm in der**
Mitte („gegen die Mitte") **des Thrones wird sie weiden und sie**
leiten zu Lebenswasserquellen, und Gott wird abwischen jede
Träne aus ihren Augen.

Zu Vers 14:
Dan 12, 1
1 Mo 49, 11
Zu Vers 15:
Jes 6, 1
Zu Vers 16:
Jes 49, 10
Ps 121, 6
Zu Vers 17:
Hes 34, 23
Jer 2, 13
Ps 23, 2
Jes 25, 8

Wie die Seher in Jer 1, 11; Hes 37, 3; Sach 4, 2 wird auch Johannes nach seinem Verständnis einer bestimmten Einzelheit gefragt. Auf diesen Punkt kommt es an. Ein ähnliches Gespräch wird in der Offenbarung noch ein zweites Mal geführt, nämlich 17, 7—18. Dort bezieht sich die Frage auf die Gefolgschaft Babylons, hier auf die Gefolgschaft des Lammes. Schon diese Umstände schließen für die hier zu deutende Gruppe aus, daß es sich um eine christliche Untergruppe handeln könnte (vgl. Anm. 234).

Gefragt wird nach denen, die durch Gewand, Palmen und Ruf 13
unverkennbar Sieger waren. **Und es hob einer von den Ältesten an** („antwortete") **und sprach zu mir: Diese, die mit weißen Gewändern**

darf auch nicht dem Leiden an sich läuternde Wirkung zugeschrieben werden. Nicht die große Drangsal, sondern das Blut Jesu ist das Reinigungsbad. Darum nicht im Leiden schwelgen! Christus hat erst einmal gefleht, es möge an ihm vorübergehen.

So gründet sich der Sieg der Gemeinde auf die Lebenshingabe ihres Herrn. Das Lammesblut schließt Menschenruhm genau so aus wie das Gottessiegel 7, 4.

15 Aus dem Sieg der großen Schar ergibt sich ihre Stellung. **Darum sind sie vor dem Thron Gottes.** Stehen vor dem Thron bedeutet größten Vorzug (Anm. 35) und wird sonst von den höchsten Wesen ausgesagt (1, 5; 4, 4. 6). Daß der Satan 12, 8–9 aus dieser Thronumgebung herausgestürzt wird, bedeutet seine Entmachtung; daß die Gemeinde jetzt dort einen Platz einnimmt, spiegelt ihren Sieg wider. Im folgenden zeigt sich der unmittelbare Umgang der Sieger mit dem Thronenden.

Und sie dienen ihm (priesterlich) **Tag und Nacht in seinem Tempel.** Das hier verwendete Wort für „dienen" (latreuein, nicht douleuein o. diakonein) meint im biblischen Grie regelmäßig gottesdienstliches Dienen (z. B. 2 Mo 4, 23; 7, 26; 8, 16; 9, 1. 13; 10, 3). Es steht dem Frondienst in Ägypten gegenüber. Dieses Dienen vor dem Thron Gottes setzt für die große Schar voraus, daß sie aus Priestern besteht. Damit wäre hier die Brücke zu solch eindeutigen Gemeindestellen wie 1, 5–6 geschlagen. In 22, 3 heißen die Dienenden „Knechte Gottes". Damit decken sie sich mit den „Knechten Gottes", die 7, 4 versiegelt wurden.

Sie dienen ihrem Herrn, der sie freigekauft hat, Tag und Nacht – ein Bildwort für Unaufhörlichkeit[245]. Sie sollen nicht mehr aus dem Tempel hinausgehen müssen (3, 12; Jo 12, 10). Wie hat sich die Lage gegenüber 12, 10 gewandelt, wo es heißt, daß der „Verkläger unsere Brüder verklagte Tag und Nacht vor unserem Gott". Jetzt stehen diese einst pausenlos Verklagten als heilige Priester vor Gott und beten ihn Tag und Nacht an. Das ist vollkommener Sieg über Sünde, Tod und Teufel. „Mein Leib und Seele freuen sich in dem lebendigen Gott. Der Vogel hat ein Haus gefunden und die Schwalbe ein Nest für ihre Jungen – deine Altäre, Herr Zebaoth, mein König und mein Gott. Wohl denen, die in deinem Hause wohnen und loben dich immerdar" (Ps 84, 3–5).

Das zweite Merkmal der Vollendung ist neben dem Gottesdienst die Gottesgemeinschaft. Dabei fällt auf, daß die folgenden Sätze angefüllt sind mit Zukunftsformen. Handelt es sich um Dinge, auf die die Sieger hier doch noch warten müssen? Dann wären sie noch nicht

245 Vgl. 4, 8; 14, 10; 20, 10. Die Erwähnung der Nacht schafft keinen Widerspruch zu 22, 5, weil es sich um ein Bildwort handelt.

Vollendete. Aber die Zukunftsformen verschwinden selbst nicht in den letzten Kapiteln des Buches (21, 3–4; 22, 5). Sie erklären sich schlicht als Übernahmen aus dem AT. Wie Johannes gegen Ende von Kapitel 6 immer mehr auf eigene Worte verzichtete, als er von der Endform des Lammeszornes sprach (s. Vorbemerkungen z. 6, 12–17), so auch jetzt, wo es um die Endform der Liebe des Lammes geht. Vom Standort des AT aus lagen diese Dinge selbstverständlich in der Zukunft. In dieser Vision ist diese Zeitform aber mit gegenwärtigem Inhalt gefüllt.

Und der auf dem Thron Sitzende wird sein Zelt ausdehnen über sie. Das sechste Siegel hatte die Vision eines eingerollten, entweichenden Himmels und einer entsetzten Menschheit in einer Welt ohne Dach gebracht (6, 15–17). Hier erscheint in jeder Beziehung das Gegenstück: An die Stelle der Welt, die in Angst zugrunde geht, tritt eine erneute, von Frieden gesättigte Wirklichkeit.

Das Wort, gewöhnlich mit „zelten" übersetzt, könnte hier in seiner ursprünglichen Bedeutung verwendet worden sein: ein Zelt aufschlagen. Somit hätte Johannes den Beginn der Gottesgemeinschaft betont; Gott entrollt seine schützende Zeltdecke (Ps 27, 5) über sie. Die Parallele 21, 3 betont dagegen die Dauer: er zeltet mit ihnen[246].

Um die neue Geborgenheit Gottes für diejenigen, die gerade aus der großen Drangsal gekommen sind, zu entfalten, hält Johannes sich zuchtvoll an alte Weissagungen. Über die letzten Dinge muß in dem Bewußtsein gesprochen werden, daß alles Sprechen und Vorstellen, alles Bitten und Verstehen zurückbleibt hinter dem, was Gott schenken wird. Mit dem Zerbrechen dieser Welt wird auch unser Verstehen, das ja nur für diese vorläufige Welt eingerichtet ist, zerbrechen, und mit der neuen Welt kommt ein neues Erkennen.

Drei verneinende Aussagen machen den Anfang. **Und sie werden** 16
nicht mehr hungern noch mehr dürsten, noch wird auf sie fallen die Sonne noch irgendeine Hitze. Johannes kennt Jes 49, 10. Ein Vergleich mit Jes 48, 21 zeigt darin deutlich alte Erinnerungen an Israels Urzeit, als Gott das Volk durch Speisungs- und Wasserwunder versorgte. Diese Urzeit wird in der Bibel oft zum Gleichnis für die Endzeit. 21, 4 heißt es bildlos: „Und der Tod wird nicht mehr sein, noch Leid noch Geschrei noch Schmerz wird mehr sein."

[246] Selbst wenn man bei der Übersetzung bleiben möchte: „er zeltete über ihnen", sollte man nicht mit Langenberg aus diesem Wortlaut eine Vorstufe oder Minderung gegenüber 21, 3 herauslesen („er zeltete mit ihnen"). Auch wenn Gott mit seinem Volk zeltet, ist er der Thronende über ihnen, denn sein Thron und seine Herrenstellung werden auch in der Vollendung nicht eingeebnet (22, 3). Die beiden Aussagen schließen einander also nicht aus, sondern fügen sich zusammen.

ligengebete. Alles im Himmel hört zu. Gott geht nicht ans Richten, ohne zuvor auf die Klagen und Fürbitte der Heiligen gehört zu haben. Aber wenn also im Himmel statt der Engelgebete die Heiligengebete erschallen, ist es dort doch nicht still! Ferner ist unwahrscheinlich, die Zeitangabe von einer halben Stunde meine, daß der Vorgang von Vers 2–5 eine halbe Stunde gedauert habe. Näher liegt die Annahme, daß dieser Vorgang erst nach Ablauf einer halben Stunde e i n - s e t z t e.

Dieser Vers ist weder seelische Vorbereitung noch sonst irgendwie Einleitung für das Folgende. Da bei jeder Siegelöffnung sofort etwas geschieht, empfiehlt sich auch hier eine Auslegung, die den Vers nicht als Geschehenslücke, sondern als eigenes Geschehen auffaßt. Was geschah im Schweigen?

Ein Hinweis auf ein vorweltliches Urschweigen, im Judentum gut bekannt, verdient unsere Aufmerksamkeit. 4. Esra 6, 38–39 lautet: „Du sprachst am Anfang deiner Schöpfung, Herr, am ersten Tag: Der Himmel werde und die Erde! Dein Wort vollbrachte dieses Werk. Und damals war ein Geist, der schwebte, und ringsum Finsternis und Schweigen. Noch war vor dir der Klang der Menschenstimme nicht erschollen." Eine andere jüdische Stimme klagt: „Soll die Welt wiederum dem Schweigen verfallen, das anfänglich war?" (syr. Baruch 3, 7). Oder: „Bevor die Welt ward, war Finsternis und Schweigen" (Philo 60, 2). In dieses Urschweigen sprach Gott hinein. Da folgte dem Klang seiner Stimme bald der Klang vieler anderer Stimmen und auch der Menschenstimme. Und solange Gott spricht, besteht die Welt (Hbr 1, 3). Sobald Gott aber seine Stimme wieder zurücknimmt, ersterben alle Stimmen und breitet sich wieder das uranfängliche Schweigen aus. Der Kosmos fällt wieder in das Chaos zurück, aus dem Gottes Wort ihn hervorrief.

Johannes hat seinen Standort seit 4, 1 an der Tür des Himmels und schaut (bis auf 7, 1–8) in den Himmel hinein. Wenn er nun dort das Schweigen eintreten sieht, ist ihm damit mittelbar der Zerfall der alten Schöpfung angesagt. Was also nach der sechsten Siegelöffnung erwartet werden mußte, ist mit dem siebten Siegel tatsächlich eingetreten: das Vergehen dieser Welt durch das richterliche Kommen des Herrn – dies allerdings überaus knapp durch die Redeweise vom Urschweigen angedeutet.

Befremdet diese Indirektheit und Kürze? Sie ist jedoch Kennzeichen der ganzen Siegelreihe (s. z. 6, 1) und zeigte sich auch bei vielen anderen Einzelheiten. Bei allen Siegelgesichten blickte Johannes in den Himmel und nahm das Irdische nur mittelbar wahr. Spätere Kapitel füllen die Umrisse. Auch das Urschweigen kommt noch einmal deutlich in 18, 22–23a zur Sprache. Anschließend kündigt sich ein neues Wortgeschehen Gottes an, das eine neue Erde und einen neuen Himmel hervorruft (19, 11–13).

In 4. Esra 7, 30–31 taucht auch ein Zeitmaß für dieses Urschweigen auf, nämlich sieben Tage. Hier beträgt es eine **halbe Stunde.** Weil es dafür nirgendwo Parallelen gibt, bleibt die Deutung schwierig. Vielleicht geht man von der vollen Stunde als der Gottesstunde aus (vgl. 14, 7. 15). Sie umfaßt Gericht und Neuschöpfung. Hier mag dann auf die erste dunkle Hälfte angespielt sein. Es ist die halbe Stunde des Schweigens Gottes, in der er sein schaffendes und erhaltendes Sprechen zurücknimmt und in der die Welt zerfällt (20, 11). Die Stunde rundet sich, wenn Gott neu spricht und einen neuen Himmel und eine neue Erde schafft.

Der erste, skizzenhafte Abriß der Endgeschichte von der Himmelfahrt bis zum Kommen des Herrn in Herrlichkeit hat das Hauptthema des ganzes Buches deutlich herausgestrichen: Das Lamm ist ermächtigt und hat nun alles Geschehen in seine Hand genommen. Seine Herrschaft ist die Grundwirklichkeit dieser Zeitspanne und füllt sie ganz aus. Zu allem steht sie in Beziehung und kann in bezug auf alles verkündigt werden. Von seinem Thron gehen Zorn (Kap. 6) und Liebe (Kap. 7) aus und durchwirken als die beiden eigentlichen Geschichtskräfte die Epoche. Sie erscheinen in Vorformen und drängen auf das Ende zu, an dem Christus seine Herrschaft endgültig und durchschlagend unter Beweis stellen wird. Bis dahin läßt das Lamm diese Welt nicht in Ruhe; immer hat sie es irgendwie mit ihm zu tun.

Dafür den Gemeinden die Augen zu öffnen, ist die Absicht der Offenbarung. Sie sollen erkennen, daß das Evangelium nicht nur beziehungsvoll ist zu ihnen persönlich oder zu einer speziellen Heilsgeschichte, sondern auch zur allgemeinen Geschichte. Evangelium und Weltgeschichte sind keine beziehungslosen Größen, darum sind auch Gemeinde und Welt keine beziehungslosen Größen, und darum hat die Gemeinde eine Botschaft für die Welt. Aber diese Botschaft kann sie eben nur dann ausrichten, wenn sie das Wort der Prophetie liest und hört und bewahrt.

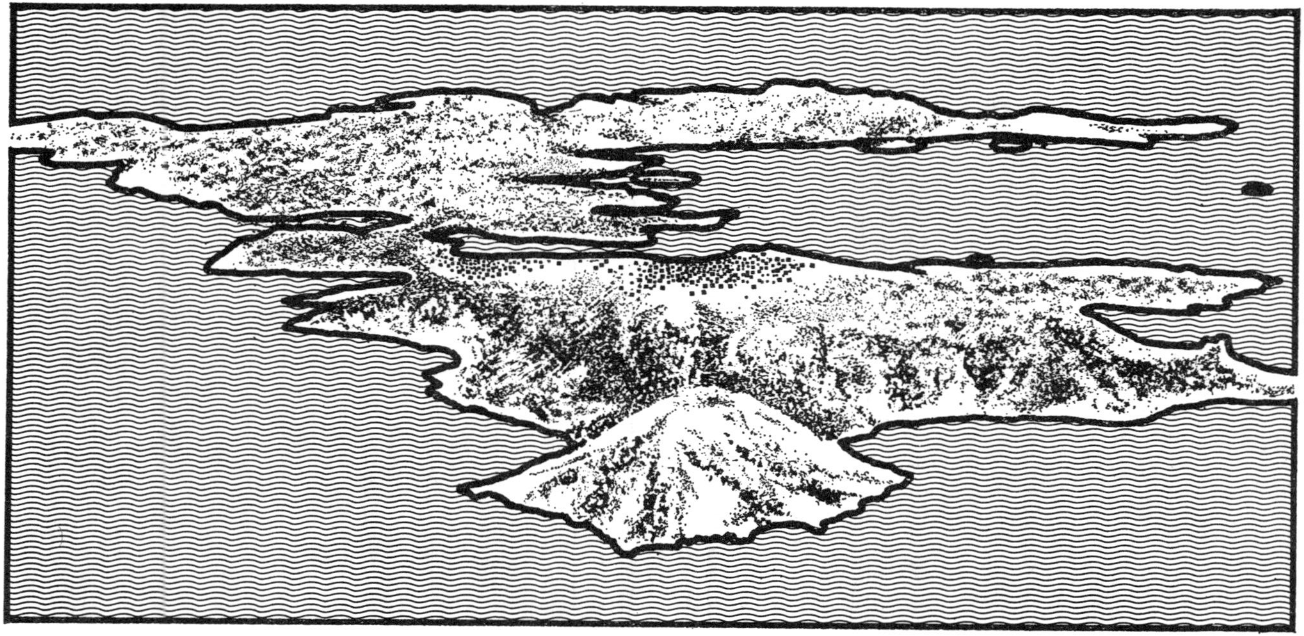

Die Insel Patmos, nach einer Luftaufnahme gezeichnet. Das vulkanische Eiland aus der Inselgruppe der südlichen Sporaden mißt 15 km in der Länge und 9 km in der Breite und umfaßt 54 qkm. Zeitweilig war es völlig unbewohnt, zur Zeit des Johannes vielleicht als Sträflingsinsel verwendet (so Stauffer, S. 192). Heute zählt es 2 700 Einwohner. Der kleine Ort ist in der Mitte des Bildes zu erkennen. Das dortige Johanneskloster besteht seit dem Jahre 1088.

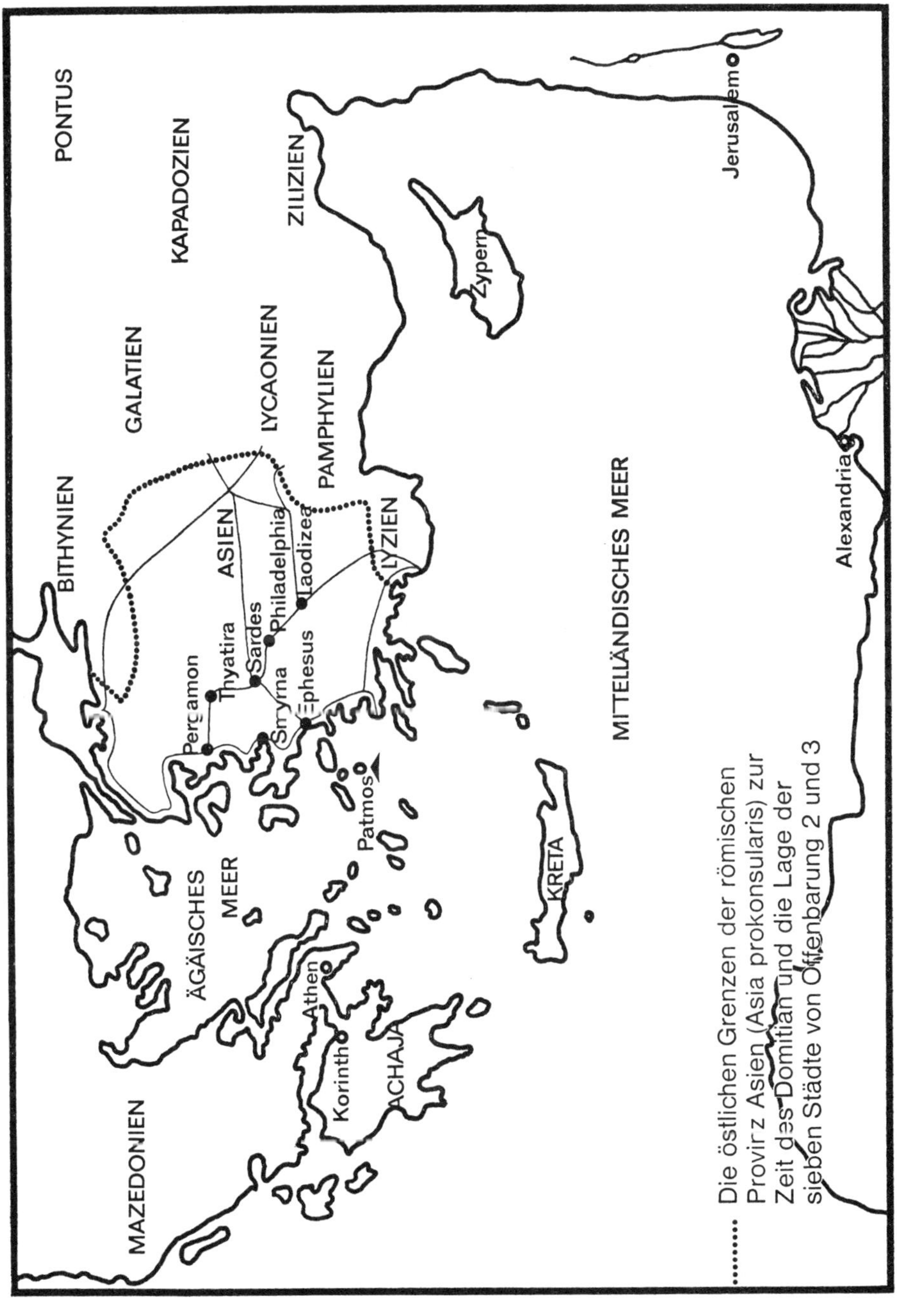

Die östlichen Grenzen der römischen Provinz Asien (Asia prokonsularis) zur Zeit des Domitian und die Lage der sieben Städte von Offenbarung 2 und 3